797,885 books
are available to read at

Forgotten Books
www.ForgottenBooks.com

Forgotten Books' App
Available for mobile, tablet & eReader

ISBN 978-0-259-38714-5
PIBN 10473843

This book is a reproduction of an important historical work. Forgotten Books uses state-of-the-art technology to digitally reconstruct the work, preserving the original format whilst repairing imperfections present in the aged copy. In rare cases, an imperfection in the original, such as a blemish or missing page, may be replicated in our edition. We do, however, repair the vast majority of imperfections successfully; any imperfections that remain are intentionally left to preserve the state of such historical works.

Forgotten Books is a registered trademark of FB &c Ltd.
Copyright © 2015 FB &c Ltd.
FB &c Ltd, Dalton House, 60 Windsor Avenue, London, SW19 2RR.
Company number 08720141. Registered in England and Wales.

For support please visit www.forgottenbooks.com

1 MONTH OF FREE READING

at

www.ForgottenBooks.com

By purchasing this book you are eligible for one month membership to ForgottenBooks.com, giving you unlimited access to our entire collection of over 700,000 titles via our web site and mobile apps.

To claim your free month visit:

www.forgottenbooks.com/free473843

* Offer is valid for 45 days from date of purchase. Terms and conditions apply.

English
Français
Deutsche
Italiano
Español
Português

www.forgottenbooks.com

Mythology Photography **Fiction** Fishing Christianity **Art** Cooking Essays Buddhism Freemasonry Medicine **Biology** Music **Ancient Egypt** Evolution Carpentry Physics Dance Geology **Mathematics** Fitness Shakespeare **Folklore** Yoga Marketing **Confidence** Immortality Biographies Poetry **Psychology** Witchcraft Electronics Chemistry History **Law** Accounting **Philosophy** Anthropology Alchemy Drama Quantum Mechanics Atheism Sexual Health **Ancient History Entrepreneurship** Languages Sport Paleontology Needlework Islam **Metaphysics** Investment Archaeology Parenting Statistics Criminology **Motivational**

Das kirchliche Leben

der

evangelisch-protestantischen Kirche

des

Grossherzogtums Baden.

Dargestellt von

A. Ludwig
Pfarrer in Eichstetten.

Tübingen
Verlag von J. C. B. Mohr (Paul Siebeck)
1907.

Das Recht der Uebersetzung in fremde Sprachen behält sich die Verlagsbuchhandlung vor.

Druck von H. Laupp jr in Tübingen.

Seinem verehrten Lehrer

Herrn Geh. Kirchenrat Professor D. H. Bassermann

gewidmet

vom Verfasser.

Vorrede.

Als ich vor 5 Jahren anfing, den Stoff für die vorliegende Arbeit zu sammeln, trug ich mich mit dem Gedanken, für weitere Kreise in volkstümlicher Weise das kirchliche Leben unseres Landes darzustellen. Ich dachte, daß das Buch etwa den Titel führen müßte: „Was jeder Evangelische in Baden von seiner Landeskirche wissen sollte".

Durch das freundliche Entgegenkommen des Herrn Herausgebers der „Evangelischen Kirchenkunde" wurde ich veranlaßt, nach dem Vorbilde der beiden bisher erschienenen Teile (Königreich Sachsen und Provinz Schlesien) dem Werk eine solidere Basis zu geben. Ich bin mir wohl bewußt, daß dieser erste Versuch einer zusammenfassenden Darstellung des kirchlichen Lebens unseres Landes manche Mängel aufweist; diese und jene Folgerung aus den gegebenen Tatsachen wird nicht allgemein gebilligt werden; auch mögen einzelne Irrtümer mit untergelaufen sein, was den nicht wundern kann, der bedenkt, daß einerseits das gesammelte Material doch sehr lückenhaft war, und daß anderseits die geschilderten Verhältnisse sich in fortwährendem Fluß befinden.

Wieviel ich meinen beiden Vorgängern verdanke, zeigt ein Vergleich der drei Bücher; zugleich aber wird man erkennen, daß die Abhängigkeit keine sklavische ist.

Zu besonderem Danke bin ich denjenigen Kollegen verpflichtet, die mir mehr oder weniger ausführliche Berichte über die Verhältnisse ihrer Gemeinden übersandt haben. Andere haben durch wertvolle Mitteilungen die Arbeit gefördert.

Möge das Buch, seinem Hauptzweck entsprechend, sich als brauchbar erweisen für diejenigen, die sich über die Organisation und das Leben unserer Landeskirche orientieren wollen.

Eichstetten, den 20. Juni 1907.

A. Ludwig.

Inhaltsverzeichnis.

	Seite
Abkürzungen	XI
Verbesserungen	XII
Einleitung	1
1. Land und Leute	1
2. Geschichtliches	10
I. Kapitel. Ueberblick über die Kirchengeschichte	14
II. Kapitel. Die äußeren kirchlichen Verhältnisse	21
1. Allgemeines über die Evangelischen in Baden	21
2. Der Gemeindebestand der Evangelischen	23
3. Der Zusammenschluß der Gemeinden in Diözesen	27
4. Die Pastorierung	28
5. Gottesdienstliche und andere kirchliche Stätten	33
6. Das Kirchenvermögen	37
III. Kapitel. Die kirchliche Verfassung	40
1. Geschichtlicher Rückblick	40
2. Der Bekenntnisstand	45
3. Der Landesbischof	49
4. Der Oberkirchenrat	51
5. Die Dekane	55
6. Die Pfarrer	56
7. Die Patronate	83
8. Der Kirchengemeinderat	85
9. Die Kirchengemeindeversammlung	87
10. Die Diözesansynoden	89
11. Die Generalsynode	90
IV. Kapitel. Das kirchliche Leben	94
1. Das gottesdienstliche Leben	94
a) Gottesdienstordnung, Gesangbuch, Choralbuch S. 94. b) Der Gottesdienst S. 98. c) Die Taufe S. 110. d) Die Konfirmation S. 116. e) Die Christenlehre S. 118. f) Die Trauung S. 121. g) Das Abendmahl S. 124. h) Das Begräbnis S. 130	
2. Die Opferwilligkeit	137
3. Die kirchliche Armen- und Krankenpflege	139
4. Die Kirchenzucht	141
V. Kapitel. Das Vereinsleben	144
1. Die kirchlichen Vereine	144

a) Die Vereine für äußere Mission S. 144. b) Der Gustav-Adolf-Verein S. 147. c) Die innere Mission S. 148. d) Die badische Landesbibelgesellschaft S. 159. e) Der evangelische Bund S. 160. f) Der Protestantenverein S. 161. g) Die deutsche Lutherstiftung S. 163. h) Der evangelische Kirchengesangverein S. 163.

    2. Die Gemeinschaften 164
    3. Interkonfessionelle Vereinigungen 169

VI. Kapitel. Das kirchliche Leben im Verhältnis zu anderen Religionsgemeinschaften 172

    1. Die evangelisch-lutherischen Gemeinden und die Reformierten 172
    2. Die Brüdergemeine 174
    3. Die Sekten 175
    4. Die römisch-katholische Kirche 178

VII. Kapitel. Das kirchliche Leben und das öffentliche Leben 196

VIII. Kapitel. Das kirchliche Leben und das religiös-sittliche Leben 201

    1. Das religiöse Leben 201
    2. Das sittliche Leben 213
    3. Einzelbilder 224

I. Personen-Register 231
II. Orts-Register 234
III. Sach-Register 237

Abkürzungen.

B.	=	Bekanntmachung.
D.S.B.	=	Bescheid auf die Diözesansynode.
G.S.	=	Generalsynode.
J. M.	=	Innere Mission.
K.G.	=	Kirchengesetz.
K.G. u. V.O.Bl.	=	Kirchliches Gesetzes- und Verordnungsblatt.
K.V.O.	=	Kirchliche Verordnung.
Ldh. V.O.	=	Landesherrliche Verordnung.
Pfarrstatistik	=	Statistik der evangelisch-protestantischen Landeskirche im Großherzogtum Baden. Karlsruhe 1900.
St.G.	=	Staatsgesetz.
St.V.O.	=	Staatliche Verordnung.
Unionsurkunde	=	Urkunde über die Vereinigung beider evangelischen Kirchen in dem Großherzogtum Baden.
V. f. i. M. A. B.	=	Verein für innere Mission Augsburger Bekenntnisses.

Verbesserungen.

S. 22 Z. 5 von unten lies 49,4 statt 49,9.
S. 64 Z. 12 von oben lies ein andrer statt eine andrer.
S. 71 Z. 7 von unten lies Gewöhnliche statt Gewönliche.
S. 115 Z. ³/₄ von oben lies Wenn die Zahl der Taufen unehelicher Kinder verhältnismäßig viel geringer ist als die der ehelichen, so muß dies
S. 183 Z. 13 von oben lies worin statt woran.
S. 193 Z. 13 von oben lies 1905 statt 1902.

Einleitung.

1. Land und Leute.

A. J. V. Heunisch: Das Großherzogtum Baden historisch-geographisch-statistisch-topographisch beschrieben. Heidelberg 1857. — Das Großherzogtum Baden in geographischer, naturwissenschaftlicher, geschichtlicher, wirtschaftlicher und staatlicher Hinsicht dargestellt. Karlsruhe 1885. — Statistische Jahrbücher für das Großherzogtum Baden. — Ad. Buchenberger: Die Lage der bäuerlichen Bevölkerung im Gr. Baden. Leipzig 1883. — E. H. Meyer: Badisches Volksleben im 19. Jahrhundert. Straßburg 1900. — Hecht: Die badische Landwirtschaft am Anfang des zwanzigsten Jahrhunderts. Karlsruhe 1903. — Preußische Jahrbücher 1903. II. Heft. — H. Vierordt: Ausgewählte Dichtungen. Heidelberg 1906. — P. Pieper: Kirchliche Statistik Deutschlands. Freiburg i. B. 1899, S. 13.

Das Großherzogtum Baden steht seinem Flächeninhalt nach unter den deutschen Staaten an vierter Stelle. Es umfaßt 15081 qkm, ist fast um 100 qkm größer als das Königreich Sachsen, hat aber nicht halb so viele Einwohner. Der tiefste Punkt des Landes liegt 86,1 m, der höchste (Feldberggipfel) 1492,7 m über dem Meeresspiegel. Abgesehen von einigen kleinen Exklaven in Württemberg, Hessen, Preußen und der Schweiz bildet das Großherzogtum ein langgestrecktes, zusammenhängendes Gebiet, das im Süden 148 km, im Norden 102 km, in der Mitte 18 km breit ist, und unbedeutende württembergische, preußische und hessische Enklaven umschließt. Es grenzt im Norden an Bayern und Hessen, im Westen — wo, wie größtenteils auch im Süden, der Rhein die Grenze bildet — an die bayrische Pfalz und an Elsaß-Lothringen, im Süden an die Schweiz, im Osten an den preußischen Regierungsbezirk Sigmaringen und an Württemberg. Die Länge der Grenze beträgt gegen Hessen 147 km, gegen Bayern 239 km, gegen Elsaß-Lothringen 182 km, gegen die Schweiz 262 km, gegen Preußen 119 km, gegen Württemberg 581 km.

Fast die Hälfte Badens (44%) ist Gebirgsland, 40% Hügelland, 16% Ebene; der größere Teil des Landes dient der Landwirtschaft (59,2%); mehr als ein Drittel ist von Wald bedeckt (36,7%).

Den westlichen Teil des Großherzogtums nimmt die rechtsrheinische Hälfte der fruchtbaren Rheinebene ein, in der die wohlhabendsten, stattlichsten Dörfer und die beiden größten Städte, Mannheim und Karlsruhe, liegen. Aus dieser Ebene steigt im Osten ziemlich steil der Schwarzwald empor mit hohen Kuppen, lieblichen und romantischen Tälern; mit düsteren, tannenumrauschten Seen und sonnigen, grünen Halden; mit dunklen Wäldern, fischreichen Wildbächen, kalten und warmen Heilquellen; mit großen Hofgütern und aufblühenden Industrieorten: wenn nicht das schönste, doch eines der schönsten Mittelgebirge Deutschlands. Nach Osten geht der Schwarzwald, sich allmählich verflachend, in die schwäbische Hochebene über. — Im Norden des Landes erhebt sich zwischen Neckar und Main der rauhe, unwirtliche Odenwald, dessen Abhänge nach Süden und Westen von fruchtbaren Tälern durchschnitten sind, die mit dem Vorland, der Bergstraße, fast südliches Klima haben. Die vorgelagerten Hügel sind mit herrlichen Obst- und Weingeländen bedeckt, „unten entlang freundliche Städte und Dörfer, weiter oben, im Grünen versteckt, verfallene Burgen [1]), darüber die Gipfel mit prächtigen Eichen und Buchen bewaldet". Das südliche Hügelland: die Baar, die Bodenseegegend, der Hegau, der Klettgau und das vordere Rheintal von Waldshut bis Basel, ist weithin bedeckt mit Kornfeldern und Matten, gegen Süden auch mit Weinbergen und Obstgärten. Das nördliche Hügelland ist dem südlichen durchaus ähnlich; wohlbestellte Felder wechseln mit Wiesen und Laubwald; zahlreiche Bäche fließen dem Rhein, dem Neckar, dem Main zu. Es ist ein gesegnetes Land, würdig des begeisterten Lobes des Dichters:

Mein Vaterland, mein Baden,	Du heller Gottesgarten,
Am jugendfrischen Rhein!	Du blinkst im Blütenschnee,
Zu deinem Mahle laden	Von deines Schwarzwalds Warten,
Die Aehren und der Wein:	Von deinem Bodensee,
An deines Brodes Marke	Bis wo auf grüner Halde,
Der Leib gesund sich f eist,	Vom Schlehenhag gekrönt,
Dein Rebentrank, der starke,	Im stillen Odenwalde
Weckt feurig auf den Geist.	Des Hirten Flöte tönt.

[1]) Baden ist sehr reich an Burgen. In dem soeben erschienenen Werk: „Die Burgen und Schlösser Badens" sind gegen 800 Burgen und Schlösser beschrieben, „von denen 127 als Ruinen dastehen, 293 bewohnt sind, während der Rest als abgegangen zu bezeichnen ist."

1. Land und Leute.

> Weit schweift' ich auf und nieder,
> Sah Nord und Südens Pracht;
> Heim zog michs immer wieder
> Zu deiner Tannen Nacht:
> O Land voll Quellenadern,
> Drin Lust und Freude loh'n,
> O Land voll Felsenquadern,
> Ich fühl's, ich bin dein Sohn! —

Baden hatte nach der **Volkszählung** vom Dezember 1905: 2010728 Einwohner. Das Land gehört zu den dicht bevölkerten Staaten. Während im Jahre 1900 im Durchschnitt in Deutschland auf 1 qkm 104,2 Bewohner kamen, wohnten in Baden auf dem gleichen Raum 124 Menschen (1905: 133,5). Die Bevölkerungsdichtigkeit ist jedoch sehr verschieden, sie schwankte 1900 zwischen 63,4 und 485,1. Am schwächsten sind die Gebirgsgegenden bewohnt. Schätzungsweise betrugen 1880 die Bewohner der Rheinebene 39%, der Gesamtbevölkerung, die des Schwarzwaldes 24%; der Rest verteilte sich auf das Hügelland, den Odenwald, den Kaiserstuhl und die übrigen kleineren Gebiete.

Mit Ausnahme einer wirtschaftlich ungünstigen Periode (1847 1855) hat sich die Bevölkerung stetig **vermehrt**: von 1815 1905 um 102,4% (resp. 202,4%).

Zum Vergleich diene eine Aufstellung des Preußischen Statistischen Bureaus, nach welcher die Vermehrung von 1816—1895 in Baden 171%, in Preußen 232, in Bayern 161, in Sachsen 316, in Württemberg 147, im Deutschen Reich 215% betrug.

Im Jahre 1815 wurden 993414 Einwohner gezählt. In der Mitte des 19. Jahrhunderts sind viele Personen ausgewandert: 1853 z. B. 12932 Personen (darunter 6615 Landleute); 1887 waren es nur noch 5370 Auswanderer; seitdem hat die Auswanderung ständig abgenommen: 1903 haben nur 923 Personen die Heimat verlassen.

„Baden ist das Land des **kleinen und mittleren Bauern.**" Vier Fünftel aller einkommensteuerpflichtigen landwirtschaftlichen Betriebe versteuerten 1900 ein Einkommen von weniger als 1500 Mk.; mehr als die Hälfte aller Betriebe (54%) entfällt auf die Größenklasse von unter 2 ha Grundbesitz; weitere 29% haben 2—5 ha. Die durchschnittliche Größe eines landwirtschaftlichen Betriebs beträgt 3 ha, d. h. etwa die Hälfte des Reichsdurchschnitts und nur ein Viertel vom Durchschnitt Ostelbiens. Von den großen Schwarzwaldhöfen haben nur etwa 500 mehr als 100 Morgen. „Ein Interessengegensatz zwischen Land und Stadt ist fast nirgends vorhanden; die Kleinheit des Betriebes ermöglicht die intensivste Bearbeitung". Fast drei Viertel der landwirtschaftlichen Haushaltungen waren 1880 auf Nebenerwerb durch Handel, Handwerk, Tagelohn und Industrie angewiesen. „Charakteristisch für die badische Industrie ist deren Dezentralisation und das Wohnen des Arbeiters auf dem Lande". 2000 gewerbliche Betriebe entfallen auf die Städte mit über 5000 Einwohnern, 4700 auf die kleineren Städte und das flache Land. „Der badische Zustand dürfte dem Ideal einer **industrialisierten bäuerlichen Landwirtschaft** nahe kommen".

Nach der Berufszählung von 1895 ernährten sich

a. von Landwirtschaft, Gartenbau, Viehzucht,
  Forstwirtschaft, Jagd und Fischerei   372 084 Pers. b. i. 21,6%
b. von Bergbau, Hütten= und Salinenarbeit,
  Industrie und Bauwesen   287 450 „ „ 16,7%
c. von Handel= und Verkehrswesen   75 469 „ „ 4,5%
d. von häuslichem, bürgerlichem, kirchlichem
  und Militärdienst, von freien Berufsarten
  und ohne Beruf   138 821 „ „ 8,1%
e. vom Dienst im Hause der Herrschaft   46 654 „ „ 2,7%
f. ohne hauptberufliche Erwerbstätigkeit waren   798 760 „ „ 46,4%

Wie verteilen sich die Einwohner auf **Stadt und Land**?

Im Jahre 1905 hatte Baden 2 Großstädte: Mannheim mit 163 693 Einwohnern, Karlsruhe mit 111 249. Die Zahl der Mittelstädte (20 000—100 000) betrug 4 (Konstanz 24 807, Heidelberg 49 527, Pforzheim 59 372, Freiburg 74 098); Kleinstädte (5 000—20 000) waren es 19; weniger als 5000 Einwohner hatten 95 Städtchen.

In 2 Großstädten	wohnten	274 942 Pers.	b.i. 13,7 %	der Bevölkerung
In 4 Mittelstädten	„	207 804	„ „ 10,3 %	„
In 19 Kleinstädten	„	183 331	„ „ 9,1 %	„
In 95 Städten unter 5000 Einwohnern	„	201 965	„ „ 10,0 %	„
In 120 Städten	„	868 042	„ „ 43,17%	„
Auf dem Lande	„	1 142 686	„ „ 56,83%	„

Doch ist zu bedenken, daß der größte Teil der Städte sich kaum von Landorten mit gleicher Einwohnerzahl unterscheidet, und daß ihre Bewohner deswegen zur Landbevölkerung zu rechnen sind. Elf „Städte" hatten weniger als 1000 Einwohner, die kleinste „Stadt" nur 216. Die Zahl der Landgemeinden betrug 1454[1]). Unter diesen hatten 28 mehr als 3000 Einwohner. Die größten Landgemeinden waren Kirchheim (4730 Einwohner), Feudenheim (5007 E.), Sandhofen (6630 E.), Seckenheim (7928 E.).

---

1) Auf 1. Januar 1907 noch 1449, da seit der letzten Volkszählung 5 Vororte mit benachbarten Städten vereinigt wurden.

1. Land und Leute.

Die auffallendste Erscheinung in der Entwicklung der letzten 100 Jahre ist auch in Baden das schnelle Wachstum der Städte. Im Jahre 1812 gab es in Baden nur 6 Städte, die mehr als 5000 Einwohner zählten. Die größte Stadt, Mannheim, hatte 18 213 Einwohner, die Residenz Karlsruhe nur 13 727; keine einzige Stadt hatte über 20 000, nur 3 hatten über 10 000 Einwohner. Namentlich die mittleren und größeren Städte weisen eine verhältnismäßig bedeutende Zunahme der Bevölkerung auf.

Mannheim stieg von 18 213 auf 163 693 Einwohner
Karlsruhe „ „ 13 727 „ 111 249 „
Freiburg „ „ 10 108 „ 74 098 „
Pforzheim „ „ 5 301 „ 59 372 „

1864 wohnten 25,9% der Bevölkerung in Stadtgemeinden, jetzt 43,17%.

Es gibt Leute genug, die diese Verschiebungen zwischen Stadt und Land für einen Fortschritt halten. Bestand doch in den letzten Jahrzehnten unter den Städten von gleicher oder annähernd gleicher Größe ein Wettkampf um die Palme des schnellsten Wachstums: eine große Anzahl von Vororten wurde eingemeindet. Vorerst ist die Landflucht noch im Steigen begriffen. Der „Verein für ländliche Wohlfahrtspflege" sucht ihr entgegen zu wirken; aber als ein günstiges Omen für erfolgreiche Wirksamkeit kann wohl nicht die Tatsache gelten, daß die an der Spitze des Vereins stehenden Männer zum größten Teil selbst in Städten ihre Wohnsitze haben. Von den 65 Mitgliedern des Gesamtvorstandes wohnen z. Zt. 44 in Stadt=, nur 21 in Landgemeinden!

Ueber die Bewegung der Bevölkerung unterrichten folgende Zahlen. Im Jahre 1900 wurde festgestellt, daß geboren waren

1 204 160 Einwohner b. i 64,5% in ihrem Wohnort
145 211 „ „ 7,7% im Amtsbezirk ihres Wohnorts
296 172 „ „ 15,8% sonst in Baden
185 423 „ „ 10,0% im Reich
36 978 „ „ 2,0% im Ausland.

Durch die günstige Entwicklung der Landwirtschaft und den Aufschwung der Industrie ist der **Wohlstand** der Bevölkerung in der zweiten Hälfte des 19. Jahrhunderts außerordentlich gestiegen. Zwar ist die Zahl der sehr reichen Leute nicht groß. Im Jahre 1905 versteuerten nur 186 Personen ein jährliches Einkommen von über 100 000 Mark. Es versteuerten

86 664 Personen ein Einkommen von 900 — 1 000 Mark
186 474 „ „ „ „ 1 000 — 2 000 „
61 622 „ „ „ „ 2 000 — 5 000 „
10 832 „ „ „ „ 5 000 — 10 000 „
4 553 „ „ „ „ 10 000 — 50 000 „
292 „ „ „ „ 50 000 — 100 000 „

350 623 Personen waren steuerpflichtig[1]), d. i. 17,4 % der Bevölkerungszahl von 1905. Die geringste Zahl der steuerpflichtigen Personen hatte der Kreis Mosbach, die höchste der Kreis Mannheim. Im Durchschnitt besitzt ein Einkommensteuerpflichtiger ein Einkommen von 2064 Mk.

Als Maßstab für den Wohlstand eines Landes können auch die Sparkassen-Einlagen gelten. Am Ende des Jahres 1903 hatten 484 010 Einleger ein Gesamtguthaben von 531 369 869 Mark. Das sind auf den Kopf der Bevölkerung[2]) 272 Mk. (in Preußen 210 Mk.).

122 973	Einleger	hatten 1902	Guthaben	bis	100 Mark
147 884	"	"	"	von 100— 500	"
72 045	"	"	"	" 500—1000	"
66 969	"	"	"	" 1000—2000	"
52 308	"	"	"	" 2000—5000	"
20 398	"	"	"	über 5000	"

Einen größeren Durchschnittsbetrag auf den Kopf hat in Deutschland nur Hamburg aufzuweisen; Baden steht unter den deutschen Staaten an zweiter Stelle.

Von Interesse ist es, festzustellen, wie sich die Sparer auf die einzelnen Volks- und Berufsklassen verteilen. Wenn man diejenigen Einleger, die 1903 neue Sparkassenbücher erhielten, klassifiziert, so entfallen auf Ackerbau und Viehzucht 20,93% der Einlagen, auf häuslichen Dienst 10,20, auf das Handelsgewerbe 6,41, Baugewerbe 4,59, Bekleidungs- und Reinigungsgewerbe 4,46, Industrie der Genuß- und Nahrungsmittel 5,68, Metallindustrie 4,81, Maschinenbau 3,90, Hof-, Staats- und Gemeindedienst 3,69, Wirtsgewerbe 3,37, Kirchendienst 0,52, Verkehrsgewerbe 5,07; auf Rentner und Pensionäre entfallen 7,45%.

Trotz wachsendem Wohlstand fehlt es nicht an Unterstützungsbedürftigen. Im Jahre 1902 betrug

der Aufwand der Gemeinden für die Armen	2 621 734 Mark
" " " Kreise " " "	1 272 669 "
" " des Staates " " "	83 474 "
Dazu kommt der Armenaufwand	
der weltlichen Distrikts- und Landesstiftungen mit	215 049 "
" Ortsstiftungen "	786 278 "
Zusammen	4 979 204 Mark

d. i. auf den Kopf[3]) 2,5 Mk. Ein Vergleich mit anderen Ländern

---

1) Die Einkommen unter 900 Mk. sind steuerfrei.
2) Bei der Berechnung, wieviel auf den Kopf kommt, ist hier und im folgenden der Bevölkerungszuwachs von 1900—1905 mit 142 784 Personen gleichmäßig auf die dazwischenliegenden Jahre verteilt, in diesem Fall sind für das Jahr 1903 angenommen: $1\,867\,944 + (3 \times 28\,557) = 1\,953\,615$ Personen.
3) Die Einwohnerzahl ist angenommen zu $1\,867\,944\ (1900) + 2 \times 28\,557 = 1\,925\,058$.

läßt sich nicht gut anstellen, da einerseits der Begriff der Armut ein sehr verschiedener sein kann, anderseits die Unterstützungen nicht nach den gleichen Gesichtspunkten bewilligt werden. Wo große Stiftungen vorhanden sind, oder das Gemeindevermögen bedeutend ist, da werden auch solche Personen unterstützt, die an anderen Orten nicht zu den Bedürftigen gerechnet würden.

Der **Charakter** einer Bevölkerung wird wohl in erster Linie bestimmt durch Abstammung, Geschichte, Sitte und Religion, in zweiter Linie auch durch die Beschäftigung, durch das Klima und durch die Bodenbeschaffenheit. Es ist ein großer Unterschied zwischen dem Alemannen und dem Franken; der Alemanne der Rheinebene hat andere Charaktereigenschaften als sein Stammesgenosse auf dem Schwarzwald; der Industriearbeiter unterscheidet sich von seinen bäuerlichen Verwandten; katholische Dörfer bieten ein anderes Bild dar als protestantische. Schon äußerlich treten verschiedene Stammeseigentümlichkeiten hervor in **Gestalt** und **Mundart** der Bewohner. Baden ist von verschiedenen **Volksstämmen** bewohnt. Im Norden haben sich Franken niedergelassen, der Süden ist von Alemannen besetzt, im Südosten und über den östlichen Schwarzwald hin hat das schwäbische Element die Oberhand über das alemannische gewonnen, das Mittelland von der Elz bis zur Oos hat in verschiedenartiger Mischung fränkisch-alemannische Art angenommen. Dem Pfälzer, den sein Weg in den südlichen Schwarzwald führt, klingt der alemannische Dialekt fast wie eine fremde Sprache, und es wird ihm kaum leichter, seinen Landsmann aus der Bodenseegegend zu verstehen, als etwa den Niederdeutschen an der Ostseeküste. Noch weniger ist er im Stande, den fremden Dialekt sich so anzueignen, daß man ihn für einen Alemannen halten könnte. Man wird immer in den Gemeinden des Oberlandes die eingewanderten Franken, in den Orten des Unterlandes die zugezogenen Alemannen herausfinden, auch wenn sie im übrigen sich vollständig akklimatisiert haben. Hebelsche Verse erregen in der Pfalz schon wegen ihrer Sprache Heiterkeit, die pfälzischen Gedichte Nadlers bleiben den Alemannen mehr oder weniger unverständlich.

Zwei Proben mögen den Unterschied der fränkischen und der alemannischen Mundart illustrieren:

Pfälzisch: „Uff Mannem muß mer gehn, — vor was zu seehne. — Do trefft mer alles an, — im Große unn im Kleene. — Ihr henn doch aa schunn g'heert von dem Hudell (Hotel). — No, deß hab ich jetzt mit eechne Aache g'schaut. — Deß isch jo e Koloß! Do kennt jo unser Dorf mit samt' em Parre wohne. — Doch deß isch niks vor uns, deß isch vor

Grafe unn Barone". — (Heunisch: Das Großherzogtum Baden).

Probe des alemannischen Dialekts:

Isch echt do obe Baumele feil? — Sie schütten eim e rebli Teil — in b'Gärten aben und ufs Hus; — es schneit doch au, es isch e Grus; — und's hangt no menge Wage voll — am Himmel obe, merki wol. — Und wo ne Ma vo witem lauft, — se het er vo der Baumele g'chauft; — er treit fi uf der Achsle no, — und uffem Huot, und lauft dervo. — Was lauffch denn so, du närrsche Ma? — De wirsch fi doch nit gstole ha? (Hebel.)

Der Franke (Pfälzer) gilt als beweglich und rührig, redselig und schlagfertig, verständig und witzig, aber auch als leichtfertig und wankelmütig, als unzuverlässig und unbeständig; er ist empfänglich für den Fortschritt und für fremdes Wesen. „Den Franken und falsches Geld führt der Teufel durch alle Welt". Der Unterschied der Stände ist ziemlich ausgeglichen: in den Kneipen Mannheims saß (früher wenigstens) der Sackträger neben dem Kaufherrn, der Taglöhner neben dem Professor. Der Pfälzer ist mit einem Tropfen demokratischen Oels gesalbt, hochmütiges Standesbewußtsein fordert seinen Spott heraus; er hat wenig Achtung vor der Autorität. „Der Geist des Selbstprüfens, Selbsturteilens, Selbstentscheidens, somit auch des Widerspruchs wurzelt bei keiner deutschen Volksgruppe tiefer als bei den Badenern und Pfälzern, und auf einem Kongreß sämtlicher deutscher Volksstämme wird der Pfälzer jedenfalls das letzte Wort behalten". (Riehl.)

Der dem Alemannen stammverwandte Schwabe, sein östlicher Nachbar, ist zäh, beharrlich, tätig, schweigsam, zurückhaltend, vorsichtig, praktisch, aber dabei zum Grübeln geneigt, freundlich, höflich und gastfrei. Daher sagt Luther in seinen Tischreden: „Wenn ich viel reisen sollte, wollte ich nirgendwo lieber denn durch Schwaben und Bayerland ziehen; denn sie sind freundlich und gutwillig, beherbergen gerne und gehen den Wanderleuten entgegen und tun gute Ausrichtung für ihr Geld".

Der Alemanne ist ausdauernd, ernst, gemessen; noch zurückhaltender als der Schwabe und erscheint daher zuerst als abstoßend und mißtrauisch; er liebt die Freiheit und Unabhängigkeit, ist ein großer Freund von Musik und Gesang, hat ein ausgeprägtes Heimatgefühl; bei dem Schwarzwälder kommt hinzu trotzige Hartnäckigkeit und Starrköpfigkeit, ein empfindliches Rechtsbewußtsein und Hang zur Abgeschlossenheit.

Erscheint der Oberländer dem Pfälzer leicht als ein „Duckmäuser", so wird dieser von jenem als „Narr" taxiert. Der Alemanne hat so wenig Verständnis für geschwätzige Offenherzigkeit, wie der Pfälzer für verschlossene Zurückhaltung.

Zwei Beispiele sollen diese verschiedenen Charaktereigenschaften zeigen. Wenn ein evangelischer Pfarrer eine andere Stelle erstrebt und seine Absicht durch Gemeindewahl nicht erreicht, so kann er vom Großherzog auf 6 Jahre zum Geistlichen einer Gemeinde ernannt werden. Es liegt dann in der Hand der betreffenden Gemeinde, durch Wahl die provisorische Anstellung in eine definitive umzuwandeln. Gewöhnlich wählen die Gemeinden einen „gesetzten" Pfarrer innerhalb der ersten zwei Jahre. Ein nach diesem Modus in die Pfalz versetzter Pfarrer wird von dem Kirchengemeinderat seiner Gemeinde abgeholt. Nach kurzer Begrüßung und Unterhaltung sagt schon ein Aeltester zu dem Ankömmling: „Herr Parrer, mer wähle Se"! — Ungefähr zu gleicher Zeit wird auch ein Geistlicher auf 6 Jahre in eine Oberländer Gemeinde versetzt. Hier dauert es ein Jahr, bis er gewählt wird. Der Bürgermeister erklärt in öffentlicher Versammlung ihr Zögern in folgender Weise: wir hätten ihn schon lange wählen können, er hat uns gleich am Anfang gefallen; aber es sollte jedes Gemeindeglied Gelegenheit haben, sich ein begründetes Urteil zu bilden. Hier also bedächtiges Abwarten und Beobachten, dort rasche Begeisterung. Die Kehrseite ist dann, daß auf das Hosianna auch bald das Kreuzige zu folgen pflegt, während der Oberländer, wenn die Freundschaft einmal geschlossen ist, auch eher daran festhält.

Aber an der Heimat hängt der Pfälzer ebensosehr, wie der Oberländer. Lobt der Markgräfler seinen „Wi" und seine Berge, so ist der Pfälzer stolz auf sein „Mannem"1), auf die ganze „Palz". Doch trifft dies nicht bloß auf diese beiden Volksstämme zu. Es ist aus allgemein psychologischen Gründen erklärlich, daß der eine Volksstamm sich für trefflicher hält als die anderen, gerade so gut, wie etwa der Städter auf die Landbewohner herabschaut.

Neuere Beobachter wollen finden, daß der Sinn und das Verständnis für Dialektpoesie im Volke abnehmen. Aus vielen Häusern des Markgräflerlandes sei der ehemals wie ein Heiliger verehrte Hebel ganz verschwunden, während man ihn früher fast überall gefunden habe. Das Zurückweichen des Dialekts vor dem Hochdeutschen hat ähnliche Gründe, wie das allmähliche Verschwinden der Volkstracht; dazu kommt noch der nivellierende Einfluß der Schule und des Militärlebens. Kann man auf die Selbstüberschätzung der einzelnen Volksstämme das Wort anwenden: „Was kann von Nazareth Gutes kommen", so gilt hier auch das scheinbar die entgegengesetzte Wahrheit ausdrückende, daß kein Prophet angenehm ist in seinem Vaterlande. Aber das Stammesselbstbewußtsein und die Heimatliebe sind offenbar ursprünglichere Empfindungen; das Aufgeben der eigenen Volksart und das Sichanpassen an Kulturformen, die als höhere gewertet werden, liegt dem Süd-

---
1) Mannheim.

deutschen wohl näher als dem Norddeutschen, was aus geschichtlichen Gründen verständlich ist.

2. Geschichtliches.

Freiherr von Drais: Geschichte der Regierung und Bildung von Baden unter Carl Friedrich. Carlsruhe 1816. — J. Bader: Badische Landesgeschichte. Freiburg 1834. — K. F. Vierordt: Geschichte der evangelischen Kirche in dem Großherzogtum Baden. Karlsruhe 1847 und 1856. — F. v. Weech: Badische Geschichte. Karlsruhe 1890. — A. Dove: Großherzog Friedrich von Baden als Landesherr und deutscher Fürst. Heidelberg 1902. — H. Dittmar: Die deutsche Geschichte in ihren wesentlichen Grundzügen. Heidelberg 1880. — Fr. Nippold: Handbuch der neuesten Kirchengeschichte. Elberfeld 1868. — Geschichtlicher Ueberblick in: „Das Großherzogtum Baden" 2c. f. S. 1.

Das Großherzogtum Baden besteht in seiner gegenwärtigen Zusammensetzung und räumlichen Ausdehnung erst seit Anfang des 19. Jahrhunderts. Bei der Beurteilung der Politik, die zur Bildung unseres Staates geführt hat, darf man nicht vergessen, daß das Stammland, die Markgrafschaft Baden, nur ein kleines Gebiet umfaßte, und daß es immer ein Grenzland war. Zur Römerzeit bildete das Gebiet zwischen Main, Oberrhein und oberer Donau das Zehntland, die agri decumates. Sein Hauptwert für die Römer bestand darin, daß es ein Vorland für die besser geschützten gallischen Provinzen war. Im dritten Jahrhundert breiteten sich die Alemannen über das Zehntland aus und drangen tief in Gallien ein. Sie wurden zu verschiedenen Malen wieder zurückgeworfen, behaupteten aber schließlich das Land auf dem rechten Rheinufer. Im Jahre 496 wurden sie von dem Frankenkönig Chlodwig besiegt und nach Süden bis über die Oos gedrängt. Der Landstrich nördlich der Oos wurde an Ansiedler aus fränkischem und chattischem Stamme vergeben. Seit der Mitte des 8. Jahrhunderts verwalteten Grafen, Beamte des fränkischen Königs, das Land. — Zur Reformationszeit bestand auf dem Gebiet des heutigen Großherzogtums eine große Anzahl geistlicher und weltlicher Territorien, von denen die Pfalz, die Markgrafschaft Baden und die vorderösterreichischen Besitzungen die bedeutendsten waren. Im Bauernkrieg wurde im Süden und im Norden manches Kloster und manche Burg zerstört. Hundert Jahre später hat der dreißigjährige Krieg dem Lande tiefe Wunden geschlagen.

Kaum waren die Wunden notdürftig verbunden, nicht geheilt, da wurde das Land rechts des Rheins durch die Kriege

Ludwigs XIV. verheert. Der dritte Raubkrieg verwandelte die Pfalz in eine Wüste. Sogar die Weinstöcke wurden herausgerissen und die Obstbäume abgehauen, 400 000 Einwohner kamen um ihre Habe und wurden teils mißhandelt, teils niedergemacht. Etwa 1200 Dörfer und Städte in den pfälzischen Rheinlanden wurden zerstört. — Auch im spanischen Erbfolgekrieg war das Land wieder zeitweise den Franzosen preisgegeben. Es folgte eine Periode äußerer Ruhe, die aber für die Protestanten der Pfalz unheilvoll genug war (Seite 16), während die Markgrafschaft unter der Regierung des edlen und weisen Karl Friedrich allmählich wieder emporblühte.

Nach solchen Schicksalen der badischen Lande kann man es diesem Fürsten nicht verdenken, wenn er in den Kriegen Napoleons I. sich lieber auf die Seite des mächtigen westlichen Nachbarn schlug, als daß er sein Gebiet wieder den streitenden Mächten als Kampfplatz zur Verfügung stellte, nachdem dem Land so oft die Ohnmacht des deutschen Reiches ad oculos demonstriert worden war. Man mag seine Politik eigennützig oder undeutsch nennen, aber bei einem kleinen, verarmten Staat ist es wohl erklärlich, daß er da Anschluß sucht, wo er Schutz zu finden hofft. Zwar hatte sein Volk nicht bloß Vorteile von der engen Verbindung des Fürsten mit Napoleon. Mancher Badener hat im fernen Lande, in Rußland, in Spanien, für den Eroberer sein Leben gelassen. Doch das Gebiet Karl Friedrichs erweiterte sich mehr und mehr. Nachdem schon i. J. 1771 infolge eines 1765 abgeschlossenen Erbvertrags die Markgrafschaft Baden-Baden mit Baden-Durlach vereinigt worden, wurde der zum Kurfürsten erhobene frühere Markgraf Karl Friedrich im Reichsdeputationshauptschluß (1803) für die verlorenen linksrheinischen Besitzungen reichlich entschädigt, indem er die pfälzischen Aemter Heidelberg, Ladenburg und Bretten, die Herrschaft Lahr, die hessen-darmstädtischen Länder Lichtenau und Willstätt, das säkularisierte Bistum Konstanz, die Reste der Bistümer Basel, Straßburg und Speier, die Abteien Schwarzach, Allerheiligen, Lichtental, Gengenbach, Ettenheimmünster, Petershausen, Renchen und Oehningen, die Probstei und das Stift Odenheim, die Reichsstädte Offenburg, Zell am Harmersbach, Gengenbach, Ueberlingen und Pfullendorf erhielt. Durch den Frieden von Preßburg (26. Dez. 1805) fielen die vorderösterreichischen Besitzungen an Baden. Durch die Rheinbundsakte (12. Juli 1806) wurde das Land zum **Großherzogtum** erhoben und durch einige kleine Gebiete erweitert. **Württemberg** trat durch Staatsvertrag einzelne, früher schwäbische Besitzungen im Schwarzwald an Baden ab. Als im **Wiener Frieden** die politischen Verhältnisse neu geordnet waren, hatte das Großherzogtum 274 Quadratmeilen und fast eine Million Einwohner.

Aber nicht bloß nach außen war die Regierung Karl Friedrichs erfolgreich. Seine Bestrebungen für die religiöse, sittliche und kulturelle Hebung des Volkes sind der höchsten Anerkennung wert. Schon im Jahre 1783 hob er die **Leibeigenschaft** auf; er verbesserte das **Schulwesen**, schützte neu aufkommende Erwerbszweige durch Erteilung von Privilegien und durch strenge Gesetze und half der **Landwirtschaft** auf; die Angelegenheiten der evangelischen Kirche regelte er durch die **Kirchenratsinstruktion** (1797) und durch eine Reihe bedeutsamer Verordnungen. Ueber die Grundsätze, die ihn bei seinen Regierungshandlungen leiteten, hat er sich in seiner Antwort auf die Dankadresse seiner Untertanen anläßlich der Aufhebung der Leibeigenschaft ausgesprochen. Der Schluß dieser Ansprache, welche die Aufmerksamkeit der Zeitgenossen auf sich zog, lautet: „Möchte Tugend, Religion und Ehre uns zu einem freien, opulenten, gesitteten, christlichen Volk noch immer mehr heranwachsen lassen". Und gleichsam als sein Testament hat er seinen Nachfolgern die Mahnung hinterlassen: „Es muß ein unumstößlicher Grundsatz bei unseren späteren Nachkommen bleiben, daß das Glück des Regenten von der Wohlfahrt seines Landes unzertrennlich sei".

Das neue Großherzogtum hatte in den letzten hundert Jahren einige Stürme zu bestehen. Die Wirkungen der **Pariser Februar-Revolution** machten sich auch in Baden geltend. Nachdem die ersten unbedeutenden Volkserhebungen des Jahres 1848 niedergeschlagen waren, wurde im Mai 1849 das Militär in den Aufruhr hineingezogen, und der Großherzog mußte das Land verlassen. Bundestruppen unter Führung des Prinzen **Wilhelm von Preußen** warfen den Aufstand nieder und stellten die Ordnung wieder her. Bald darauf entbrannten konfessionelle Streitigkeiten, die mit dem Abschluß einer **Konvention** zwischen der badischen Regierung und dem Papste endigten (1859). Diese Konvention (Konkordat) bildet nach **Nippold** den Höhepunkt aller Errungenschaften der Kurie. Fast die ganze evangelische Bevölkerung und ein großer Teil der katholischen erhoben heftigen Widerspruch. Den Anstoß zu der Bewegung gegen das Konkordat gab eine Versammlung in Durlach (1859), auf der die Professoren H ä u ß e r und Kirchenrat S c h e n k e l, sowie Stadtpfarrer Z i t t e l besonders hervortraten. Als der Landtag die Konvention verwarf, entließ G r o ß h e r z o g F r i e d r i ch die für den Abschluß verantwortlichen Regierungsbeamten und berief ein liberales Ministerium, unter dem die rechtliche Stellung der beiden christlichen Kirchen neu geregelt wurde (s. unten). Eine Folge des Systemwechsels war die Einführung der S i m u l t a n = s ch u l e. Ueber die inneren Wirren der evangelischen Kirche wird später zu reden sein (Seite 18 ff.). Der K u l t u r k a m p f verschärfte wieder den Gegensatz zwischen dem Staat und der katholischen Kirche, doch wurden im Laufe der Zeit, als auf allen Seiten der Wunsch nach Frieden sich immer dringender äußerte, die meisten der Kulturkampfgesetze aufgehoben. Die vom Zentrum immer wieder erhobene Forderung der Zulassung von Männerorden ist jedoch dank der entschiedenen Haltung der nationalliberalen Partei und der Festigkeit der Regierung bis heute noch nicht bewilligt. Die äußere Politik war lange Zeit durch den Gegensatz zwischen P r e u ß e n und O e s t e r r e i ch bestimmt. Zuletzt trat Baden auf die Seite Preußens; der Großherzog sah seine lang gehegten Hoffnungen auf eine nationale Einigung Deutschlands in Erfüllung gehen. Schon am 5. September 1867 hatte er bei der Landtagseröffnung das Ziel seiner Politik dahin formuliert: „Mein Entschluß steht fest, der nationalen Einigung unausgesetzt nachzustreben, und gerne werde ich und wird mit mir mein getreues Volk die Opfer bringen, die mit dem Eintritt in dieselbe unzertrennlich verbunden sind. Sie werden reichlich aufgewogen durch die volle Teilnahme an dem nationalen Leben und die erhöhte Sicherheit für die freudig fortschreitende innere Staatsentwicklung". Viele seiner Untertanen waren mit dem Ueberwiegen des preußischen Einflusses nicht einverstanden. Noch im Jahre 1870 hat es im katholischen Volk nicht an solchen gefehlt, die im Stillen auf den Sieg Frankreichs hofften; doch wird dies auch auf katholischer Seite heute als eine Verirrung bedauert.

I. Kapitel.

Ueberblick über die Kirchengeschichte.

J. H. Rieger: Sammlung von Gesetzen und Verordnungen über das evangelisch-protestantische Kirchen-, Schul-, Ehe- und Armenwesen im Großherzogtum Baden von 1806—1848. Offenburg 1834 ff. Fortgesetzt von K. S. Schmidt 1848—1856. — L. J. Fecht: Pastoral-Anweisung für die Großh. Badische ev.-luth. Landes-Geistlichkeit. Karlsruhe 1807. — Evangelische Kirchenvereinigung im Großh. Baden nach ihren Haupturkunden und Dokumenten (Unionsurkunde). Heidelberg 1821. — K. F. Vierordt: Geschichte der ev. Kirche im Großherzogtum Baden. 2. Bde. Karlsruhe 1847 und 1856. — K. Rein: Weckstimme über den jetzigen Zustand und die drohende Gefahr der ev. Kirche Deutschlands, besonders Badens. Karlsruhe 1849. — K. Mann: Denkblatt zur Jubelfeier der Reformation in Baden. Karlsruhe 1856. — E. Frommel: Aus dem Leben Dr. Aloys Henhöfers. Karlsruhe 1865. — Denkschrift ev. protest. Geistlicher im Großherzogtum Baden (Aktenstücke zum Schenkelstreit). Karlsruhe 1865. — G. Spohn: Kirchenrecht der vereinigten ev. prot. Kirche im Großherzogtum Baden. Karlsruhe 1871. 1875. — G. Körber: Die Ausbreitung des Christentums im südlichen Baden. Heidelberg 1878. — H. Bassermann: Geschichte der evangelischen Gottesdienstordnung in badischen Landen. Stuttgart 1891. — Derselbe: Zur Frage des Unionskatechismus. Tübingen und Leipzig 1901. — E. Zittel: Das Zeitalter Karl Friedrichs. Heidelberg 1896. — Derselbe: Das Reformationsjubiläum von 1817 und die Union. Heidelberg 1897. — K. Kühner: Ignatz Heinrich von Wessenberg und seine Zeitgenossen. Heidelberg 1897. — G. Grützmacher: Die evangelische Landeskirche des Großherzogtums Baden. Freiburg i. B. 1898. — A. Hauck: Kirchengeschichte Deutschlands. I. 2. Aufl. Leipzig 1898. — G. Längin: Zur Charakteristik der kirchlich-konservativen Partei in Baden. Karlsruhe 1892.

Die wenigen Saatkörner christlichen Lebens, die während der Römerherrschaft da und dort durch christliche Kaufleute, Beamte und Soldaten in der Provinz Germania superior ausgestreut worden waren, vernichtete die Völkerwanderung. Nach der Niederlage der Alemannen (Seite 10) verkündigten iroschottische Missionare das Evangelium. Im 7. Jahrhundert wirkten im Südosten des heutigen Großherzogtums, am Bodensee, Columban und sein Schüler Gallus; am Oberrhein soll Fridolin eine Kapelle gebaut haben, im Breisgau war Trubert tätig, bei Ettenheim predigte Landolin, der Apostel der fränkischen Gebiete war Kilian. Im 8. Jahrhundert gründete Pirmin auf der Insel Reichenau im Bodensee ein Kloster, das bald zu großer Berühmtheit gelangte. Bonifatius ordnete dann die Verteilung des Landes in verschiedene größere Kirchensprengel: Der Süden gehörte zum Bistum Konstanz, es folgte das Bistum Straßburg; von der Oos bis zur Nordgrenze des Kraichgaus reichte der rechtsrheinische Teil des Bistums Speyer; an dieses schloß sich Worms an; die fränkischen Lande unterstanden zum großen Teil dem Bischof von Würzburg, einige Ortschaften gehörten dem Bistum Mainz. Die mächtigsten und reichsten Klöster waren im Mittelalter: Reichenau, Schwarzach, St. Trudbert, St. Blasien. Diese Gegenden standen also unter der Einwirkung alter christlicher Kultur.

Die Reformationsgeschichte Badens bietet ein Mosaik, zusammengesetzt aus einer Menge einzelner, unzusammenhängender Ereignisse. Es können hier nur die wichtigsten Länder und Daten berücksichtigt werden.

Im Jahre 1518 war Luther in Geschäften seines Ordens in Heidelberg, wo die Augustiner ihm zu Ehren eine öffentliche Disputation veranstalteten. Wenige Wochen später lernte Luther in dem neu berufenen Melanchthon einen der berühmtesten Söhne Badens kennen. Es war auch ein Badener, Johann Reuchlin, der die Berufung des jungen Gelehrten nach Wittenberg vermittelt hatte. In Wertheim hat schon 1523 Graf Georg die Reformation eingeführt. Götz von Berlichingen trat frühe mit evangelischen Ansichten hervor; mit ihm stimmte ein großer Teil der Ritterschaft überein. Das vorderösterreichische Gebiet blieb dem Evangelium verschlossen, obgleich es unter den Professoren der Universität Freiburg nicht an Reformfreunden fehlte. Auch die Bistümer und Klöster hielten am alten Glauben fest. — Das Stammland des heutigen Großherzogtums, die Markgrafschaft Baden, wurde 1535 geteilt. Im nördlichsten und südlichsten Teil, der Markgrafschaft Baden-Durlach, führte Karl II. 1556 die Reformation durch; in dem mittleren Gebiet, der Markgrafschaft Baden-Baden, siegte, nach öfterem Religionswechsel, schließlich der Katholizismus. — Die Pfalz nahm 1556 unter dem Kurfürsten Otto Heinrich das Evangelium an. Sein Nachfolger Friedrich III. unterschrieb zwar 1561 die Augsburgische Konfession, führte aber 1563 den Heidelberger Katechismus ein, ohne es zu erreichen, daß alle Glieder seines Landes die reformierte Lehre annahmen. Die Bewohner der Kurpfalz haben dann später noch einige Male den Glauben wechseln müssen, doch gelang es den katholischen Kurfürsten, die seit 1685 einander in der Regierung folgten, trotz ihren Bemühungen nicht, der katholischen Kirche das verlorene Gebiet wieder zu gewinnen. Vergeblich wandten die Jesuiten

List und Gewalt an; sie brachten es dahin, daß die katholische Kirche zu immer größerem Besitz gelangte, während die evangelischen verarmten, aber der größte Teil der Bewohner blieb ihrem Glauben treu und hoffte auf bessere Zeiten.

Die Reihe der Bedrücker eröffnet Johann Wilhelm (1690—1716). Schon 1693 waren 100 reformierte und 3 lutherische Kirchen in den Händen katholischer Ordensleute. Der Friede von Ryswyck (1697) bestimmte, daß in den eroberten Orten, in denen durch die Franzosen während der Okkupation römisch-katholischer Gottesdienst eingerichtet worden war, dieser Zustand bleiben solle. Im folgenden Jahre wurde allen Untertanen geboten, die katholischen Festtage mitzufeiern. In demselben Jahre erfolgte die Einführung des Simultaneums (29. Okt. 1698), wonach die Kirchen dem Gottesdienst aller drei christlichen Bekenntnisse offen stehen sollten; die durch den Ryswycker Frieden für katholisch erklärten Gotteshäuser blieben jedoch den Katholiken allein reserviert. Das Simultaneum öffnete 240 Kirchen dem katholischen Kultus. Auf die Verwendung von Preußen, Holland, England und Schweden verpflichtete sich der Kurfürst in der Religionsdeklaration (21. Nov. 1705), von dem reformierten Kirchengut ⁵/₇ den Reformierten zu lassen, ²/₇ den Katholiken zuzuweisen. Von je 7 Dorfkirchen fielen 2 den Katholiken, 5 den Reformierten zu [1]). Die Lutheraner blieben im Besitz derjenigen Kirchen, die sie 1624 besessen oder seitdem erbaut hatten. — Auch der folgende Kurfürst Karl Philipp (1716—1742) setzte die Bedrückungen fort. Unter Karl Theodor (1743—1799) erreichte die Not der Evangelischen ihren Höhepunkt. Er erhob den Grundsatz, daß kein Protestant ein höheres Amt bekleiden dürfe, zum Hausgesetz. Die Klassenkonvente der Geistlichen, die früher jährlich ein= oder zweimal stattgefunden hatten, wurden verboten. Nach berühmtem Muster schürte er den konfessionellen Hader zwischen Reformierten und Lutheranern. Erst infolge eines kategorischen Befehls Josephs II. verstand er sich dazu, größere Mäßigung walten zu lassen.

Begreiflich, daß die Evangelischen der Pfalz die Zuteilung zur Markgrafschaft mit Freuden begrüßten! Die Kurpfalz wurde 1803 mit der Markgrafschaft Baden vereinigt. Bei seinem Regierungsantritt hatte Karl Friedrich 98 000 fast rein lutherische Untertanen; im Jahre 1815 war der größere Teil seines Landes katholisch; vier Fünftel der Evangelischen waren lutherisch, ein Fünftel reformiert. Als Sohn eines lutherischen Vaters und einer reformierten Mutter betrachtete es Karl Friedrich als seine Aufgabe, die beiden evangelischen Konfessionen seines Landes einander näher zu bringen.

Es war nicht der erste Versuch einer Vereinigung der getrennten Konfessionskirchen. Bald nach dem dreißigjährigen Kriege trug sich der Kurfürst Karl Ludwig, der Sohn des unglücklichen Winterkönigs, mit dem Gedanken, in der Pfalz eine Union herbeizuführen. Er legte in Heidelberg den Grundstein zur lutherischen Providenzkirche und ließ in Mannheim die Konkordienkirche zum Gebrauch für Reformierte, Lutheraner und Katholiken bauen; bei der Einweihung wirkten Geistliche der

---

1) Die Orte, die damals ihr Kirchengut verloren, werden in späteren amtlichen Veröffentlichungen „ausgefallene" Gemeinden genannt.

drei christlichen Bekenntnisse mit. Der Versuch scheiterte an dem Widerstand der sächsischen und württembergischen Theologen.

Im Jahre 1807 schuf er eine gemeinsame Behörde für beide Kirchen; 1810 wurde eine Schulunion angebahnt; seit diesem Jahre wurden reformierte Vikare lutherischen Pfarrern und lutherische Vikare reformierten Geistlichen als Gehilfen zugewiesen. Der Großherzog starb, ohne die völlige Vereinigung verwirklicht zu sehen. Es dauerte dann doch noch einige Jahre, bis die Frage durch eine Eingabe der Gemeinde Schönau wieder angeregt wurde. Der Zeitgeist war der Union günstig, manche wollten sogar die katholische Kirche in den Bund mit aufnehmen. Ein Zeichen der herrschenden Stimmung ist darin zu sehen, daß in Baden kein Reformationsfest gefeiert wurde, damit „man nicht Gefahr laufe, Unduldsamkeit und Sektengeist zu erziehen".

Ein Gutachten von Kirchenrat Zandt führte (1818) aus: Die Protestanten seien in den Hauptlehren einig und allgemein werde es als ein Unglück betrachtet, daß ihre Theologen vor 300 Jahren wegen einiger verschiedener Meinungen und Vorstellungsarten in der Lehre vom Abendmahl und von der Gnadenwahl eine Trennung veranlaßten, statt jedem Christen darin seine Freiheit zu lassen, ohne ihn aus ihrer Gemeinschaft deshalb auszuschließen . . . Das Volk verlange Vereinigung der Kirchen, die niemals hätten getrennt werden sollen. Nachteile seien keine zu besorgen, wohl aber ungemein große Vorteile zu erwarten.

Die Hauptunterschiede der evangelischen Bekenntnisse lagen auf dem Gebiet der Dogmatik (Gnadenwahl und Abendmahl), des Kultus und der Verfassung. Es handelte sich darum, eine Vereinigung herzustellen, die nicht bloß eine äußerliche Verbindung, sondern eine wirkliche Union sei, ohne daß die Gewissen beschwert würden. Am 29. April 1819 beauftragte Großherzog Ludwig die Kirchenbehörde, eine Union vorzubereiten. Am 2. Juli 1821 trat zu ihrer Beratung die erste Generalsynode zusammen. Sie bestand aus 16 von ihren Amtsbrüdern gewählten Geistlichen und 20 durch Wahl von den evangelischen Gemeinden bestimmten weltlichen Mitgliedern. Außer diesen 36 Abgeordneten, von denen 19 lutherisch und 17 reformiert waren, nahmen an den Verhandlungen zwei Professoren der Universität Heidelberg, drei geistliche und drei weltliche Räte der obersten Kirchenbehörde teil (unter ihnen Hebel). Den Vorsitz führte Staatsminister Freiherr von Berckheim. Schon am 26. Juli unterzeichneten die Synodalen die Vereinigungsurkunde. Diese setzte, „da sich in den übrigen Punkten der Lehre der evangelisch-lutherischen und der evangelisch-reformierten Kirche kein Unterschied findet, die Formulierung der dem Lehrbuch der vereinigten evangelisch-protestantischen Kirche einzufügenden Sätze über das heilige Abendmahl und dessen liturgische Feier fest und gab eine Kirchenordnung und eine Kirchenverfassung". Am 28. Oktober 1821 wurde in allen Kirchen des Landes das Vereinigungsfest gefeiert. Die Zahl der Lutheraner betrug vor der Union 261565, die der Reformierten 67170. Die Einführung der Union wurde im lutherischen Oberland mit ziemlicher Gleichgültigkeit, in den reformierten Landesteilen mit begeisterter Zustimmung aufgenommen. Die Städte M a n n h e i m, H e i d e l b e r g und B r e t t e n ließen Denkmünzen prägen. Nur 3 rein lutherische Orte in der Diözese Wertheim und je einer in den Diözesen Adelsheim und Boxberg widerstrebten eine Zeit lang.

Die Gegensätze zwischen den beiden Bekenntnissen sind seitdem nicht mehr hervorgetreten; bei der später einsetzenden lutherischen Separation, die nie einen bedeutenden Umfang annahm, waren noch andere Motive wirksam, als die auf die Reinheit des lutherischen Bekenntnisses abzielenden.

Aber bald traten an die Stelle der alten Streitpunkte andere, die den Frieden der Landeskirche störten. Gegen den im Jahre 1830 eingeführten rationalistischen Unionskatechismus richtete sich die Opposition der „P i e t i s t e n". Als die Generalsynode von 1834 einzelne geltend gemachte Bedenken berücksichtigt hatte, wurde die Ruhe wiederhergestellt. Mehr und mehr traten nun die politischen Fragen in den Vordergrund. Der kirchliche Rationalismus ging mit dem politischen Liberalismus eine verhängnisvolle Verbindung ein und wurde mit dem Eintritt der Reaktion auch im kirchlichen Leben aus seiner maßgebenden Stellung verdrängt. Aber verkehrt ist es, für die Revolution den kirchlichen Liberalismus verantwortlich machen zu wollen oder von einem Bankrott des Rationalismus zu reden. Das kirchliche Leben ist nicht erst infolge der nach der Revolution eintretenden Reaktion neu erwacht und nicht bloß in den pietistischen Gemeinden, vielmehr hat der Volksaufstand nur eine Entwicklung unterbrochen, die vorher begonnen hatte. Schon der Bericht der Generalsynode von 1843 kann mancherlei erfreuliche Erscheinungen des kirchlichen Lebens aufzählen: „Es zeigt sich eine steigende Teilnahme für alles, was christlichen Glauben und christliches Leben betrifft. Die Klagen über mangelhaften Kirchenbesuch nehmen ab; eine ernste Auffassung der religiösen Wahrheiten tritt an die Stelle eines allgemeinen Indifferentismus und einer leichtfertigen Religionsverachtung, und der Sinn des Volkes fordert wieder mehr und mehr auch im Äußeren eine Beteiligung am kirchlichen Leben". Und 1844 hob der Oberkirchenrat die erfreuliche Erscheinung hervor, daß das christliche Leben nicht nur wieder erwacht, sondern auch in dem gesegnetsten Fortschritt begriffen sei. — Von 1849 an verlangten Massenpetitionen die Abschaffung des Katechismus und Einführung des lutherischen. Die Organisation der Opposition nahm die D u r l a c h e r K o n f e r e n z seit 1850 in die Hand. Die rationalistischen Mitglieder des Oberkirchenrats wurden entlassen, 1853 wurde der Vermittlungstheologe U l l m a n n zum Prälaten ernannt, drei Jahre später stieg er zur Würde eines Oberkirchenratsdirektors empor: der erste Fall, daß ein Theologe diese Stelle inne hatte. Es beginnen nunmehr die Kämpfe, die außerbadischen Beobachtern als Stürme im Wasserglas erschienen, die aber das kirchliche Leben in Baden für lange Zeit bestimmten.

Die Generalsynode von 1855, eine der wichtigsten in der ganzen Geschichte unserer evangelischen Landeskirche, beschloß nach eingehenden Erörterungen über den Bekenntnisstand die Einführung eines Bekenntniskatechismus, einer lutherischen Agende und einer neuen Biblischen Geschichte. Als die neue Gottesdienstordnung, die ein „Maximum" und ein „Minimum" enthielt, eingeführt werden sollte, entbrannte ein Agendenstreit, der den Sturz des positiv-unierten Kirchenregiments und den Beginn einer freisinnigen Aera der badischen Landeskirche zur Folge hatte. Der Widerstand gegen die neue Agende ging von der Pfalz aus; hier erregten besonders die Anweisungen über das Knien in der Kirche und die Einführung von Responsorien Befremden und Mißfallen. Man führte gegen die neue Kirchenordnung die reformierte Tradition ins Feld und erhob den Vorwurf, es seien archaisierende Liebhabereien und katholisierende Tendenzen für die Änderung der bestehenden Ordnung maßgebend gewesen. Von Tag zu Tag wuchs die Kraft der Opposition. „Der Parteigeist hatte sich der Sache bemächtigt, die Kanzeln hallten von dem Streite wider, die öffentlichen Blätter waren voll davon, eine Flut von Schriften für und wider ward losgelassen". Schließlich erreichte es die Opposition, daß von einer zwangsweisen Einführung der neuen Ordnung abgesehen wurde.

Der Agendenstreit wurde abgelöst durch eine Bewegung, die nicht auf die evangelische Kirche beschränkt blieb, sondern die das ganze Volk erfaßte (S. 12). Mit der Verwerfung des Konkordats siegte die freiere Richtung. Ullmann wurde durch Staatsrat Nüßlin ersetzt, Prälat wurde Holtzmann. Das Gesetz vom 9. Oktober 1860 ordnete die rechtliche Stellung der Kirchen im Staate. Die enge Verbindung der evangelischen Kirche mit dem Staate wurde gelöst, beide Kirchen sollten ihre Angelegenheiten selbständig verwalten (S. 52).

Kaum war die neue Kirchenverfassung unter Dach, da erhob sich wieder ein Sturm, der durch ganz Deutschland fegte und der deutschen Kirchengeschichte angehört. An die Spitze der liberalen Partei war allmählich Schenkel getreten, der nach Rothe Direktor des evangelischen Predigerseminars in Heidelberg geworden war. Hatte er schon vorher durch sein Hervortreten im Agendenstreit und durch die Gründung des Protestantenvereins das Mißfallen der Rechten erregt, so gab sein „Charakterbild Jesu", das 1864 erschien, Anlaß zu einem erbitterten Kampf gegen seine kirchliche Stellung. Am 2. Juni 1864 erließen 119 badische Pfarrer einen öffentlichen Protest mit der ausdrücklichen Absicht, darauf hinzuwirken, „daß die amtlichen Organe der Kirche nach der auf Grund der Kirchenverfassung ihnen obwaltenden Verpflichtung für die Entfernung des Herrn Dr. Schenkel von seinem Amt als Seminardirektor Sorge tragen".

Diesem Protest schlossen sich aus 97 evangelischen Gemeinden Erklärungen mit 5334 Unterschriften an; außerdem wurden aus 180 Gemeinden Petitionen mit 8863 Unterschriften an den Großherzog gerichtet. In der Folge traten dem Protest u. a. bei: 263 Geistliche aus Württemberg, 521 aus Sachsen, 3902 aus Preußen; auch vom Ausland, von Nordamerika, von Oesterreich kamen Zustimmungserklärungen.

Am 24. Juni desselben Jahres wurde der Protest dem Oberkirchenrat vorgelegt mit der Bitte, daß Kirchenrat Schenkel seines Amtes enthoben werden möge. Die Antwort des Oberkirchenrats (17. August 1864), deren prinzipieller Teil von Rothe verfaßt war, betonte, daß die evangelische Kirchenbehörde kein wissenschaftlicher Gerichtshof sei für die Beurteilung theologisch-literarischer Produktion, und daß sie deshalb weder Beruf noch Vollmacht habe, eine theologische Lehrweise zu autorisieren oder zu verpönen; sie überließ das Urteil über Schenkels Schrift dem Gericht der theologischen Wissenschaft und lehnte es ab, dem gestellten Antrag Folge zu geben. Dieser Entscheidung stimmte die Generalsynode von 1867 mit 40 gegen 14 Stimmen zu.

Seitdem sind der evangelischen Kirche Badens tiefgehende Bewegungen, die ihren Bestand in Frage stellten, erspart geblieben. Nur im Anfang der 90er Jahre hat ein Apostolikumsstreit noch einmal die Gemeinden in die theologischen Kämpfe hineingezogen.

Im Jahre 1891 erschien eine Schrift von Pfarrer L ä n g i n in Karlsruhe: „M. v. Egidys kirchliche Reformgedanken und seine theologischen Gegner". Ueber einzelne Ausführungen dieser Broschüre, „in welcher nach Ansicht der konservativen Gegner alle biblischen Grundwahrheiten geleugnet wurden", entstand eine scharfe Kontroverse, in deren Verlauf dem Verfasser nahe gelegt wurde, er solle aus der Kirche austreten und eine neue Gemeinschaft bilden. Längin erwiderte in der Schrift: „Berechtigung und Notwendigkeit der liberalen Geistlichen in der Kirche". Darin deckte er „schonungslos die Mängel des (apostolischen) Bekenntnisses auf" und verlangte dessen Entfernung aus der Liturgie. So wuchs sich der „Fall Längin" zu einem Apostolikumsstreit aus. Charakteristisch für die Tonart, die allmählich angeschlagen wurde, ist die Aeußerung eines Gegners: Längin behaupte, es sei eine Unmöglichkeit, daß Bileams Eselin zu reden vermöge. „Mit Verlaub, Herr Längin, wir haben schon manchen Esel reden hören". Es würde zu weit führen, die Entwicklung des Streits im einzelnen zu verfolgen. Er führte schließlich dazu, daß die beiden Richtungen in schärfster Weise gegen einander polemisierten, und daß in vielen Gemeinden gegen die 99 liberalen Geistlichen („Neunundneunziger"), welche eine Erklärung für Längin unterzeichnet hatten, eine unerfreuliche Agitation betrieben wurde.

II. Kapitel.

Die äusseren kirchlichen Verhältnisse.

1. Allgemeines über die Evangelischen in Baden.

Statistische Jahrbücher. — Badische Pfarrvereinsblätter 1903, Nr. 5. H e l d : Die Verschiebung der Konfessionen in Bayern und Baden. Riga 1901. — B u c h e n b e r g e r: Die Belastung der landwirtschaftlichen Bevölkerung durch die Einkommensteuer und die Verschuldung der Landwirtschaft im Großherzogtum Baden. Karlsruhe 1893. — Die endgültigen Ergebnisse der Volkszählung vom 1. Dezember 1905 im Großherzogtum Baden.

In der Mitte des katholischen Amtsbezirks Staufen liegt ein evangelisches Dörflein; das protestantische Hanauerland umschließt eine katholische Gemeinde. Die gleiche Eigentümlichkeit wiederholt sich noch manchmal. Auf dem Schwarzwald, dessen Bewohner zum weitaus größten Teile dem katholischen Bekenntnis angehören, finden sich kleine evangelische Gebiete; in dem alt lutherischen Markgräflerland grüßen den Wanderer auch katholische Kirchen. Die Erklärung dieser Erscheinung bietet die Geschichte des Landes. Eine geschlossene evangelische Bevölkerung von über 90% bewohnt nur 41,5 Quadratmeilen; dagegen sind 202 Quadratmeilen von einer nahezu ungemischten katholischen Bevölkerung besetzt; 30,5 Quadratmeilen sind gemischtes Gebiet.

Am 1. Dezember 1905 wurden gezählt
  1 198 511 Katholiken = 59,59 %
  8 096 Altkatholische = 0,4 %
  312 Sonstige Katholische = 0,01 %
  762 826 Evangelische (Landeskirche) = 37,92 %
  2 060 Lutheraner = 0,1 %
  2 823 Reformierte = 0,14 %
  2 157 Sonstige Evangelische = 0,17 %
  7 449 Andere Christen = 0,37 %
  25 893 Israeliten = 1,27 %
  601 Sonstige = 0,03 %

Die „sonstigen Evangelischen" setzen sich nach einer Mitteilung des Großh. Statist. Landesamts zusammen aus: 43 Altlutheranern, 8 Freilutheranern, 6 Holländisch-Reformierten, 3 Französisch-Reformierten, 3 Zwinglianern, 9 Kalvinisten, 57 Frei-Evangelischen, 4 Waldensern, 1 Helvetisch-Reformierten und 2023 Angehörigen der preußischen Militärgemeinde Rastatt.

Die „anderen Christen" sind: 291 Herrnhuter (Hussiten), 1227 Mennoniten, 773 Baptisten, 250 Presbyterianer, 795 Methodisten (Evang. Gemeinschaft), 929 Irvingianer, 1 Deutsch-Katholik, 2808 Freireligiöse, 75 christl. Dissidenten, 176 Dissidenten, 17 Mitglieder der Heilsarmee, 117 Sonstige (u. a. 72 Adventisten, 3 Darbysten, 3 Mormonen, 4 Salpeterer, 3 Unitarier).

Das Mischungsverhältnis der beiden christlichen Konfessionen in den einzelnen Landesteilen ist sehr verschieden. Auf 1 qkm kommen in den Kreisen

Konstanz	5 Ev.	74 Kath.	Villingen	18 Ev.	55 Kath.
Waldshut	3 „	59 „	Freiburg	21 „	85 „
Lörrach	63 „	46 „	Offenburg	38 „	73 „
Baden	14 „	133 „	Karlsruhe	149 „	112 „
Mannheim	209 „	203 „	Heidelberg	101 „	65 „
Mosbach	24 „	45 „			

Die Konfessionen vermischen sich mehr und mehr. Im Jahre 1905 gab es nur noch 204 Gemeinden, in denen keine Evangelischen wohnten und 11 (kleine) Orte, die rein protestantisch waren. Aber die konfessionellen Minderheiten sind zum großen Teil sehr klein. So betrug in 657 Landgemeinden und 6 Städten die Zahl der Evangelischen nicht über 10, in 111 Landorten wurden weniger als 10 Katholiken gezählt. In 81 Stadt- und 1037 Landgemeinden überwogen die Katholiken, in 39 Stadt- und 417 Landgemeinden die Protestanten.

In Stadtgemeinden wohnten nach meiner Zählung 377 276 Evangelische, das sind 49,9 %.

			1905	1900
Von 1000 Katholiken	wohnten in Städten		388	368
„ 1000 Evangelischen	„ „ „		494	464
„ 1000 Israeliten	„ „ „		734	658

Demnach verteilen sich die Evangelischen in höherem Maße auf die Städte als die Katholiken. Unter 1000 Stadtbewohnern waren 536 katholisch (im ganzen Lande 59,59%), 423 evangelisch (i. g. L. 37,92%), 22 israelitisch (i. g. L. 1,27%).

Während in der ersten Hälfte des 19. Jahrhunderts die Konfessionen ungefähr in gleichem Verhältnis gewachsen sind, hat die Zahl der Evangelischen in den letzten 50 Jahren stärker zugenommen als die der Katholiken.

Im Jahre	1817	wurden gezählt	66,9 %	Kath.	31,4 %	Evang.
"	"	1836	"	"	66,9 %	"	31,3 %	"
"	"	1849	"	"	66,4 %	"	31,7 %	"
"	"	1864	"	"	65,1 %	"	32,9 %	"
"	"	1875	"	"	63,7 %	"	34,4 %	"
"	"	1880	"	"	62,2 %	"	34,8 %	"
"	"	1900	"	"	60,6 %	"	37,7 %	"
"	"	1905	"	"	59,6 %	"	37,9 %	"

(ohne Lutheraner und Reformierte).

Ueber die Gründe dieser Verschiebungen s. u. („Die römische Kirche"). Dort sind auch nähere Angaben über die größere wirtschaftliche Stärke der Evangelischen gegenüber den Katholiken zu finden. Nur soviel sei jetzt schon hervorgehoben, daß die Protestanten in Baden trotz ihrer viel geringeren Zahl mehr Einkommensteuer und Kapitalrentensteuer bezahlen als die Katholiken.

2. Der Gemeindebestand der Evangelischen.

Spohn: Kirchenrecht. — Statistisches Jahrbuch für d. Gr. Baden, 1904/05. Karlsruhe 1906. — Die Verhandlungen der ordentl. Generalsynode 1891. — F. Meerwarth: Die Diener der ev. prot. Landeskirche des Großherzogtums Baden, Karlsruhe 1903. — J. Zäringer: Die evangelische Diaspora im Großh. Baden, Barmen, 2. Aufl. — W. Ewald: Ueberlingen und die ev. Diaspora in der badischen Bodenseegegend, Ueberlingen 1852. — F. H. Rieger: Sammlung von Gesetzen 2c. I. S. 1 ff. VII. S. 15. VIII. S. 41 ff.

Nach dem „Statistischen Jahrbuch für das Großherzogtum Baden" waren am Anfang 1905 vorhanden: 368 Kirchengemeinden und 14 Diasporagemeinden mit je einem Geistlichen. Hierzu sind zu rechnen 3 exponierte Vikariate, 3 Militärgemeinden[1]), 4 Anstaltsgemeinden; also sind es im ganzen 392 Gemeinden, in denen unter normalen Verhältnissen mindestens eine geistliche Kraft wirkt. Durch die i. J. 1905

---

[1]) Eigentlich 4; das in Rastatt stehende Infanterieregiment bildet eine Gemeinde für sich, gehört nicht zur ev. Landeskirche, ist aber bei der Volkszählung mitgerechnet. K.G. und V.Bl. 1905. S. 3.

erfolgte Erhebung der Diasporagenossenschaft[1]) A ch e r n zur Kirchengemeinde wird diese Zahl nicht verändert. — Außerdem waren nach meiner Zählung 1902 vorhanden 113 Filialgemeinden und 40 Diasporagenossenschaften, in welchen regelmäßig Gottesdienst gehalten wurde. Ihre Anzahl hat sich seit 1902 gewiß noch vermehrt. Es werden jetzt wohl 550 Gemeinden regelmäßigen Gottesdienst haben. Allerdings ist die Zahl der jährlich abgehaltenen Gottesdienste sehr verschieden. Es gibt einzelne Gemeinden, in denen im Jahr nur ein- oder zweimal ein Gottesdienst gefeiert wird; eine beträchtliche Anzahl von Filialorten hat an jedem Sonn- und Feiertag Gottesdienst. Oft wird zwischen der Mutter- und Tochtergemeinde abgewechselt.

Die Kirchengemeinden in den alt-protestantischen Landesteilen sind der Mehrzahl nach bei Einführung der Reformation, die Diasporagemeinden ohne Ausnahme erst im letzten Jahrhundert entstanden. Das (1806) neu gebildete Großherzogtum hatte nach S p o h n 340 evangelische Kirchengemeinden mit 261 Filialorten; davon gehörten etwa ein Drittel zur reformierten, zwei Drittel zur lutherischen Kirche. Da die Reformierten ihrer Seelenzahl nach nur etwa ⅙ der evangelischen Bevölkerung ausmachten, während sie den dritten Teil der Gemeinden umfaßten, so geht daraus hervor, daß ihre Gemeinden durchschnittlich kleiner waren als die lutherischen. Im 19. Jahrhundert wurden manche Filial- und Diasporagemeinden zu Kirchengemeinden erhoben; 1890—1900 sind 10 neue Kirchengemeinden gebildet worden. Für die Erhebung einer Diasporagenossenschaft zur Kirchengemeinde sind folgende Grundsätze maßgebend: Es sollen in der Regel vorhanden sein 1) ein hinreichender Stamm von fest ansässigen Familien, 2) eine passende Pfarrwohnung, 3) Mittel für das Gehalt des Geistlichen und 4) ein passendes Lokal für regelmäßige Gottesdienste. Mit der unter Nr. 3 angeführten Bedingung wird es aber nicht so streng genommen.

Die Kirchengemeinden sind natürlich nicht von gleicher Größe. In der Diaspora sind die evangelischen Gemeinden zum Teil sehr klein; doch auch sonst finden sich Zwerggemeinden von 100—200 Seelen; die kleinste war 1905 Grombach mit 103 Evangelischen. Die größten evangelischen Gemeinden haben M a n n h e i m (83 104),

---

1) Gemeinde in der Diaspora, die noch nicht die Rechte einer Kirchengemeinde hat.

2. Der Gemeindebestand der Evangelischen.

Karlsruhe (57 507), Pforzheim (46 405), Heidelberg 30 443), Freiburg (20 359).

Die Verhältnisse in der Diaspora erfordern eine besondere Betrachtung. Am Anfang des 19. Jahrhunderts gesellten sich zu den alten Gemeinden in den evangelischen Gebieten schnell aufblühende Diasporagenossenschaften. Die Entwicklung der Diaspora ist eine der erfreulichsten Erscheinungen in der Geschichte der badischen Landeskirche. Vor dem Jahre 1840 mußte man wohl von einzelnen kleinen evangelischen Gemeinden in katholischen Städten, eine Diaspora im heutigen Sinne gab es nicht. Die Evangelischen in katholischen Gegenden waren auf sich selbst angewiesen, keine Kirchenbehörde nahm sich ihrer an; sie besuchten in der Regel den katholischen Gottesdienst ihres Wohnorts, ließen auch wohl ihre Kinder vom katholischen Ortspfarrer taufen, ihre Angehörigen nach katholischem Ritus beerdigen. Dieser Zustand schien dem staatlichen Interesse zu entsprechen.

Nach dem ersten Konstitutionsedikt (14. Mai 1807) mußten sich an einem Orte, in dem nur eine Konfession „das Staatsbürgerrecht und pfarrliche Rechte" hatte, die fremden Religionsverwandten der Kirchenpolizei des Ortes in allen jenen Handlungen unterwerfen, welche außerhalb ihrer Wohnungen sich äußerten. Trauungen, Taufen, Beerdigungen sollten in der Regel an einem solchen Orte nur von dem Ortspfarrer vorgenommen werden. Dieser „Pfarrbann" erstreckte sich bei jedem Pfarrer auch auf alle „fremden Religionsverwandten, die in seinem Sprengel ohne erlangtes eigenes Kirchspielsrecht oder ohne besondere Dispensation des Regenten zur Berufung eines anderen Geistlichen sich aufhielten; im letzteren Falle hatte der Ortspfarrer noch immer das Anzeigen der Fälle und der ordnungsmäßigen Verrichtung der Handlung zur Eintragung in die Pfarrbücher, sowie zur Entrichtung der desfallsigen Pfarrgebühren zu fordern".

Im Jahre 1840 ordnete das Staatsministerium an, daß die in den „ungemischten" evangelischen Gemeinden lebenden Katholiken und die in ungemischten katholischen Orten wohnenden Evangelischen, „ohne jedoch den bisherigen Pfarrbann aufzuheben", der zunächst gelegenen katholischen bezw. evangelischen Pfarrei zur Pastoration zugewiesen werden sollten; die Aufhebung des Pfarrbanns erfolgte erst 1844.

Seit dem Bestehen des Gustav-Adolf-Vereins (siehe unt.) entwickelte sich das kirchliche Leben der Diaspora mehr und mehr. Im Jahre 1903 zählte man 14 Diasporaorte, die Kirchengemeinden geworden waren. Der ganze Schwarzwald ist mit einem Netz von Pastorationsstellen überzogen. „Es ist", wie der Jahresbericht des Gustav-Adolf-Vereins für 1901/02 mit Dank und Freude hervorhebt, „keine Amtsstadt mehr vorhanden, weder im Seegebiet noch im Schwarzwald, Rheintal oder im Bauland und am Main, in der nicht eine evangelische Genossenschaft wäre". Im Jahre 1904 wurde in der Diözese Konstanz an 27 Orten evangelischer Religionsunterricht erteilt, 10 Jahre vorher nur an 18. „Gott ist in unserer Diaspora, göttliche Lebenskräfte sehen wir in ihr sich regen: es sind die Lebenskräfte unserer evangelischen Kirche. Gott ist bei ihr; die Freude über das Wachstum unserer Diaspora gibt uns die Hoffnung wieder auf eine siegreiche Zukunft unserer evangelischen Kirche" (Bassermann).

Von der Entstehung der Diaspora am Bodensee entwirft Ewald ein anschauliches Bild. Am Bodensee bestand 1850 nur eine evangelische Gemeinde, in Konstanz. Die zerstreuten Protestanten besuchten die katholischen Gottesdienste. Menschenfurcht und Gleichgültigkeit hinderten lange Zeit neue Gemeindebildungen. Einerseits fürchtete man, durch öffentliches Hervortreten die Katholiken zu verletzen, anderseits war der Indifferentismus Meister. An einem Orte z. B. wurde die Abhaltung evangelischer Gottesdienste deshalb nicht gewünscht, weil man dachte, daß sich eine kleine Zahl von Kirchgängern nicht stattlich genug ausnehmen würde! Um die Mitte des 19. Jahrhunderts trat aber ein Umschwung ein. In Meersburg hielt an Mariä Empfängnis 1850 ein katholischer Kaplan eine Predigt, worin er die evangelische Kirche und ihre Glieder schmähte, so daß auch Katholiken daran Anstoß nahmen; die Evangelischen, die dem Gottesdienst beigewohnt hatten, beschlossen, die katholische Kirche künftig zu meiden. In gemeinsamem Vorgehen mit den Protestanten anderer Gemeinden wurde ein evangelischer Gottesdienst eingerichtet. Heute zählt die Seediözese außer Konstanz 12 Orte, in welchen regelmäßig Gottesdienst gehalten wird. Aus ähnlichen Anlässen haben sich auch andere Gemeinden gebildet. Der sich verschärfende konfessionelle Gegensatz hat viel zum engeren Zusammenschluß der Protestanten beigetragen.

Nicht überall geht die Entwicklung der Diasporagemeinden so schnell vor sich, wie beispielsweise in Rheinfelden, wo sozusagen über Nacht eine lebensfähige Genossenschaft entstand, die 1900 schon 800 Evangelische zählte. Im ganzen beobachtet man in der Diaspora ein zwar langsames, aber stetiges Wachstum. Im Jahre 1903/04 standen auf dem Unterstützungsplan des Gustav-Adolf-Vereins 91 badische Diasporagemeinden; dazu kamen noch 13 andere, die von Frauenvereinen unterstützt wurden. Aus der für die Diaspora bestimmten Reformationsfestkollekte erhielten 1904: 75 Gemeinden Beiträge. Die Pflege einer so ausgedehnten Diaspora ist keine kleine Aufgabe für eine Kirche, die nur 368 Kirchengemeinden zählt.

Bedauerlich ist, daß zur Zeit die Diasporagenossenschaften rechtlich den anderen Gemeinden nicht gleichgestellt sind. Die Diasporiten zahlen allgemeine Kirchensteuer so gut wie andere

Glieder der Kirche, außerdem müssen sie für ihre eigenen kirchlichen Bedürfnisse aufkommen und zum Teil ihre Geistlichen selbst bezahlen. Die Diaspora hat keine definitiv angestellten Pfarrer, ihre Vertreter haben auf den Diözesansynoden keine Stimme und kein Wahlrecht, ihre Feiertage genießen (wenigstens da, wo kein evangelischer Geistlicher angestellt ist) keinen staatlichen Schutz, im Armenrat und in der Ortsschulbehörde tritt niemand pflichtmäßig für sie ein. Um so mehr Anerkennung verdient es, daß ihre Glieder an Opferwilligkeit hinter den Evangelischen der anderen Gemeinden nicht zurückstehen, vielmehr diese übertreffen.

3. Der Zusammenschluß der Gemeinden in Diözesen.

K. Zittel: Zustände der ev. prot. Kirche in Baden. Karlsruhe 1843. — Unionsurkunde Bl. B. § 6. Unterbeilage zu B und C §§ 6. 7. — Verhandlungen der Generalsynode von 1867, S. 473, von 1891, S. 484. — Verfassung der vereinigten evangelisch-protestantischen Kirche des Großherzogtums Baden vom 5. September 1861. §§ 46. 59. — Statistisches Jahrbuch 1904, 05. S. 699.

Die Vereinigung der Gemeinden zu kleineren Verbänden entsprach in früheren Zeiten der politischen Einteilung des Landes. Kleinere Territorien hatten ihre eigene Verfassung, doch zumeist im Anschluß an ein größeres evangelisches Land der Nachbarschaft. Bei der Union wurden die Inspektionen des badischen Teils der Pfalz und die Spezialate der Markgraffchaft Baden-Durlach zu 28 Dekanaten vereinigt, nachdem schon vorher infolge der Erwerbungen evangelischer Territorien durch die Landesorganisation (26. Nov. 1809) neue Dekanate gebildet waren. Die Kirchenverfassung von 1861 behielt die alte Diözesaneinteilung bei, nur wurden die Diözesen Lahr und Mahlberg vereinigt; die Diözesen Mannheim und Heidelberg haben eine gemeinschaftliche Diözesansynode und stehen unter der Leitung eines Dekans. Die Generalsynode von 1867 stimmte der Zusammenlegung der Diözesen Kork und Rheinbischofsheim sowie der Diözesen Ladenburg und Weinheim zu. Durch das Wachstum der Seediaspora wurde es notwendig, 1891 eine neue Diözese Konstanz zu bilden. So beträgt heute die Anzahl der Diözesen 25. Eine neue Diözesaneinteilung soll in Bälde vorgenommen werden.

Heute deckt sich die kirchliche Einteilung längst nicht mehr mit der politischen. Die Orte desselben Amtsbezirks gehören oft zu verschiedenen Diözesen, und eine Diözese umfaßt manchmal zwei und mehr Bezirke. Die Diözesaneinteilung ist im Volke wenig bekannt, und die Diözesansynoden führen ihre Verhandlungen fast immer unter faktischem Ausschluß der Oeffentlichkeit, unbeachtet von denjenigen, die nicht gerade Mitglieder sind. Es ist ja auch für den schlichten Laienverstand etwas verwirrend, wenn einem Diözesanen gesagt wird, daß sein Wohnort zum Amtsbezirk A gehört, aber zur Diözese B gezählt wird, während der Dekan vielleicht seinen Sitz in C hat und die Diözesansynode in D abgehalten wird. Die Verfassung spricht zwar von einer Diözesangemeinde, aber ein Bewußtsein oder ein Gefühl der Zusammengehörigkeit ist bei den Diözesanen kaum vorhanden. Es gilt von der Kenntnis kirchlicher Verfassungsangelegenheiten heute noch, was Zittel schon 1834 beklagte: „Im Jahre 1834, als wir uns so große Dinge versprachen bei der Versammlung der Vertreter unserer Kirche, bemühten wir uns auf alle Weise, das Volk auch dafür zu interessieren. Viele sprachen davon auf der Kanzel, aber die Leute sahen einander verwundert an und verstunden von allem weiter nichts, als daß sie nächstens neue Gesangbücher anschaffen müßten."

Die Diözesen sind der Größe nach sehr verschieden. Während Heidelberg-Mannheim nur 2 Städte umfaßt[1]), zählen zu Lörrach 24 Gemeinden. Trotzdem ist Mannheim-Heidelberg mit 113 547 Evangelischen die größte Diözese nach der Einwohnerzahl; die kleinste, Adelsheim, zählte 1900 nur 7765 Evangelische. Zu den Diözesen mit ausgedehnter Diaspora gehört eine große Zahl von politischen Gemeinden: Konstanz umfaßte 1905: 220 politische Gemeinden, Schopfheim 179, Hornberg 161, Freiburg 107, Rheinbischofsheim 106, alle anderen weniger als 100.

4. Die Pastorierung.

Statistik der ev. prot. Landeskirche im Großh. Baden. Karlsruhe 1900. — G. Spohn: Kirchenrecht I. Seite 279 ff. — Berichte des Diözesanausschusses der Diözese Karlsruhe-Stadt 1892 ff. — P. Pieper: Kirchliche Statistik Deutschlands. Freiburg i. B. 1899. — Bezirkseinteilung, Seelsorge-Ordnung und Stolgebühren-Ablösung in Mannheim 1900. — Jahreschronik der evang. Gemeinde Heidelberg 1903. — Rohde: Vorschläge zur Verfassung städtischer Kirchengemeinden im „Ev. prot. Kirchenbl." 1903. Nr. 47. 48. — Kirchenkalender für die evang. prot. Gemeinde in Mannheim 1904. 1906. — Verhandlungen der Generalsynode 1904. S. 294 ff. und Beilage

---

[1]) Seit 1905 sind die Vororte Neuenheim, Handschuchsheim, Neckarau und Käfertal dem Diözesanverband eingegliedert.

4. Die Pastorierung.

XIII. — Statistisches Jahrbuch 1904, 05 S. 699. — K.G. u. V.O.B. 1905. S. 7. 50. 56. 110. 116. 118. 158. 170. — Kirchenkalender für die ev. Gemeinde in Pforzheim 1907.

Die Kirchengemeinde ist nicht identisch mit der Pfarrei. Zu Beginn des Jahres 1905 waren vorhanden: 402 Pfarreien, 14 Pastorationsstellen, 44 Vikariate, 4 Militär-, 4 Staatsstellen, 3 geistliche Stellen im Oberkirchenrat und 1 Sekretariatsstelle, zusammen 472 geistliche Stellen, darunter 4 ohne Gemeindepastoration. Im Jahre 1905 wurden 5 Pfarreien und 4 Vikariate neu errichtet. Von diesen neuen Stellen sind in den oben gegebenen Zahlen mindestens 3 schon enthalten (eine Pfarrei war vorher Pastorationsstelle, zwei waren Stadtvikariate). So betrug die Zahl der Stellen mit Gemeindepastoration, wenn ich recht sehe, zur Zeit der Volkszählung 1905: 474. Es kamen also auf jede Stelle im Durchschnitt 1609 Evangelische.

Pieper berechnete, daß 1891 auf einen Geistlichen in Deutschland 1887 Evangelische entfielen, in Baden 1516. Der Zustand in unserem Lande kann also nicht als ungünstig betrachtet werden, wenn auch eine Reihe von deutschen Staaten noch niedrigere Ziffern aufweist. Doch ist eine Durchschnittsberechnung für die Frage nach genügender Pastoration von zweifelhaftem Werte. So blieben z. B. 1900 in der Diözese Pforzheim fast alle Landgemeinden unter dem Landesdurchschnitt, die Diözese selbst stand mit 2305 Seelen weit über dem damaligen Landesdurchschnitt (1511).

Mehr als zwei Drittel der Geistlichen hatten 1900 Gemeinden zu pastorieren, deren Seelenzahl 1500 nicht erreichte. Weniger als 500 Evangelische hatten 73 Parochien, 500—1000 hatten 132. Die kleineren Parochien liegen hauptsächlich im Unterland. Fünf Diözesen des Nordens hatten keine einzige geistliche Stelle mit mehr als 1500 Evangelischen. Der ganze östliche Landstrich nördlich des Neckars hat nur 5 größere Pfarreien. Die größten Parochien haben die Städte und Vorortgemeinden; außerdem gibt es im Rheintal, im Schwarzwald und in ländlichen Industriegebieten Orte mit beträchtlicher Einwohnerzahl.

Für die Städte hat die Generalsynode von 1899 als Maximum der Seelenzahl einer Pfarrei, das nicht überschritten werden soll, 6000 festgesetzt. Aber die Errichtung neuer Pfarreien hat mit der Vermehrung der Bevölkerung nicht überall Schritt halten können. Doch da es sich nur um wenige kapitalkräftige Stadtgemeinden handelt, so wird das Bestreben, die Parochien nicht zu groß werden zu lassen, auch von Erfolg begleitet sein. Es wurde schon vorgeschlagen, kleinere ländliche Gemeinden zusammenzulegen und dafür neue Stellen in den Städten und in der Diaspora zu errichten. So einleuchtend der Gedanke zu sein scheint, so wäre doch die Durchführung nicht ohne Schwierigkeit und Bedenken. Jedenfalls kämen nur Zwerggemeinden, die nahe bei einander liegen, in Betracht. In einzelnen Fällen werden jetzt schon zwei Nachbargemeinden von e i n e m Geistlichen bedient; doch gilt dies nur als Provisorium. Man muß berücksichtigen, daß die Arbeit in den kleinen Gemeinden oft dadurch erschwert ist, daß Filialorte mit ihnen verbunden sind.

Die großen Stadtgemeinden sind jetzt ohne Ausnahme in S e e l s o r g e b e z i r k e eingeteilt und dadurch in kleinere Gemeinden zerlegt, ohne daß das Bewußtsein der Zusammengehörigkeit verloren ging. In K a r l s r u h e geschah dies 1891, nachdem schon im Jahre 1863 die Stadt in örtlich umgrenzte Sprengel geteilt worden war: eine Ordnung, die im Laufe der Zeit in Vergessenheit geriet. In P f o r z h e i m besteht die Parochialeinteilung seit 1893, M a n n h e i m folgte im Jahre 1900 nach.
Man suchte einerseits jeden Bezirk räumlich gegen den andern abzugrenzen, anderseits die Teile nach der Seelenzahl einander möglichst gleich zu gestalten. Beide Bestrebungen lassen sich nicht immer gut mit einander vereinigen. So hatten im Jahre 1900 in K a r l s r u h e die Hofpfarrei 4933 Evangelische, die Pfarreien der Oststadt 6963, der Neuoststadt 5844, der Mittelstadt 7420, der Weststadt 11273, der Südstadt 11324. Unterdessen sind, um die Ungleichheit zu beseitigen, wieder neue Pfarreien errichtet worden. In P f o r z h e i m zählten 1905 die 5 Pfarreien: 6145, 7667, 8382, 8697, 8851 Evangelische. — In M a n n h e i m betrug die Seelenzahl der Pfarreien 1905: 6490, 6664, 7140, 7414, 7644, 7809, 8976, 9206, 10540.

Das schnelle Wachstum der Städte stellt an die evangelischen Gemeinden neue Aufgaben, deren Lösung von den in Betracht kommenden Faktoren als notwendig erkannt ist. Als Ausnahme von der Regel kann es ja gelten, wenn ein Stadtpfarrer sich gegen die Lostrennung eines Teiles seines Bezirks wehrt mit der Begründung, ihm sei die Arbeit nicht zu groß; er könne auch eine Gemeinde von 10000 Seelen und mehr pastorieren. Es ist erfreulich, daß der Oberkirchenrat im Verein mit den städtischen

Gemeinden fortwährend bemüht ist, die kirchliche Organisation der Bevölkerungszunahme anzupassen.

Lange genug hat es an einer systematischen Bekämpfung des Notstandes gefehlt. Für die 15 000 Evangelischen, die Karlsruhe 1864 hatte, waren 5 Pfarrer vorhanden; bis zum Jahre 1900 war eine neue Pfarrei hinzugekommen, und die Zahl der Stadtvikare hatte sich um 4 vermehrt, aber die Seelenzahl hatte sich verdreifacht.

Ueber die Wirkung der Bezirkseinteilung wird günstig geurteilt. Im Jahre 1899 fanden in Karlsruhe bei 2254 Amtshandlungen 373 Abmeldungen (14,12%) statt. „Die fachlichen Ursachen und persönlichen Gründe hierzu sind mannigfacher Art; sie mögen meist eher zu vermuten als sicher festzustellen sein, liegen aber auch nicht selten in den Umzügen von einem Pfarrbezirk in den anderen, wobei der bisherige Seelsorger beibehalten wird, sowie in der Verschiedenheit der kirchlichen Richtung zwischen den Angehörigen eines Pfarrbezirks und dem geordneten Seelsorger". Gleichwohl trifft die in einer Mannheimer Kirchengemeindeversammlung gefallene Aeußerung, als ob (in Karlsruhe) der Grundsatz der freien Wahl des Seelsorgers eine Unordnung in der Ausbildung des Gemeindelebens herbeigeführt habe, nicht zu. „Vielmehr hat die Erfahrung gezeigt, daß die erstrebte Ausbildung eines regen Gemeindelebens in den einzelnen Pfarrbezirken in erfreulicher Weise erstarkt". Da, wo die Parochialeinteilung schon längere Zeit besteht, werden Wünsche laut, sie noch zu entwickeln und zu einer völligen Zerlegung der Massengemeinden in kleinere Parochien nicht nur zum Zweck der Seelsorge, sondern auch „zur selbständigen Pflege des evangelischen Glaubens und Lebens, zur Förderung der christlichen Zucht und Sitte, zur Mitwirkung bei der Aufsicht über die Schulen, zur Wahrung des kirchlichen Einflusses, zur Aufrechterhaltung der kirchlichen Ordnung, zur Armen- und Krankenpflege" auszubauen. Auf der Generalsynode von 1899 wurde der Antrag eingebracht, daß größere städtische Kirchspiele in einzelne Gemeinden von etwa 5000 Seelen mit eigenem Pfarrer, Kirchengemeinderat und Kirchengemeindeversammlung zerlegt werden sollten, welche letztere dann in bestimmten Fällen wieder als Gesamtkirchengemeindeversammlung und Gesamtkirchengemeinderat zusammen zu treten hätten. Eine Anfrage über die Zweckmäßigkeit einer solchen Neuerung wurde von den Städten teils überhaupt, teils für jetzt verneint, doch fand der Gedanke einer größeren Selbständigkeit der einzelnen Bezirke „unbeschadet der Gemeinsamkeit der Kirchengemeinde" freundliche

Aufnahme. Eine Weiterentwicklung wurde auch von der letzten Generalsynode (1904) für wünschenswert erklärt. Aber eine Auflösung der Massengemeinden in kleinere Kirchengemeinden wird kaum jemals durchgeführt werden; die Bedenken sind doch zu schwerwiegend, da die Seelsorgebezirke keine natürlichen Gebilde sondern willkürliche Schöpfungen sind. „Man würde vielfach Zusammengehöriges auseinanderreißen, den großen Verband der Gesamtgemeinde zerstören, ohne daß man eine sichere Gewähr dafür hätte, daß nun auch die neu geschaffenen Kirchengemeinden wirklich lebensfähige und lebensvolle Glieder würden" (Rohde).

Die Schwierigkeiten, die in der Stadt und in einzelnen größeren Landgemeinden der Pastoration erwachsen, sind auf dem Lande nicht vorhanden. Hier wird die kirchliche Bedienung oft durch den bedeutenden räumlichen Umfang der Parochie erschwert. Die Diasporagenossenschaften haben in der Regel nur eine kleine Seelenzahl (200—1000), aber diese verteilt sich auf eine ziemlich große Zahl von Gemeinden. Das Bestreben muß dahin gehen, die großen Diasporagebiete zu teilen, da die weiten Entfernungen einen unverhältnismäßigen Aufwand an Zeit nötig machen.

Auch unter den Kirchengemeinden gibt es manche, die einen großen räumlichen Umfang haben. Wenn ich recht zähle, so sind in der Pfarrstatistik 221 Filialgemeinden aufgezählt; davon hat etwa die Hälfte eigenen Gottesdienst. Die Verteilung auf die Diözesen ist sehr ungleich. Einige Diözesen haben keine Filialorte, andere weisen bis zu 25 auf. Zumeist sind die Filiale klein, nur 4 hatten 1900 über 1000 Evangelische. Die große Mehrzahl ist von der Muttergemeinde keine Stunde entfernt, mancher Pfarrer im Schwarzwald hat aber bis zum letzten Hause seines äußersten Filialorts 3—4 Stunden zu gehen. Doch sind Entfernungen von mehr als 6 km selten, eine Filialgemeinde ist vom Hauptort 15 km entfernt. — Einzelne Pfarreien haben mehrere Filiale: 3, 4 bis zu 6. Zwar gelangen die Filialgemeinden nicht so leicht zur Selbständigkeit wie die Diasporagenossenschaften; aber in den letzten Jahren sind doch auch einige zu Kirchengemeinden mit eigenen Geistlichen erhoben worden.

Man kann wohl sagen, daß für die Pastorierung im allgemeinen hinreichend gesorgt ist; wo noch Mißstände in dieser Beziehung hervortreten, da ist auch die Erkenntnis und der Wille zur Abhilfe vorhanden. Ueber Nachlässigkeit oder Versäumnisse kann jedenfalls in der letzten Zeit nicht geklagt werden; die Städte

5. Gottesdienstliche und andere kirchliche Stätten.

bringen für ihre kirchliche Bedienung bedeutende Opfer, was anerkannt werden muß.

5. Gottesdienstliche und andere kirchliche Stätten.

A. v. Dechelhäuser: Die Kunstdenkmäler des Großherzogtums Baden. Karlsruhe 1904. — Camerer: Unsere Gotteshäuser und ihre Geschichte. Wertheim 1897. — Spohn: Kirchenrecht. — Pfarrstatistik. — Heunisch: Das Großherzogtum Baden.

Fast jede Kirchengemeinde ist im Besitze eines **Gotteshauses**, manche verfügen über mehrere. Auch viele Filial- und Diasporagemeinden haben ihre eigenen Kirchen oder Kapellen. Im Jahre 1900 wurden 508 Kirchen gezählt. Seitdem sind eingeweiht worden: 1901: 5 Kirchen, 1902: 6, 1903: 2, 1904 bis zur Generalsynode 1; im letzteren Jahre waren 8 im Bau begriffen, so daß 1906 die Zahl der Kirchen etwa 530 betrug. Im Jahre 1856 waren es 456. Während von 1849—1900 die Seelenzahl der Evangelischen von 432 184 auf 704 058, also um 63% gestiegen ist, hat sich die Anzahl der Kirchen von 1856 bis 1906 nur um **16 Prozent** vermehrt. Dies kann aber keineswegs als ein Beweis einer ungenügenden Entwicklung angesehen werden, da viele Kirchen auch für eine größere Gemeinde ausreichen[1]); außerdem sind doch auch zahlreiche Umbauten und Erweiterungen vorgenommen worden. Immerhin ist eine beträchtliche Anzahl von Gotteshäusern zu klein. Namentlich in der Diaspora hat sich da und dort die Notwendigkeit einer Erweiterung nach kurzer Zeit geltend gemacht. Durch Verordnung des Finanzministeriums (14. Nov. 1862) wurde festgesetzt, es solle für eine vom Staat neu zu bauende oder zu erweiternde Kirche der Grundsatz gelten, daß sie für $^7/_{12}$ der Gesamtseelenzahl der sie benützenden Gemeinden Plätze haben müsse; dabei ist das zukünftige normale Wachstum der Gemeinde schon berücksichtigt. Legt man diesen Maßstab allgemein an, so genügt eine ganze Anzahl von Kirchen dem Bedürfnis nicht. Aber auch kleinere Kirchen reichen für gewöhnliche Sonntage aus, und nur an hohen Festtagen ergeben sich Uebelstände, die man dadurch zu beseitigen pflegt, daß man die Kinder vom Besuch des Gottesdienstes fernhält. Sind die zu kleinen Kirchen hauptsächlich für die Gemeindeglieder

---

[1]) In Karlsruhe waren 1906 für 50 000 Evangelische etwa 5000 Kirchenplätze vorhanden, also für $^1/_{10}$ der Seelenzahl.

unangenehm, so hat der Pfarrer mehr unter einer zu großen Kirche zu leiden, besonders wenn sie eine schlechte Akustik hat.

Das Alter der Kirchen läßt sich nicht überall feststellen. Aus der vorreformatorischen Zeit sind nur noch wenige Gotteshäuser unverändert erhalten. Die ältesten in evangelischem Besitz befindlichen Kirchen sind wohl die in Burgheim (1035), Büfingen (1120), Schönau (1141). Vorreformatorisch sind auch die schöne Peterskirche (der Turm ist neuern Datums) und die historisch interessante Heiliggeistkirche in Heidelberg. Aus dem 16. Jahrhundert sind nur 6, aus dem 17. sind 12 Kirchen datiert: das evangelische Volk des 16. Jahrhunderts übernahm die katholischen Gotteshäuser, das 17. Jahrhundert war dem Kirchenbau nicht günstig. Trotz der Verarmung des Landes nahm im 18. Jahrhundert der Bau von evangelischen Gotteshäusern einen bedeutenden Aufschwung. Die Pfarrstatistik zählt 116 Kirchen auf, die in dieser Zeit gebaut resp. restauriert wurden. Noch mehr hat das 19. Jahrhundert auf diesem Gebiete geleistet. Nicht weniger als 220 Kirchen sind im letzten Säkulum neu errichtet oder wiederhergestellt worden. Die Gotteshäuser aus der ersten Hälfte des 19. Jahrhunderts sind zumeist schmucklose Bauten, nur für das praktische Bedürfnis eingerichtet. Von ihnen gilt fast durchweg das lakonische Urteil, das in den „Kunstdenkmälern des Großherzogtums Baden" nur zu oft über evangelische Kirchen gefällt wird: „Bietet weder außen noch innen etwas Bemerkenswertes". Namentlich die im sogenannten Weinbrennerstil[1]) gebauten Gotteshäuser sind zwar gute Predigtkirchen, entsprechen aber nur wenig höheren ästhetischen Anforderungen. In lutherischen Gemeinden war dafür kaum mehr Sinn und — Geld vorhanden als in den reformierten; Einfachheit und Nüchternheit hielt man allgemein für zweckentsprechend. Es war wahrlich nicht nötig, daß i. J. 1862 eine Diözesansynode wünschte, „daß bei Kirchenbauten ein einfacherer, weniger kostspieliger Stil eingehalten werde". Mit Recht wies der Oberkirchenrat dieses Verlangen zurück. Es ist heute doch viel besser geworden. Nur ist zu bedauern, daß bei manchen neueren Kirchen das ästhetische Interesse auf Kosten der praktischen Brauchbarkeit

---

1) Weinbrenner war ein bekannter badischer Architekt: 1809—1826 Oberbaudirektor. „Der architektonische Charakter seiner Werke ist derjenige der äußersten Trockenheit, Dürftigkeit, Charakterlosigkeit und künstlerischen Impotenz". (Bad. Biographien, II. Teil, Seite 436).

befriedigt wurde. So wird bei den Kirchen in **Offenburg, Rheinbischofsheim, Badenweiler** und **Schopfheim** sehr über schlechte Akustik geklagt. Doch zeigen einige neueste Kirchen eine gelungene Vereinigung von Schönheit und Brauchbarkeit, z. B. die Christuskirche in Karlsruhe.

In letzter Zeit hat sich der erwachende Kunstsinn überhaupt mehr und mehr der **inneren Ausschmückung** der Gotteshäuser zugewendet. Die aus früheren Jahrhunderten vorhandenen Ueberreste werden teils aus historischen, teils aus ästhetischen Gründen möglichst geschont. In **Dertingen** bei Wertheim haben bis vor wenigen Jahren katholische Wallfahrer vor dem Marienbilde in der evangelischen Kirche ungehindert ihre Andacht verrichtet. In **Eichel** befindet sich am Portal sogar noch der alte Weihwasserkessel. In den Kirchen der vormals ritterschaftlichen Gebiete findet man häufig die Grabdenkmäler der Patrone. Bekannt sind die prächtigen Monumente in der altehrwürdigen Kirche zu **Wertheim**. Geschmacklosigkeiten sind nicht immer vermieden worden. Werden doch da und dort noch billige Oeldruckbilder zur Ausschmückung kahler Wandflächen verwendet. Auch Büsten und Standbilder trifft man vielfach an. Aber oft hindert der Mangel an Mitteln auch die bescheidenste Ausschmückung. Bezeichnend für solchen Mangel ist es, daß in einer Kirche des Unterlandes vor wenigen Jahren (vielleicht noch heute) eine Orgel benützt wurde, die schon im Jahre 1826 für völlig unbrauchbar erklärt wurde! Gemalte oder wenigstens bunte Fenster kommen immer mehr in Gebrauch. Vor gar nicht langer Zeit machte sich gegen diese in manchen Gemeinden heftiger Widerstand geltend. Ich erinnere mich, daß vor etwa 20 Jahren ein Pfarrer wegen katholisierender Neigungen angegriffen wurde, weil er farbige Fenster im Chor seiner Kirche anbringen ließ. Beleuchtung und Heizung werden in den neuen Kirchen überall sofort eingerichtet. Es gibt nur noch wenige Gotteshäuser, die im Winter nicht geheizt werden.

Wem gehören die Kirchen? Eine große Zahl ist im Besitze des Staates und wird aus öffentlichen Mitteln unterhalten. Manchmal teilen sich Staat und politische Gemeinde oder Staat und Kirchengemeinde in den Besitz und die Unterhaltungspflicht. Für andere Gotteshäuser ist ein örtlicher Baufonds vorhanden. Auch die Landeskirche oder ein allgemein-kirchlicher Fonds sind für eine Reihe von Kirchen baupflichtig. — In den gemischten Gemeinden besonders der P f a l z¹) findet man Simultankirchen. Ihre Anzahl beträgt 20, wenn ich recht sehe. Da und dort genießt eine evangelische Gemeinde Gastrecht in einer im Besitze von Privaten oder katholischen Kommunen befindlichen Kirche. Bis vor kurzem war von seiten der Kurie einer evangelischen Gemeinde (Breisach) die Benützung einer katholischen Kirche gestattet; doch mußte der Schlüssel jeweils vor dem Gottesdienst vom katholischen Pfarrer erbeten und nach Schluß der Feier diesem wieder zurückgegeben werden. Auch altkatholische Kapellen wurden vorübergehend von Evangelischen benützt, wie denn überhaupt das Verhältnis zu den Altkatholiken stets ein freundliches war.

Die Kirchen in der Diaspora sind alle neuen und neuesten Datums. Es sind einfache, meist hübsche, zweckentsprechende Bauten. Man hat bei ihrem Bau gesunde Grundsätze befolgt. Von vornherein hat man darauf verzichtet, der katholischen Mehrheit durch prunkvolle Gebäude zu imponieren; — das verbot schon der Mangel an Mitteln — aber man legte doch Wert auf eine in einfachen Grenzen sich haltende künstlerische Ausführung. Wo keine Kirchen zur Verfügung stehen, da wird Gottesdienst gehalten in Rathäusern, Tanzlokalen, in Schulzimmern und Fabrikräumen, in staatlichen Anstalten oder in Spitälern, an einem Orte auch im Bahnhofwartsaal. Den Wechsel der Zeiten illustrieren die Gottesdienste, die im Klosterrefektorium zu S a l e m und in den ehemals fürstbischöflichen Kapellen in M e e r s b u r g und B o n n d o r f stattfinden.

Einige Gemeinden — mehr als 20 werden es z. Zt. nicht sein — besitzen Gemeindehäuser, in denen Räumlichkeiten vorhanden sind für Kinderschulen, Konfirmandenunterricht, Diakonissenstationen, für Abhaltung von Wochengottesdiensten und Gemeindeabenden, für Vereinsveranstaltungen u. s. w. Auch auf dem Lande macht sich vielfach das Bedürfnis nach einem solchen Hause geltend; es ist an manchen Orten auf die einfachste, aber nicht immer zweckmäßigste Weise dadurch befriedigt worden, daß die Pfarrscheune für solche Zwecke umgebaut wurde.

Eine Konfirmandenanstalt in Zell im Wiesental, die der dortige rührige Pfarrer S p e c h t neben anderen Wohlfahrtseinrichtungen (Waisenhaus, Kleinkinderschule, Gemeindekrankenpflege, Kinderkrüppelheim in G r e s g e n) gründete, nimmt

---

[1] Eine Folge des „Bergsträßer Rezesses" von 1650 und des Simultaneums (1698), siehe Seite 16.

solche Kinder auf, die wegen weiter Entfernung ihres Wohnortes von der nächsten Parochie in der Heimat keinen regelmäßigen Konfirmandenunterricht genießen könnten.

Dem Andenken des praeceptor Germaniae ist das **Melanchthonhaus** in **Bretten** geweiht.

Die **Pfarrhäuser** sind teils im Besitze des Staates oder der politischen Gemeinde, teils gehören sie der Kirchengemeinde oder kirchlichen Stiftungen. Wo ein kleiner Fonds baupflichtig ist, oder wo die politische Gemeinde das Pfarrhaus zu unterhalten hat, da ist es oft in schlechtem Zustand. Aber auch der Staat besitzt Pfarrhäuser, denen die Prädikate: düster, kalt, feucht, ungesund beigelegt werden. Es trägt sicherlich nicht zur Vermehrung der Arbeitsfreude bei, wenn der Pfarrer eine Wohnung hat, von der er urteilt: „Das Pfarrhaus ist schlecht, die unteren Räume durchaus feucht und unbewohnbar. Gefährliche Risse innen und außen". Früher war es damit noch schlimmer bestellt. Es wird heute wohl nicht mehr vorkommen, daß die Pfarrfamilie einen Brunnen benützen muß, der in der Nähe des Friedhofs gelegen, nachweislich ungesundes, mit Typhusbazillen erfülltes Wasser liefert, und daß der Bewohner des staatlichen Pfarrhauses auf seine Beschwerde beim Bezirksarzt die Antwort erhält: da kein öffentliches Interesse vorliege, so könne die Domäne nicht gezwungen werden, einen anderen Brunnen graben zu lassen. Die Domänenverwaltung verhält sich heute nicht mehr so ablehnend gegen die berechtigten Wünsche der Pfarrer, wie dies in früheren Zeiten oft beklagt werden mußte, und die modernen staatlichen Bauten entsprechen allen billigen Anforderungen.

6. Das Kirchenvermögen.

K.G. v. 5. September 1861. St.G. v. 25. August 1876. — K.G. v. 8. Dezember 1876. St.G. vom 26. Juli 1888 u. St.V.O. v. 12. Oktober 1888. — St.V.O. v. 6. Sept. 1890. St.G. v 18. Juni 1892 u. St.V.O. vom 17. Dez. 1892 u. v. 15. Februar 1893. — St.G. v. 18. Mai 1899. — Verhandlungen der Generalsynode 1904. Beilage III. — Bericht des Diözesanausschusses . der Diözese **Karlsruhe-Stadt** 1899.

Früher bestand in Baden wie in anderen Ländern das **Pfründesystem**. Die Pfründen wurden von ihren Inhabern verwaltet, zum Teil in Selbstbewirtschaftung genommen, zum Teil verpachtet. Nachdem schon die Generalsynode von 1843 sich mit einem Gesetzentwurf über die Klassifikation der Pfarreien beschäf=

tigt hatte, aber zu einer gründlichen Umgestaltung die staatliche Zustimmung nicht erlangte, wurden 1861 in Vollzug der §§ 100 bis 103 der Kirchenverfassung die Pfarreien nach ihrem Einkommen in 5 Klassen eingeteilt. In der ersten Klasse waren alle Pfarreien vereinigt, die ein Einkommen bis zu 800 fl. hatten, in der letzten diejenigen, welche mehr als 1800 fl. abwarfen; die 3 übrigen Klassen hatten Einkommen von 800—1050, 1050 bis 1300, 1300—1800 fl. Zum Genuß des ganzen Einkommens der Pfarrei waren aber nur solche Pfarrer berechtigt, die das entsprechende Dienstalter erreicht hatten (in der I. Klasse jedes Dienstalter, in der II. mindestens 10, in der III. mindestens 18, in der IV. mindestens 24, in der V. mindestens 30 Dienstjahre). Der über die Ansprüche hinausgehende Teil des Pfründeertrags mußte an die Zentralpfarrkasse abgegeben werden. Damit war also durch die Berücksichtigung des Dienstalters schon das reine Pfründesystem durchbrochen. Im Jahre 1876 war es infolge der Bewilligung eines Staatsbeitrags von 200 000 Mk. durch den Landtag möglich, vom Pfründesystem zum reinen Besoldungssystem überzugehen, wobei die Bezahlung nicht mehr durch die Stelle, sondern durch das Dienstalter normiert wurde. Später ging auch die Verwaltung des Pfründevermögens auf die Landeskirche über. Durch Gesetz vom 21. Dezember 1881 wurde die Verwaltung der Zentralpfarrkasse übertragen. Die Zahl der Pfarrpfründen betrug 1905: 399; von der Zentralpfarrkasse wurden 397 verwaltet, der Ertrag der übrigen 2 Stellen (Patronate) fällt dem Inhaber ohne Rücksicht auf sein Dienstalter zu.

Am 1. Januar 1903 umfaßte der ganze Grundbesitz der Pfründen (mit Ausnahme der Pfarrhäuser, Hofreiten und Oekonomiegebäude) 1902,7363 ha landwirtschaftliche Grundstücke und 156,9461 ha Wald im Werte von 10 423 418,69 Mk. Das Pfründeeinkommen wird zur Besoldung der Pfarrer verwendet.

Die örtlichen kirchlichen Bedürfnisse werden von Ortsfonds, Almosenfonds, Heiligenfonds, Baufonds oder durch Erhebung örtlicher Kirchensteuern, durch Unterstützungsbeiträge aus Kollekten und (in der Diaspora) vom Gustav-Adolf-Verein, sowie durch freiwillige Gaben der Diasporiten bestritten.

710 kirchliche Ortsfonds und Kirchensteuerkassen hatten am 1. Januar 1903 ein Vermögen von 13 348 055 Mk., außerdem waren 64 Fonds und Kassen vorhanden mit einer Ueberschuldung

6. Das Kirchenvermögen.

von insgesamt 1 543 880 Mk.; dazu kamen 12 Simultanbaufonds, deren Vermögen 198 098 Mk. betrug. Durch das staatliche Gesetz vom 26. Juli 1888 wurde den Kirchengemeinden die Erhebung von Ortskirchensteuer gestattet. Von dieser Befugnis machten i. J. 1891 schon 18 Gemeinden Gebrauch. Seitdem stieg die Zahl der Ortskirchensteuer erhebenden Gemeinden von Jahr zu Jahr: 1895 waren es 41, 1900: 71, 1905: 116. Die Städte ließen sich diese Einnahmequelle nicht entgehen; sie erheben dauernd die Steuer. Vorübergehend wird sie auch in Landgemeinden eingeführt zur Deckung einmaliger größerer Ausgaben (Kirchenbauten, Pfarrhausbauten, Anschaffung von Orgeln, Glocken u. f. w.). Nur 6 erhoben 1905 Kirchensteuer für nicht bauliche Bedürfnisse. In 11 Gemeinden wurden geistliche Stellen aus dem Ertrag dotiert. Die Entschädigung für abgelöste Stolgebühren wurde in 12 Gemeinden von dieser Kasse übernommen. — Der Steuerfuß geht in 45 Kirchengemeinden — zum Teil beträchtlich — über 6% des Gemeindesteuerkapitals hinaus, in 1 beträgt er 1%, in 5 2%, in den übrigen bewegt er sich zwischen 3 und 6%. — Mehr als die Hälfte des Ertrages der Ortskirchensteuern entfällt auf die Städte Mannheim, Karlsruhe und Pforzheim; im ganzen Lande betrugen die Einnahmen der Ortskirchensteuerkassen im Jahre 1905: 649 781 Mk.

Ueber die wohltätige Wirkung der örtlichen Kirchensteuer berichtet der Kirchengemeinderat Baden-Baden i. J. 1899: „In Baden-Baden kamen früher jährlich 3000 Mk. durch freiwillige Beiträge zusammen, die Kirchensteuer ergab 1899: 12 000 Mk. Nur auf diese Weise war es möglich, ein zweites Stadtvikariat zu errichten, einen Kirchenbauplatz in Lichtental zu erwerben, ein neues Pfarrhaus zu beschaffen, eine Gemeindekrankenpflege einzurichten".

Die Vermehrung der kirchlichen Bedürfnisse einerseits, die Abnahme der Pacht- und Kapitalzinsen anderseits machten die Einführung der allgemeinen Kirchensteuer notwendig. Das staatliche Gesetz vom 18. Juni 1892 erteilte den Kirchen hierzu die Ermächtigung. Zum ersten Male wurde sie im Jahre 1895 erhoben.

Der Steuerfuß beträgt:
1. von 100 Mk. Kapitalrentensteuerkapital   1 Pfg
2. „ 100 Mk. Grund-, Häuser-, Gefäll- und Gewerbesteuerkapital   1,5 Pfg.
3. „ 100 Mk. Einkommensteueranschlag   20 Pfg

Es wurde in diesem Jahre ein Steuerertrag festgestellt von 385 777,52 Mk.
i. J. 1905 waren zu erheben   581 447,86 Mk.

Dieses Wachstum ist ein Beweis sehr günstiger ökonomischer Entwicklung.

Die Befürchtungen, die anfangs bei der Einführung der allgemeinen Kirchensteuer gehegt wurden, waren grundlos. Wohl schien in den ersten Jahren eine Abnahme der freiwilligen Gaben für kirchliche Zwecke einzutreten, aber in kurzer Zeit haben sich die Glieder der evangelischen Kirche mit dieser Abgabe ausgesöhnt. Schon im ersten Jahre konnte der Oberkirchenrat „mit Dank gegen Gott und unter Anerkennung der Haltung der Gemeinden freudig konstatieren, daß unsere evangelische Landeskirche die ihr auferlegte Probe wohl bestanden hat. Es erfolgten keine damit zusammenhängende Austritte". Welche Wirkung die Einführung einer Vermögenssteuer[1]) (1908) auf den finanziellen Ertrag der Kirchensteuer haben wird, läßt sich z. Zt. noch nicht feststellen.

Neben diesen drei Haupteinnahmequellen für die Bestreitung der allgemeinen und örtlichen kirchlichen Bedürfnisse besitzt die Landeskirche noch eine Anzahl von **Hilfsfonds, Stiftungen**[2]) und **Kassen**, von denen besonders die „**Geistliche Witwenkasse**" ein größeres Vermögen hat (1904: 1 304 909,82 Mk.).

Sämtliche Fonds und Kassen hatten am 1. Januar 1903 ein Vermögen von 29 694 982,82 Mk.

Alle diese Einnahmen würden doch nicht hinreichen, die vorhandenen Bedürfnisse zu befriedigen, wenn nicht der Staat die jährliche **Dotation** zur Aufbesserung des Einkommens gering besoldeter Pfarrer durch Gesetz vom 18. Mai 1899 auf 300 000 Mk. erhöht hätte. Die Bewilligung gilt zunächst bis zum Jahre 1909.

III. Kapitel.

Die kirchliche Verfassung.

1. Geschichtlicher Rückblick.

Literatur siehe beim I. Kapitel. — Dazu: **Gerstlacher**: Sammlung aller Baden-Durlachischen .... Anstalten und Verordnungen. 3 Bde.

---

[1]) Artikel 15 des neuen Kirchensteuergesetzes vom 20. Nov. 1906 bestimmt: „Die allgemeine Kirchensteuer darf für ein Kalenderjahr 1 Pfg. Vermögenssteuer und 25 Pfg. Einkommensteuer nicht übersteigen".

[2]) Siehe darüber die Vorlagen des Ev. Oberkirchenrats für die Generalsynoden. Eine (nicht vollständige) Zusammenstellung der Stipendien für Studierende ev. Konfession findet sich im Verordnungsblatt von 1893. S. 94 ff.

Carlsruhe 1773. 74. — Kurpfälzische Kirchenraths-Ordnung Kurfürsts Friedrich III. von 1564. 1790. — Markgräflich Badische Kirchenraths-Instruktion von 1797. Carlsruhe 1804. — Kirchenverfassung von 1861. — Die neue Kirchenverfassung der vereinigten ev.-prot. Kirche Badens. Heidelberg 1861. — Friedberg: Die geltenden Verfassungsgesetze der evang.-deutschen Landeskirchen. Freiburg i. B. 1885. — O. Frommel: Frommels Lebensbild, Frommel-Gedenkwerk II. Berlin 1901. — Badisches Kirchenblatt 1834. S. 147.

Die erste kurpfälzische Kirchenordnung wurde von Otto Heinrich am 4. April 1556 erlassen. Sie schloß sich an die von Brenz verfaßte württembergische Kirchenordnung von 1553 an. Auch für die Kirchenordnung des Markgrafen Karl von Baden-Durlach vom 1. Juni 1556 war die Brenzsche Arbeit vorbildlich. „So haben wir also die eigentümliche Erscheinung vor uns, daß die beiden Staaten, welche dereinst zu einer nicht bloß politischen, sondern auch kirchlichen Einheit im Großherzogtum Baden zusammengehen sollten, von Anfang an eine und dieselbe Kirchenordnung gleichförmig mit dem Nachbarstaat Württemberg erhalten haben, also einen Typus des Gottesdienstes und damit des kirchlichen Lebens" (Bassermann).

Doch schon i. J. 1563 wurde die lutherische Kirchenordnung der Pfalz von Friedrich III., dem Nachfolger Otto Heinrichs, durch eine reformierte ersetzt. Die Kirchenratsordnung von 1564 setzte für die Handhabung des Kirchenregiments (iura in sacra) und des landesherrlichen Hoheitsrechts (iura circa sacra) „eine aus drei geistlichen und drei weltlichen Mitgliedern komponierte, unmittelbar unter dem Kurfürsten stehende konsistoriale Behörde ein, während die synodalen reformierten Verfassungselemente nur in rein geistlichen Partikularkonventen Berücksichtigung fanden". Die Gerichtsbarkeit über den Klerus, die Ehegesetzgebung u. a. verwies sie an die weltlichen Behörden, um „eine Verwirrung der Justitien und des Kirchenregiments" zu vermeiden. Dem Kirchenrat war vor allem die Ernennung, Versetzung und Entsetzung der Geistlichen übertragen und die Kirchendisziplin, soweit die betreffenden Vergehen nicht durch staatliche Gesetze bestraft wurden. Die Synoden sollten jährlich durch Kommissäre des Kirchenrates in jedem Amt gehalten werden. Im Jahre 1570 wurden Presbyterien gebildet, welche die Kirchenzucht ausüben sollten. — Nach dem Tode des Kurfürsten Ludwig (1576—1583), der das Luthertum wieder hergestellt hatte, griff man 1585 wieder auf die Ordnung von 1563 zurück und die nächste Ausgabe (1601) beseitigte die noch vorhandenen Konzessionen an die lutherische Auffassung. Hatte der Kirchenrat keinen besonders umfassenden Wirkungskreis unter den reformierten Kurfürsten, so sank er unter den katholischen Regenten zu völliger Bedeutungslosigkeit herab. Trotzdem vermehrte Karl Theodor den reformierten Kirchenrat um 12 Mitglieder, wohl nicht in der Absicht, die Erledigung der Geschäfte zu fördern. Er ließ die Klassenkonvente eingehen und verbot die Abhaltung der Generalsynode, wurde aber durch Kaiser Joseph II. gezwungen, die Synode zu gestatten; sie fand 1789 statt. Die ritterschaftlichen Gebiete wurden im 17. Jahrhundert dem reformierten Kirchenrat unterstellt, für die lutherischen Gemeinden ward ein eigenes, lutherisches Konsistorium errichtet.

In der Markgrafschaft blieb es bei der alten Kirchenordnung; sie wurde 1597 unverändert abgedruckt. Nach dem dreißigjährigen Kriege (1649) erschien eine neue Auflage mit strengen Vorschriften zur Hebung der Kirchenzucht. Doch hat erst Karl Friedrichs Regierung auf die kirchlichen Verhältnisse wieder tiefer gehende Wirkungen ausgeübt. Er rief zur religiös-sittlichen Förderung der Jugend die Sonntagsschulen ins Leben, gab Verordnungen über die Feier der Festtage, erließ eine neue Synodalordnung, regelte die Kirchenzucht. Von großer Wichtigkeit für die spätere Zeit ist seine Kirchenratsinstruktion von 1797, die sich gründet auf die Kirchenratsinstruktion von 1629 und eine Ergänzung der Hofratsinstruktion von 1794 darstellt. Sie enthält Vorschriften über die Lehre, die Sittenzucht, das Vermögen, die Ehegesetzgebung. Im Jahre 1807 wurde der reformierte Kirchenrat in Heidelberg mit dem lutherischen in Karlsruhe vereinigt; die neu geschaffene Behörde ward 1809 dem Ministerium des Innern unterstellt.

Die Kirchenverfassung der Union vereinigte in sehr unvollkommener Weise das Episkopalsystem der lutherischen mit dem Synodalsystem der reformierten Kirche. „Man sieht der ganzen Verfassung ihre Entstehung sehr deutlich an, die nicht auf einmal vollendete und richtige Auffassung des Ueberganges aus einer Konsistorialverfassung in eine Synodalverfassung" (Schleiermacher). An der Spitze stand der Landesbischof, der durch die Evangelische Ministerial-Kirchensektion die Kirche leitete. „Die vereinigte evangelisch-protestantische Kirche findet in dem evangelischen Regenten des Staates und zugleich ihrem obersten Landesbischof, der alle aus beiden Eigenschaften fließenden Rechte circa sacra ausübt, den letzten staats- und kirchenrechtlichen Vereinigungspunkt" (Bl. B. § 2 der Unionsurkunde). So unklar wie diese Ausdrucksweise war das ganze Verhältnis zum Staat, das eigentümliche Konsequenzen hatte. So hat lange Zeit die Kirchenbehörde die Entwicklung der evangelischen Diaspora gehemmt, zum mindesten nicht gefördert, weil es dem staatlichen Interesse zu entsprechen schien, daß die kirchliche Einheit der „ungemischten" Gemeinden erhalten bliebe. — Der Kirchenbehörde traten als eigentliche Repräsentanten der Gemeinden der Kirchenältestenrat, die Spezialsynoden und die Generalsynode zur Seite. Die Spezialsynoden setzten sich zusammen aus den Pfarrern der Diözese und halb so vielen weltlichen Abgeordneten; sie sollten alle 3 Jahre zusammentreten. Die Generalsynode war in der Weise zusammengesetzt, daß die Geistlichen von je zwei Diözesen ein geistliches, die Kirchenältesten von je 4 Diözesen ein weltliches Mitglied entsandten; dazu kamen 2 geistliche und 2 weltliche Mitglieder der obersten Kirchenbehörde, ein vom Großherzog ernanntes Glied der Theologischen Fakultät in Heidelberg und ein landesherrlicher Kommissarius, der das Präsidium führte. Die Generalsynode sollte erstmals wieder 1823 zusammentreten und in der Folge, „so oft das Bedürfnis und die Ordnung der Kirche nach dem Gutachten der obersten Kirchenbehörde und insonderheit nach dem Inhalte der Spezialsynodal-Protokolle es erfordern mag". Es lag also durchaus im Belieben der Staatsregierung, die Vertretung der Landeskirche einzuberufen, wann es ihr gut schien.

Der nächsten Generalsynode (1834) gelang es nicht, der obersten Kirchenbehörde eine größere Selbständigkeit gegenüber dem Staate zu erwirken. Die Generalsynode von 1843 beschäftigte sich nur mit untergeordneten Verfassungsfragen. Auch 1855 hat man wenig geändert; als höchst unzeitgemäß und unpraktisch erscheint uns heute der Beschluß, daß der Kirchengemeinderat sich durch Kooptation der Mitglieder jeweils selbst ergänzen solle: die Einführung einer kirchlichen Oligarchie für die Gemeinden.

Eine durchgreifende Aenderung der Verfassung erfolgte 1861, eine Folge des staatlichen Gesetzes vom 9. Oktober 1860. Nach dem Muster der Oldenburgischen und Rheinpreußischen Kirchenverfassung arbeitete der

Oberkirchenrat einen Entwurf aus, der von der Generalsynode mit wenigen Aenderungen genehmigt wurde. Diese Verfassung ist auf späteren Synoden in einzelnen Abschnitten und Paragraphen revidiert worden, die wichtigsten Teile blieben unverändert.

„Die evangelische Landeskirche bildet" nach § 2 der Verfassung „in sich selbst ein organisches Ganze, das, von seinen Urbestandteilen ausgehend, die vereinzelte Wirksamkeit derselben in immer umfassendere Kreise vereinigt"; sie ordnet und verwaltet ihre Angelegenheiten durch ihre eigenen Organe frei und selbständig, unbeschadet der Rechte des Staates, wie solche durch die Staatsgesetze festgestellt sind (§ 3). Die Kirche gliedert sich in: Kirchengemeinden, Diözesen, Landesgemeinde. Die Kirchengemeinde übt ihre Befugnisse durch den Kirchengemeinderat und die Kirchengemeindeversammlung. Die Diözese wird vertreten durch die Diözesansynode. Die Gesamtheit der Kirchengemeinden bildet die Landesgemeinde, die durch die Generalsynode repräsentiert wird. Mit diesem presbyterial-synodalen Aufbau ist verbunden die Organisation der Diener und Behörden der Kirche: Pfarrer, Dekan, Oberkirchenrat.

Die badische Kirchenverfassung stellt einen, wie mir scheint, durchaus geglückten Versuch dar, — um es nach Schian zu formulieren — „das mit dem allgemeinen Priestertum zusammenhängende Prinzip der Selbstverantwortlichkeit und Selbständigkeit der einzelnen Christen" auch beim Aufbau der Kirche zur Geltung zu bringen.

Hat doch sogar Emil Frommel, der seiner Zeit in bitterem Unmute aus Baden schied, später (1875) in einer „ungehaltenen Synodalrede" nicht ungünstig darüber geurteilt: „Sie reden von „badischen Zuständen", meine Herren; ich wünschte, Sie hätten welche davon. Oder haben Sie etwa 28 % Kirchenbesucher in Brandenburg und Sachsen, wo oft 8—10 Leute in der Kirche sind? Haben Sie 58 % Abendmahlsgäste? Haben Sie von 13 736 Beerdigungen nur 2 ohne kirchliche Begleitung; haben Sie vielleicht auch nur 6 Ehescheidungen auf 1280 Paare, und ist der Prozentsatz der nicht kirchlich Getrauten 0,8 in den Gemeinden? Die Verfassung hat das kirchliche Leben in Baden nicht zerstört, das ist das Wenigste, was ich sage".

Man kann an der Verfassung tadeln, daß sie ideale Gemeinden voraussetze, die sich nirgends finden, und daß sie darum mit problematischen Faktoren rechne; aber wenn dies ein Mangel wäre, so würde der ganze Protestantismus daran kranken. Setzt übrigens die Verfassung nicht auch ideale Pfarrer voraus? — Wenn auch manche überschwengliche Hoffnungen auf das Wachstum des kirchlichen Interesses, die sich an die Durchführung des Gemeindeprinzips knüpften, mit der Zeit auf ein geringeres Maß gesunken sind, so ist doch das von G r o ß h e r z o g F r i e d r i c h in der Einleitung zur Kirchenverfassung ausgesprochene Vertrauen, „daß die Gemeinden diese Rechte mit dem heiligen Ernste gebrauchen werden, den eine heilige Sache fordert", nicht getäuscht worden. Die Verfassung hat sich im ganzen bewährt, die verschiedenen Richtungen sind mit ihr zufrieden, abgesehen von einzelnen Ausstellungen, die auf der rechten und auf der linken Seite gemacht werden. Es ist nur zu wünschen, daß auch fernerhin die Worte des Landesfürsten beherzigt werden, die er der Neuordnung der kirchlichen Verhältnisse mitgab: „Es gilt zu zeigen, daß vor dem heiligen Namen Jesu Christi, des hochgelobten Hauptes unserer Kirche, alle weltliche und selbstsüchtige Parteiung schweigt, und daß aus den Wahlen der evangelischen Gemeinden Versammlungen von Männern hervorgehen, die mit heller Einsicht und gottesfürchtiger Gesinnung die Kirche auf dem e i n e n Grund erbauen, auf dem allein das wahre Heil der einzelnen und der Völker beruht".

2. Der Bekenntnisstand.

Kirchenraths-Instruktion. — Unionsurkunde. — H u n d e s h a g e n: Die Bekenntnisgrundlage der vereinigten ev.-prot. Kirche in Baden. Frankfurt 1851. — A. v. S c h e u r l: Das gute Recht der Lutheraner in Baden. Stuttgart 1852. — K. Z i t t e l: Der Bekenntnisstreit in der ev.-prot. Kirche. Mannheim 1852. — L. v. S t ö s s e r: Die badische Kirchenratsinstruktion v. 7. Juli 1797 und die Lehrfreiheit der Geistlichen. Freiburg u. Leipzig 1897. — R. R o t h e: Ueber kirchliche Lehrfreiheit. Anhang zu Holtzmann: Richard Rothe, Heidelberg 1899. — S p r e n g e r: Der Bekenntnisstand der ev.-prot. Kirche in Baden. Heidelberg 1898. — G r ü t z m a c h e r: Die ev. Landeskirche des Großh. Baden. Freiburg i. B. 1898. — R. B a s s e r m a n n: Zur Frage des Bekenntnisstandes und der Gleichberechtigung der Richtungen in d. v. ev.-prot. K. des Gr. Baden. Mannheim 1904. — Kirchenverfassung § 91. — N i p p o l d: Richard Rothe. Wittenberg 1873 und 1874. — Verhandlungen der Generalsynoden 1855, 1861, 1867, 1892, 1904. — A. H a u s r a t h: R. Rothe und s. Freunde. Berlin. 1902. 1906.

Der evangelische Pfarrer soll nach § 91 der Verfassung die Lehre der heiligen Schrift nach Maßgabe des B e k e n n t n i s s t a n d e s der vereinigten evangelisch-protestantischen Landeskirche verkündigen. Ueber den Bekenntnisstand spricht sich § 2 der Unionsurkunde aus:

III. Kapitel.

Die vereinigte ev.-prot. Kirche legt den Bekenntnisschriften, welche späterhin mit dem Namen symbolischer Bücher bezeichnet wurden, und noch vor der wirklichen Trennung in der ev. Kirche erschienen sind, und unter diesen namentlich und ausdrücklich der Augsburgischen Konfession im allgemeinen, sowie den besonderen Bekenntnisschriften der beiden bisherigen Kirchen im Großherzogtum Baden, dem Katechismus Luthers und dem Heidelberger Katechismus, das ihn n bisher zuerkannte normative Ansehen auch fernerhin mit voller Anerkenntnis desselben insofern und insoweit bei, als durch jenes erstere mutige Bekenntnis vor Kaiser und Reich das zu Verlust gegangene Prinzip und Recht der freien Forschung in der heiligen Schrift, als der einzigen sicheren Quelle des christlichen Glaubens und Wissens, wieder laut gefordert und behauptet, in diesen beiden Bekenntnisschriften aber faktisch angewendet worden, demnach in denselben die reine Grundlage des ev. Protestantismus zu suchen und zu finden ist.

Die zweideutige Ausdrucksweise dieses Paragraphen hat eine Reihe von Schriften hervorgerufen. Während auf der einen Seite der Sinn der Worte darin gefunden wird, daß den Bekenntnisschriften der ev. Kirchen normatives Ansehen wie bisher so auch fernerhin beigelegt wird, weil sie das Prinzip der freien Forschung faktisch angewendet haben, und demnach in ihnen die reine Grundlage des Protestantismus zu finden ist, sind die anderen der Meinung, daß sowohl nach den bisher geltenden Bestimmungen der Kirchenratsinstruktion als auch in diesem Paragraphen die heilige Schrift allein als die maßgebende Glaubensregel festgestellt sei, und daß die symbolischen Bücher normatives Ansehen nur insoweit haben, als sie mit der heiligen Schrift übereinstimmen, was durch freie Forschung jederzeit beurteilt werden kann und darf.

Dem Wortlaut nach sind wohl beide Auffassungen möglich. Für die zuerst gegebene Auslegung führte der Oberkirchenrat in der Vorlage für die Generalsynode von 1855 folgende Gründe ins Feld: „Ginge der Paragraph auf die Beseitigung der Bekenntnisse, um an deren Stelle das Prinzip der freien Forschung zur alleinigen Grundlage des Protestantismus in unserer Landeskirche zu machen, so würde daraus folgen, daß man die Nichtgeltung der Bekenntnisse ausgesprochen hätte in der Form der Geltung, daß man Worte der Anerkennung gebraucht hätte, um eine Tat der Vernichtung zu vollziehen; es würde sich der ganze Paragraph als ein Werk der Täuschung darstellen. Dergleichen zu unterstellen, sind wir in keiner Weise befugt. Es wäre solches auch im entferntesten nicht zu erwarten, weder von den ehrenwerten Männern, welche bei der Abfassung des Paragraphen beteiligt waren, noch von der Generalsynode, die ihn annahm".

Trotzdem halte ich die andere Deutung für die richtige. Und zwar aus folgenden Gründen: 1. Wenn der lange Nachsatz nur sagen wollte, daß das normative Ansehen der Symbole in derselben Weise beschränkt sein solle, wie bisher, so war „die Ausdrucksweise so außerordentlich ungeschickt, daß jedes Kind eine bessere finden konnte" (Scheurl). 2. Es ist nicht anzunehmen, daß in einer Zeit, „in der kein Pfarrer mehr lebte, der eine Verpflichtung auf die symbolischen Bücher übernommen hatte, und keiner von der Kirchenbehörde nur befragt worden war, ob er dieselben kenne, in einer Zeit, da in den altbadischen Schulen gar kein Katechismus mehr zu finden war", von der zum größten Teil aus Rationalisten bestehenden Generalsynode eine Bindung auf die Symbole beabsichtigt war. 3. Im Jahre 1824 haben zwei Mitglieder der Kommission zur Beratung der Unionsurkunde, Kirchenrat S ch w a r z und Professor D a u b, mit zwei anderen Dozenten der Heidelberger Universität ein Gutachten abgegeben, worin sie erklärten: „wir würden es für unsere Pflicht halten, eine Vorschrift, welche die ev.-prot. Landeskirche an ein bestimmtes Symbol bände, durch die ehrerbietig-dringendsten Vorstellungen von uns und von allen Mitgliedern unserer Gemeinde abzuwenden . . . D e n n v o n j e h e r h a t d i e l u t h e r i s c h e K i r c h e d e s L a n d e s d i e h. S c h r i f t a l s d i e e i n z i g e N o r m i h r e s G l a u b e n s a n g e n o m m e n, n i c h t a b e r d e r h. S c h r i f t i r g e n d e i n M e n s c h e n w e r k z u r S e i t e g e s t e l l t". 4. Das Kirchenregiment hat bis in die Mitte der 50er Jahre niemanden auf die symbolischen Bücher verpflichtet; auch die Ordinationsformel enthielt keine Verpflichtung. 5. Die Anträge auf Abänderung des § 2, die von einzelnen Diözesansynoden mit konservativer Mehrheit (z. B. 1850) gestellt wurden, beweisen zum mindesten, daß der Wortlaut als irreführend angesehen wurde. 6. In der Einleitung zur Unionsurkunde heißt es, daß die beiden bisher getrennten Konfessionen doch ein Band umschlungen habe: der Glaube an Jesus Christus und an seine ewige, die Menschen mit Gott versöhnende Liebe, und daß sie von einem Geist beseelt gewesen sei: d e m G e i s t f r e i e r F o r s ch u n g in der unversieglichen Quelle dieses Glaubens, in d e r h. S ch r i f t. Hier ist von den Symbolen nicht die Rede. Ebensowenig in § 1 der Kirchenverfassung (Bl. B), wo auch erklärt wird, daß die ev.-prot. Kirche in der h. Schrift die von aller menschlichen Autorität unabhängige Norm des christlichen Glaubens anerkennt.

Zur Beseitigung der „über den Sinn dieses § entstandenen Zweifel und der daraus entsprungenen Mißdeutungen" beschloß die Generalsynode von 1855, als **authentische Erläuterung** hinzuzufügen:

Die vereinigte ev.-prot. Kirche im Großh. Baden gründet sich auf die h. Schrift alten und neuen Testaments als die alleinige Quelle und oberste Richtschnur ihres Glaubens, ihrer Lehre und ihres Lebens, und hält unter voller Anerkennung ihrer Geltung fest an den Bekenntnissen, welche sie ihrer Vereinigung zu Grunde gelegt hat. Diese in Geltung stehenden Bekenntnisse sind .. die Augsburgische Konfession . . . der Katechismus Luthers und der Heidelberger Katechismus in ihrer übereinstimmenden Bezeugung der Grundlehren der h. Schrift und des in den allgemeinen Bekenntnissen der ganzen Christenheit ausgesprochenen Glaubens. Indem bei dieser Bestimmung des Bekenntnisstandes die h. Schrift als alleinige Quelle und oberste Richtschnur des Glaubens, der Lehre und des Lebens vorangestellt ist, wird aber dadurch zugleich im Einklang mit der ganzen evang. Kirche das Recht des freien Gebrauch der h. Schrift, sowie der im h. Geist gewissenhaft zu übenden Erforschung derselben anerkannt und für alle Glieder der Kirche, insbesondere aber für ihre mit dem Lehramte betrauten Diener die Pflicht ausgesprochen, sich solcher Schrifterforschung unausgesetzt zu befleißigen

Aber schon die nächste Generalsynode sprach die Erwartung aus, es werde diese Erläuterung nicht dazu angewendet werden, die Gleichberechtigung derjenigen Mitglieder der Kirche in irgend welchen Zweifel zu ziehen, welche den theologischen Standpunkt der in unserer Landeskirche herkömmlichen kirchlichen Bekenntnisse nicht durchweg teilen. Dabei ist es geblieben. Im Jahre 1904 erklärte der Oberkirchenrat: „Es ist unzweifelhaft, daß in der evangelischen Kirche von lange her zwei Strömungen vorhanden sind, die beide ebenso natürlich wie unentbehrlich erscheinen; auf der einen Seite diejenige, welche den von der Reformation überkommenen Besitzstand ungeschmälert zu wahren, auf der andern Seite eine solche, die ihn stets von neuem zu prüfen und mit der modernen Weltanschauung in Einklang zu bringen sucht . . . Dieser Zustand entspricht dem schon so oft erörterten Bekenntnisstand unserer Kirche!"

Wir können heute noch rückhaltlos den Worten Rothes zustimmen, die sich in einem Briefe an Hahn finden: „Wir leben hier noch im Stande der Unschuld und sind des, heute zu Tage freilich törichten, guten Glaubens, daß es der Glaube an Ihn selbst ist, wonach der Herr Jesus die Seinen herauserkennt, und nicht der Glaube an die Bekenntnisse von Ihm. Aber wir bleiben getrost dabei, wenn man das auch in Berlin den

3. Der Landesbischof.

Kirchenverfassung vom 5. Sept. 1861. §§ 4. 61. 69. 70. 77. 81. 83. 95. 96. 97. 104. 108—112. 114. — v. Weech: Badische Geschichte. — A. Dove: Großherzog Friedrich als Landesherr und deutscher Fürst. Heidelberg 1902. — Großherzog Friedrich von Baden. Reden und Kundgebungen 1852—1896. Herausgegeben v. Dr. R. Krone. Freiburg 1901.

Nach § 4 der Verfassung hat „der evangelische Großherzog als Landesbischof das den evangelischen Fürsten Deutschlands herkömmlich zustehende Kirchenregiment und übt dasselbe nach den Befugnissen dieser Verfassung aus". Er beruft, schließt oder vertagt die Generalsynode, bestimmt für diese Gesamtvertretung 7 geistliche oder weltliche Mitglieder, bestätigt und verkündigt die beschlossenen Gesetze; er ernennt die Hof- und Garnisonsprediger, sowie die Geistlichen an öffentlichen Anstalten und Schulen, ferner die von den Gemeinden gewählten Pfarrer; er besetzt die Pfarreien, für welche kein Bewerber aufgetreten ist, und hat das Recht, jährlich 5 Stellen auf 6 Jahre (diskretionär) zu besetzen; er ernennt die Mitglieder des Oberkirchenrates, durch den er das ihm zustehende Kirchenregiment ausübt.

Der evangelischen Kirche Badens ist es zum Segen gewesen, daß in den letzten 150 Jahren während ihrer zusammen mehr als ein Jahrhundert dauernden Regierung zwei Landesbischöfe an ihrer Spitze standen, die, im evangelischen Glauben fest gegründet, an dem Gedeihen und der Entwicklung des kirchlichen Lebens persönliches und lebendiges Interesse hatten. Was die Regierung Karl Friedrichs für unsere Kirche bedeutet, das ist im geschichtlichen Teil der vorhergehenden und nachfolgenden Abschnitte kurz ausgeführt. Nicht geringer sind die Verdienste, die sich Großherzog Friedrich um die Kirche Badens erworben hat.

Auf Karl Friedrich (1746—1811) folgte Großherzog Karl (1811 bis 1818), diesem Ludwig (1818—1830), hierauf Leopold (1830—1852); im letzteren Jahre trat Großherzog Friedrich seine Regierung an.

Als Regent eines zu $^2/_3$ katholischen Staates mußte er zwar auf die nicht seinen Glauben teilenden Untertanen gebührende Rücksicht nehmen und sich in manchen Fragen Reserve auferlegen, doch hat er nie aus seiner gut evangelischen Ueberzeugung ein

Hehl gemacht. In klassischer Weise hat er sich über sein Verhältnis zur evangelischen und zur katholischen Kirche in der berühmten Osterproklamation (7. April 1860) ausgesprochen: „Es ist mein entschiedener Wille, daß der Grundsatz der Selbständigkeit der katholischen Kirche in Ordnung ihrer Angelegenheiten zur vollen Geltung gebracht werde. Ein Gesetz, unter dem Schutz der Verfassung stehend, wird der Rechtsstellung der Kirchen eine sichere Grundlage verbürgen... So wird meine Regierung begründeten Forderungen der katholischen Kirche auf verfassungsmäßigem Wege gerecht werden, und in schwerer Probe bewährt, wird das öffentliche Recht des Landes eine neue Weihe empfangen... Es ist mir heute eine ebenso werte Pflicht, von meiner eigenen, mir teuren Kirche zu reden. Den Grundsätzen getreu, welche für die katholische Kirche Geltung erhalten sollen, werde ich darnach streben, der evangelisch-protestantischen unierten Landeskirche auf der Grundlage ihrer Verfassung eine möglichst freie Entwicklung zu gewähren". Und als dann der Entwurf der neuen Verfassung der Generalsynode vorgelegt wurde, gab er den ihn erfüllenden Gedanken in folgenden Worten Ausdruck: „Ein bedeutsamer Tag ist für uns angebrochen, ein Tag, an dem wir Zeugnis geben können von dem Geist, der in der christlichen Gemeinde leben soll. Ich vertraue auf die Macht dieses Geistes. Es ist der Geist christlicher Liebe und christlichen Glaubens. Es ist der Geist christlicher Demut und christlicher Zuversicht. In solchem Geist bitte ich Sie, das Friedenswerk anzugreifen. Es handelt sich dabei nicht um den vorübergehenden Sieg dieser oder jener Partei und Zeitrichtung; es handelt sich darum, daß, wie Gott nur durch freie Liebe gepriesen werden kann, so unseren Gemeinden Gelegenheit geboten werde, den Glauben und die Liebe ihres Herzens in freier Selbsttätigkeit an den Tag zu legen. Freie Selbsttätigkeit der Gemeinde und aller ihrer Glieder, das, in der Tat, ist der leitende Gedanke des Ihnen vorgelegten Entwurfs, der, wie mit der ursprünglichen Lehre, so auch mit der ursprünglichen Geschichte unserer christlichen Kirche in Einklang steht und deshalb doppelt berechtigt ist, sich als ein christlicher geltend zu machen". Einer seiner Lieblingswünsche, die Herstellung einer deutschen Einigung auf dem Gebiete der evangelischen Kirche, ist zwar noch nicht erfüllt, aber durch die Gründung des Kirchenausschusses ist doch ein Schritt weiter auf diesem Wege gemacht worden. Ueber seinen eigenen Beruf sprach sich der Großherzog 1876 dahin aus:

er wolle der Schützer der Landeskirche sein, über den Parteien stehend in Würdigung der verschiedenen Standpunkte die Kirchenverfassung treu bewahren und ihr die Möglichkeit eines gedeihlichen Aufbaus sichern.

Obwohl sein Anteil an den Maßnahmen der Kirchenbehörde sich dem Urteil der Oeffentlichkeit entzieht, ist es doch kein Geheimnis, daß er seinen verfassungsmäßigen Einfluß stets geltend machte, um den inneren Frieden der Kirche wiederherzustellen oder zu erhalten. Da er aber anderseits weit entfernt davon war, durch pronunzierte Betonung seiner eigenen persönlichen Stellung zu den kirchlichen Fragen die Behörde zu beeinflussen, so hat die evangelische Kirche nur die Vorzüge des landesherrlichen Episkopats genossen, ohne unter dessen Nachteilen zu leiden. Jedenfalls kann heute von einer Bevormundung der Kirche durch den Staat in innerkirchlichen Fragen nicht mehr die Rede sein, während das in früheren Zeiten unzweifelhaft der Fall war.

4. Der Oberkirchenrat.

Kirchenverfassung §§ 21. 22. 34. 39. 45—52. 54. 65. 69. 77—79. 87. 89. 93—95. 98. 105. 106. 108—114. 116. 118. — S p o h n : Kirchenrecht. Pfarrstatistik. — R i e g e r : Sammlung von Gesetzen etc. — S t o c k e r : Schematismus der ev.-prot. Kirche im Großh. Baden. Heilbronn 1878. — G o t t h e l f T r e u l i c h : Der Zersetzungsprozeß in der ev. Landeskirche des Großh. Baden. Heidelberg 1895. S. 24.

Bei der Landesorganisation wurde durch Reskript vom 26. November 1809 die Ausübung des K i r c h e n r e g i m e n t s besonderen Abteilungen des Ministeriums des Innern, dem „E v a n g e l i s c h e n u n d K a t h o l i s c h e n k i r c h l i c h e n D e p a r t e m e n t", übertragen. Das evangelische Departement hatte zugleich für den protestantischen Religionsteil die innere Kirchenregierung in ihrem ganzen Umfang. Im Jahre 1812 erhielten die beiden Departements die Benennung: „E v a n g e l i s c h e u n d K a t h o l i s c h e M i n i s t e r i a l - K i r c h e n - S e k t i o n"; am 5. Januar 1843 wurde diese zu einem „E v a n g e l i s c h e n u n d K a t h o l i s c h e n O b e r k i r c h e n r a t". Eine landesherrliche Verordnung vom 28. Dezember 1860 beseitigte die frühere Doppelstellung des Oberkirchenrats. Dieser wurde hinsichtlich der Ordnung und Verwaltung der Angelegenheiten der evangelischen Kirche unmittelbar dem Großherzog als dem Landesbischof unterstellt, die Wahrnehmung der dem Staate vorbehaltenen Berechtigungen wurde dem Ministerium des Innern, seit 1881 dem Ministerium der Justiz, des Kultus und des Unterrichts zugewiesen.

Durch das grundlegende Gesetz vom 9. Oktober 1860, welches in Aufhebung des ersten Konstitutionsedikts vom 14. Mai 1807 das Verhältnis zwischen Staat und Kirche neu regelte, wird der evangelischen (und der katholischen) Kirche das Recht einer öffentlichen Korporation mit dem Rechte der öffentlichen Gottesverehrung gewährleistet (§ 1). Beide Kirchen ordnen und verwalten ihre Angelegenheiten frei und selbständig. Der Verkehr mit den kirchlichen Obern ist ungehindert (§ 7). Die Kirchenämter werden durch die Kirchen selbst verliehen, unbeschadet der auf öffentlichen oder auf Privatrechtstiteln wie insbesondere dem Patronate beruhenden Befugnisse (§ 8). Die Kirchenämter können nur an solche vergabt werden, welche das badische Staatsbürgerrecht besitzen oder erlangen. Die Zulassung zu einem Kirchenamt ist regelmäßig durch den Nachweis einer allgemein wissenschaftlichen Vorbildung bedingt (§ 9). Das kirchliche Vermögen wird unter gemeinsamer Leitung der Kirche und des Staates verwaltet. Zu allen Schenkungen und Stiftungen an die Kirche ist Staatsgenehmigung erforderlich. Keine Kirche kann aus ihrer Verfassung oder ihren Verordnungen Befugnisse ableiten, welche mit der Hoheit des Staats oder mit den Staatsgesetzen in Widerspruch stehen (§ 13). Alle kirchlichen Verordnungen müssen gleichzeitig mit der Verkündigung der Staatsregierung mitgeteilt werden (§ 15). Dies die wichtigeren Bestimmungen.

Der Oberkirchenrat besteht aus einem Präsidenten und der nötigen Anzahl geistlicher und weltlicher Mitglieder. Der gegenwärtige Präsident, Exzellenz Helbing, ist Theologe, seine Vorgänger, mit Ausnahme von Ullmann, waren Juristen. Eines der geistlichen Mitglieder hat die Würde eines Prälaten und vertritt die Landeskirche in der ersten Kammer (§ 27 der Verfassungsurkunde für das Großherzogtum Baden 1818).

Prälaten: Joh. Peter Hebel 1821. Joh. Bähr 1826. Ludwig Hüffel 1829. K. Ullmann 1853. J. Holtzmann 1861. K. Wilh. Doll 1877. F. W. Schmidt 1894. A. Helbing 1900. F. Oehler 1904.

Direktoren (Präsidenten): Staatsrat Winter 1821. Geh. Rat Freiherr von Rüdt 1830. Geh. Rat von Berg 1832. Geh. Rat Baumüller 1843. Direktor Böhme 1846. Freiherr von Wöllwarth 1849. N. Stephani 1855. Ullmann 1856. Staatsrat Nüßlin 1860. L. Stösser 1881. F. Wielandt 1895. A. Helbing 1903.

Zum Wirkungskreis des Oberkirchenrats gehört: die Wahrung und Fortbildung der gesamten kirchlichen Ordnung nach Maßgabe der Verfassung und der Kirchengesetze; die Leitung des religiösen Unterrichts in Kirche und Schule; die Ueberwachung der kirchlichen Armenpflege; die Veranstaltung außerordentlicher Gottesdienste; die Visitationen, die Leitung der theologischen Prüfungen; die Aufsicht, Ueberwachung, Einführung der Geistlichen, Anordnung der Pfarrwahlen, Anstellung der unständigen Geistlichen; Urlaubserteilung, Disziplinaruntersuchungen, Pensionierung; die Oberaufsicht über das Vermögen, die kirchlichen Fonds, Stiftungen; die Leitung des kirchlichen Bauwesens, Anordnung von Kollekten, verfassungsmäßige Mitwirkung bei den Synoden; die Förderung des Vereinslebens und der Wohlfahrtseinrichtungen; endlich die Anbahnung einer organischen Verbindung mit den übrigen evangelischen Kirchen — eine große Zahl von Pflichten und Rechten! Es ist erklärlich, daß die Notwendigkeit der Erledigung aller dieser Geschäfte den Eindruck hervorgerufen hat, daß zu viel Bureaukratismus in unserer Landeskirche herrsche, ein Vorwurf, den man in unserer Zeit gern den Behörden macht. Daß oben zu viel reglementiert, schematisiert und zensiert werde, läßt sich doch nicht sagen. Einerseits geht zwar das Bestreben dahin, die Erledigung der schriftlichen Geschäfte nach einheitlichen Grundsätzen zu regeln, anderseits ist den Geistlichen unserer Kirche doch ein großes Maß von Freiheit gelassen. Es wird immer schwer halten, in einem größeren Organismus die rechte Freiheit mit der notwendigen Gebundenheit zu vereinigen; welches da die goldene Mittelstraße sei, darüber werden die Meinungen immer auseinandergehen.

Ueberblicken wir die Tätigkeit des Evangelischen Oberkirchenrats seit 1807, soweit sie in seinen Erlassen und Veröffentlichungen vorliegt, so war sie bis zur Mitte des Jahrhunderts eine wenig imponierende, entsprechend seiner Zwitterstellung. So führt Riegers Gesetzessammlung z. B. für 1810 nur zwei Verordnungen des Oberkirchenrats an: „über unberechtigtes Kollektieren" und über „den Abrechnungstermin im Hanauischen"; für 1815 nur eine, „über die Teilnahme der Kirchendiener an Tanzbelustigungen". Allerdings ist zu berücksichtigen, daß wohl manche Erlasse des Ministeriums des Innern von der Evangelischen Kirchensektion veranlaßt waren, doch läßt sich nicht feststellen, wie groß der Einfluß gewesen ist. Sehr oft nahm die Kirchenbehörde Anlaß, sich über die Reinheit der Lehre zu äußern. Obwohl sie selbst einem gemäßigten Rationalismus huldigte, mußte sie 1824 nach ihrer „obhabenden Pflicht gegen den gnädigsten Fürsten und Herrn und obersten Landesbischof und in der aufrichtigsten und untertänigsten Verehrung Höchstdessen frommer und preiswürdiger Absichten" den Geistlichen einen landesherrlichen Erlaß eröffnen, worin geklagt wird, „daß manche Geistliche die Verkündigung der Hauptglaubenslehren unserer heiligen Religion ganz beseitigend, die Moral derselben zur Hauptsache erheben". — Die Separatisten wurden durch scharfe Erlasse bekämpft (1805, 08, 26 u. s. w.), das Konventikelwesen mißbilligt (1835); „pietistische Emissäre, die von auswärts kamen, um das Volk zum Mystizismus zu verleiten", wurden ausgewiesen (1836). Andrerseits wurde den **liberalen Geistlichen**, die 1845 in Freiburg in einer Versammlung sich gegen Uebergriffe des Pietismus ausgesprochen hatten, das Mißfallen der Behörde ausgedrückt, und ähnliche Parteiversammlungen wurden für die Zukunft verboten. Die Aufgaben der **inneren Mission** suchte der Oberkirchenrat zu fördern, indem er die Geistlichen veranlaßte, für den 1836 gegründeten „**Verein zur Rettung sittlich verwahrloster Kinder**" zu werben. Der von positiver Seite beabsichtigten Gründung eines **Vereins für Heidenmission** bezeugte er 1839 seine vollkommenste Teilnahme und wünschte ihm den glücklichsten Erfolg, untersagte aber gleichzeitig bis zur Generalsynode die Abhaltung von besonderen Missionsgottesdiensten. Die Gründung eines badischen **Gustav-Adolf-Vereins** (1842) ist sein Verdienst. Daß er sich auch um unwesentliche Dinge kümmerte, bezeugt die Verordnung vom 26. Juni 1838, nach der ein schwarzer Ueberrock mit **einer Reihe von Knöpfen** und einer gewissen Länge den bisher getragenen Frack im außerdienstlichen Verkehr der Geistlichen ersetzen sollte.

Die beiden Oberkirchenräte, der evangelische und der katholische, scheinen im Frieden neben einander gewirkt zu haben, bis ein Mischehenerlaß des Erzbischofs **Hermann von Vicari** (3. Januar 1845) den konfessionellen Streit in Baden entfachte, in dessen Folge der katholische Oberkirchenrat selbst mit dem Bann belegt wurde (15. November 1853).

Viel bedeutender und umfassender ist die Wirksamkeit des Oberkirchenrats seit 1861 geworden. In den Stürmen der 50er und 60er Jahre haben auch die Mitglieder des Oberkirchenrats von beiden Seiten Anfechtung erfahren; sie standen mitten im Kampfe der Parteien und versuchten vergeblich, die Gegensätze zu mildern. Die im **Schenkelstreit** eingenommene Stellung des Oberkirchenrats fand 1867 die Billigung der Generalsynode. — Mit sehr gemischten Empfindungen wurde die Dienstentlassung von Pfarrer **Schwarz** aufgenommen (1894).

Schwarz hatte ein Flugblatt mit der Ueberschrift: „60 Sätze gegen die Irrlehren der Christenheit" verbreitet, in dem er von der katholischen und von der evangelischen Kirche behauptete, daß sie nicht das Evangelium Jesu Christi predigten, sondern alte Irrlehren festhielten. Der Oberkirchenrat verbot ihm die weitere Verbreitung der Schrift; als Schwarz nicht gehorchte, vielmehr das Flugblatt in 3. Auflage erscheinen ließ, beschloß der durch den Generalsynodalausschuß erweiterte Oberkirchenrat mit Stimmenmehrheit die Entlassung wegen „dienstwidrigen Verhaltens".

Viele haben die Maßregel als eine zu harte angesehen; es scheint, daß man dem Flugblatt eine zu große Bedeutung beigelegt hat.

Als besonders verdienstvoll an der Tätigkeit des Oberkirchenrats in den letzten Jahrzehnten ist hervorzuheben: der **Ausbau der Diaspora**, die **Vermehrung der Pfarreien**, die offene und entschiedene **Abwehr der ultramontanen Uebergriffe**, die Förderung des **Vereinslebens**, die Einführung der **Kirchensteuer** — die als ein Sprung ins Dunkle immerhin ein Wagnis bedeutete —, vor allem auch ist die Art und Weise anzuerkennen, wie er es verstanden hat, trotz den innerhalb des Kollegiums selbst vorhandenen verschiedenen Richtungen die kirchlichen **Gegensätze** zu überbrücken.

5. Die Dekane.

Kirchenverfassung §§ 52. 55. 57. 106. 107. — Dienstweisung für die Dekane vom 11. Dezember 1900. — K.G. u. B.O.Bl. 1900. S. 169 ff.

Der **Dekan** ist der geistliche Vorsteher der Diözesangemeinde und leitet die kirchlichen Angelegenheiten der Diözese. Vor 1861 wurden die Dekane vom Landesbischof ernannt und übten „als Delegierte desselben und der obersten Kirchenbehörde das Kirchenregiment aus". Seit 1861 wird der Dekan von der Diözesansynode auf 6 Jahre gewählt, besitzt also unter allen Umständen das Vertrauen der Mehrheit dieser Synode. Da der Oberkirchenrat die Wahl zu bestätigen hat, so ist auch der Kirchenbehörde ein Einfluß auf die Besetzung der Dekanate gewahrt. Daß dieser Modus gegenüber dem früheren große Vorzüge hat, leuchtet ein. Der Dekan hat der Behörde gegenüber eine größere Selbständigkeit und nimmt in seiner Diözese von vornherein eine Vertrauensstellung ein.

Dem Dekan liegt ob: die Ueberwachung der kirchlichen und sittlichen Ordnung in allen Kirchengemeinden seiner Diözese[1]; die Aufsicht über Lehre, Kultus, Verfassung, Disziplin; die Ordination der Pfarrkandidaten, die Einführung und Verpflichtung der Geistlichen, die Aufsicht über die Amtsführung, den Wandel und die Fortbildung der Diözesangeistlichen, die Anordnung der interimistischen Geschäftsbesorgung in vorübergehenden Fällen; die Regelung der Konfirmationsangelegenheiten; die Vermittlung des

---

[1] Alle vier Jahre hält der Dekan oder sein Stellvertreter (seit 1882) eine Kirchenvisitation in jeder Gemeinde ab. Bis zum Ende des 18. Jahrhunderts wurde die Kirchenvisitation jährlich vorgenommen, bis 1860 alle zwei Jahre, von 1860—1882 alle drei Jahre (Issel: Eichstetten 1906).

Verkehrs zwischen dem Oberkirchenrat und den Pfarrern und Kirchengemeinderäten, sowie der Diözesansynode und ihrem Ausschuß; er hat nach Maßgabe besonderer Instruktion die Kirchenvisitation in allen Kirchengemeinden vorzunehmen oder vornehmen zu lassen; außerdem hält er alle zwei Jahre in jeder Gemeinde eine Religionsprüfung ab.

Da der Dekan von den Geistlichen — und den weltlichen Mitgliedern der Diözesansynode — g e w ä h l t wird, und häufig eine Minderheit anders gerichteter Pfarrer ihm untergeordnet ist, so erfordert sein Amt viel Takt und Umsicht; eine geeignete Persönlichkeit kann in dieser Stellung großen Einfluß haben und nach oben wie nach unten vermittelnd, ausgleichend wirken, während ein ungeeigneter Mann wenig ausrichten wird. Die Persönlichkeit bestimmt das Maß seines Einflusses und seiner Wirksamkeit.

6. Die Pfarrer.

St.G. v. 9. Oktober 1860. K.G. u. V.O.Bl. 1861. S. 2. — St.V.O. vom 6. Sept. 1867, vom 2. Nov. 1872 und vom 19. Februar 1874 (Kulturexamen). K.G. u. V.O.Bl. 1867. S. 100 f. 1872. S. 109. 1874. S. 22 ff. St.G. v. 5. März 1880. K.G. u. V.O.Bl. 1880. S. 16. — Ldh.V.O. v. 11. April 1880. K.G. u. V.O.Bl. 1880. S. 17. — Die Errichtung eines ev.-prot. theol. Seminars an der Universität Heidelberg. St.V.O. v. 18. Januar 1895. K.G. u. V.O.Bl. 1895. S. 40 ff. — Prüfungsordnung für die Kandidaten der ev. Theologie v. 11. Februar 1906. K.G. u. V.O.Bl. 1906. S. 18 ff. — H. K u r t z : Lehrbuch der Kirchengeschichte 9. Aufl. Leipzig 1885. §§ 192 2. 194 13. — S p o h n : Badisches Staatskirchenrecht. Karlsruhe 1888. — D e r s e l b e : Kirchenrecht der v. e. p. Kirche. Karlsruhe 1871. — Das Großherzogtum Baden ꝛc. 1885. — H a u s r a t h : Geschichte d. theol. Fakultät z. Heidelberg im 19. Jhrh. Heidelberg 1901. — Vademecum Wingolfiticum. Mühlhausen 1903. — K. B a u e r : Geschichte des akademisch-theologischen Vereins in Heidelberg. Heidelberg 1902. — H a u s r a t h : Gelehrte und Künstler der badischen Heimat. Leipzig 1902. K.G. v. 14. Juni 1867 (Ordination), K.G. u. V.O.Bl. 1867. S. 61. — Kirchenbuch für die vereinigte ev. prot. Kirche im Großherzogtum Baden 1877. S. 405. — Pfarrkandidatenordnung vom 10. Mai 1893. K.G. u. V.O.Bl. 1893. S. 49 ff. — Einkommensverhältnisse der unständigen Geistlichen. K.G. und V.O.Bl. 1899. S. 168 f. 1904. S. 208. — F. M e e r w a r t h : Die Diener der ev.-prot. Landeskirche. Karlsruhe 1903. — Statistisches Jahrbuch 1904/05. — Evangelisch-protestantisches Kirchenblatt 1906. No. 33. S. 199. — Kirchenverfassung §§ 22. 24. 27. 39. 47. 55. 61. 91—105. 106. 107. 110. — Pfarrsynodalordnung vom 12. Nov. 1888. K.G. u. V.O.Bl. 1888. S. 145. — Einkommensverhältnisse der Pfarrer. K.G. u. V.O.Bl. 1904. S. 190. — Verhandlungen der Generalsynoden. C. F. F e c h t : Pastoral-Anweisung. Karlsruhe 1807. — V.O. über die Pfarrwahl. Anhang zur Kirchenverfassung. — K.G. v. 14. Dez. 1894 (Stolgebühren). K.G. u. V.O.Bl. 1895. S. 8. — K.G. v. 29. Sept. 1899 (Ruhegehalte) u. 1904. K.G. u. V.O.Bl. 1899. S. 128. 1904. S. 191 ff. — Statuten der Geistlichen Witwenkasse. K.G. u. V.O.Bl. 1888. S. 83 ff. 1895. S. 18 ff.

6. Die Pfarrer.

1904. S. 192. 205. ff. — Vierordt: Geschichte der ev. Kirche. I. II. Karlsruhe 1847. 1856. — Bassermann: Zur Frage des Unionskatechismus. Tübingen u. Leipzig 1901. — Berichte. — A. Schmitthenner: Was wir wollen. Nr. 1 der Flugschriften der landeskirchl. Vereinigung. Karlsruhe 1896. — H. Spengler: Ist der landeskirchliche Frieden eine Unmöglichkeit? Nr. 2 der Flugschriften der landeskirchlichen Vereinigung. — Badische Pfarrvereinsblätter 1903 Nr. 9. — Die Dienstverhältnisse der Geistlichen. K.G. und V.O.Bl. 1886. S. 85 ff. — F. v. Weech: Badische Biographien. 5 Bände. Heidelberg, Karlsruhe 1875 ff. — Stocker: Nachtrag zum Schematismus der ev.-prot. Kirche im Großh. Baden. Karlsruhe 1886.

Wer zu einem Dienst in der evangelischen Landeskirche, für welchen theologische Bildung notwendig ist, gelangen will, muß zunächst das Maturitätszeugnis eines deutschen humanistischen Gymnasiums erlangt haben. Reifezeugnisse eines Realgymnasiums oder einer Oberrealschule erhalten Geltung nur dann, wenn sie — abgesehen vom Hebräischen — bis zum Ende des zweiten Semesters durch Ergänzungsprüfungen im Griechischen bezw. im Lateinischen und Griechischen vervollständigt werden. Die Wahl der Universität steht dem Studierenden frei.

Zur Zeit des Kulturkampfes, als auch die evangelische Kirche für die Sünden der katholischen büßen mußte, verlangte der Staat von den Theologiestudierenden die Ablegung einer Prüfung zum Nachweis ihrer allgemein wissenschaftlichen Vorbildung (Kulturexamen).

Das Gesetz vom 9. Oktober 1860 bestimmte in § 9, daß die Zulassung zu einem Kirchenamt regelmäßig durch den Nachweis einer allgemein wissenschaftlichen Vorbildung bedingt sein solle. Eine Verordnung vom 6. September 1867 setzte fest, daß diese Vorbildung durch eine Prüfung nachzuweisen sei (in Latein, Griechisch, Philosophie, Weltgeschichte, Literaturgeschichte, Kirchenrecht). Außerdem war die Vorlage eines Abiturientenzeugnisses und eines Zeugnisses über dreijährigen Besuch einer Universität vorgeschrieben. Die Kurie verbot den Priestern, die Prüfung abzulegen oder um Dispens einzukommen, auch nachdem durch Verordnung vom 2. November 1872 die Anforderungen etwas ermäßigt worden waren. Im Jahr 1874 wurden die Bedingungen verschärft durch den Zusatz, daß diejenigen, welche die Prüfung nicht abgelegt hätten, überhaupt keine kirchlichen Funktionen ausüben dürften. Erst nach 5 Jahren reichte die Kurie die Hand zum Frieden, indem sie das Verbot des Gesuchs um Dispens zurückzog. Darauf hob die Staatsregierung am 5. März 1880 die Verordnung über das Kulturexamen auf, noch ehe in Preußen der Rückzug des Staates erfolgte. Als genügender Nachweis galt hinfort das Maturitätszeugnis und die Bescheinigung über dreijährigen Universitätsbesuch und über fleißige Teilnahme an 3 Vorlesungen der philosophischen Fakultät, in demselben Umfang wie für die Studierenden der Rechtswissenschaft, der Medizin und des Kameralfachs.

Obwohl diese Prüfung mehr und mehr als bloße Formsache angesehen und weder von den staatlichen Prüfungskommissären noch von den Examenskandidaten ernst genommen wurde, übte ste im Verein mit der kirchenfeindlichen Zeitströmung einen hemmenden Einfluß auf das Studium der Theologie aus. Die Zahl der Kandidaten, welche das Hauptexamen bestanden, resp. in den Kirchendienst aufgenommen wurden, betrug:

1866—1870: 66, 1871—75: 53, 1876—80: 29, 1881 bis 1885: 63, 1886—90: 109. Es wurden geprüft 1870: 11, 1871: 19, 1872: 10, 1873: 11, 1874: 10, 1875: 3, 1876: 6, 1877: 2, 1878: 8, 1879: 4, 1880: 9, 1881: 5, 1882: 4. Schon 1883 machte sich die Wirkung der Aufhebung geltend; es wurden geprüft 1883: 15, 1884: 20, 1885: 19.

In jener Zeit rechnete man den Protestanten mit höhnischem Spotte vor, wie hoch ein Theologiestudierender dem Staat zu stehen komme. Es half nichts, daß die Besucher des Heidelberger Seminars Staatsstipendien erhielten, es half auch nichts, daß die Karfreitagskollekte von 1874 an zur Unterstützung der Studierenden der Theologie verwendet wurde (bis 1895). Diese Politik der kleinen Mittel konnte den Notstand nicht beseitigen. Außerbadische Kandidaten wurden mit offenen Armen aufgenommen. Daraus erklärt es sich, daß unter den 384 definitiv angestellten Geistlichen i. J. 1903: 58, d. i. 15%, nicht in Baden geboren waren, während unter den unständigen der Prozentsatz nur 10% betrug. In den letzten Jahren trat wieder ein Mangel an Kandidaten ein; um ihn zu heben, ermächtigte die Generalsynode 1904 den Oberkirchenrat, in Notfällen auch Missionare und Missionszöglinge zu den Prüfungen zuzulassen, wenn diese ein dreisemestriges Ergänzungsstudium nachwiesen. Dieser Beschluß hat begreifliches Aufsehen erregt und ist nur aus einer Notlage verständlich; die Lage wird illustriert durch die Tatsache, daß in den Jahren 1904 und 1905 nicht weniger als 14 (unter 40) außerbadische Kandidaten geprüft wurden.

Die Zahl der Studierenden betrug in Heidelberg im

Wintersemester 1903/04: 56, darunter 36 Badener
Sommersemester 1904 : 71, „ 37 „
Wintersemester 1904/05: 59, „ 39 „
Sommersemester 1905 : 67, „ 40 „

Das entspricht ungefähr dem durchschnittlichen Besuch im letzten Jahrzehnt. Es waren in den Sommersemestern 1896 bis 1906 immatrikuliert: 63, 59, 58, 60, 52, 48, 57, 62, 71, 67, 71 Theologen. Groß ist die Anzahl der Theologen nie gewesen. Sehr gering war der Besuch von 1875—1884.

6. Die Pfarrer.

Es studierten in Heidelberg im

Winter-Semester			Sommer-Semester		
1874/75: 79 Theol., darunter 64 Bad.			1875: 76 Theol., darunter 61 Bad.		
1875/76: 52 „ „ 43 „			1876: 47 „ „ 38 „		
1876/77: 41 „ „ 34 „			1877: 39 „ „ 33 „		
1877/78: 41 „ „ 35 „			1878: 39 „ „ 33 „		
1878/79: 46 „ „ 41 „			1879: 46 „ „ 39 „		
1879/80: 43 „ „ 35 „			1880: 47 „ „ 36 „		
1880/81: 41 „ „ 34 „			1881: 44 „ „ 32 „		
1881/82: 40 „ „ 35 „			1882: 44 „ „ 36 „		
1882/83: 53 „ „ 41 „			1883: 52 „ „ 41 „		
1883/84: 61 „ „ 51 „			1884: 66 „ „ 50 „		
1884/85: 86 „ „ 67 „					

Von auswärts war die Frequenz wegen der Richtung der Professoren stets eine geringe; ein Los, das die Heidelberger Fakultät mit anderen von ähnlicher Zusammensetzung teilt.

Nachdem bis zur Mitte des Jahrhunderts der Rationalismus („Heidelberger Theologie") und in seiner Nachfolge die Vermittlungstheologie geherrscht, und dann Richard Rothe, von Liberalen und Positiven hochgeschätzt, eine tiefgehende Wirksamkeit entfaltet hatte, lehrten längere Zeit ausschließlich liberale Professoren (unter ihnen die bekanntesten: Hitzig, Holzmann, Hausrath, Merx, Holsten, Bassermann, der Ritschlianer, Wendt, Tröltsch).

Auch die Anstellung eines „positiv" gerichteten Dozenten (Lemme) hat die Besuchsziffer nicht wesentlich erhöht.

Wenn auch der Besuch des Seminars nicht mehr obligatorisch ist, so tritt in normalen Zeiten doch der größere Teil der badischen Theologen in das Heidelberger Seminar ein, oder läßt sich doch vor der Kandidatenzeit auf der Landesuniversität für kürzere oder längere Zeit immatrikulieren.

Seit 1895 besteht an der Universität Heidelberg neben einem in verschiedene Abteilungen gegliederten rein wissenschaftlich-theologischen Seminar ein „evangelisch-protestantisches praktisch-theologisches Seminar". Der Zweck desselben ist, die Studierenden, nach Vollendung der wenigstens 6 Semester ihrer theoretischen Studien, durch den nötigen praktischen Unterricht zur Führung des evangelisch-protestantischen Predigtamts vorzubereiten. Früher war das wissenschaftlich-theologische Seminar mit dem praktisch-theologischen Seminar vereinigt (1830—1867 unter dem Namen „ev.-prot. Prediger-Seminar"; 1867—1895 führte es den Namen: „ev.-prot. theologisches Seminar").

Die Theologen in Heidelberg verteilen sich zum großen Teil auf zwei studentische Vereinigungen, den „Wingolf" und den „Akademisch-Theologischen Verein". Der Heidelberger Wingolf ist hervorgegangen aus der am 18. Juni 1851 gegründeten „Christlichen Studentenverbindung". Ihm gehörten 1903: 90 definitive, 29 unständige badische Geistliche an, zusammen also 119. Von diesen ist die große Mehrzahl der Rechten zuzuzählen, 8 sind, wenn ich recht sehe, Mitglieder der kirchlich liberalen Vereinigung. Der Akademisch=Theologische Verein (gegründet 13. Juni 1863), der sein Ehrenmitglied R. Rothe als seinen geistigen Vater bezeichnet, hat unter den badischen Pfarrern 78 definitive und 27 unständige als „Alte Herren"; dazu 16 ehemalige Mitglieder, die nicht dem Verband der Alten Herren beigetreten sind; zusammen also 121 Geistliche in Baden. Von diesen sind die meisten liberal, eine kleine Anzahl gehört der konservativen Richtung an. Obwohl beide Vereinigungen prinzipiell nicht nach der theologischen Richtung ihrer Mitglieder fragen, kann man sagen, daß in der ersteren ein konservativer, in der letzteren ein liberaler Geist herrscht.

Doch ist es nicht die Mehrzahl der badischen Theologen, die diesen beiden Verbindungen angehört. Von 384 Pfarrern waren etwa 180 während ihrer Studienzeit im Wingolf oder im Theologischen Verein aktiv. Die übrigen verteilten sich auf den „Verein deutscher Studenten", die akademischen Gesangvereine, die Burschenschaft und eine Reihe anderer Verbindungen; eine beträchtliche Anzahl scheint es auch vorzuziehen, dem Verbindungswesen fern zu bleiben.

Nach 6 Semestern kann sich der Student der Theologie zur theologischen Vorprüfung melden, welche Kirchengeschichte, Dogmengeschichte, Geschichte der Philosophie, Alt= und Neutestamentliche Exegese, Einleitung in das Alte und Neue Testament, Biblische Theologie, Dogmatik, Symbolik und Ethik umfaßt.

Nach bestandener Vorprüfung muß sich der Kandidat wenigstens 2 Semester auf einer Universität mit wissenschaftlichen und praktisch=theologischen Studien und Uebungen beschäftigen und dazu die auf den betreffenden Universitäten bestehenden Seminarien oder sonstigen praktischen Institute benützen.

Gegenstände der Hauptprüfung sind: Bibelkunde, Dogmatik, Ethik, Homiletik, Katechetik, Liturgik, Pastorallehre, Pädagogik, Volksschulwesen, Kirchenrecht, Musik.

„Beide Prüfungen werden unter dem Vorsitz des Präsidenten des Oberkirchenrats durch eine Kommission abgenommen, welche aus Mitgliedern dieses und erforderlichenfalls aus weiteren von ihnen zu berufenden Sachverständigen (Universitätsprofessoren) besteht. Der Generalsynodalausschuß nimmt an den Prüfungen nach Maßgabe der kirchenverfassungsmäßigen Bestimmung teil (§ 90). Die Prüfungen finden am Sitz des Oberkirchenrats all=

6. Die Pfarrer.

jährlich zweimal, im Frühling und im Herbst, gewöhnlich im April und im Oktober statt, wobei teils mündliche, teils schriftliche Beantwortung der gegebenen Fragen gefordert wird".

Bald nach dem Hauptexamen findet die **Ordination** des Kandidaten statt.

Die drei Ordinationsfragen lauten: 1. Seid Ihr bereit, das Wort Gottes, wie es in der heiligen Schrift alten und neuen Testaments begriffen ist, dem evangelischen Glauben gemäß und nach Maßgabe des Bekenntnisstandes unserer vereinigten evangelisch-protestantischen Landeskirche, nach bestem Wissen und Gewissen rein und lauter mit allem Fleiß und Eifer zu verkünden, die heiligen Sakramente nach Christi Einsetzung zu verwalten und zu halten ob dem Worte des Lebens allezeit?

2. Versprecht Ihr, die Lehre Jesu Christi mit Eurem Leben zu zieren in allen Stücken und in Wort und Wandel, in der Liebe, im Geist und im Glauben vorzuleuchten der Gemeinde, welche Euch anvertraut wird?

3. Wollt Ihr endlich auch geloben, jedem Euch anvertrauten kirchlichen Amte getreulich vorzustehen, der Euch anbefohlenen Seelen mit Ernst und Liebe Euch anzunehmen, der Verfassung und den Gesetzen unserer vereinigten evangelisch-protestantischen Landeskirche nachzuleben und dem evangelischen Großherzog, als dem Landesbischofe, sowie den Anordnungen der Kirchenbehörde Gehorsam zu leisten?

Die **Pfarrkandidaten** werden verwendet als Vikare (Personal-, Dienst-, Stadtvikare), Pfarrverwalter und Pastorationsgeistliche (in der Diaspora). Während der ersten zwei Dienstjahre (Biennium) müssen sie halbjährlich eine Arbeit aus dem Gebiet der theologischen oder philosophischen Wissenschaften liefern, zu der sie sich das Thema vorbehaltlich der Genehmigung des Dekans selbst wählen dürfen; außerdem haben sie jährlich einmal einen Predigtgottesdienst und eine Katechese in Gegenwart des Dekans zu halten. Daß ein Kandidat, ehe er in den Kirchendienst tritt, eine Hauslehrerstelle übernimmt, kommt kaum mehr vor. Trotz der bekannten Aeußerung Luthers ist dies nicht als ein Nachteil zu betrachten. Es ist eine bessere Schulung für den künftigen Pfarrer, wenn er in verschiedene Gemeinden einen Einblick gewonnen hat und mit verschiedenartigen Verhältnissen bekannt geworden ist, und wenn er so langsam in seinen Dienst hineinwächst. Er bleibt dann später, wenn er selbständig sein Amt zu verwalten hat, vor manchem Mißgriff und vor mancher Enttäuschung bewahrt.

Nach einer Berechnung, die **Dörr** in den Pfarrvereinsblättern i. J. 1903 angestellt hat, waren damals

40 der unständigen Geistlichen	d. i. 37,4 %	über	30	Jahre alt
56 " " "	d. i. 52,3 %	zwischen	26 u. 30	" "
11 " " "	d. i. 10,3 %	weniger als 25		" "

Neunzig Prozent hatten also das 25. Lebensjahr überschritten. Mehr als 6 Dienstjahre zählten 30, 2—6 Dienstjahre hatten 62, weniger als 2 Dienstjahre 17. Ueber ein Viertel der Unständigen hatte mehr als 6 Dienstjahre. Früher waren für die Pfarrkandidaten teils bessere, teils schlechtere Zeiten. Das durchschnittliche Dienstalter bei der ersten Anstellung betrug:

1878—82:	6,1 Jahre	1893—97 :	5,61 Jahre
1883—87:	3,27 "	1898—1902:	7,25 "
1888—92:	3,73 "		

In den letzten Jahren haben sich die Verhältnisse für die Kandidaten etwas gebessert.

Am 1. Januar 1907 waren 390 Pfarreien besetzt, 19 wurden verwaltet. Pfarrkandidaten waren 119 vorhanden gegenüber 397 definitiv angestellten Geistlichen (23%).

Das Diensteinkommen der unständigen Geistlichen ist außerordentlich verschieden. Personal- und Dienstvikare erhalten neben Kost, Wohnung, Wäsche, Licht und Heizung jährlich 400 Mk.; bei manchen erhöht sich dieses Gehalt durch Kasualgebühren, Filialdienstvergütungen und die Bezüge für erteilten Religionsunterricht an Mittelschulen. Eine glänzende Bezahlung ist dies sicher nicht zu nennen. — Pfarrverwalter erhalten 1200—1800 Mk., Pastorationsgeistliche beziehen ebensoviel und eine Dienstzulage von 100 Mk.; beide Klassen von Geistlichen haben daneben noch die Stolgebühren zu beanspruchen. — Stadtvikare sind verhältnismäßig am besten gestellt; bei Stadtvikariaten der ersten Klasse beträgt das Gehalt 1800 Mk., bei der zweiten Klasse 1600 Mk. Doch haben die Stadtvikare in der Regel noch beträchtliche Nebeneinnahmen. —

Es ist im Laufe der Zeit ein Wechsel in der Wertung der Tätigkeit der Vikare eingetreten. Während man früher allgemein die Vikarsjahre als eine Probezeit ansah, ähnlich wie die Volontärjahre bei Philologen und Juristen, wird sie jetzt mehr und mehr als eine Dienstzeit gewertet, und damit bricht sich die Erkenntnis Bahn, daß auch die Bezahlung mehr der geleisteten Arbeit entsprechen sollte. Es ist doch nicht bloß für den Laien unverständlich, daß ein Personalvikar, der manchmal jahrelang den gleichen Dienst verrichtet wie ein definitiver Pfarrer, dafür in ungenügender Weise entschädigt wird. Wenn junge Juristen oder Philologen eine Stellvertretung übernehmen, so erhalten sie hohe Tagesdiäten.

Die Kirche fordert von dem Geistlichen, „daß er die Lehre

6. Die Pfarrer.

der heiligen Schrift nach Maßgabe des Bekenntnisstandes verkünde, daß er mit einem musterhaften christlichen Lebenswandel der ihm anvertrauten Gemeinde voranleuchte und überall den Ernst und die Würde seines Amtes behaupte". Der **Pfarrer** ist der geistliche Vorsteher der Gemeinde und hat vor allem die kirchliche Ordnung zu wahren. Ihm liegt außer seinen geistlichen Amtshandlungen ob: die Seelsorge, die religiöse Unterweisung der Jugend, die Aufsicht über den Religionsunterricht; er hat den Vorsitz im Kirchengemeinderat und in der Kirchengemeindeversammlung und die Leitung der Geschäfte in diesen kirchlichen Gemeindevertretungen; ferner hat er die Kirchenbücher und die Pfarrregistratur zu führen und das Pfründevermögen zu beaufsichtigen. Die **Besetzung erledigter Pfarreien** mit Ausnahme der Patronatsdienste erfolgt in der Regel durch Gemeindewahl. Der Oberkirchenrat wählt mit Rücksicht auf das Dienstalter und die Bedürfnisse der Gemeinde unter den Bewerbern 6 aus und teilt ihre Namen der Gemeinde mit; von den Vorgeschlagenen kann die Kirchengemeinde einen wählen. Probepredigten zu halten, ist den Bewerbern verboten. Die Gemeindevertretung ernennt gewöhnlich, sofern sie nicht schon einen bestimmten Kandidaten ins Auge gefaßt hat, eine Kommission, die alle oder einzelne vorgeschlagene Pfarrer an Ort und Stelle „abhört" (Abhörkommission) und dann der Kirchengemeindeversammlung Vorschläge macht. Der Gewählte wird dem Großherzog präsentiert und von ihm zum Pfarrer ernannt. Erhält keiner der Pfarrer die absolute Stimmenmehrheit sämtlicher Wahlberechtigter, so wird die Stelle vom Großherzog unmittelbar besetzt. — Von den in einem Jahre zur Gemeindewahl verfügbaren Pfarreien können 5 vom Großherzog unmittelbar und zwar auf die Dauer von 6 Jahren besetzt werden. Die Bestimmungen dieses letzten Paragraphen (§ 97 a) wurden i. J. 1881 eingefügt, um solchen Pfarrern, die sich vergeblich gemeldet haben, deren Versetzung aber in ihrem Interesse oder in dem der Gemeinde geboten erscheint, eine neue Anstellung zu ermöglichen. Die Hofprediger, Garnisonspfarrer und die Geistlichen an öffentlichen Anstalten oder Schulen werden vom Großherzog ernannt. — Die Ernennung eines Geistlichen ist unwiderruflich. Wenn ein nach § 97 a versetzter Pfarrer von der betreffenden Gemeinde innerhalb 6 Jahren nicht gewählt wird[1]) — was vorkommt , so

---

[1]) „.... Von den vom 1. Mai 1899 bis dahin 1904 nach § 97 a ernannten 24 und den seitdem bis zum 1. Januar 1907 weiter ernannten

hat er Anspruch auf die Verwaltung einer Pfarrei und damit auf das seinem Dienstalter entsprechende Einkommen. Die Versetzung eines Geistlichen gegen seinen Willen kann nur auf dem Disziplinarweg erfolgen, oder auch, wenn besonders dringende Rücksichten die Entfernung von seiner Stelle als nötig erscheinen lassen.

Ueber die Besetzung der Pfarreien ist schon oft verhandelt worden. Namentlich richtet sich der Widerspruch gegen die Pfarrwahl. Allerlei Mißstände und Unzuträglichkeiten sind dabei zu Tage getreten. Die Vorlage des Oberkirchenrats an die Generalsynode von 1881 führt als Beispiele an, daß ein Geistlicher auf sehr beschwerlicher Stelle in 16 Jahren sich 15 mal vergeblich fortgemeldet habe und dann als Opfer seines Dienstes gestorben sei; eine andrer habe sich 28 mal ohne Erfolg um erledigte Pfarreien beworben. Bei der Wahl geht es selten ohne unliebsame Vorkommnisse ab. Wenn nur ein Teil der darüber kolportierten Anekdoten auf Wahrheit beruht, so sind manchmal eigenartige Grundsätze bei der Beurteilung der Vorzüge und Mängel der Bewerber maßgebend, namentlich in Landorten. Aber obwohl dies ziemlich allgemein anerkannt wird, so sind auf der anderen Seite auch gegen jede andere Besetzungsweise allerlei Einwendungen zu machen, namentlich unterliegt die Berufung der Patronatspfarrer einer nicht unberechtigten Kritik. Vor allem hindert die Abschaffung der Pfarrwahl oder die Einführung einer alternierenden Besetzung (einmal durch die Gemeinde, das nächste Mal durch die Behörde) die Erwägung, daß es nicht opportun wäre, den Gemeinden heute ein Recht zu nehmen, das sie schon lange besitzen, oder etwa den Städten etwas zu gewähren, was man den Landorten versagt. Uebrigens wurde auf der Generalsynode von 1904 ein Antrag der konservativen „Evangelischen Konferenz" auf Einführung der alternierenden Besetzung der Pfarreien von den Antragstellern als aussichtslos zurückgezogen.

Das Einkommen der Pfarrer richtet sich nach ihrem Dienstalter.

Die definitiven Geistlichen erhalten bei einem Dienstalter
bis zu   8 Jahren   2000 Mark
von   8—11   "   2200 "
"   11—14   "   2600 "
"   14—17   "   3000 "
"   17—20   "   3400 "
"   20—23   "   3800 "
"   23—26   "   4200 "
"   26 und mehr Jahren   4600 "

Denjenigen Geistlichen, welche die Verpflichtung haben, einen Vikar zu halten, wird für diesen eine besondere Vergütung von 1200 Mk. gewährt, wovon 400 Mk. dem Vikare als Gehalt zu bezahlen sind. — Zum Gehalt kommen noch: Wohnung, Hausgarten, Accidentien. Letztere sind sehr ungleich; in den Städten betragen sie bis zu 2000 Mk., an kleinen Orten sind sie minimal. Von

11, zusammen 35 Pfarrern sind bis jetzt 26 für endgültig erklärt worden, 6 befinden sich noch, ohne gewählt zu sein, auf der Ernennungsstelle, einer wurde, weil nicht gewählt, wieder versetzt, 2 sind gestorben" (Ges. und V.O.Bl. 1907, Nr. III).

der durch das Gesetz vom 14. Dezember 1894 geschaffenen Möglichkeit, die Stolgebühren abzulösen, hatten bis 1904 erst 66 Gemeinden Gebrauch gemacht; die Entschädigung wird teils auf Ortsfonds übernommen, teils durch örtliche Kirchensteuern aufgebracht. Es ist bedauerlich, daß die Ablösung in so langsamem Tempo vor sich geht. Mangel an Mitteln hindert auch hier den notwendigen Fortschritt.

Die Stolgebühren sind auch auf dem Lande örtlich verschieden fixiert. In einer Landgemeinde des Oberlandes betragen sie z. B. für eine Taufe 57 Pfg. (!), für eine „Kindsleiche" 86 Pf., für die Beerdigung eines Erwachsenen 1,71 Mk., für eine Trauung 3,26 Mk. Man sieht: die früheren Taxen sind genau umgerechnet! Die gewöhnlichen Taxen dürften sein: für eine Taufe 1 Mk., für die Beerdigung eines Kindes 2 Mk., für die eines Erwachsenen 3 Mk., für eine Trauung 3 Mk., für den Konfirmandenunterricht pro Kopf 3 Mk. An manchen Orten sind — besonders für den Konfirmandenunterricht — noch Naturalgaben üblich. Viele Gemeinden kennen überhaupt keine Stolgebühren. Die Austeilung des Abendmahls wird — glücklicherweise — wohl nirgends mehr besonders honoriert. Ausnahmsweise fällt wohl auch dem Pfarrer noch das Opfer bei den Kasualien zu statt einer bestimmten Taxe — ein unwürdiger Zustand.

Nach einer Tabelle von Diakonus Arper (Bad. Pfarrvereins-Blätter 1906. Nr. 5) über die Besoldungsverhältnisse der deutschen Geistlichen stand Baden i. J. 1905 unter den 26 Bundesstaaten in Bezug auf das Anfangsgehalt an 18. Stelle (260 Mk. unter dem Durchschnitt), das Höchstgehalt an 10. Stelle (ungefähr dem Durchschnitt entsprechend), den Gesamtbezug in 20 Jahren an 24. Stelle (8300 Mk. unter dem Durchschnitt), den Gesamtbezug in 40 Jahren an 12. Stelle (4800 Mk. unter dem Durchschnitt).

Die Gehaltsverhältnisse sind also ungünstiger als in vielen anderen Ländern. Der Pfarrverein erstrebt die finanzielle Gleichstellung der Pfarrer mit den staatlichen Beamten von gleicher Vorbildung. Von diesem Ziel sind wir aber noch ziemlich weit entfernt. Um es zu erreichen, müßte die allgemeine Kirchensteuer erhöht werden. Aber niemand scheint das Odium einer so wenig volkstümlichen Neuerung auf sich nehmen zu wollen.

Die Ruhegehalte der Geistlichen betragen für volle 10 Dienstjahre 40% des zuletzt bezogenen Diensteinkommens und steigen mit jedem weiter zurückgelegten Dienstjahr um 1%. Als Diensteinkommen gilt die Besoldung + 600 Mk. Doch darf die Pension 75% des Diensteinkommens nicht übersteigen, so daß also nach 35 Jahren der Höchstbezug erreicht wird. In ihren Pensionsverhältnissen steht die badische Kirche mit dem niedrigsten Ruhegehalt und mit dem Ruhegehalt nach 30 Dienstjahren an

12. Stelle unter den deutschen Landeskirchen. Der Anspruch auf Pension tritt erst nach dem 10. Dienstjahr ein. — Unwiderruflich angestellte Geistliche können von dem Oberkirchenrat in den Ruhestand versetzt werden, wenn sie das 65. Lebensjahr zurückgelegt haben und durch ihr Alter in ihrer Wirksamkeit gehemmt sind, oder wenn sie wegen der Schwäche ihrer körperlichen oder geistigen Kräfte dienstunfähig geworden sind.

Wenn die Einkommens- und Ruhegehaltsverhältnisse nicht zu den günstigsten in Deutschland gehören, so gilt dasselbe nicht von der Hinterbliebenenversorgung; diese ist in Baden besser als in der großen Mehrzahl der anderen Staaten. Eine Witwe bezieht 25% des Gesamtbetrags des letzten Diensteinkommens ihres verstorbenen Mannes (wobei Dienstwohnungen mit 8% der Besoldung und die Accidentien nach dem durchschnittlichen Ertrag berechnet werden). Außerdem erhält sie selbst noch einen jährlichen Zuschuß von 200 Mk. und für jedes Kind ein Waisengeld von 160 Mk. Einzelne Städte, z. B. Mannheim und Heidelberg, haben noch besondere Stiftungen für Pfarrwitwen.

Die berufliche Tätigkeit der Geistlichen ist gegen früher wohl quantitativ geringer geworden, wenigstens auf dem Lande. Weggefallen sind die standesamtlichen Geschäfte, die Kirchenzensur, die Schulinspektion, die Pfründeverwaltung, der größte Teil der Armenfürsorge. Wie es die früheren Pfarrer angefangen haben, neben ihren Berufsgeschäften auch noch ihre Aecker selbst zu bebauen, ist uns heute ein Rätsel. Allerdings ist auch manches Neue hinzugekommen: die Vereinsgeschäfte, Vorträge, Familienabende; auch ist die Seelsorge eine intensivere geworden.

Wir stehen ja, um ein Beispiel anzuführen, nicht mehr auf dem Standpunkt, den Fecht in seiner „Pastoral-Anweisung" vertritt: der Pfarrer solle nicht ungerufen zu Kranken kommen. Warum nicht? „Damit er nicht schüchtern auftreten müsse und sich nicht ohne Not der Gefahr einer Ansteckung aussetze"!

Es gilt wohl auch von den badischen Pfarrern dasselbe, was Schian über die schlesischen sagt: die Pfarrer der größeren Städte (und, dürfen wir hinzufügen, der größeren Landgemeinden) sind zumeist überlastet; von dem Landpfarrer, der nur eine kleine Gemeinde ohne Filiale hat, kann man das nicht sagen. Um gerecht zu sein, muß man aber betonen, daß nicht ohne weiteres die Stadtpfarrer als fleißiger und tätiger bezeichnet werden können. Man kann das Landpfarramt schwer, das Stadtpfarramt leicht nehmen. Darüber

6. Die Pfarrer.

ist kein Wort zu verlieren. Um den Gegensatz zwischen Land und Stadt im Bewußtsein der Geistlichkeit nicht noch zu verstärken, gebraucht der Oberkirchenrat den Titel Stadtpfarrer nicht mehr in seinen amtlichen Verfügungen.

Ueber die wissenschaftliche Tätigkeit der Geistlichen spricht sich der Oberkirchenrat im Bescheid auf die 1901 abgehaltenen Pfarrsynoden folgendermaßen aus: „Die Summe der Arbeit, die für die Pfarrsynoden 1901 und auf denselben geleistet wurde, überschauend, dürfen wir sagen, sie hat wiederum ein recht erfreuliches Bild von dem wissenschaftlichen Leben und Streben in unserer Landesgeistlichkeit gegeben. Aus Stadt und Land sind nicht wenige nach Inhalt und Form hervorragende Arbeiten vorgelegt worden, wie denn auch die Zahl derer, die außerdem mit für den Druck bestimmten wissenschaftlichen Arbeiten beschäftigt sind, keine geringe ist. Während diese aller Anerkennung werten Leistungen teilweise gerade von solchen Geistlichen herrühren, welche mit Berufsarbeiten mehr als viele andere belastet sind, so lag freilich auch eine, wenn auch geringe, Anzahl von ungenügenden, flüchtig und oberflächlich gehaltenen Aufsätzen vor und zwar meist von solchen, denen ihre sonstigen Berufspflichten mehr Zeit für diese Studien gewährt hätten als jenen".

Die alle drei Jahre in jeder Diözese stattfindenden Pfarrsynoden haben nach der Unionsurkunde „die wissenschaftliche und sittliche Fortbildung der Geistlichen" zum Zweck. Jeder Geistliche, der nicht durch hohes Alter der Verpflichtung enthoben ist, oder durch Dienstgeschäfte oder durch andere wissenschaftliche Arbeiten zu sehr in Anspruch genommen ist, hat ein Thema aus dem Gebiete der theoretischen oder praktischen Theologie zu behandeln [1]). — In früheren Jahrhunderten schloß sich an die Pfarrsynoden eine Kritik über das sittliche Verhalten der Teilnehmer an, die für die einzelnen oft wenig angenehm war.

Auf einer Synode im Jahre 1566, die unter dem Vorsitze des oberländischen Generalsuperintendenten Sulzer gehalten wurde, fiel die Kritik nach Vierordt für manche ziemlich ungünstig aus. Dem Pfarrer von Efringen wurde das Prozeßführen untersagt; einigen wurde mehr Fleiß im Studium empfohlen; dem zu Steinen eine Warnung vor zu vielem Weingenuß, dem zu Feldberg eine Warnung vor Geiz erteilt, dem

---

1) Von den für die Pfarrsynoden des Jahres 1905 gelieferten 311 Arbeiten nahmen ihre Themata 95 aus der Exegese und biblischen Theologie, 70 aus der Dogmatik, Dogmengeschichte und Ethik, 48 aus der Kirchengeschichte, 98 aus dem Gebiet der praktischen Theologie (Ges. u. VOBl. 1907. S. 11).

Maulburger das Waidwerk untersagt, dem Hauinger Ernst gegen seine böse Frau eingeschärft.

Heute werden solche Ermahnungen nicht mehr in Anwesenheit der gesamten Diözesangeistlichkeit erteilt. — Der Zwang zur wissenschaftlichen Arbeit wird von vielen ungern ertragen. Nicht immer aus Mangel an wissenschaftlichem Interesse. Man hält solchen Zwang vielfach für überflüssig. Wo wissenschaftliches Interesse vorhanden sei, da brauche man keine äußere Nötigung; wo es fehle, da werde auch durch Zwang wenig erreicht. Vielleicht würde es sich empfehlen, dem einzelnen wenigstens die Wahl des Themas freizugeben.

Eine Ergänzung der Pfarrsynoden bilden die jährlich zweimal stattfindenden **Pfarrkonferenzen**. Nach einer bestimmten Reihenfolge soll für diese Versammlungen jeder Geistliche der Diözese eine wissenschaftliche Arbeit liefern.

Wenn die amtlich kontrollierte wissenschaftliche Tätigkeit der Pfarrer mehr im Verborgenen geblieben ist, so haben viele das Ergebnis ihrer Privatstudien einem weiteren Kreise zugänglich gemacht. Zwar die „**Studien der evangelischen Geistlichen des Großherzogtums Baden**" haben kein hohes Alter erreicht (1875—1882). Aber im Katalog der Bibliothek des Evangelischen Oberkirchenrats, die doch wohl die meisten der von badischen Geistlichen veröffentlichten Druckschriften enthält, zähle ich etwa 140 Namen von Verfassern teils kleinerer teils umfangreicherer Arbeiten, die im 19. Jahrhundert veröffentlicht wurden. Das ist immerhin eine beträchtliche Anzahl.

Aus älterer Zeit haben einen guten Klang die Namen: **Bähr** († 1874. Verfasser des Agendenentwurfs v. J. 1855), **A. Chr. Eberlin** († 1884; einer der bedeutendsten positiven Theologen des Landes. Mitbegründer des „Kirchenblatts für die ev.-prot. K. im Großh. Baden" 1845. Arbeiten über die Agende u. a.), **A. Eisenlohr** († 1890. Mitarbeiter am jetzigen Gesangbuch. Liturgische Studien. Mitbegründer des bad. Kirchengesangvereins), **K. J. Holtzmann** († 1877. „Das Jahr 1556". Heidelberg 1856. Kirchenverfassungs-Entwurf 1861. Lehrbüchlein: „Kurze Geschichte der christl. Religion"), **Keerl** († 1895; ein sehr gelehrter Pfarrer. Studien über die Apokryphen. „Der Mensch das Ebenbild Gottes, sein Verhältnis zu Christo und zur Welt" 2 Bde. 1861. 1866), **L. Krummel** († 1894. „Geschichte der böhmischen Reformation im 15. Jahrh.". Gotha 1866. „Utraquisten und Taboriten".

Gotha 1871. Studien über die Religion der Arier, der alten Aegypter; Beispielsammlungen u. a.), K. F. Ledderhose († 1890; einer der fruchtbarsten theologischen Schriftsteller, Verfasser vieler Biographien. Geschichte des 7jähr. Kriegs. Eisleben 1865. Herausgeber zahlreicher Erbauungsbücher aus älterer und neuerer Zeit u. a.), K. A. Mühlhäußer († 1881. „Die Volksschule in der ehemaligen Markgrafschaft Baden-Durlach". Karlsruhe 1871. Ausgedehnte praktische Tätigkeit. Langjähriger Führer der Positiven. Gründer der (politisch) konservativen „Bad. Landpost"), J. Th. Plitt († 1886. „Die Pastoralbriefe, praktisch ausgelegt. Berlin 1872. Katechismusunterricht. Lahr 1883 u. a.), J. Rieger († 1863. Gesetzessammlung), W. Fr. Rinck († 1854. Exegetische Arbeiten. „Die Religion der Hellenen aus den Mythen, den Lehren der Philosophie und dem Kultus". Zürich 1853. 2 Bände), Stocker († 1900. Zahlreiche Chroniken. „Die theol. Fakultät an der gr. bad. Universität Heidelberg". Heilbronn 1886. „Schematismus". Heilbronn 1878), Karl Zittel († 1871. „Zustände der ev.-prot. Kirche in Baden". Karlsruhe 1843. Mitbegründer des „Morgenboten"; bedeutender Parlamentarier; redigierte mit K. Hase zusammen das Erbauungsblatt: „Der Sonntagabend").

Von solchen, die dem gegenwärtigen Geschlechte bekannter sind, nenne ich: Bechtel (pens. 1898. Ausführl. Erklärung des bad. Katechismus. Karlsruhe 1857. Predigten. Karlsruhe 1859. Ueber die Entstehung des apost. Symbolums. 1877), Brückner (pens. 1906. „Die Entstehung der christl. Kirche". Karlsruhe 1873; eine Reihe von wissenschaftlichen Aufsätzen), Aug. Eberlin († 1887. „Friedrich Schleiermacher". Heidelberg 1868. Leitfaden zur Lieder- und Bibelkunde 1876. „Der Retter der Lehre Christi". Zürich 1883. Ortsgeschichten), F. J. Hagenmeyer (pens. 1901. Studien über die Kreuzzüge, über die Chronik von Zimmern u. a.), Hasenclever (in Freiburg. Archäologische Arbeiten. Beiträge zur Geschichte der christl. Kunst, Abhandlungen über Kirchenbaufragen u. a.), Hindenlang (in Karlsruhe. „Eine feste Burg ist unser Gott. Geschichte der Reformation in Konstanz". Emmendingen 1898), Hönig (in Heidelberg. „Protestantische Flugblätter". Vorträge. „Richard Rothe". Berlin 1898), E. Issel (in Weinheim. „Die Reformation in Konstanz". Freiburg 1898. Chronik von Eichstetten. Weinheim 1906), Kneucker (pens. 1906. Exegetische Arbeiten über das A. T.

Beiträge zu Schenkels Bibel-Lexikon; einer der Führer der kirchl. lib. Vereinigung), G. A. Köllreutter († 1892. „Aus den bad. Feldlazarethen". Karlsruhe 1872. „Die Wertheimer Bibelübersetzung". Berlin 1877. „Wessenberg und der liberale Katholizismus seiner Zeit". Frankfurt a. M. 1879), Kühner (in Waldkirch. „Wessenberg und seine Zeitgenossen". Geschichte der ev. Gemeinde Waldkirch. Heidelberg 1906), Joh. G. Längin († 1897. Leiter des bad. Predigervereins 1873—1886. Gedichte. Trauerspiele. Biographie Hebels. Karlsruhe 1875. „Religion und Hexenprozeß". Leipzig 1888. Streitschriften. „Der Christus der Geschichte und sein Christentum". 2 Bde. Leipzig 1897/98), Lindenmeyer († 1904. „Die Auferstehung Jesu und die christl. Hoffnungen". Tübingen 1864. „Das göttliche Reich als Weltreich". Tübingen 1869. „Christl. Glaubenslehre". Gütersloh 1884. „Geschichte Jesu nach der h. Schrift". Gütersloh 1876), Schumann (in Oetlingen. „Die moderne Pentateuchkritik und der göttliche Ursprung der hl. Schrift". Karlsruhe 1892. Usâma Ibn Munkidk. Innsbruck 1905), Chr. J. G. Specht († 1888. „Bibelkunde". „Liederkunde"; einer der Führer der Positiven in den kirchlichen Kämpfen), Wielandt (in Heidelberg. Vorträge. „Die Arbeit an den Suchenden aller Stände". Göttingen 1906), Emil Zittel († 1899. Bedeutender Vorkämpfer für den Liberalismus. „Die Schriften des N. T. dem deutschen Volke übersetzt und erklärt". Karlsruhe 1894. „Die Entstehung der Bibel" (Mehrere Aufl.). „Bibelkunde für den Unterricht in Mittelschulen". Karlsruhe 1874. „Das Zeitalter Karl Friedrichs". Heidelberg 1896 u. a. m.), Wimmer († 1905. „Im Kampf um die Weltanschauung". 2. Aufl. Freiburg 1888). — Dieses Verzeichnis soll und kann kein vollständiges sein; vielleicht wird der eine oder der andere Name vermißt, der auch sonst an keiner Stelle dieses Buchs erwähnt ist; auch soll durch die Nennung dieser Geistlichen kein Urteil über ihre wissenschaftlichen Leistungen gegenüber solchen, die nicht angeführt sind, gefällt werden. Es sind ja auch im allgemeinen unwichtigere Dienste, die der Wissenschaft von den Pfarrern geleistet worden sind; niemand wird von ihnen mehr verlangen. Ihre Aufgabe ist es vielmehr, das echte Gold der Wissenschaft in kleine Münze umzuprägen und für das praktische Leben zu verwerten.

Von einer badischen Predigtweise kann man nicht reden, eher von einer süddeutschen. Es kommt der Unterschied der Richtungen in Betracht, auch der zwischen Stadt und Land. Unter den jüngeren Geistlichen findet man häufig eine Neigung zur Emanzipation von den alten homiletischen Regeln. Wie man dem Volke predige, wollte Hesselbacher („Aus der Dorfkirche". Tübingen 1904) zeigen; vielleicht ist seine Sprache zu bilderreich. Seine „Glockenschläge aus der Dorfkirche" (Berlin 1906) bieten ansprechende, religiöse Betrachtungen aus dem Bauernleben. Moderne, liberale Predigten für städtisches Publikum hat Rohde („Aus Zeit und Ewigkeit". Tübingen 1906) veröffentlicht. Es kann als Vorzug der Predigten Rohdes und Hesselbachers gelten, daß die einen so nicht auf dem Lande, die andern nicht in der Stadt gehalten werden könnten. Eine Anzahl badischer Pfarrer liefert Beiträge zu den Pfennigpredigten, die zur Verteilung an Gesunde und Kranke bestimmt sind. (Begründet von Fr. Issel, († 1899), herausgegeben von Pf. Däublin in Hohensachsen. Aufl. 7315 im Jahre 1906.) Eigene und eigenartige Wege zu wandeln liebte A. Schmitthenner († 1907), wie seine Predigten („Herr, bist du's"? Göttingen 1906) beweisen. Auch bekenntnisgläubige Theologen haben Predigten veröffentlicht, z. B. Dietz, Mühlhäußer und Bechtel (Karlsruhe 1859); manche arbeiten an modernen Predigtsammlungen mit. Die „Sonntagsgedanken" von Pfr. Meerwein (Karlsruhe 1906) bieten insofern etwas Neues, als sie von einem geschichtlichen Ereignis ausgehen, das gleichsam als Illustration des Textgedankens vorangestellt wird.

Wenn man nach den Vorbildern fragt, die für die badischen Geistlichen von Bedeutung waren, so dürften den größten Einfluß Rothe und Gerok ausgeübt haben; auf die Predigtweise derjenigen, die in Heidelberg studierten, hat seit Jahren Bassermann durch seine Theorie und sein Beispiel eingewirkt.

Die Predigten sind gegen früher bedeutend kürzer geworden. Fecht (a. a. O.) nahm als Maximum noch eine Stunde an. Henhöfer, das badische Pfarroriginal aus der ersten Hälfte des vorigen Jahrhunderts, predigte oft zwei Stunden, mußte dann aber gegen das Ende der Jugend beschwichtigend zurufen: „'s isch bal aus"! Da und dort werden in konservativen Gemeinden noch Predigten bis zu einer Stunde gehalten, doch sind das Ausnahmen. Das Gewönliche dürfte eine Dauer von 20—30 Minuten sein. Jüngere Geistliche bleiben noch unter diesem Maß.

An guten Predigtsammlungen und Andachtsbüchern ist die badische Kirche nicht entfernt so reich wie etwa die benachbarte württembergische. Von Andachtsbüchern, die von badischen Geistlichen geschrieben sind, sind mir bekannt: K. F. Ahles: „Hausandachten." (Karlsruhe 1887); Wimmer: „Das Leben im Licht".

(Freiburg 1899). Kleines Gebetbuch; Spengler: „Tägliche Hausandachten", „Pilgerstab", „Morgensegen", „Abendsegen" und ein neues, noch im Erscheinen begriffenes von E. Barck: „Aus der Lebensquelle". (Lahr 1906).

Wie unser Land in seiner Kirchenordnung vom Schwabenland abhängig war, so haben wir auch die Erbauungsbücher von dort übernommen. Besonders auf die positiven Kreise war der Einfluß Württembergs ein großer, wie ja auch der badische Pietismus nur ein Ausläufer des württembergischen ist. In neuerer Zeit ist das Vorbild Württembergs gegenüber dem der preußischen Theologie und Kirchenpolitik in den Hintergrund getreten. Der Zug der positiven Theologen geht mehr nach Norden als nach Osten. Cremer, Stöcker, von Bodelschwingh sind neben anderen die Männer des größten Einflusses.

Von nicht zu unterschätzender Bedeutung ist die Arbeit der Pfarrer in und an dem vielgestaltigen Vereinsleben. Manche, deren wissenschaftliche Waffenrüstung von zweifelhafter Stärke und Güte war, haben auf diesem Gebiete Hervorragendes geleistet. Andere haben wissenschaftliches Streben und praktische Tätigkeit in harmonischer Weise zu vereinigen verstanden. Die positiven Kreise haben hier vor den liberalen einen bedeutenden Vorsprung gewonnen: eine Tatsache, deren fortwährende Hervorhebung deswegen unnötig ist, weil sie von allen Seiten anerkannt wird.

Auch auf dem Gebiete der Belletristik hat sich mancher Pfarrer versucht. Zwar ist keiner der großen Liederdichter aus der badischen Landeskirche hervorgegangen. Auch der gemütvolle Hebel hat keine Kirchenlieder gedichtet.

Unter den 437 Liedern des badischen Gesangbuchs sind nur 4 von badischen Theologen: Fink († 1863), Kayser († 1857), Sonntag († 1858), Walz († 1817), dazu 2 von dem badischen Staatsrat und Kirchenratsdirektor Brauer († 1813). Viel größer ist der Anteil Württembergs. Das Verzeichnis der Liederdichter zählt 18 Namen von schwäbischen Sängern auf.

Doch dürfte der berühmte alemannische Dichter derjenige Geistliche sein, der in Baden den größten Einfluß auf das Volksleben gewonnen hat. — Mehr Beachtung, als er gefunden, hätte H. Albrecht verdient († 1906. „Der Fall Jerusalems". Heidelberg 1868. „Bruder Ludwig, der Wasgauer". Leipzig 1872. „Der Schwedenjunker". Freiburg 1873. „Die Häfnetjungfer". Karlsruhe 1883 u. a.). Zahlreiche deutsch-protestantische Lieder hat Längin († 1897. „Aus unserer Zeit" 1861. „Vierzig Jahre Kämpfen

6. Die Pfarrer.

und Hoffen, religiös-patriotische Gedichte" 1892 u. a.) veröffentlicht; er hat sich auch auf das dramatische Gebiet gewagt („Marc Aurel" 1882, „Valeria" 1884). Biblische Stoffe hat Leitz († 1895. „Moses und die Propheten") poetisch dargestellt. Adolf Schmitthenner † 1907 in Heidelberg, hat sich für seine feinen Novellen („Psyche" 1891. Novellen 1896. Neue Novellen 1901) einen großen Leserkreis erworben, wie er sich auch in seinen Predigten (Seite 71) als Dichter zeigt. Zu den Theologen kann man auch Professor Thoma in Karlsruhe rechnen, den trefflichen Volksschriftsteller (Lutherbiographie. Berlin 1883. Gustav-Adolf-Spiel. Karlsruhe 1894. „Katharina von Bora". Berlin 1900. Weihnachtsfeier u.a.m.). K. O. Frommel (in Heidelberg) gilt als einer der beachtenswertesten modernen Dichter unseres Landes. Tausende erfreuen sich an den Beiträgen Karls (in Freiburg) zum „Hinkenden Boten", namentlich an seinen humorvollen „Weltbegebenheiten". O. Raupp (in Mundingen) hat versucht, in den Pfaden Hebels zu wandeln, und die alemannische Mundart in kleinen, sinnigen Gedichten angewendet („Veieli und Zinkli". „Aus ländlicher Stille". Heidelberg 1907). Auch Hindenlang (in Karlsruhe) und Wolfhard (in Kork. „Kampf und Friede". Heidelberg 1903) erheben sich in ihren Gedichten über das Niveau der gewöhnlichen Gelegenheitspoesie und haben uns manches eindrucksvolle Lied geschenkt. Eine beträchtliche Anzahl von anderen Geistlichen stellt ihre Gabe volkstümlicher Darstellung in den Dienst der kirchlichen Sonntagsblätter: für kleinere Kreise, wo bescheidene Talente Anerkennung und Erfolge finden, ist auch diese Seite der Tätigkeit der Pfarrer nicht gering anzuschlagen.

Einige Geistliche widmen sich mit Eifer der Förderung der Wohlfahrtspflege auf dem Lande. Es waren drei evangelische Pfarrer (F. Becker in Binzen, Nuzinger in Gutach, Hindenlang in Karlsruhe), welche im Jahre 1902 die ersten Schritte zur Gründung des „Vereins für ländliche Wohlfahrtspflege" getan haben. Im Gesamtvorstande des Vereins befinden sich neben fünf katholischen auch sieben evangelische Theologen. Der Verein zählte am 1. September 1906 unter seinen 735 Mitgliedern 71 protestantische und 108 katholische Geistliche.

Wie überhaupt in letzter Zeit ein lebhaftes Interesse für Volks- und Heimatkunde erwacht ist, so verwenden in wachsender Zahl die Pfarrer ihre Mußestunden zum Schreiben von Ortsgeschichten: mühevolle, dankenswerte Beiträge zur Geschichte des

Landes. Als Muster einer populär geschriebenen, auch für weitere Kreise interessant zu lesenden Ortsgeschichte nenne ich: A. Leitz: „Geschichte der Gemeinden Freistett und Neufreistett" (Kehl 1890).

Für manchen Leser ist vielleicht ein Verzeichnis der bisher erschienenen Ortschroniken von Interesse. Die in Klammern stehenden Namen bezeichnen die Orte. Leitz (Lohrbach 1879. Freistett 1890), Siegrist (Säckingen), K. G. Fecht (Durlach 1869. Karlsruhe 1887), Höchstetter (Lörrach 1882), Sievert (Müllheim 1886. Ladenburg 1900), H. Specht (Lußheim 1883. Unteröwisheim 1892), Wilhelmi (Sinsheim 1844), Ebbecke (Gengenbach 1891), A. Eberlin (Diaspora der Diözese Schopfheim 1883), Ewald (Ueberlingen 1875), Martini (Diözese Müllheim 1869), Wirth (Eppingen 1879, Haßmersheim 1862), Junker (Britzingen 1888), Philipp (Tegernau 1890), J. Specht (Grünwettersbach), Stocker (Gauangelloch, Schatthausen, Bammental, Reilsheim, Vorberg, Wölchingen, Bobstadt, Epplingen, Angelthürn, Schillingstadt, Schwabhausen, Windischbuch, Sachsenflur, Neu (Wenckheim 1893, Wertheim 1902, Schmieheim 1902), Trautwein (Neulußheim 1892), Kalchschmidt (St. Georgen 1895), Braun (Strümpfelbrunn 1897), Riehm (Kieselbronn 1900), Hack (Bühl 1900), Himmelheber (Wollbach 1900), Schmidt (Gaiberg 1901), Nüßle (Mannheim 1901—02), Holdermann (Rötteln 1903), Walther (Freiamt 1903), Mulsow (Brombach 1905), E. Issel (Eichstetten 1906).

Solche Nebenbeschäftigungen lassen sich gewiß eher rechtfertigen als die rein auf den eigenen Nutzen gerichteten. Obwohl zu beachten ist, daß die pekuniäre Lage viele zwingt, auch gegen ihre Neigung, sich mit Dingen zu beschäftigen, die zu dem Amt in keiner Beziehung stehen.

Einen besonderen Umfang hat in den letzten Jahren die Aufnahme von Pensionären gewonnen; zum Teil sind es solche Kinder und junge Leute, die an öffentlichen Anstalten nicht mitkommen, deren Erziehung besondere Schwierigkeit macht, oder deren schwache Gesundheit einen Landaufenthalt für vorteilhaft erscheinen läßt; zum Teil auch sind es Ausländer, die deutsch lernen wollen. In den Sommermonaten gleicht da manches badische Pfarrhaus in schöner Gegend einer Fremdenpension.

Die große Mehrzahl der badischen Pfarrer huldigte zu Anfang des 19. Jahrhunderts dem Rationalismus. Aber bald nach der Union wandten sich einzelne dem Pietismus zu, der für das Bekenntnis der Väter, für den Offenbarungsglauben und für die alte Christologie eintrat. So ist in Baden der Pietismus der Vater der Orthodoxie geworden! Großen Einfluß gewann der im Jahre 1823 mit seinem Patronatsherrn und mit 154 Gemeindegliedern zum Protestantismus übergetretene katholische Pfarrer Henhöfer sowohl auf seine Gemeinde und die der Nachbarschaft als auch auf einzelne Amtsbrüder. Gegen den

1830 vorläufig eingeführten Katechismus veröffentlichten 7 Geistliche einen Protest (Henhöfer, Käß, Dietz, Hager, Haag, Mann, Frommel). Der nunmehr beginnende, oft sehr er bittert geführte Kampf der beiden Richtungen wurde im Anfang der 50er Jahre zugunsten der Altgläubigen entschieden, endigte aber nach kurzer Herrschaft der Orthodoxie mit dem Sieg der liberalen Richtung (1861), die seitdem die herrschende Stellung in der Landeskirche einnahm. Die konservative Minderheit ist in der letzten Zeit jedoch sehr gewachsen; zur Zeit werden sich beide Richtungen in der Landesgeistlichkeit so ziemlich die Wage halten. Es ist eine eigenartige Erscheinung, daß in der badischen Landeskirche je länger je entschiedener die Minderheit der Mehrheit die Anerkennung der Gleichberechtigung versagt und mit wachsender Bestimmtheit die These verficht, daß der Liberalismus in der kirchlichen Theologie überhaupt keine Existenzberechtigung habe.

Schon um die Mitte des 19. Jahrhunderts standen sich zwei von Pfarrern geleitete Blätter gegenüber: der liberale „Morgenbote" (von K. Zittel 1845—47 herausgegeben) und das „Kirchenblatt für die vereinigte evang.-prot. Kirche in Baden" (von Eberlin und Barck 1845—46 redigiert). Beide bestanden nicht lange; denn das öffentliche Interesse wurde durch die politischen Kämpfe absorbiert. Nach Gründung einer liberalen Partei (1859 auf der Durlacher Konferenz) erschien als ihr Organ das „Süddeutsche evangelisch-protestantische Wochenblatt". Daraus ging das „Evangelisch-protestantische Kirchenblatt", das Organ der „Kirchlich-liberalen Vereinigung", hervor (anfangs von Kneucker, seit einigen Jahren von O. Raupp geleitet). Mit diesem hat das Parteiblatt der Rechten, der von Ullmann 1850 gegründeten „Evangelischen Konferenz", das „Korrespondenzblatt der Evangelischen Konferenz in Baden" (gegründet 1887, anfänglich von Reinmuth, dann von Mühlhäußer, seit 1905 von Wurth redigiert; 1100 Abonnenten), manchen Strauß ausgefochten. Die kirchlich-liberale Vereinigung zählte im Jahre 1905 nach meiner Rechnung 557 Mitglieder, darunter 187 Theologen; die Evangelische Konferenz hatte 1906: 446 Mitglieder, darunter 219 Geistliche.

Vor etwa 10 Jahren haben in Beherzigung der Mahnungen, die Krones Schrift: „Falsche Alternativen" (Zell i. W.

1894) an die „Versöhnlichen" richtete, einige Theologen und Laien die „Landeskirchliche Vereinigung" gebildet. Sie will versuchen, den gemeinsamen Boden, auf dem die beiden Richtungen stehen, und die gemeinsamen Aufgaben, welche die Pfarrer für den Aufbau des Reiches Gottes zu erfüllen haben, zur Geltung zu bringen und ein besseres Verständnis sowie eine gerechtere Würdigung der zwiespältigen Meinungen auf theologischem und kirchlichem Gebiete anzubahnen.

A. Schmitthenner sprach sich in seiner gemütvollen, bilderreichen Redeweise über den Zweck der Vereinigung in folgenden Worten aus: „Viele von uns sind auch einmal in einem der beiden Gärten gefangen gewesen; aber es ging uns, wie es manchmal den Kindern feindlicher Nachbarn ergeht: wir gewannen uns lieb über den Zaun hinweg und standen mit Vorliebe an den Zaun gelehnt und redeten mit einander fröhlich und freundlich und kümmerten uns blutwenig um die mißbilligenden Blicke der Gartenhüter".

Obgleich von Anfang an dem Gedanken an die Bildung einer Mittelpartei entschieden widersprochen wurde, und bis heute sowohl Mitglieder der kirchlich-liberalen Vereinigung als auch der evangelischen Konferenz der landeskirchlichen Vereinigung angehören, so lag es doch in der Natur einer solchen Verbindung, daß sie das Bestreben zeigte, sich fester zusammenzuschließen, wodurch wieder eine schärfere Abgrenzung nach rechts und nach links nötig wurde. In den kirchlichen Fragen nimmt tatsächlich die Vereinigung die Stelle einer Mittelpartei ein und wäre es nur in dem Sinne einer vermittelnden Partei. Die Hoffnung, daß sich von der Rechten und der Linken eine größere Anzahl der Vereinigung anschließen werde, hat sich nicht erfüllt, woraus jedoch nicht der Schluß zu ziehen ist, daß in den beiden getrennten Lagern keine friedliebenden Glieder vorhanden wären. Das Organ der Vereinigung ist das monatlich erscheinende „Korrespondenzblatt der Landeskirchlichen Vereinigung" (seit 1897; herausgegeben von Schluffer). Die Zahl der Mitglieder beträgt 90, darunter 50 Theologen.

So scharf die Gegensätze der Richtungen zeitweise hervorgetreten sind, so hat es doch auch früher nicht an Bestrebungen gefehlt, die Geistlichen zu gemeinsamer Tätigkeit zu vereinigen. Schon 1865 wurde auf Rothes Anregung hin der „Wissenschaftliche Predigerverein" gegründet, „um der durch den Schenkelstreit in sich zerfallenen Geistlichkeit die Gemeinsamkeit ihrer theologischen Arbeit zum Bewußtsein zu bringen, und sie zu brüderlicher Aussprache über wichtige Fragen der Wissenschaft und Praxis zu vereinigen".

Rothe führte in der Eröffnungsrede die beiden Hauptgedanken aus: 1) Gerade in unseren Tagen ist die theologische Arbeit für uns evangelische Geistliche in einer ganz eigentümlichen Weise eine dringende Aufgabe und gerade auch für uns als praktische Geistliche, aus dem Bewußtsein gerade unseres unmittelbaren Berufes, und 2) von dieser unserer theologischen Arbeit können wir uns aber einen rechten Erfolg nur in dem Fall versprechen, wenn wir sie gemeinsam betreiben.

Daß dieser Zweck stets im Auge behalten wurde, dazu hat Prälat Doll († 1905) viel beigetragen. Das Kirchenregiment stellte sich von Anfang an freundlich zu dem Verein; die Dozenten der theologischen Fakultät Heidelberg waren ohne Ausnahme Mitglieder. Lange Jahre hindurch bis heute war Professor Holtzmann der wissenschaftliche Berater. — Ueber die Entwicklung geben folgende Zahlen Aufschluß: Im Jahre 1873 betrug die Mitgliederzahl 183, 1885 waren es 218, 1906 gehörten 410 Theologen dem Verein an. — Der Predigerverein sucht seinen Zweck zu erreichen durch jährliche Versammlungen, bei welchen Vorträge gehalten werden; dabei kommen alle Richtungen zu Wort. Der Besuch der Jahresversammlungen war zuerst schwach, in der letzten Zeit hat er sich gehoben. Der Verein steht in freundschaftlichem Schriftenaustausch mit der Straßburger Pastoralkonferenz und mit dem pfälzischen und dem elsässischen Predigerverein. — So löblich die Absicht ist, in welcher der Verein gegründet wurde, so darf man seine Bedeutung im kirchlichen Leben nicht zu hoch einschätzen. In den Zeiten kirchlicher Parteiwirren hat er einen mildernden Einfluß auf die Kampfesweise jedenfalls nicht ausgeübt.

Auf einem anderen Gebiete machen sich die einigenden Tendenzen des „Badischen Pfarrvereins" geltend. Er wurde am 30. Juni 1891 gegründet und „will für die Pflichten, Rechte und Anliegen des geistlichen Amtes und Standes eintreten". Er ist schnell gewachsen und zählt z. Zt. 503 Mitglieder, ein Beweis dafür, daß er es verstanden hat, unter geschickter Leitung (Haag, Hesselbacher, W. Ludwig) das Mißtrauen, das man ihm anfänglich entgegenbrachte, zu zerstreuen. Sein Organ sind die „Badischen Pfarrvereinsblätter" (Schriftleiter: Haag, seit 1906 Neu). Durch Verträge mit Versicherungsgesellschaften hat der Verein seinen Mitgliedern manche Vorteile verschafft. Die von ihm gegründeten Alumnate für Pfarrsöhne und Pfarr=

töchter in Karlsruhe wollen den in Gemeinden ohne höhere Schulen wirkenden Geistlichen die Erziehung ihrer Kinder erleichtern. Seine **Hilfskasse** gewährt den Mitgliedern, die sich in augenblicklichen finanziellen Schwierigkeiten befinden, Darlehen zu mäßigem Zinsfuß. Der Verein hat ferner einen Rechtsrat, der den Pfarrern in juristischen Angelegenheiten beisteht. Auch das Eintreten des Pfarrvereins für die Verbesserung der Einkommensverhältnisse der Geistlichen war von Erfolg begleitet. So wirkt er an seinem Teil, ohne viel Lärm zu machen, zum Segen der Pfarrer. „Wir haben", sagt die Schriftleitung im letzten Rückblick, „in unserem Verein die Wahrheit des Wortes erfahren: ‚Einigkeit macht stark' und dürfen mit Befriedigung auf die Vergangenheit zurückblicken". Das Vermögen des Pfarrvereins betrug am 1. Januar 1906: 26 998,85 Mark; es hat sich in den letzten 10 Jahren um 24 000 Mark vermehrt.

Aus den gleichen Absichten, die zur Gründung des Pfarrvereins führten, sind die von Pfarrer Rieger gegründete **Sterbekasse** und die **Feuerversicherungskasse** hervorgegangen.

Welches ist das **Urteil des Volks**, der öffentlichen Meinung über den Pfarrer und das Pfarramt? Auf der letzten Generalsynode haben die weltlichen Mitglieder eine Erklärung über die Notwendigkeit einer Gehaltsaufbesserung für die Geistlichen abgegeben und hinzugefügt: „Wir verbinden mit dieser Erklärung im eigenen und in unserer Glaubensgenossen Namen den innigsten Dank an unsern Pfarrerstand für die Treue und Hingabe, mit der er stets — und insbesondere die ältere Generation auch bei früher so kärglicher Ausstattung ihrer Lebenslage — seinen hohen, herrlichen Beruf erfüllte". Diese Anerkennung wurde vielleicht deshalb mit so besonders freudigem Dank von den Pfarrern vernommen, weil sie selten in solch rückhaltloser Weise ausgesprochen wird. Zwar pflegen bei Beerdigungen — trotz öfterem Protest dagegen — die guten Dienste des Pfarrers hervorgehoben zu werden, und wenn ein Vikar einige Monate in einer Gemeinde tätig war und den Wanderstab wieder in die Hand nehmen muß, so erscheint öfters in einem Lokalblatt ein Nachruf, worin des Scheidenden Verdienste und Talente gepriesen werden. Ebenso gibt der Einzug oder der Abschied eines Pfarrers Anlaß zu öffentlicher Anerkennung der Bedeutung und des hohen Wertes des Pfarramts. Aber die Stimme der öffentlichen Meinung lautet auch anders. Man denke an das Urteil der sozialdemokratischen Presse, des Simplizissimus u. a. Zwar ist in Süddeutschland und speziell in Baden die Sozialdemokratie nicht so ausgesprochen religionsfeindlich wie im Norden, aber für ihre Presse sind die Pfarrer doch auch Vertreter einer untergehenden Religion, einer veralteten Weltanschauung, einer verkehrten Gesellschaftsordnung, Mammonsdiener und Kapitalistenknechte, im besten Fall betrogene Betrüger, im schlimmsten heuchlerische Auguren. Die Extreme berühren sich. Ebenso absprechend lautet das Urteil der weit rechts stehenden Gemeinschaftsleute und der kirchenfeindlichen Sekten. Von letzteren hören wir die Bezeichnungen: Lohnprediger, schlafende Hirten, blinde Blindenleiter, stumme Hunde u. dgl. Ein liberaler Pfarrer wird ohne weiteres zu denjenigen gerechnet, die „draußen sind". Auch manche Gemeinschaften halten nicht viel von den Männern, die „aus der Gottseligkeit ein Gewerbe machen". Weitherziger sind die kirchlichen Gemeinschaftsleute; es kommt nicht selten vor, daß Pietisten auch dort zu den besten Kirchgängern zählen, wo ein freigesinnter Pfarrer auf der Kanzel steht.

Zwischen den erwähnten verschiedenartigen Beurteilungen, der rückhaltlosen Anerkennung und der unbedingten Verwerfung, steht nun die Meinung des Volks. Daß sie nicht übereinstimmend ist und sein kann, bedarf keines Beweises. Es sind ja sehr verschiedenartige Bedürfnisse, Wünsche und Anschauungen im Volke vertreten. Aus den eingesandten Berichten ergibt sich etwa folgendes Bild der Beurteilung des Pfarrstandes. Von einer Dorfgemeinde in der Pfalz wird gesagt: „Ueber den Pfarrer macht man sich weiter keine Gedanken, sein Einfluß ist gering, die Urteile über den Pfarrer sind leichtfertig und wertlos. Er soll alles laufen lassen, wie es läuft; er soll predigen nach dem Sprichwort: wasch' mir den Pelz und mach' mich nicht naß". Der Geistliche einer benachbarten Gemeinde mit ähnlichen Verhältnissen kommt aber zu einem ganz anderen Urteil: „Ich habe in 12 Jahren keine bösen Erfahrungen zu machen gehabt durch ungezogenes Betragen der Leute. Ich fand überall: ein gutes Wort findet einen guten Ort". Sind diese beiden Gemeinden einander in ihrem Urteil über den Pfarrer so unähnlich? Oder wird das Urteil des Pfarrers durch persönliche Erlebnisse bestimmt? Möglich ist es schon, daß zwei Nachbargemeinden trotz gleichartiger Verhältnisse einen ganz verschiedenen Charakter haben. Dies wird auch aus anderen Ländern bestätigt. Ein Dorf bildet oft eine abgeschlossene Welt für sich, in der das sittliche und religiöse Leben eine ganz andere Entwicklung nehmen kann, als in den Gemeinden der Nachbarschaft. — Zu denken gibt ein Bericht aus einer unkirchlichen Gemeinde des Oberlandes, der betont, man halte das Pfarramt für notwendig wegen der Amtshandlungen und des Dekorums; die meisten Männer könnten es gut entbehren. In dieser Gemeinde wurde auch schon liberalen Predigern vorgehalten, die Pfarrer könnten doch nicht alles glauben, was sie predigten. „Solche Aussagen aus dem Munde fleißiger Kirchgänger haben nicht die Absicht zu beleidigen, man hält diesen Standpunkt für selbstverständlich". Um so schlimmer! Doch solcher Gemeinden mag es auch im unkirchlichen Oberlande nicht viele geben. Im Hanauerland schätzt ein Beobachter des kirchlichen Lebens die Zahl derjenigen, welche das Pfarramt für entbehrlich halten, auf $^8/_{10}$: eine Schätzung, die sich schwer nachprüfen läßt. Nicht so pessimistisch urteilen die anderen Berichte. „Deren sind wenige in der Gemeinde, die nicht von der Notwendigkeit und Bedeutung des Pfarramts überzeugt wären". Wird von dem einen Pfarrer im Hinblick auf einen Teil des Oberlandes versichert: „Am Kaiserstuhl steht das Pfarramt verhältnismäßig in hohem Ansehen", so betont ein anderer: „Auf dem Schwarzwald hat der Pfarrer noch sein altes Ansehen". Von der Diaspora gilt dies gleichfalls; einer besonders hohen Schätzung erfreut sich das Pfarramt in den Gemeinden des „Hinterlandes" (der ganze Nordosten). Auch für den Kraichgau wird hervorgehoben, daß man vor dem Pfarrer „Respekt" habe. In weitaus der Mehrzahl der badischen Gemeinden wird also das Pfarramt für notwendig und für wichtig gehalten.

Nur darf man nicht glauben, daß die Tätigkeit des Geistlichen als eine besonders schwierige und anstrengende angesehen wird. Der Pfarrer hat nach ziemlich allgemein verbreiteter Ueberzeugung ein angenehmes Leben. Sechs Feiertage und nur ein Arbeitstag!

Aussprüche: „Wenn ich wieder auf die Welt komme, dann weiß ich, was ich werde" (Pfarrer). — „Batter", ruft ein Bauernknabe, der den Pfarrer bei einer nichtamtlichen Beschäftigung beobachtet hatte, „ich will Pfarrer werre; das bissel Holz spalten"! — Ein Arbeiter äußert im Gespräch: „Wenn die Pfarrer nach ihrer Arbeit bezahlt werden sollten, würden sie verhungern". Ein anderer sagt bei einer Debatte über den Achtstundentag etwa: „Die Pfarrer arbeiten in der ganzen Woche keine acht Stunden und sollten deswegen fein stille sein".

Und was die Arbeit des Sonntags betrifft, so kann sie ihm doch nicht besonders schwer fallen. Wozu hat er auf der Universität „studiert"? Und er hat ja doch eine Menge Bücher!

Man beneidet ihn auf dem Lande, weil er nicht auf das Feld muß, und mancher mag sich den Kopf zerbrechen, was er wohl den ganzen Tag treibt.

Gehen wir zu dem Urteil des Volks über die einzelnen Zweige der pfarramtlichen Tätigkeit über, so wird überall ein guter Prediger von den Gemeinden geschätzt. „Der kann's", urteilen sie, wenn ihm die Worte in Kraft und Fülle zu Gebote stehen. Durch die F o r m wird häufig das Urteil bestimmt, weniger durch den I n h a l t. Was den letzteren betrifft, so wünschen die ländlichen Gemeinden verständliche, einfache aber nicht zu triviale Predigten. Sie wollen etwas mit nach Hause nehmen und freuen sich über ein treffendes Bild, das ihnen eine religiöse oder sittliche Wahrheit anschaulich macht. Anderseits hegen sie, wenn die eingeflochtenen Anekdoten zu häufig oder zu lang sind, den Verdacht, der Pfarrer habe sich nicht gut vorbereitet. „Wenn unser Pfarrer anfängt: „ich habe einen Mann gekannt", dann wissen wir schon, wie wir dran sind", so urteilte einmal pfiffig lächelnd ein Kirchenältester. Viele legen großen Wert darauf, daß die vorgeschriebenen Texte behandelt werden, und daß die Disposition angegeben wird. „Eine gute Predigt hat drei Teile", diese Meinung ist auch heute noch weit verbreitet.

Mehr noch als die Predigt bestimmt auf dem Lande die Seelsorge das Urteil. Hier wird Treue fast überall anerkannt. In den meisten Berichten ist zu lesen, daß an den Seelsorger ziemlich hohe Anforderungen gestellt werden, in allen aber wird hervorgehoben, daß diese Tätigkeit geschätzt und gewürdigt wird. Das Ansehen eines Pfarrers leidet nicht wenig not, wenn er einige Male schwer kranke Personen vernachlässigt hat. Und wer da weiß, wie die landläufigen Tröstungen bei den sonntäglichen Krankenbesuchen lauten, der versteht es, daß die Leidenden sich nach anderer Kost sehnen. Ein mir bekannter Arzt spricht bezeichnenderweise von dem „Montagsfieber" seiner Kranken (infolge der Aufregungen des Sonntags).

Was den Unterricht angeht, so wird dieser — nach Äußerungen der Schulkinder beurteilt — von verschiedenen Gesichtspunkten aus betrachtet, gewertet oder verurteilt: ob der Pfarrer streng oder mild ist, ob er die Kinder in guter Zucht zu halten versteht, ob er viel auswendig lernen läßt u. a. Schwer fällt es in die Wagschale, wenn des Pfarrers eigene Kinder die wildesten und ungezogensten sind; man bedenkt nicht, daß durch die exponierte Stellung des Pfarrers, die auf die Kinder oft in ungünstigem Sinne einwirkt, besondere Schwierigkeiten erwachsen nach dem Sprichwort: „Pfarrers Kinder, Müllers Küh' geraten selten oder nie".

Von der sonstigen amtlichen Tätigkeit der Geistlichen weiß man im allgemeinen zu wenig (abgesehen von den Kasualien, s. u.), um darüber Lob oder Tadel aussprechen zu können. Gelegentlich wird von einem Pfarrer rühmend hervorgehoben, daß er in Rechnungssachen „durch" sei; aber den meisten ist dies vollkommen gleichgültig, so lange sie nicht selbst etwa unter seiner Unpünktlichkeit zu leiden haben. Eine gewisse Unempfindlichkeit gegen Tadel von oben wird vielfach als ein Vorzug angesehen, da man, wie ein Pfarrer mit ein wenig Uebertreibung behauptet, „Oberkirchenrat und Staatsbehörde doch wesentlich als geborenen Feind ansieht, dem soviel als möglich zu entziehen und soviel als möglich abzupressen, selbstverständliche Lebensweisheit ist". Wenn es sonderbar erscheint, daß zwischen Oberkirchenrat und Staatsbehörde kein Unterschied gemacht wird, so muß man bedenken, daß die Kirche vielfach, sogar von Gebildeten, als Staatsanstalt angesehen wird: eine Nachwirkung früherer Zustände.

Bezeichnend für die Auffassung der Bedeutung des Pfarramts ist der Ausspruch eines pfälzischen Gemeindebeamten, der sich der Absicht des Oberkirchenrats, in der Gemeinde eine eigene Pfarrei zu errichten, mit folgendem Argument widersetzte: „Wir haben genug an e i n e m Polizeidiener".

Man legt ziemlich allgemein bei der Beurteilung des Lebens der Pfarrer einen strengen Maßstab an. Sittliche Verfehlungen oder Untugenden werden vielleicht eine Zeit lang stillschweigend ertragen, bei der ersten besten Gelegenheit aber merkt der Pfarrer, daß seine Autorität geschädigt oder verloren ist. Nicht überall werden freilich die Grenzen zwischen dem Erlaubten und dem Verbotenen in gleicher Weise gezogen. Am strengsten urteilt man in pietistischen Kreisen. Da erregt schon der Besuch eines Konzertes und des Theaters Anstoß. Anderseits wird es in manchen Gemeinden der konservativen Diözesen Karlsruhe-Land und Boxberg gern gesehen, wenn der Pfarrer mit angesehenen Ortsbürgern auch im Wirtshaus zusammenkommt. In Weingegenden gilt sogar das Trinken als läßliche Sünde. Einzelne Sekten verdammen das Rauchen als eine Erfindung des Teufels.

Als Beispiel dafür, welcher Argumente sich solche Sekten bedienen, sei der ernstgemeinte Ausspruch erwähnt: Wenn der liebe Gott haben wollte, daß man raucht, so hätte er dem Menschen ein Kamin im Kopfe angebracht!

Ueber die **Herkunft** der badischen Pfarrer kann ich keine genauen Angaben machen, da in den veröffentlichten Personalien der Pfarrer der Stand des Vaters nicht erwähnt wird, und mir ein Einblick in die Personalakten des Oberkirchenrats nicht möglich war. Doch gilt das, was Drews und Schian für Sachsen und Schlesien ausführen, nach meinen Beobachtungen auch von Baden. (Drews: Das kirchliche Leben der ev. luth. Landeskirche des Königreichs Sachsen. S. 136. Schian: Das kirchliche Leben der ev. Kirche der Provinz Schlesien, S. 46). Soviel kann gesagt werden, daß sich die badischen Theologen vorwiegend aus dem Mittelstand rekrutieren, und daß besonders aus dem Lehrer- und Pfarrerstand ein beträchtlicher Prozentsatz hervorgeht.

7. Die Patronate.

Verhandlungen der ordentlichen Generalsynode 1904. Karlsruhe 1905. S. 346 ff. — Statistisches Jahrbuch 1904. 05.

Durch § 41 des 3. Konstitutionsedikts vom 22. Juli 1807 wurde den Standesherren des neuen Großherzogtums die Fortdauer ihrer bisherigen Rechte garantiert. Zu ihren Privilegien gehörte auch das Patronatsrecht, dessen wesentlichster Inhalt das Präsentationsrecht bildete. Zwar erfolgte wenige Jahre später (3. Juni 1813) die Aufhebung sämtlicher Patronate in Baden, doch wurden sie nach Artikel 14 der Deutschen Bundes-Akte wiederhergestellt (28. Dezember 1815).

In Baden gibt es nur noch standes- und grundherrliche Patronate. Geht ein grundherrliches Besitztum in nicht grundherrliche Hände über, so erlischt das Patronatsrecht. Die 1848/49 beschlossene Aufhebung der Patronate wurde 1860 wieder rückgängig gemacht. — Gegenwärtig zählt die evangelische Kirche nach dem Statistischen Jahrbuch 82 Patronate (17,5 % der Pfarrstellen), die sich auf 25 Herrschaften verteilen. Die meisten Patronate haben die Fürsten von Leiningen (23); 9 Patronate stehen den Fürsten von Löwenstein-Freudenberg und -Rosenberg gemeinsam, 3 weitere dem Fürsten von Löwenstein-Rosenberg zu. Die Freiherren von Gemmingen und Hornberg haben 7 Patronate. Fast alle Patronate liegen im Norden des Landes; die meisten hat die Diözese Mosbach (15 unter

18 Pfarreien), Sinsheim hat 10 (unter 16), Boxberg 12 (unter 12), Neckarbischofsheim 11 (unter 18), Adelsheim 10 (unter 12), Wertheim 9 (unter 10), Eppingen 7 (unter 11), Neckargemünd 3 (unter 21), Lahr 2 (unter 20), Durlach, Pforzheim und Bretten je 1. 13 Diözesen sind ohne Patronate. — In den Jahren 1899—1904 sind in Baden 96 Pfarreien durch Gemeindewahl, 30 durch landesbischöfliche Ernennung und 30 durch Präsentation von seiten der Patronatsherren besetzt worden.

Gegen die Patronate und die damit zusammenhängenden Mißstände hat sich je und je ein lebhafter Widerspruch geltend gemacht. An Grund dazu fehlt es nicht.

Werden die Stellen ausgeschrieben, so sind sie gewöhnlich schon vergeben. Manche Standesherren halten es nicht für notwendig, auf eine Bewerbung eine Antwort zu geben. Die Gemeinden widersetzen sich manchmal der Ernennung eines Pfarrers, den sie nicht wünschen. Bei der Entscheidung der Patronatsherren fallen oft unwesentliche Vorzüge entscheidend ins Gewicht. Wo ein Patron der evangelischen Kirche nicht angehört, kann es vorkommen, daß der katholische Grundherr den evangelischen Pfarrer über seine Stellung zum evangelischen Bekenntnis examiniert! — Ein Zustand, der weder der Würde der Geistlichen, noch dem gesunden Menschenverstande, noch dem Prinzip der Verfassung entspricht. Wenn man demgegenüber auf die Mißstände bei der Pfarrwahl hinweist, so ist doch zu bedenken, daß die Pfarrwahl durchaus dem Prinzip der Verfassung entspricht, und daß die Entscheidung von den berufenen Vertretern einer evangelischen Gemeinde getroffen wird.

Wenn die Landeskirche die Patronate aufheben könnte, wäre es wohl schon geschehen. Aber da die Patronate auf landesgesetzlicher Grundlage beruhen, so könnten sie nur durch Staatsgesetz abgeändert oder aufgehoben werden. Trotz aller Mißstände hat die Generalsynode 1904 sich nicht entschließen können, einen Antrag auf Ablösung der Patronatsrechte an die Staatsregierung zu stellen. Einmal, weil ein Ablösungskapital von etwa 450 000 Mk. nötig wäre, um die Leistungen der Patrone zu ersetzen. Zu diesen finanziellen Schwierigkeiten treten politische Bedenken, da in Baden etwa 300 landesherrliche katholische Patronate bestehen. So ist vorerst an eine Aufhebung nicht zu denken. Doch hat die Generalsynode auf Grund des Kirchenlehenherrlichkeits-Edikts von 1808 ausdrücklich erklärt, der Oberkirchenrat sei berechtigt und verpflichtet, die Bestätigung der Präsentation zu versagen, wenn der im allgemeinen zum kirchlichen Dienst befähigte Präsentierte den besonderen Bedürfnissen und Verhältnissen der bestimmten Gemeinde nicht entspricht. Diese Erklärung deckt sich inhaltlich mit einem von der Eisenacher Konferenz 1861 aufgestellten Grundsatz.

8. Der Kirchengemeinderat.

Unionsurkunde. Beilage C. Kirchengemeinde-Ordnung. — S p o h n: Kirchenrecht — Kirchenverfassung §§ 27—45. Anhang. Wahlordnung §§ 19 bis 32. — Bescheide des Oberkirchenrats auf die Diözesansynoden.

Der Kirchengemeinderat besteht aus dem oder den ein Pfarramt verwaltenden Geistlichen und mehreren zu Kirchenältesten gewählten Gemeindegliedern. Die Zahl der Kirchenältesten richtet sich nach der Größe der Kirchengemeinde. Sie beträgt wenigstens 4 und in der Regel nicht über 16. Die Kirchenältesten werden von der Kirchengemeindeversammlung auf 6 Jahre gewählt, je nach 3 Jahren tritt die Hälfte aus. Wählbar sind alle stimmberechtigten Mitglieder der Gemeinde, die das 30. Lebensjahr vollendet haben; doch sollen die Wähler ihr Augenmerk auf Männer von gutem Ruf, bewährtem christlichem Sinn, kirchlicher Einsicht und Erfahrung richten. Die Aufgaben des Kirchengemeinderats sind mannigfaltig. Ihm ist anvertraut die Pflege evangelischen Glaubens und Lebens, die Förderung christlicher Zucht und Sitte, die Aufrechterhaltung der kirchlichen Ordnung, die Aufsicht über die würdige Feier der Sonn- und Festtage, die Verwaltung des Kirchenvermögens der Gemeinde, die Leitung des Rechnungswesens, die Anstellung der unteren Kirchenbediensteten; außerdem liegt ihm ob die Vertretung der Gemeinde nach außen und die Ausführung der Beschlüsse der Kirchengemeindeversammlung, endlich die Armen- und Krankenpflege.

Soweit die Verfassung. Wie erfüllt der Kirchengemeinderat in Wirklichkeit diese Aufgaben? Manche Pfarrer nehmen die Mitarbeit des Kirchengemeinderats nur da in Anspruch, wo es gesetzlich geschehen muß. „Diese Neigung", so urteilt der Oberkirchenrat, „kann nicht entschieden genug verurteilt werden. Der Beweis ist erbracht und zwar bis in unsere kleinsten und einfachsten Landgemeinden hinein, daß es christlich wohlgesinnte, verständige und willige Männer genug gibt, die auch für die Pflege des evangelischen Glaubens und Lebens ... als Helfer des Pfarrers gewonnen und interessiert werden können, und es ist kein Zweifel, daß sie auf manchen Gebieten des Volkslebens geübteren Blick und für manche Seiten des Volkscharakters wirksameren Einfluß haben können als jener". Je mehr die Notwendigkeit der Teilnahme der Laien am kirchlichen Leben erkannt wird, um so wichtiger könnte das Institut des Kirchengemeinderats für die Kirche werden; die Form ist vorhanden, es handelt sich nur darum, sie mit Leben zu erfüllen. Einstweilen ist die Wirklichkeit vom Ideal noch ziemlich weit entfernt. Zwar entscheidet bei der Wahl der Kirchenältesten in den meisten Gemeinden die Rücksicht auf kirchlichen Sinn und bürgerliche Rechtschaffenheit. Auch ist so ziemlich überall ein Gefühl dafür vorhanden, daß die Kirchengemeinderäte mit einem guten Beispiel vorangehen sollen. In den Städten und in der Diaspora arbeiten sie in der Regel eifrig mit dem Pfarrer zusammen. Auch auf dem Lande gibt es Gemeinden genug, in welchen man von den Kirchenältesten verlangt, daß sie für kirchliche Zucht und Ordnung eintreten, daß sie sich der Kranken und Armen annehmen, daß sie wenigstens dem Pfarrer Mitteilung machen von Not- und Mißständen, die zu ihrer Kenntnis gelangen. Doch ist in der Mehrzahl der Gemeinden die Wirksamkeit des Kirchengemeinderats beschränkter, als die Verfassung vermuten läßt. Während man in den Städten womöglich den verschiedenen Ständen eine Vertretung im Kirchengemeinderat sichert — nur die Fabrikarbeiter sind wegen ihrer kirchenfeindlichen oder gleichgültigen Haltung weniger stark vertreten — sind die Kirchengemeinderäte in Landgemeinden gewöhnlich aus der Zahl der wohlhabenden oder mittleren Landwirte genommen.

Die Tätigkeit des Kirchengemeinderats erstreckt sich mehr auf die äußeren Angelegenheiten der Gemeinden, auf Verwaltung und Rechnungswesen, Armenunterstützung u. a. Die schwierigeren Aufgaben des inneren Gemeindelebens finden oft wenig Förderung. Hier macht sich der Einfluß des Kirchengemeinderats oft sogar in hindernder Weise geltend. Quieta non movere! Gegen Neuerungen verhalten sich die Aeltesten mißtrauisch, oft ablehnend. So bilden sie zwar gegen übereilte Reformen manchmal ein gutes Gegengewicht, aber doch auch nicht selten ein Hindernis gesunder Entwicklung.

In vielen Orten haben die Aeltesten ihre besonderen Plätze in der Kirche; sie tragen den Klingelbeutel herum, halten die Kollektenteller, sammeln für kirchliche Vereine, besuchen abwechselnd die Christenlehre, um die Jugend zu überwachen; an den Sitzungen nehmen sie meist regelmäßig teil.

Es mag die Ansicht der Diözesansynode S ch o p f h e i m das Richtige treffen: „Was der Pfarrer aus der Sache zu machen weiß, das ist sie, aber nicht mehr". Es wird allerdings viel auf den Pfarrer ankommen, ob er es versteht, die Kirchengemeinderäte zur Mitarbeit heranzuziehen. Aber anderseits darf nicht vergessen werden, daß gegen eine eingewurzelte Tradition schwer anzukämpfen ist, zumal die Mitglieder des Kirchengemeinderats gewöhnlich ältere Männer sind, die nicht leicht mehr ihre Ansichten und Gewohnheiten ändern. Daß die ganze Einrichtung für die Kirche notwendig ist, wird niemand leugnen; man muß gewiß der Unionsurkunde zustimmen, wenn sie am Schluß der Kirchengemeinde-Ordnung sagt: „Das ist der Aeltesten wichtig und ehrwürdig Amt".

9. Die Kirchengemeindeversammlung.

Kirchenverfassung §§ 19—27. 28. 29. 95. 97a. 99a. Anlage I. Wahlordnung §§ 1—18.

Die Kirchengemeindeversammlung besteht aus den Mitgliedern des Kirchengemeinderats und einer Anzahl von sämtlichen stimmberechtigten Gemeindegliedern aus ihrer Mitte gewählter Vertreter; in Gemeinden von weniger als 80 Stimmberechtigten besteht sie aus der Gesamtzahl der letzteren. Stimmberechtigt sind alle selbständigen Männer der Kirchengemeinde, welche das 25. Lebensjahr vollendet haben und nicht vom Stimmrecht ausgeschlossen sind. Ausgeschlossen sind u. a. auch diejenigen, die wegen Verachtung der Religion oder der evangelischen Kirche oder wegen unehrbaren Lebenswandels öffentliches Aergernis gegeben haben (Gesetz vom 17. Dezember 1904). Die Zahl der Mitglieder bewegt sich zwischen 20 und 80, je nach der Größe der Gemeinde. Wählbar sind alle stimmberechtigten Mitglieder der Kirchengemeinde, wobei „erwartet wird, daß Männer von gutem Ruf und bewährtem kirchlichem Sinn" gewählt werden. Von der Wahl solcher soll abgesehen werden, die ihre Kinder der evangelischen Kirche entziehen. Ob diese erst 1904 aufgenommene Bestimmung sich in der Diaspora durchführen läßt? — Die Mitglieder der Kirchengemeindeversammlung werden auf 6 Jahre gewählt. Ohne Zustimmung dieser Gemeindevertretung dürfen diejenigen Beschlüsse des Kirchengemeinderats nicht zum Vollzug kommen, die sich beziehen auf Veränderungen im Bestand des Kirchenvermögens, auf die Festsetzung neuer Bezüge von Kirchendienern und Beamten, über die Feststellung der Voranschläge und die Verbescheidung der Rechnungen, über die Beschaffung der zur Bestreitung der kirchlichen Bedürfnisse erforderlichen Mittel, über Umlagen und Anleihen, über die Anstellung und Entlassung des Kirchenrechners.

Die Wahlbeteiligung ist sehr verschieden; sie schwankte 1903 zwischen 2,5% in Mannheim-Heidelberg und 34% in Bretten und betrug im Durchschnitt 16,9%. Doch ist oft in der gleichen Gemeinde die Beteiligung zu verschiedenen Zeiten verschieden. So haben in Karlsruhe 1895: 43%, 1901 nur 11% der Wähler ihre Stimme abgegeben. Es richtet sich darnach, ob gerade wichtige Fragen entschieden werden, ob Parteigegensätze zum Ausdruck kommen. In manchen Gemeinden wählen nur die Mitglieder der Kirchengemeindeversammlung selbst, und diese nicht alle. Es wäre jedoch verfehlt, aus schlechter Wahlbeteiligung immer auf kirchliche Interesselosigkeit zu schließen; sie ist manchmal nur ein Zeichen dafür, daß man mit dem bisherigen Zustand zufrieden ist.

Der Besuch der Sitzungen, die in der Regel jährlich einmal stattfinden, ist an den meisten Orten gut, in kirchlichen Gemeinden erscheinen fast alle.

Es ist darin besser geworden wie in früheren Zeiten. Im Jahre 1868 erschien einmal bei einer Kirchengemeindeversammlung der Diözese Rheinbischofsheim nur ein Mitglied. Auch 1872 wurde darüber geklagt, daß die Kirchengemeindeversammlungen in Ladenburg-Weinheim kaum beschlußfähig seien; in Borberg erschien außer dem Kirchengemeinderat einmal niemand.

Das Interesse der Kirchengemeindeversammlung für kirchliche Angelegenheiten wird als ein reges bezeichnet, das Verständnis für neu auftauchende Fragen ist nicht immer vorhanden, manchmal aber besser als im Kirchengemeinderat. Die Kirchengemeindeversammlung ist in der Regel eine wirkliche Gemeindevertretung, da sie so ziemlich Männer aus allen wichtigeren Ständen umfaßt; vielfach ist sie aber ein bloßer Verwaltungskörper.

Man hat zu verschiedenen Malen beantragt, die Rechte der Kirchengemeindeversammlung zu erweitern, um der Gemeinde mehr Gelegenheit zu geben, in kirchlichen Angelegenheiten mitzureden. Auf der letzten Generalsynode stellte die kirchlich-liberale Vereinigung den Antrag, daß die Wahlen zur Diözesansynode und zur Generalsynode von der Kirchengemeindeversammlung vorgenommen werden sollten; doch wurde der Antrag abgelehnt, da die Kirchenbehörde in einer solchen Neuerung ein nicht unbedenkliches Experiment sah, und da die Mehrheit die Rechte des Kirchengemeinderats nicht schmälern wollte.

10. Die Diözesansynoden.

Markgräflich Badische Kirchenrats-Instruktion von 1797. §§ 61. 62. S p o h n: Kirchenrecht S. 204 ff. — Verfassung §§ 46—59. — V.O. v. 2. März 1865. K.G. und V.O.Bl. 1865 S. 29. — K.G. vom 24. Februar 1863. K.V.O.Bl. vom 25. April 1862. — K.G. vom 14. Juni 1867.

Nach der Kirchenverfassung der Union bestand die alle 3 Jahre zusammentretende „S p e z i a l s y n o d e" aus allen Pfarrern der Gemeinde und aus einer Deputation weltlicher Gemeindeglieder, deren Zahl der Hälfte der geistlichen Mitglieder entsprach. Das war schon ein weiterer Schritt von der Pastorenkirche zur Volkskirche. An den Spezialsynoden der Markgrafschaft hatten sich nur Pfarrer beteiligt. Einen größeren Fortschritt bedeutet die Verfassung von 1861. Nach dieser besteht die D i ö z e s a n s y n o d e aus sämtlichen ein Pfarramt in der Diözese verwaltenden Geistlichen und einer g l e i c h e n Anzahl von Kirchenältesten, die von den weltlichen Mitgliedern des Kirchengemeinderats aus ihrer Mitte oder aus der Zahl der früheren Aeltesten gewählt sind.

Die Verhandlungen sind in der Regel öffentlich. Zum Wirkungskreis der Diözesansynode gehört: 1. Erwägung der den kirchlichen und sittlichen Zustand der Diözese betreffenden Erfahrungen und Bedürfnisse, 2. die Anordnung der zur Förderung des kirchlichen und sittlichen Lebens der Diözese oder einzelner Kirchengemeinden dienlichen Maßregeln, 3. die Beratung von Anträgen, Wünschen und Beschwerden, die an den Oberkirchenrat oder an die Generalsynode gebracht werden sollen und die Erledigung der vom Oberkirchenrat gemachten Vorlagen. — Sie tritt jährlich einmal zusammen, kann aber auch außerordentlich berufen werden. Den Vorsitz führt der Dekan. — Die Diözesansynode wählt aus ihrer Mitte auf die Dauer von 2 Jahren 2 geistliche und 2 weltliche Mitglieder, von denen jedes Jahr die Hälfte austritt. Diese bilden mit dem Dekan den D i ö z e s a n a u s s c h u ß, dessen Befugnisse und Pflichten in § 56 der Verfassung zusammengestellt sind.

Im Mittelpunkt der Verhandlungen der Diözesansynode steht jeweils der Bericht über die kirchlichen Verhältnisse der Diözese, der auf Grund der statistischen Tabellen der Pfarrämter verfaßt ist.

Diese Tabelle enthält 15 Rubriken: Ordnungszahl, Name, Zahl der Gemeindeglieder, Trauungen, Geburten, Taufen, Konfirmationen, Beerdigungen, Kirchgänger, Abendmahlsgäste, Kollekten, Kirchen- und Kasualopfer, Sammlungen und Gaben, Wahlen, Besuch der Christenlehre.

Ferner wird das Vereinsleben in der Diözese behandelt und über einzelne Fragen des kirchlich-sittlichen Lebens beraten. Manchmal sind die Verhandlungen recht stürmischer Art, doch gewöhnlich werden sie im Geiste des Friedens geführt. Im Jahre 1905 wurde u. a. verhandelt über die Einführung des Einzelkelchs, über das Orgelspiel, über den Religionsunterricht, über religiöse Wandbilder, über Kirchweihen, über die Verrohung der Jugend, über Männer-, Jünglings- und Jungfrauenvereine, über Sekten und Gemeinschaften, über die Krankenpflege, über die Tätigkeit der Kirchengemeinderäte. Oefters wird vom Oberkirchenrat eine aktuelle Frage zur allgemeinen Erörterung vorgeschrieben, die Protokolle geben dann Richtlinien für etwaige Vorlagen an die Generalsynode.

Der Oberkirchenrat erteilt über die Verhandlungen der Synoden jeweils Bescheide, die als eine Art von Hirtenbriefen an die Pfarrämter und Kirchengemeinderäte gerichtet sind und Entscheidungen von prinzipieller Bedeutung enthalten. Es gibt wohl kaum eine Frage des kirchlichen Lebens, auf die nicht in einem der Bescheide eine Antwort zu finden ist. Hie und da gibt einer der Bescheide Anlaß zu Angriffen auf das Kirchenregiment. So hat im Jahre 1906 die Mahnung an die Geistlichen, daß sie im besten Sinn modern predigen und das, was den heutigen Menschen bewegt, in den Bereich der Betrachtung ziehen sollten, auf konservativer Seite heftigen Widerspruch gefunden. Aber daß dieser Widerspruch in freimütiger, offener Weise zum Ausdruck kommen kann, zeigt doch, wie weit das badische Kirchenregiment davon entfernt ist, die freie Meinungsäußerung zu unterdrücken oder einen Gewissenszwang ausüben zu wollen.

Es ist nur zu bedauern, daß die Arbeit der Diözesansynoden für das Gemeindeleben von geringer Bedeutung ist. Doch geben sie den Teilnehmern wenigstens mannigfache fruchtbare Anregungen, und aus diesem Grunde sind die oft gestellten Anträge, daß die Synoden nur alle 2 oder 3 Jahre abgehalten werden möchten, vom Oberkirchenrat wiederholt (1878, 83, 99) entschieden zurückgewiesen worden.

11. Die Generalsynode.

Unionsurkunde. Beilage B §§ 9. 10. — Verfassung §§ 60—90. — Hauptberichte über die Generalsynoden von 1834. 1843, in Rieger III. S. 95—134. VI. S. 93 ff. — Verhandlungen der Generalsynoden von 1855. 1861. 1867. 1871. 1876. 1881—82. 1886. 1891—92. 1894. 1899. 1904.

Ueber die Zusammensetzung der Generalsynode nach der

11. Die Generalsynode.

Kirchenverfassung der Union siehe Seite 43. Die Verfassung von 1861 vermehrte die Zahl der geistlichen Mitglieder der G.S. um das Doppelte, die der weltlichen um das Vierfache. Der Oberkirchenrat ist durch den Prälaten vertreten. Der Großherzog ernennt sieben geistliche oder weltliche Mitglieder, darunter einen Dozenten der Theologischen Fakultät in Heidelberg. Die 24 geistlichen Mitglieder werden durch die in der Diözesansynode stimmberechtigten Mitglieder der Wahlbezirke gewählt, die weltlichen durch Wahlmänner, die von den Kirchenältesten des Wahlbezirks aus ihrer Mitte zu dem Zwecke der Wahl eines Abgeordneten zur Generalsynode bestimmt werden. Wählbar zu geistlichen Abgeordneten sind alle diejenigen, welche wenigstens zwei Jahre den geistlichen Beruf ausgeübt haben und noch ausüben; wählbar zu weltlichen Abgeordneten sind alle Glieder der Landeskirche, die zu Kirchenältesten gewählt werden können.

Es wurde schon gewünscht, daß Dekane von ihren Diözesen nicht sollten gewählt werden dürfen. Die Gründe für einen solchen Antrag liegen auf der Hand; doch wurde der Antrag abgelehnt.

In der Generalsynode von 1904 waren unter den 24 geistlichen Mitgliedern 15 Dekane. Von den gewählten weltlichen Mitgliedern waren 5 Beamte, 5 Bürgermeister, 2 Fabrikanten, je ein Weingutsbesitzer, Sparkassenrechner, Volksschullehrer, Reallehrer, Architekt, Bankdirektor, Hafnermeister, Uhrmacher, Altbezirksrat und 3 Kirchenälteste (ohne nähere Berufsangabe). — Der Richtung nach wurden von der „Kirche" zur liberalen Partei 14 geistliche und 16 weltliche, zur konservativen 10 geistliche und 7 weltliche Mitglieder gerechnet; eine Mittelstellung nahm ein weltlicher Abgeordneter ein. — Man kann nicht sagen, daß die höheren Stände unter den weltlichen Abgeordneten ein großes Uebergewicht hatten. Erfreulich ist die Wahl von Vertretern des Lehrer- und des Handwerkerstandes. Zu wünschen wäre die Wahl von Arbeitern.— Die Synode von 1861 zählte unter den 7 weltlichen Mitgliedern 5 Beamte, 1 Bürgermeister, 1 Posthalter. Auch in der Synode von 1867 hatten die Beamten (15) ein bedeutendes Uebergewicht.

Daß mit der früheren Uebung, wonach für die Wahl zur Generalsynode Besitz und Bildung ausschlaggebend waren, gebrochen wurde, ist als gesunde Entwicklung anzusehen und entspricht sowohl der Lehre vom allgemeinen Priestertum als auch dem Prinzip der Verfassung.

Die Befugnisse der Generalsynode zählt § 79 der Verfassung auf. Ohne Zustimmung der Generalsynode dürfen nicht eingeführt werden: a) kirchengesetzliche Normen in Bezug auf Lehre, Liturgie, Zucht und Verfassung; b) neue Katechismen, Biblische Geschichten, Gesangbücher und Agenden.

Ein kurzer Ueberblick über die Verhandlungen der bisherigen Synoden dürfte manchem willkommen sein. 1821. Union. — Die nächste Generalsynode trat infolge der Abneigung des Landesfürsten gegen einen „kirchlichen Landtag" erst 1834 zusammen. Der der Synode vorgelegte Katechismusentwurf wurde einstimmig angenommen. Die Perikopen wurden revidiert (3jähriger Turnus: 1. Evangelien, 2. Episteln, 3. Freitexte). Eine Agende wurde zu alleinigem Gebrauch vorgeschrieben. Das neue Gesangbuch erhielt die Genehmigung. Die Hebelschen Biblischen Geschichten wurden überarbeitet, die vierteljährlichen Buß- und Bettage abgeschafft, der allgemeine Buß- nnd Bettag vom 1. Sonntag im September auf den letzten Sonntag im Kirchenjahr verlegt. Das Erntedankfest sollte statt am Ende des Kirchenjahrs am letzten Sonntag im Oktober gefeiert werden (die landesherrliche Sanktion bestimmte aber dazu den ersten Sonntag nach Martini). Ein Reformationsfest wurde eingeführt und auf den letzten Sonntag im Juni (Augustana) verlegt. Unter den unwichtigeren Beschlüssen seien hervorgehoben: Die Einführung eines Sylvestergottesdienstes, des Knieens bei der Konfirmation, des Baretts; eine Erklärung gegen den Pietismus und Separatismus; außerdem verschiedene Aenderungen und Ergänzungen der Kirchenverfassung. Der Wunsch, daß die Pfarr- und Schulbesoldungen klassifiziert werden sollten, wurde nicht erfüllt, auch nicht der andere, daß die geringste Pfarrbesoldung nicht unter 600 fl betragen solle. — Bis zur nächsten Generalsynode vergingen wieder 9 Jahre. Wichtigere Beschlüsse sind 1843 nicht gefaßt worden. Die Generalsynode verlegte die Schlußliturgie an den Altar; gab neue Bestimmungen über den Konfirmandenunterricht; wünschte, daß die äußere Mission zur Angelegenheit der Landeskirche gemacht werde; setzte fest, daß bei der Taufe evangelischer Kinder wenigstens einer der Paten evangelisch sein müsse; empfahl eine Neuordnung der Satzungen des Predigerseminars; gab (ein Zeichen neu erwachenden künstlerischen Interesses) Bestimmungen über den Kirchenbaustil; begehrte eine neue Diözesansynodalordnung, eine Kirchendienerpragmatik und eine Dekanatsordnung; wünschte eine strengere Verordnung über die Feier der Sonn- und Festtage: also wesentlich Wünsche und Anträge. — Wichtiger war in ihrer Vorgeschichte, ihrem Verlauf und ihren Folgen die Generalsynode von 1855. Sie gab eine Erklärung ab über den Bekenntnisstand, beschloß die Einführung einer neuen Agende, eines Katechismus und einer Biblischen Geschichte und beschäftigte sich mit Verfassungsfragen. — Die folgende Generalsynode 1861 beriet die neue Kirchenverfassung. Die Klasseneinteilung der Pfarreien wurde durchgeführt. Eine Erklärung betont die Gleichberechtigung der beiden Richtungen in der Landeskirche. — Die Generalsynode von 1867 (wegen des Krieges erst nach 6 statt nach 5 Jahren gehalten) brachte eine neue Ordinationsformel. Die von der Rechten geforderte Aufhebung des Predigerseminars wurde nicht angenommen, doch der Seminarzwang beseitigt; das Verhalten des Oberkirchenrats im Schenkelstreit wurde gebilligt. Ein Antrag an die Staatsbehörde galt der Gewährung des Steuerrechts. Dem Katechismus wurde ein Spruchbuch angefügt. — Die Generalsynode von 1871 erledigte eine Reihe kleinerer Vorlagen, u. a. eine Konfirmationsordnung, eine Prüfungsordnung, und nahm einige Verfassungsänderungen vor. — 1876 wurde eine Biblische Geschichte, eine Agende beschlossen, der Antrag auf die Ausarbeitung eines neuen Gesangbuchs angenommen, der Wunsch nach einem neuen Katechismus ausgesprochen. — Letzteren führte die Generalsynode von 1881/82 ein. Sie veranstaltete außerdem eine Revision der Perikopen (4jähriger Turnus). Das Gesangbuch wurde 1882 fertig. Ueber die Pfarrwahl wurde verhandelt. — Die Beschlüsse der Generalsynode von 1886 waren von geringer Bedeutung. U. a. beriet man eine neue Prüfungsordnung. — Von großer Tragweite war der Beschluß der Generalsynode von 1891 über die Einführung einer allgemeinen Kirchen-

11. Die Generalsynode.

steuer. — Im Jahre 1894 fand eine außerordentliche Generalsynode statt, welche die Stolgebührenablösung gestattete und über den Bekenntnisstand debattierte. Die zu gleicher Zeit tagende Steuersynode genehmigte den vorgelegten Gesetzentwurf über die Einführung der allgemeinen Kirchensteuer. — Die beiden letzten Synoden, 1899 und 1904, verhandelten über eine große Zahl kirchlicher Fragen; 1899: Einkommensverhältnisse, Ruhegehalte, Verfassungsänderungen; 1904: Patronate, Religionsunterricht (Einheitslehrbuch), Einführung eines Missionsfesttags, fakultativer Gebrauch des Apostolikums bei der Taufe, Katechismusunterricht (Verlegung des Beginns auf das 6. Schuljahr), Häufung der Eide, Bezirkskolportage, Diaspora, Promotionsordnung, Wahlkreiseinteilung, Parochialeinteilung u. a.

Vor dem Schluß der Generalsynode wird ein aus vier Mitgliedern derselben bestehender Synodalausschuß gebildet. Die Mitglieder des Synodalausschusses sind außerordentliche Mitglieder des Oberkirchenrats (§ 89).

Die Generalsynode versammelt sich alle fünf Jahre. Außerordentliche Synoden werden nach dem Ermessen des Kirchenregiments berufen.

Es wird vielfach als eine Inkonsequenz der Verfassung angesehen, daß die Wahl der weltlichen Abgeordneten der Generalsynode durch die Kirchengemeinderäte geschieht. Auf verschiedenen Synoden wurde dies zu ändern versucht. Die kirchlich-liberale Vereinigung beantragte 1904, daß die weltlichen Mitglieder der Diözesansynode und die Wahlmänner für die Wahlen zur Generalsynode von der Kirchengemeindeversammlung aus ihrer Mitte gewählt werden sollten. Demgegenüber stellte die evangelische Konferenz den Antrag, daß die Wahlen zur Generalsynode von den Diözesansynoden vorzunehmen seien. Ueber beide Anträge ging man zur Tagesordnung über. Immerhin hat man den Eindruck, daß die Frage nicht endgültig entschieden ist, und es wird von der weiteren Entwicklung der Parteiverhältnisse abhängen, ob eine fortschreitende „Demokratisierung" der Verfassung vorgenommen wird, wovon sich die einen eine Belebung des kirchlichen Interesses versprechen, während die andern einen solchen Schritt für schädlich und gefährlich halten.

IV. Kapitel.

Das kirchliche Leben.

1. Das gottesdienstliche Leben.

A. Gottesdienstordnung, Gesangbuch, Choralbuch.

Unionsurkunde § 6. Beilage A. Kirchenordnung. — Verhandlungen der Generalsynoden. — H. Bassermann: Geschichte der evangelischen Gottesdienstordnung in badischen Landen. Stuttgart 1891.

Beim Abschluß der Union verursachte die Verschiedenheit des Kultus keine großen Schwierigkeiten. Es wurde bestimmt, daß die „wünschenswerte Liturgie aus beiden bisher in der lutherisch-reformierten Kirche gebrauchten hergestellt" werden solle. Einstweilen gab die Unionssynode Vorschriften über den Gottesdienst und die kultischen Handlungen. In § 15 der Kirchenordnung ist ausgesprochen: Die Kirche erwarte mit Zuversicht von ihrer gesamten Geistlichkeit, daß sie die in § 2 entwickelten Gründe für durchgängige Gleichförmigkeit nicht aus den Augen lassen würde. So sehr eine heilsame Gleichförmigkeit erstrebt werde, so solle doch den Geistlichen die Freiheit nicht benommen sein, bei außerordentlichen Fällen, wo sie es für nötig hielten, andere, mehr angemessene Anreden und Gebete zu gebrauchen.

Dies lautet wesentlich anders als frühere Bestimmungen. In der Vorrede zur Agende von 1775 gebietet Karl Friedrich, daß die neue Gottesdienstordnung buchstäblich, „in unverbrüchlicher und unverrückter Observanz zu gebrauchen sei, und daß niemand, wer es auch sei, ohne Vorwissen und Bewilligung im geringsten davon abweichen soll, so lieb einem jedem ist, Unsere Ungnade und Suspension, auch wohl gar nach Beschaffenheit der Umstände gänzliche Remotion von seinem Amt und andere Strafe zu vermeiden".

Da die Ausarbeitung einer Agende sich verzögerte, so wurde 1829 die preußische Agende in der Schloßkirche in Karlsruhe und in der Garnisonskirche eingeführt. Jedem Dekanat wurde ein Exemplar dieser Gottesdienstordnung zugeschickt; es war offenbar die Einführung der preußischen Agende beabsichtigt. Verschiedene Gemeinden, voran die Residenz, erbaten und erhielten die Erlaubnis, sie ebenfalls in Gebrauch nehmen zu dürfen. Es waren 11 Pfarrgemeinden der Diözese Karlsruhe, der Kirchengemeinderat von Pforzheim, 16 Gemeinden der Landdiözese Pforzheim, 16 der Diözese Durlach und die evangelische Gemeinde in

1. Das gottesdienstliche Leben. 95

Freiburg. Doch erhob sich gleichzeitig ein heftiger Widerspruch, und da der neue Regent anders gesinnt war als sein Vorgänger, so wurde die längst fällige Unionsagende im Jahre 1834 beschlossen. Die Einführung vollzog sich zwar ohne Schwierigkeit, aber bald wurden Wünsche nach einer Revision laut. Eine neue Gottesdienstordnung beschloß, wie schon oben (S. 92) erwähnt ist, die Generalsynode von 1855. Die Agende, von Kirchenrat Bähr ausgearbeitet, erschien erst 1858. Sie bot ein „Maximum" mit Responsorien nach lutherischem Vorbild und ein einfacher gehaltenes „Minimum". „Das kirchliche Altertum redete hier noch einmal zu der Gemeinde der Gegenwart in einer Form, in welcher es dieser nicht allein verständlich und annehmbar erscheinen konnte, sondern auch allen Unbefangenen gegenüber seine liturgische Ueberlegenheit im Vergleich zu der rationalistischen Periode, insbesondere zur bisherigen Unionsagende an den Tag legte", so urteilt Bassermann über die Gebete. Der Agendenstreit (Seite 19) fand seinen vorläufigen Abschluß durch die Verordnung vom 20. Dezember 1858, durch welche bestimmt wurde, daß das Minimum allgemein gültig, das Maximum nur gestattet sein solle; ein Zwang auf die Gemeinden solle in keiner Weise ausgeübt werden.

Nachdem Prälat Holtzmann auf Antrag der Generalsynode von 1867 eine Sammlung von Gebeten aus anderen deutschen Agenden zusammengestellt hatte, die als Anhang dem Kirchenbuch beigegeben wurde, beschloß die Generalsynode von 1876 die Einführung einer neuen Agende, die heute noch im Gebrauch ist. Als Grundlage diente das Minimum von 1858, es ist aber den Geistlichen durch Aufnahme von Parallelformularen für die liturgischen Handlungen und durch eine große Anzahl von Gebeten ziemliche Freiheit gegeben.

Die Vorrede zur Agende bestimmt darüber: „Die Rücksicht auf die verschiedenen, in der Gemeinde vorhandenen, religiösen Bedürfnisse und Richtungen hat gefordert, für jede gottesdienstliche Feier und Handlung verschiedene Gebete aufzunehmen... Die aufgenommenen Gebete sind untereinander nicht so verschieden, daß sie nicht in ihrem Grund und Kern zusammenstimmten, und daß nicht alle, welche Christum als das Haupt der Gemeinde verehren, von Herzen mitbeten könnten. Der Inhalt ist biblisch. Was nun aber die Verschiedenheiten der Form angeht, so hat es gewiß auch sein Schönes und Gutes, wenn Gott in mancherlei Zungen und Sprachen angebetet, gelobt und gepriesen wird".

Ueber die Stellung des Liturgen zum Gebrauch der Agende wird bestimmt, daß sie weder als eine sklavische, noch als eine willkürliche, sondern als eine freie zu betrachten sei. Bis zur Gegenwart hat man in Erinnerung an den Agendenstreit ernstliche Angriffe auf die neue Gottesdienstordnung nicht gemacht. Nur gegen den obligatorischen Gebrauch des Apostolikums bei der Taufe richtete sich seither eine Opposition, die auch auf der letzten Generalsynode zum Wort kam (vgl. S. 93), aber doch nicht stark genug war, um den Zweck zu erreichen; ein Teil der Liberalen sieht zwar in der von ihnen gebrauchten referierenden Rezitation des Glaubensbekenntnisses keineswegs ein Ideal, scheut sich aber, durch weitergehende Forderungen einen neuen Sturm zu entfesseln.

Die Unionssynode „sah den dermaligen drückenden Zeitumständen noch die Einführung und Anschaffung eines neuen gemeinschaftlichen G e s a n g b u c h s nach" und behielt einstweilen für die bisherigen rein lutherischen Landesteile das in denselben übliche und ebenso in den bisher gemischten Landesteilen die daselbst gebrauchten Gesangbücher bei. Im Verlauf von 10—12 Jahren sollte ein neues Gesangbuch eingeführt werden. Vorläufig sollte eine Sammlung der beiden Gesangbüchern gemeinschaftlichen Lieder veranstaltet werden. An eine Revision der rationalistischen Gesänge dachte man nicht. Vielmehr suchte man noch mehr die Lieder dem Verständnis der Zeit näher zu bringen. So soll sich ein Mitglied der Gesangbuchkommission 1834 gerühmt haben, er habe 40 mal den Teufel aus dem Gesangbuch ausgetrieben.

Als Beispiel dafür, wie die Kommission ihre Aufgabe ansah, sei angeführt, daß das Reformationslied in folgender Weise abgeändert wurde: „Ein' feste Burg ist unser Gott, auf ihn steht unser Hoffen", und daß das Lied: „Wie schön leucht't uns der Morgenstern" aus dem Entwurf gestrichen wurde.

Von der 1834 genehmigten „S a m m l u n g c h r i s t l i c h e r L i e d e r" urteilt die Generalsynode selbst, es sei ein Gesangbuch, „das rücksichtlich dessen, daß es auf eine ganz vorzügliche Weise seiner Bestimmung sowohl für den Kirchengebrauch, als auch für die Privatandacht entspricht, rücksichtlich der Trefflichkeit der darin enthaltenen Lieder und rücksichtlich der guten Anordnung, Rubrizierung und Einrichtung des Ganzen eine der ersten Stellen unter den Erscheinungen dieser Art einnehmen und behaupten wird".

Aber schon eine Diözesansynode des Jahres 1841 wünschte die Wiederherstellung des Urtextes der alten Kirchenlieder. Diesem Verlangen erklärte der Oberkirchenrat nicht nachkommen zu können, gestand aber zu, daß an den Liedern zu viel geändert worden sei. Die Unzufriedenheit mit dem Gesangbuch wuchs immer mehr.

1. Das gottesdienstliche Leben.

Im Jahre 1850 waren es schon 5 Synoden, die eine Aenderung erstrebten. Durch landesherrlichen Rezeß vom 14. Februar 1856 erhielt der Oberkirchenrat den Auftrag, der nächsten Generalsynode den Entwurf eines neuen Gesangbuchs vorzulegen. Aber erst die Synode von 1876 nahm die Sache energischer in die Hand. Der Berichterstatter der Kommission, Pfarrer Ströbe, betonte, daß von den 550 Liedern des Gesangbuchs tatsächlich nur ein Fünftel benützt werde. Nach dem Urteil der Synode hatte es folgende Mängel: 1. eine unzweckmäßige Einteilung, 2. ein Uebermaß von subjektiv gehaltenen, lehrhaften und moralisierenden Liedern, 3. eine unberechtigte und wenig gelungene Modernisierung der alten Lieder und ihres ursprünglichen Textes. Die Absicht der Generalsynode, eine Sammlung von etwa 150 der klassischen evangelischen Kirchenlieder, die in allen deutschen Landeskirchen Bürgerrecht erlangt haben, im Einvernehmen mit den übrigen deutschen Kirchenregierungen herzustellen und damit den Weg zu einem gemeinsamen deutsch-evangelischen Kirchengesangbuch zu bahnen, wurde nicht erreicht und ist ein frommer Wunsch geblieben. Auf der nächsten Synode 1881/82 kam das Gesangbuch zustande. Wie der Berichterstatter, Hofprediger Helbing, hervorhob, hielt es die Kommission für ihre heilige Aufgabe, wo es irgend möglich war, die Originale unverkümmert reden zu lassen. Bis zur folgenden Generalsynode hatten alle Gemeinden mit Ausnahme von 4 das Gesangbuch eingeführt; auch diese vier widerstrebenden fügten sich.

Das Gesangbuch enthält in 22 Rubriken 437 Lieder. Die Abschnitte haben folgende Ueberschriften: Lob und Dank, Bitte und Fürbitte, Sonntag und Gottesdienst, Advent, Weihnachten, Epiphanien, Passion, Ostern, Himmelfahrt, Pfingsten, Dreieinigkeit, Kirche und Gemeinschaft der Heiligen, Ausbreitung des Evangeliums, Wort Gottes, Taufe, Konfirmation, Abendmahl, Buße, Gnade und Erlösung, Heiligung und christlicher Wandel, Lieder für besondere Zeiten und Verhältnisse, Tod und Ewigkeit. In 4 Anhängen sind aufgeführt: Die Zwischengesänge, einige Lieder zur Christfeier, Gebete und ein Verzeichnis der Liederdichter mit kurzen biographischen Notizen.

Es wird wohl keins der alten Kernlieder fehlen. Wünschenswert wäre die Aufnahme von solchen religiösen Dichtungen, die eine große Verbreitung gefunden haben und gern gesungen werden, z. B. „So nimm denn meine Hände", „Wo findet die Seele die Heimat", „Harre, meine Seele", „Die Sach' ist dein, Herr Jesu Christ" und andere. Für Kindergottesdienste hat L. Schmitthenner Lieder herausgegeben, die dem Gesangbuch beigebunden werden können.

Die Synode von 1834 mußte auch die Einführung eines neuen Choralbuchs beschließen. Mit dem Erscheinen des neuen Gesangbuchs wurde wieder eine Bearbeitung des Choralbuchs nötig, die mit Beginn des Jahres 1883 abgeschlossen war. Diese enthält eine Reihe von Chorälen in doppelter Fassung: in der rhythmischen (ursprünglichen) Form und in der Singweise, die sich im Laufe der Zeit herausgebildet hatte (fast nur gleichwertige Noten). Anfangs war es den Gemeinden freigestellt, welche Form sie wählen wollten. Aber dies führte naturgemäß zu Unzuträglichkeiten. Darum wurde durch Verordnung vom 30. November 1899 bestimmt, daß innerhalb 5 Jahren die rhythmische Singweise einzuführen sei. Nur bei zwei Chorälen („Nun danket alle Gott" und „Jesus, meine Zuversicht") wurde die herkömmliche Form beibehalten, da diese Lieder, die eine sehr weite Verbreitung haben und auch den Katholiken nicht unbekannt sind, anderwärts nicht rhythmisch gesungen werden.

B. Der Gottesdienst.

Statistische Tabellen 1872 ff. — Kirchenbuch für die ev.-prot. Kirche im Großherzogtum Baden. 1877. — R i e g e r: Sammlung von Gesetzen. Unionsurkunde. — G e r s t l a c h e r: Sammlung aller Baden-Durlachischen Anstalten und Verordnungen. Carlsruhe 1773. — Pfarrstatistik. — F e c h t: Pastoral-Anweisung. Karlsruhe 1807. — Berichte.

Wie oben erwähnt wurde, hielt Karl Friedrich streng auf die Gleichförmigkeit der gottesdienstlichen Feiern in seinem Lande. Liturgische Freiheiten sind, wie es scheint, erst im 19. Jahrhundert üblich geworden, eine Folge der Vereinigung zahlreicher Gebiete mit verschiedenen Gottesdienstordnungen. Seit der Einführung der jetzigen Agende hat sich eine allgemein gültige Form fast überall eingebürgert. Nur vereinzelte Abweichungen haben sich da und dort erhalten. Es ist mir nicht bekannt, ob außer in Ispringen irgendwo noch die reichere Liturgie der Agende von 1858 im Gebrauch ist. Aber Reste von Responsorien finden sich noch in manchen Gemeinden des Unterlandes, in denen nach dem Sündenbekenntnis von der Gemeinde gesungen wird: „Herr, erbarme dich unser, Christe erbarme dich unser", nach der Schriftlesung ein „Halleluja" ertönt, und nach dem Segen das „Amen" der Gemeinde den Schluß des Gottesdienstes bildet.

Die Liturgie des gewöhnlichen Sonntagsgottesdienstes in seiner einfachsten Form ist folgende: Eingangslied. Votum. Eingangsgebet (Sündenbekenntnis und Gnadenversicherung). Hauptlied. Predigt. Predigtvers.

Hauptgebet. Unser Vater. Schlußgebet. (Verkündigungen.) Segen. — In den meisten Gemeinden wird nach dem Eingangsgebet ein Zwischenvers gesungen, dem die Kollekte und die Lektion folgen. — In manchen Gemeinden fällt der Gesang nach der Predigt weg, es folgt gleich das Hauptgebet, das in diesem Falle auf der Kanzel, sonst aber gewöhnlich am Altar gesprochen wird. — Die Festtagsliturgie ist nicht sehr verschieden davon; sie enthält gewöhnlich noch außer den aufgeführten Bestandteilen die Doxologie, in konservativen Gemeinden wohl auch das Apostolikum. — Am Karfreitag und am Buß- und Bettag ist die Litanei wohl noch überall im Gebrauch.

Eine reiche Liturgie kann man dies nicht nennen; sie erscheint vielen als zu nüchtern und eintönig; aber die Gemeinden haben sich daran gewöhnt und wittern bei etwaigen Abweichungen gleich irgendwelche unberechtigte Tendenzen, wie sie überhaupt in liturgischen Dingen sehr konservativ sind. — Wenn auch die Predigt als Hauptstück im Gottesdienst gilt, so ist doch die Empfindung dafür vorhanden, daß das Gebet ebenso wesentlich zur Feier gehört. Man geht an vielen Orten nicht zur Predigt, sondern zum „Bätte" in die Kirche. Die Perikopen und Lektionen sind für einen vierjährigen Turnus in dem 1881 beschlossenen, 1893 revidierten „**Verzeichnis der Perikopen und Lektionen**" teils vorgeschrieben, teils vorgeschlagen.

Die ersten zwei Textreihen (1. Evangelien, 2. Episteln) sind obligatorisch, die folgenden zwei (auch Evangelien und Episteln enthaltend) sind fakultativ. Die Lektionen sind nicht vorgeschrieben. Für den Buß- und Bettag werden die Texte jeweils von der Oberkirchenbehörde bestimmt.

Die Anzahl der im Gottesdienst gesungenen Lieder beträgt 3 oder 4, je nachdem ein Zwischengesang üblich ist oder nicht. Zum Eingang singt man 2—3 Verse, als Zwischenlied einen Vers aus einem Lobgesang, vom Hauptlied 2—5 Strophen, nach der Predigt einen Vers, gewöhnlich aus dem Hauptlied, nach dem „Unser Vater" das Schlußlied. Wo Kirchengesangvereine bestehen, wechselt Gemeindegesang mit Chorgesang ab. Manchmal vertritt ein weltlicher Gesangverein die Stelle des fehlenden Kirchenchors. Der Kirchengesang ist durch Einführung der rhythmischen Singweise in der letzten Zeit lebhafter geworden; aber es wird an manchen Orten geklagt, daß die Gemeinden nicht gern singen. Von einer Gemeinde wird behauptet, daß in ihr nur die Schulkinder ihre Stimme erheben; bei den Männern gelte es als Schande, kräftig in den Gesang mit einzustimmen. Dies dürfte aber nur für wenige Orte zutreffen; an anderen läßt die Kraft und die Wucht des dröhnenden Gesangs nichts zu wünschen übrig.

Ueber den **Gottesdienstbesuch** sind für Baden seit 1872

genaue statistische Angaben vorhanden. Alljährlich wird an einem Sonntage zwischen Ostern und Pfingsten die Zahl der Besucher des Vormittags- und Nachmittagsgottesdienstes in jeder Gemeinde festgestellt. Man tadelt an dieser Zählweise, daß sie kein richtiges Bild geben könne. In den Städten fänden gerade in dieser Zeit viele Ausflüge statt, auf dem Lande könne, wenn zufällig am Zählsonntage schlechtes Wetter herrsche, der Besuch sehr beeinträchtigt werden. Das ist zweifellos richtig; aber einerseits ist die Zeit zwischen Ostern und Pfingsten zur Zählung der Kirchgänger deswegen wohl geeignet, weil an diesen Sonntagen der Besuch weder ein besonders guter, noch ein besonders schlechter, sondern ein mittelmäßiger zu sein pflegt, anderseits korrigieren sich die unrichtigen Ergebnisse im Laufe der Jahre von selbst. Als ein Beweis dafür, daß der Zählmodus kein ganz ungenaues Bild ergibt, sei nur angeführt, daß die statistischen Tabellen für eine Landdiözese (Adelsheim) in 10 Jahren fünfmal die gleichen Zahlen aufweisen.

Die auf die angegebene Weise festgestellten Zahlen der Besucher des Vormittagsgottesdienstes an einem Sonntage zwischen Ostern und Pfingsten betrugen in Prozenten

1872: 29,1%	1881: 27,1%	1890: 30,0%	1899: 26,7%
1873: 28,4%	1882: 27,7%	1891: 28,1%	1900: 26,4%
1874: 28,0%	1883: 27,8%	1892: 28,4%	1901: 25,7%
1875: 28,7%	1884: 28,4%	1893: 27,8%	1902: 23,9%
1876: 26,6%	1885: 28,9%	1894: 28,1%	1903: 24,1%
1877: 26,9%	1886: 27,5%	1895: 27,3%	1904: 23,3%
1878: 27,4%	1887: 27,8%	1896: 28,1%	1905: 23,2%
1879: 28,4%	1888: 28,6%	1897: 26,1%	1906: 23,2%
1880: 28,9%	1889: 28,3%	1898: 26,5%	

Während von 1872—1879: 27,9% der Evangelischen den Hauptgottesdienst des Zählsonntags besuchten, wurden 1880—89: 28,1%, 1890—1899: 27,7%, 1900—06 nur noch 24,2% festgestellt. Seit der Mitte der 90er Jahre ist also ein anhaltender Rückgang des Kirchenbesuchs zu konstatieren. Wohl schwanken auch in früheren Jahrzehnten die Zahlen (1872—79 zwischen 26,6 und 29,1%, 1880—89 zwischen 27,1 und 28,9%, 1890—99 zwischen 26,1 und 30%) und zwar nicht bloß deshalb, weil nur von fünf zu fünf Jahren die Bevölkerungszunahme nach den jeweiligen Ergebnissen der Volkszählung berücksichtigt wird; aber in den letzten Jahren sind 27% nicht mehr erreicht worden. Die Abnahme ist noch größer, als die oben angegebenen Zahlen vermuten lassen, da bei der Prozentberechnung von 1902 an die Ergebnisse der Volkszählung von 1900 zu Grunde gelegt sind, während doch die

1. Das gottesdienstliche Leben.

Bevölkerung bedeutend gewachsen ist. Verteilt man den 1905 konstatierten Zuwachs der evangelischen Bevölkerung von 59 959 Personen gleichmäßig auf die einzelnen Jahre zwischen 1901 und 1906 (pro Jahr 1/5) und berechnet man darnach den Prozentsatz, so ergeben sich für

1901 bei einer evangelischen Bevölkerung von 702 867 : 23,2%
1902 „   „   „   „   „   714 859 : 23,5%
1903 „   „   „   „   „   726 851 : 23,3%
1904 „   „   „   „   „   738 843 : 22,1%
1905 „   „   „   „   „   750 835 : 21,7%
1906 „   „   „   „   „   762 826 : 21,4%

Trotz der bedeutenden Zunahme der Bevölkerung ist die Zahl der Kirchgänger etwas geringer geworden. Es wurden gezählt

1875 : 139 087 Gottesdienstbesucher
1885 : 157 722   „
1895 : 163 219   „
1905 : 163 209   „
1906 : 163 189   „

Daß der Rückgang sich besonders in den Städten zeige, kann man nicht sagen. Die Diözese Karlsruhe-Stadt hatte 1872: 12,8%, 1903: 13,6%, 1905: 16,1%, 1906: 15,6%, also eine Zunahme zu verzeichnen. Mannheim-Heidelberg zählte 1872: 6,7%, 1902: 5,6%, 1905: 6,4%, 1906: 8%. Dagegen ist in Pforzheim (mit großem Landbezirk) die Zahl der Besucher von 20,4% im Jahre 1872 auf 14,3% im Jahre 1906 gesunken.

Aber doch ist in den großen Städten der Kirchenbesuch schlechter als auf dem Lande. Läßt man die drei Stadtdiözesen (Karlsruhe-Stadt, Mannheim-Heidelberg und Pforzheim) außer Betracht, so ergibt sich für die übrigen Diözesen 1905 ein Durchschnitt von 28,8%.

Im folgenden ist der Prozentberechnung noch das Ergebnis der Volkszählung von 1900 zu Grunde gelegt.

Den höchsten Prozentsatz hatte 1905 die Diözese Boxberg mit 49,1%. Auch die benachbarten Diözesen stehen über dem Durchschnitt: Sinsheim hatte 40,1, Wertheim 40,7, Adelsheim 44,1, Neckarbischofsheim 38,8, Mosbach 36,1%. Das sind die alt reformierten Diözesen der Pfalz (abgesehen von Wertheim). Sie sind die kirchlichsten im Lande. In einzelnen Orten dieser Diözesen werden 70% und mehr Kirchenbesucher gezählt, in einer Gemeinde 77%. Diese Zahl kann wohl nicht mehr überschritten werden. In diesen Gemeinden geht tatsächlich jeder, der abkommen kann, zur Kirche. Rechnet man die Besucher des Nachmittagsgottesdienstes hinzu, so ergeben sich für eine Anzahl von Gemeinden dieser Gegenden bis zu 100%; viele finden sich zweimal im Gotteshaus ein. In den Diözesen besuchten den Hauptgottesdienst im Jahre 1905: in 4 über 40% (Boxberg 49,1, Adelsheim 44,1, Wertheim 40,7, Sinsheim 40,1); in 6 zwischen 30—40% (Bretten 39,9, Neckarbischofsheim 38,8, Eppingen 37,9, Mosbach 36,1, Karlsruhe-Land 32,5, Neckargemünd 31,3); in 11 zwischen 20—30% (Lahr 28,8, Müllheim 27,4, Emmendingen 27,4, Hornberg 26,1, Freiburg 25,9, Oberheidelberg 25,6, Konstanz 24,3, Durlach 23,5, Lörrach 22,5, Rheinbischofsheim 22,2, Schopfheim 21,4); in 4 unter 20% (Ladenburg-Weinheim 17,2, Karlsruhe-Stadt 16,1, Pforzheim 13,9, Mannheim-Heidelberg 6,4).

Berücksichtigt man die Seelenzahl der Diözesen, so ergibt sich folgendes Resultat: der Prozentsatz betrug 1905 in Landesteilen, die etwa

$1/18$	der evangelischen Bevölkerung umfaßten,	über	40	%
$3/18$	"	"	"	"	zwischen	30—40%
$6/18$	"	"	,	"	"	20—30%
$5/18$	"	,	"	"	"	10—20%
$3/18$	"	"	"	"	unter	10 %

In der überwiegenden Mehrzahl der Landgemeinden besuchen mehr als 20% der Bevölkerung den Vormittagsgottesdienst. Das ist keine besonders hohe Ziffer, aber verglichen mit anderen Ländern ist Baden eines der kirchlichsten. Zwar ist ein Vergleich dadurch sehr erschwert, daß die Ergebnisse nicht in gleicher Weise festgestellt werden. Aber was z. B. Drews als Höchstzahl der Kirchenbesucher (25%) für Sachsen annimmt, das entspricht in Baden dem Durchschnitt. Es gibt ja im badischen Oberland und in der Pfalz Landorte, kleine Städte und Vorortsgemeinden, in denen es mit dem Besuch des Gottesdienstes traurig bestellt ist, immerhin dürfte es keine einzige Gemeinde geben, in der nicht an hohen Festtagen 25% Kirchenbesucher festgestellt werden könnten. Das Oberland ist im ganzen unkirchlicher als das Unterland; die Bevölkerung fügt sich nicht so leicht den staatlichen und kirchlichen Ordnungen, außerdem ist zu bedenken, daß die Markgräfler nie Verfolgungen wegen ihres Glaubens zu erdulden hatten, während die Evangelischen der Pfalz infolge langjähriger Bedrückung zu einer innigeren kirchlichen Gemeinschaft zusammengeschmiedet wurden. Dazu fehlt im Markgräflerland der konfessionelle Gegensatz. — Im Hinblick auf das Gesamtresultat sagt der Oberkirchenrat: „Solange noch ein Viertel der evangelischen Gesamtbevölkerung zum Gottesdienst kommt, steht die Kirche mit ihren Einrichtungen als eine Macht ersten Ranges da."

In den oben gegebenen Zahlen sind allerdings die Schulkinder enthalten. Nach gelegentlichen Erhebungen in einer Landdiözese betrug dort die Zahl der Kinder im Gottesdienst 32%, also ungefähr ein Drittel der Besucher. In unkirchlichen Gemeinden werden es in der Regel mehr sein, in kirchlichen aber weniger. Die Zahl der erwachsenen Kirchgänger bewegt sich demnach, wenn wir die Gemeinden mit Kindergottesdienst ausnehmen, etwa zwischen 10 und 35%.

Seit einigen Jahren werden auch die Besucher der Nachmittags- und Kindergottesdienste des Zählsonntags festgestellt. Im Jahre 1905 betrug die Zahl der Besucher sämtlicher Gottesdienste des Zählsonntags 236 872 d. i. 32%. Dadurch erhöht sich die Zahl der Kirchenbesucher für das Land um 10%. (Für die vier kirchlichsten und unkirchlichsten Diözesen beträgt die Erhöhung: Adelsheim 14%, Boxberg 25% (!), Sinsheim 16%, Wertheim 15%, Karlsruhe-Stadt 5%, Mannheim-Heidelberg 6%, Pforzheim 8%, Ladenburg-Weinheim 8%). Leider läßt sich nicht feststellen, wie viele der Besucher der Nebengottesdienste nicht schon den Hauptgottesdienst besuchten, also in den Zahlen für diesen nicht enthalten sind. Aber sicherlich sind es nicht wenige. In den Städten namentlich sind ja die Nebengottesdienste (Kinder-, Abendgottesdienste) in der Regel gut besucht, und fast ausschließlich von solchen, die sonst an keinem anderen Gottesdienst des gleichen Tages teilnehmen; auf dem Lande ist es vielfach Sitte, daß diejenigen, die vormittags abgehalten waren, am Nachmittage ihrer kirchlichen Pflicht genügen; eine große Zahl von Schulkindern und Christenlehrpflichtigen sind ebenfalls nur einmal in der Kirche. Es ist gewiß nicht zu hoch gerechnet, wenn man annimmt, daß etwa 6% der Zahlen für die Nebengottesdienste in den Zahlen für die Hauptgottesdienste noch nicht enthalten sind und den letzteren zugezählt werden müssen, so daß sich für 1906 (unter Berücksichtigung der Volkszählungsergebnisse von 1905) die erfreuliche Tatsache ergibt: Es besuchten ca. 27% der evangelischen Bevölkerung an einem Sonntage zwischen Ostern und Pfingsten mindestens einmal den Gottesdienst.

Viel besser ist der Besuch des Gottesdienstes an den **Festtagen**, am besten überall am Karfreitag. In einer unkirchlichen Gemeinde wurden einmal an diesem Tage 50% Besucher gezählt. Es ist wohl kaum eine Gemeinde zu finden, in der an diesem Feiertage die Kirche (falls sie nicht überhaupt zu groß ist) nicht gefüllt ist. Fast ebensogut ist der Besuch am Buß= und Bettag, wenigstens auf dem Lande. Weiter haben hohe Besuchsziffern aufzuweisen die Gottesdienste an Weihnachten, Ostern und Pfingsten; unter diesen steht aber das Pfingstfest den beiden anderen ziemlich nach. Auf dem Lande gehört auch das Erntedankfest zu den hohen Feiertagen, in der Stadt hat es fast jede Bedeutung verloren. Das Reformationsfest genießt in den gemischten Gemeinden der Pfalz höheres Ansehen als im Oberland, wo sich der Tag von einem gewöhnlichen Sonntag kaum unterscheidet. Das Trinitatisfest hat allgemein an Bedeutung eingebüßt, der Gründonnerstag gilt in den Städten und in der Diaspora nicht mehr als Feiertag, doch ist die Kirche an diesem Tag schon deswegen gut besucht, weil nach dem Gottesdienst die Vorbereitung für das Karfreitagsabendmahl stattfindet.

Das Reformationsfest, 1834 eingeführt, wurde anfangs am letzten Sonntag im Juni, wird aber seit 1882 am Sonntag nach dem 30. Oktober gefeiert. — Das Ernte=Dankfest, nach der Unionsurkunde der letzte Sonntag im Kirchenjahr, ist seit 1834 auf den 1. Sonntag nach Martini gelegt. — Der Buß= und Bettag war bis 1834 der 1. Sonntag im September, seither wird er am letzten Sonntag im Kirchenjahr gefeiert. — Der Missionssonntag ist seit 1905 der 6. Januar oder der erste Sonntag nach dem 6. Januar. — Nach der landesherrlichen Verordnung vom 18. Juni 1892 sind **gesetzliche Feiertage**: Neujahr, Ostermontag, Christi=Himmelfahrt, Pfingstmontag, Christtag und Stephanstag; ferner in solchen Gemeinden, in welchen die katholische Konfession Pfarrechte hat, der Fronleichnamstag und in Gemeinden, in welchen die evangelische Konfession Pfarrechte hat, der Karfreitag. Außerdem ist es verboten, am Dreikönigstag, an Mariä Lichtmeß, Josefstag, Mariä Verkündigung, Gründonnerstag, Peter und Paul, Mariä Himmelfahrt, Mariä Geburt, Allerheiligen, Mariä Empfängnis geräuschvolle Handlungen vorzunehmen, welche geeignet sind, den Gottesdienst oder andere religiöse Feierlichkeiten einer in der Gemeinde Pfarrechte besitzenden christlichen Konfession zu stören. Neben den allgemeinen Feiertagen werden da und dort noch besondere Tage durch Festgottesdienste ausgezeichnet, nämlich **Gewitterfeiertage**; in **Rosenberg** ein **Friedensfest** zur Erinnerung an das Ende eines 84 Jahre dauernden Prozesses; in **Hausen** ein **Hebeltag**; in **Donaueschingen** eine **Lutherfeier** am 10. November und wohl noch andere.

Am schlechtesten pflegt auf dem Lande der Kirchenbesuch während der Ernte zu sein, in den Weingegenden zur Zeit des „Herbstes". Da wurde gelegentlich schon an den Pfarrer das Ansinnen gestellt, er möge den Gottesdienst ganz ausfallen lassen.

Wie der Vikar Frommel bei einer Ueberschwemmung den ausgefallenen Gottesdienst auf einen Werktag verlegte, ist in „Frommels Lebensbild" zu lesen (Berlin 1900 I. Band Seite 241).

Der Besuch des Gottesdienstes ist außerdem von verschiedenen anderen Faktoren abhängig. Schlechtes Wetter und weite Entfernungen beeinträchtigen den Besuch, in den Städten im Sommer auch gutes Wetter. Wo Sonntagsarbeit üblich ist, leidet der Besuch natürlich darunter. Es gilt fast überall, daß die Gottesdienste im Sommer schlechter besucht sind als im Winter. Mancher, der im „Heuet", in der „Ernte", im „Oehmd", im „Herbst" auf das angestrengteste gearbeitet hat, schläft lieber zu Hause als in der Kirche.

Die Zahl derjenigen Gemeinden ist nicht klein, in welchen der Kirchenbesuch zu den selbstverständlichen, notwendigen Aeußerungen des religiösen Lebens gerechnet wird. „Es gibt hier niemanden, der sich grundsätzlich vom Kirchenbesuch fernhält"; „es ist hier nur ein Mann, der nie in die Kirche geht"; „Leute, die nie in die Kirche gehen, gibt es nicht"; „Karfreitagschristen gibt es keine"; „es gehört zum guten Ton, den Gottesdienst zu besuchen"; so und ähnlich lauten die Berichte aus vielen Landgemeinden. An sehr vielen Orten ist es Sitte, daß aus jedem Hause wenigstens ein Familienglied den Gottesdienst besucht („den Pfarrer beehrt"). Anders in den Städten und Industrieorten. Von dem als gut kirchlich geltenden Freiburg schreibt der Berichterstatter: „Leute, die sich vom Gottesdienst fernhalten, gibt es genug. Wie viele es aus bewußter Feindschaft gegen die Kirche tun, ist schwer zu sagen. Doch ist es jedenfalls die geringere Zahl gegenüber solchen, die aus Nachlässigkeit oder schlechter Gewohnheit sich fernhalten. Die meisten Kirchenbesucher stellt der gute Bürger- und Handwerkerstand. Die Zahl der weiblichen Besucher übertrifft die der männlichen nur wenig. Aus der Beamten- und Gelehrtenwelt sind es meist nur die weiblichen Familienangehörigen, die als regelmäßige Gottesdienstbesucher gelten können." Auch für andere Städte wird das letztere zutreffen. In Karlsruhe gehörte 1876 nur $1/6$ der Kirchenbesucher dem männlichen Geschlecht an. Auf dem Lande aber überwiegt oft die Zahl der Männer. Die männliche Jugend der oberen und unteren Stände wird am unkirchlichsten sein; in den Landgemeinden pflegt nach der Verheiratung eine Wendung zum Bessern einzutreten. Aber in der sozialdemokratischen Männerwelt wird die Kirchenflucht zur Gewohnheit. Wo die Industrie gegenüber der Landwirtschaft nur unbedeutend ist, da übt sie, wie Körber auf der Diözesansynode Emmendingen 1906 nachwies, keinen ungünstigen Einfluß auf das kirchliche Leben aus, und auch von den kleinen Städten in dieser Diözese kann man nicht behaupten, daß die Industrie= arbeiter und =arbeiterinnen unkirchlicher seien als die Angehörigen anderer Stände.

Mit der Abnahme des Gottesdienstbesuchs steht die erhebliche Zunahme des Kirchenopfers in scheinbarem Widerspruch. Das Kirchenopfer betrug

      im Jahre 1874 auf den Kopf 17,8 Pfg.
       „   „   1884 „   „   „ 16,9 „
       „   „   1894 „   „   „ 20,7 „
       „   „   1904 ,   ,   „ 24,2 „
       „   „   1905 „   „   „ 25 ,
      1874—1883 : 17 Pfg.
      1884—1893 : 18,5 „
      1894—1903 : 22 „

Das Steigen des Kirchenopfers erklärt sich aus dem wachsen= den Wohlstand. An die Stelle des obligaten „Opferpfennigs" ist, namentlich in der Stadt, mehr und mehr das Nickelstück ge= treten. In Industrieorten „sind die Pfennige loser geworden und werden nicht mehr so oft herumgedreht".

Das größte Kirchenopfer im Verhältnis zum Kirchenbesuch haben die Städte und die Diaspora. In der „Seediözese" (Diaspora am Bodensee) entfallen auf den Kopf 44,1 Pfg., obwohl der Kirchenbesuch unter dem Durchschnitt steht; in Karlsruhe erhebt sich das Opfer über das Mittel (28,18), während der Besuch des Gottesdienstes als ein schlechter zu bezeichnen ist. Uebrigens hängt die Höhe des Kirchenopfers auch davon ab, ob die Gemeinde einen großen Fonds hat. In der Diözese Emmendingen hat diejenige Gemeinde, in welcher der größte Prozentsatz von Kirchenbesuchern konstatiert wird, zugleich das geringste Kirchen= opfer im Verhältnis zur Seelenzahl! — Bei Einführung der all= gemeinen Kirchensteuer erwartete man eine beträchtliche Abnahme des Kirchenopfers; das Gegenteil ist eingetreten.

Daß das Steigen des Kirchenopfers nicht bloß ein absolutes, sondern auch ein relatives ist, zeigt ein Vergleich der letzten Jahre. Das Kirchenopfer betrug im Jahre

1901 bei einer ev. Bevölkg. von   702 867 : 156 692 Mk. d. i. 22,3 Pfg.
1902 „   „   „   „   „ ca. 714 859 : 160 597 „   „ 22,4 „
1903 „   „   „   „   „   726 851 : 162 437 „   „ 22,4 „
1904 „   „   „   „   „   738 843 : 169 709 „   „ 22,9 „
1905 „   „   „   „   „   750 835 : 175 763 „   „ 23,4 „

1. Das gottesdienstliche Leben.

Um die Beziehungen zwischen dem Kirchenbesuch, dem Kirchenopfer und dem Abendmahlsbesuch festzustellen, folgen drei Tabellen[1]); in der ersten sind die Diözesen geordnet nach dem Gottesdienstbesuch 1906, in der zweiten nach dem Ertrag des Kirchenopfers 1905, in der dritten nach der Teilnahme am Abendmahl 1905.

Kirchenbesuch 1.	%	Kirchenopfer 2.	auf den Kopf	Abendmahlsbesuch 3.	%
1. Vorberg	50,2	1. Konstanz	44,1	1. Vorberg	90,3
2. Adelsheim	43,9	2. Hornberg	40	2. Neckarbischofsheim	81
3. Sinsheim	41	3. Schopfheim	35,1	3. Neckargemünd	80,7
4. Wertheim	39,4	4. Müllheim	31,2	4. Sinsheim	80,1
5. Neckarbischofsheim	39,2	5. Freiburg	29,7	5. Wertheim	79,1
6. Eppingen	37,7	6. Lörrach	28,9	6. Mosbach	77,9
7. Bretten	36,4	7. Karlsruhe Stadt	28,1	7. Adelsheim	77,9
8. Mosbach	34,9	8. Oberheidelberg	27,9	8. Oberheidelberg	75,6
9. Karlsruhe Land	32,8	9. Mosbach	27,7	9. Eppingen	63,8
10. Neckargemünd	31,9	10. Neckarbischofsheim	27,7	10. Bretten	60
11. Oberheidelberg	28,1	11. Bretten	27,6	11. Lahr	59,3
12. Lahr	27,5	12. Emmendingen	27,5	12. Ladenburg-Weinheim	58
13. Emmendingen	27,5	13. Neckargemünd	27,1	13. Hornberg	57,9
14. Müllheim	26,3	14. Lahr	27,1	14. Karlsruhe Land	56,5
15. Freiburg	25,3	15. Vorberg	26,3	15. Freiburg	55,2
16. Hornberg	25,2	16. Sinsheim	25,9	16. Emmendingen	54,7
17. Konstanz	23,7	17. Karlsruhe Land	24,7	17. Müllheim	49,5
18. Rheinbischofsheim	23,5	18. Adelsheim	24	18. Schopfheim	49,9
		19. Wertheim	23,1	19. Rheinbischofsheim	48,9
19. Durlach	22,1	20. Pforzheim	22,1	20. Konstanz	46,2
20. Lörrach	22,1	21. Durlach	21,9	21. Lörrach	43,8
21. Schopfheim	22,1	22. Rheinbischofsheim	21,1	22. Karlsruhe Stadt	40,3
22. Ladenburg-Weinheim	19,4	23. Eppingen	21,1	23. Durlach	39
23. Karlsruhe Stadt	15,6	24. Ladenburg-Weinheim	20,5	24. Pforzheim	31,8
24. Pforzheim	14,3				
25. Mannheim-Heidelberg	8	25. Mannheim-Heidelberg	13,1	25. Mannheim-Heidelberg	25,9

In der ersten Tabelle steht Vorberg an 1. Stelle, in der 2. an 15.
„   „   „   „   „   „ Adelsheim an 2. „   „   „ 2. an 18.
„   „   „   „   „   „ Sinsheim an 3. „   „   „ 2. an 16.
„   „   „   „   „   „ Wertheim an 4. „   „   „ 2. an 19.
„   „   „   „   „   „ Konstanz an 17. „   „   „ 2. an 1.
„   „   „   „   „   „ Hornberg an 16. „   „   „ 2. an 2.
„   „   „   „   „   „ Schopfheim an 21. „   „   „ 2. an 3.
„   „   „   „   „   „ Müllheim an 14. „   „   „ 2. an 4.

Auffallend ist, daß die ersten 6 Plätze in der ersten Tabelle Unterländer Diözesen einnehmen, in der zweiten aber Oberländer.

---

[1]) Ein Vergleich mit den vorhergehenden Jahren zeigt, daß die jährlichen Verschiebungen in diesen Tabellen unwesentlich sind.

Die 6 kirchlichen Diözesen des Nordens haben also ein geringeres Kirchenopfer als die unkirchlichen des Südens. Daraus kann man den Schluß ziehen, daß die Opferwilligkeit für rein kirchliche Zwecke nicht ohne weiteres der Kirchlichkeit entspricht, und daß man also das Kirchenopfer nicht als Maßstab der Kirchlichkeit ansehen kann.

Wochengottesdienste sind in der Unionsurkunde vorgeschrieben, aber nicht erst durch sie eingeführt. Es wurden schon vorher wöchentliche Betstunden gehalten, und zwar nicht an bestimmten Tagen, sondern „an Regentagen, früh morgens, und wenn es vor Freitag nicht regnet, an diesem Tag!" Wie eine solche Bestimmung praktisch durchgeführt werden konnte, ist einigermaßen rätselhaft. Zur Erhöhung der Besuchsziffer hat sie jedenfalls nicht beigetragen, obwohl sie gerade aus dieser Absicht hervorgegangen ist. In Beilage A zur Unionsurkunde wurde bestimmt: „In jeder Woche wird außer der Wochenkinderlehre, wo solche tunlich ist, eine Betstunde gehalten". Im Laufe der Zeit wurden die Wochengottesdienste an vielen Orten eingestellt, da die Teilnahme zu gering war. Vergeblich ermahnte der Oberkirchenrat (z. B. 1839) immer wieder die Geistlichen, den Versuch zu wiederholen. Um den Besuch zu heben, traf die Generalsynode von 1843 neue Bestimmungen und schlug folgende einfachste Ordnung vor: Gesang, Schriftlesung, Gebet, Gesang, Segen; sie empfahl, jeden Monat oder vierteljährlich eine Missionsstunde zu halten. Es half nichts. Die Zahl der Gemeinden, in denen diese Gottesdienste fortgeführt wurden, nahm mehr und mehr ab. Erst in den letzten 25 Jahren ist wieder eine Neubelebung eingetreten. Nach der Pfarrstatistik von 1899 zähle ich 53 Gemeinden, in welchen das ganze Jahr hindurch Wochengottesdienste stattfinden, 60, in welchen sie nur im Winter gehalten werden. Seitdem ist die Zahl jedenfalls größer geworden. Auch da, wo regelmäßige wöchentliche Bibelstunden nicht eingeführt werden konnten, finden solche doch in der Adventszeit, oder in der Passionszeit, überall in der Karwoche statt.

Auf den Besuch scheint die Wahl der (Tages- und Jahres-) Zeit von großem Einfluß zu sein. Abendgottesdienste sind fast durchgängig besser besucht als Nachmittagsgottesdienste. Der Besuch läßt zum Teil zu wünschen übrig. Was von einer kirchlichen Gemeinde des Nordens berichtet wird: „Die Leute sind der Ansicht, der Pfarrer solle seine Zeit und Kraft auf eine gute Sonntagspredigt verwenden, der Werktag ist für die Arbeit da", das dürfte die Meinung der meisten Männer auch an anderen Orten sein. Gewöhnlich überwiegt die Zahl der Frauen, in manchen Gemeinden gilt der Gottesdienst geradezu als Betstunde für die alten Frauen. Ein Pfarrer berichtet, daß in seiner Gemeinde nur ein paar Frauen sich einzufinden pflegen, „und diese wohl nur aus Mitleid mit dem Geistlichen". Doch fehlt es nicht an Orten, in denen auch die Männerwelt teilnimmt. In einer mittleren Landgemeinde werden gewöhnlich etwa 200 Besucher gezählt, darunter 30—40 Männer und ebensoviele ledige Leute. Ja in einzelnen Gemeinden steigt die Zahl der Besucher bis auf 30 % der evangelischen Bevölkerung. In größeren Landorten bilden die Beerdigungsfeiern geradezu einen Ersatz für Wochengottesdienste, da an den Begräbnissen gewöhnlich aus jedem Haus jemand teilnimmt. Die Wochengottesdienste in den Städten sind nicht besonders gut besucht. In Freiburg z. B. werden das ganze Jahr hindurch Wochengottesdienste gehalten und zwar an 4 verschiedenen Orten; im Winter beträgt die Zahl der Besucher 70—80, sie steigt in der Passionszeit auf 100—150 und sinkt im Sommer auf 30—40 herab. In Karlsruhe stellen sich sogar ausgesprochene Sozialdemokraten bei den Abendgottesdiensten ein. — Auch die Beschaffenheit des Lokals kann den Besuch erhöhen oder beeinträchtigen.

Außerordentlich gut pflegen die Sylvestergottesdienste besucht zu sein, wenn sie abends stattfinden. Durch Verlegung vom Nachmittag auf den Abend ist an vielen Orten aus einem schlecht besuchten Wochengottesdienst eine Feier geworden, an der sich die ganze Gemeinde beteiligt wie an einem Festgottesdienst.

Liturgische Nachmittagsgottesdienste werden an den hohen Feiertagen vielfach gehalten, aber verschieden beurteilt. Jedenfalls ist nicht überall Verständnis dafür vorhanden. Man liebt es nicht, so oft zu singen, und schreibt die Einführung der Bequemlichkeit des Pfarrers zu. Wo es Sitte ist, daß die Abendmahlsgäste vom Vormittag den Nachmittagsgottesdienst besuchen, kann durch Einführung liturgischer Gottesdienste ein guter alter Brauch zerstört werden.

In allen größeren Städten und in manchen Landorten finden besondere Jugendgottesdienste statt, teils mit, teils ohne Gruppensystem. Neuerdings ist ihre Einrichtung für eine ganze Diözese (Wertheim) beschlossen worden. Der Besuch von seiten der Kinder ist gewöhnlich ein sehr guter, diese Gottesdienste sind da und dort zum wertvollen Bestandteile des Gemeindelebens geworben. Oft sind es die Kinderschwestern, die zwischen dem Vormittags- und Nachmittagsgottesdienst die Kinder um sich sammeln. Wenn die Stundenhalter sich der Sache annehmen, erhält die „Sonntagsschule" leicht einen Beigeschmack. Die Sekten, besonders die Methodisten und Wißwässer, legen besonderen Wert auf erbauliche Kinderversammlungen.

C. Die Taufe.

Kirchenbuch. S. 319 ff. — Statistische Tabellen. — Pieper: Kirchliche Statistik Deutschlands. — Meyer: Badisches Volksleben im 19. Jahrhundert. Straßburg 1900. — Ev.-pr. Kirchenblatt 1906. Nr. 30. — Berichte.

Für die Taufe bietet die Agende drei verschiedene Formulare zur Auswahl.

Die einfachste Form enthält die Einsetzungsworte, Apostolikum, Gebet, Unser Vater, Frage an die Paten („Wollet ihr, daß das Kind auf den Namen des Vaters, des Sohnes und des heiligen Geistes getauft werde, und versprechet ihr, nach bestem Vermögen dafür zu sorgen, daß es im christlichen Glauben erzogen werde"?), Taufe, Gebet, Segen. Das Apostolikum wird referiert, nicht bekannt („Vernehmet das Bekenntnis, in welchem die christliche Kirche von Alters her bei der heiligen Taufe ihren Glauben bezeugt").

Ein zweites Formular führt das Glaubensbekenntnis mit den Worten ein: „Lasset uns hören das Glaubensbekenntnis, worauf dieses Kind jetzt getauft werden soll", und dementsprechend lautet die Frage an die Paten: „Verlangt ihr nun, daß dieses Kind auf dieses Bekenntnis des Vaters, des Sohnes und des heiligen Geistes getauft werde"?

Eine dritte, der zweiten ähnliche Form läßt außerdem die Paten das Apostolikum bekennen bezw. nach jedem Artikel die gläubige Zustimmung dazu aussprechen: „Ja, ich glaube".

Die Taufformeln lauten: „Ich taufe dich in dem Namen Gottes des Vaters und des Sohnes und des heiligen Geistes" oder „Ich taufe dich auf den Namen des Vaters und des Sohnes und des heiligen Geistes". — Auf die Taufe folgt ein Segensspruch, auch vor derselben wird an manchen Orten ein solcher über das Kind gesprochen: „Der Herr behüte deinen Eingang und Ausgang von nun an bis in Ewigkeit".

Es ist in diesen Parallelformularen sowohl den verschiedenen Auffassungen über die Bedeutung der Taufe als auch der verschiedenen Wertschätzung des Apostolikums Rechnung getragen.

Daß gegen den Gebrauch des Apostolikums bei der Taufe sich ein mäßiger Widerspruch geltend macht, ist schon erwähnt (S. 96). Es wird von liberaler Seite gewünscht, daß der Gebrauch ein fakultativer sein solle. Auch die landeskirchliche Vereinigung erkannte 1906 in einer Resolution an, daß „ein vielfacher Gewissens-Notstand derjenigen Geistlichen und Gemeinden, welche außer stande sind, das Apostolikum als ihr Bekenntnis sich anzueignen" vorhanden sei, und wünschte, „daß demselben abgeholfen werde in der Weise, welche den Gemeinden, die das Apostolikum bekennen wollen, ihr Recht wahrt, es zu hören".

Die Taufe wird in der Gemeinde verschieden gewertet. Reformierte und lutherische Auffassungen wirken nach; vielfach macht man sich keine klaren Vorstellungen, man sieht in der Taufe nur eine alte Sitte, der man sich fügt, ohne nach ihrer Berechtigung zu fragen. Für die Mehrzahl der Gemeindeglieder dürfte die Taufe, ohne alle mystischen Wirkungen, einfach die feierliche Aufnahme in die Kirche bedeuten, wobei, wenigstens im Augenblick, das Versprechen der Eltern und Paten, daß sie das Kind christlich erziehen wollen, ernst genommen und für wesentlich gehalten wird. „Damit nichts versäumt werde", läßt man dem Kinde die Jähtaufe (Nottaufe) erteilen. Auch unkirchliche Leute holen schnell den Pfarrer, wenn das noch nicht getaufte Kind krank wird. Eigentliche Laientaufen sind selten; manchmal tritt die Hebamme ein. Daß der Vater des Kindes die Nottaufe vornimmt, scheint nicht vorzukommen oder eine seltene Ausnahme zu sein. Eine solche Taufe würde nicht für voll gelten. Lassen doch auch die Mitglieder kirchenfeindlicher Sekten ihre Kinder vom Pfarrer taufen, auch wenn sie z. B. das hl. Abendmahl unter sich feiern.

Hoch geht es her bei der Taufe des Erstgeborenen. Doch ist es namentlich in den unteren Ständen der Städte mehr die Geburt, die gefeiert wird, und „während in dem einen Zimmer getauft wird, steht im andern schon das angestochene Fäßchen bereit".

Bis zum Ende des 18. Jahrhunderts fand die Taufe möglichst bald nach der Geburt statt, da man für das Seelenheil ungetauft verstorbener Kinder fürchtete. In einer Gemeinde des Kaiserstuhls wurde noch am Ende des 18. Jahrhunderts die Taufe innerhalb der drei ersten Tage nach der Geburt vorgenommen.

Von den Kindern, die 1777 in Eichstetten getauft wurden, waren 7 einen Tag, 45 zwei, 18 drei Tage alt. Dreißig Jahre später ist es noch fast ebenso; nur 6 Kinder von 55 haben die Taufe nach dem 3. Tage empfangen. Allmählich vollzog sich eine Wandlung der Sitte. Im Jahre 1817 wurden von 56 Kindern nur noch 6 innerhalb der ersten 3 Tage, aber doch noch $2/3$ in der ersten Woche, $1/3$ in der zweiten getauft. 1827 in der ersten Woche die Hälfte, bei 2 wurde die Taufe schon in die dritte Woche verschoben. 1837 in der ersten Woche $1/4$, ebensoviele in der dritten, die Hälfte in der zweiten. 1904 aber wurden nur noch 4 in der ersten Woche, 7 in der zweiten, 16 in der dritten, 21 in der vierten und 3 in der fünften Woche getauft. Dieses Beispiel zeigt, wie der Termin immer weiter hinausrückt, und wie stetig die Aenderung fortschreitet, gleichviel, ob liberale oder positive Geistliche in der Gemeinde tätig waren.

IV. Kapitel.

Das Hinausschieben der Taufe hat seinen Grund sowohl in dem Wechsel der Anschauungen über das Schicksal ungetauft verstorbener Kinder, als auch in dem Wunsche, daß die Mutter bei der Taufe schon die Pflichten der Hausfrau erfüllen könne. Mehr und mehr wird die Festsetzung des Termins durch äußere Rücksichten bedingt; man wartet bis zum „neuen Wein", „bis es Sauerkraut gibt"; oder man legt die Taufe auf einen Tag, der für die Familie eine besondere Bedeutung hat. Doch gilt für das Land noch als Regel, daß die Taufe innerhalb der ersten 4 Wochen stattfinden soll. Eine weitere Verzögerung wird zurzeit von der öffentlichen Meinung als ungehörig angesehen, falls nicht gewichtige Gründe den Aufschub rechtfertigen. „Es isch hie nit Bruch"!

In vielen Landorten verläßt die Wöchnerin vor der Taufe das Haus nicht. Ihr erster Gang ist der in die Kirche. Diese Sitte wird in manchen Gegenden so streng festgehalten, daß die junge Mutter bei der Beerdigung eines Angehörigen nicht mit auf den Friedhof geht.

Im ganzen wird die Taufe mit großer Feierlichkeit begangen. In einer Reihe von Gemeinden im Norden und im Süden findet sie vor versammelter Gemeinde statt, meist jedoch nach dem Hauptgottesdienst. Der Vater und die Paten gehen außer in den Städten fast überall mit in die Kirche. Während der Taufhandlung gibt die Amme den Paten der Reihe nach das Kind auf die Arme. In Bischoffingen wird das Kind von der jüngsten Patin in die Kirche, von der ältesten nach Hause getragen, am Altar von dem jüngsten Paten gehalten. Doch herrscht darüber keine einheitliche Sitte — Die ledige Patin trägt oft einen Kranz, im Schwarzwald den „Schäppel", eine hohe Krone aus Glasschmuck und Bändern; der ledige Pate hat ein Sträußchen („Maien") angesteckt. Vielfach wird mit allen Glocken geläutet, wenn der Taufzug sich zur Kirche begibt; die Unsitte des Schießens konnte trotz strenger Verbote noch nicht ausgerottet werden. Orgelspiel wird in manchen Gemeinden gewünscht und gewährt. Auch während der Taufe wird da und dort geläutet, seltsamerweise bei der Taufe eines Mädchens mit der kleinen, bei der eines Knaben mit der großen Glocke. Auch sonst zeigt sich eine Bevorzugung des männlichen Geschlechts. Bei der Taufe eines Knaben geht der Vater mit, bei der eines Mädchens hält er es nicht für nötig und dergl.

An die Taufe heften sich allerlei abergläubische Vorstellungen.

Vor der Taufe ist nach weit verbreiteter Meinung das Kind bösen Einflüssen unterworfen. Die Wöchnerin darf keine Besuche empfangen, damit ihr Kind nicht durch den „bösen Blick" Schaden leide. Die Wäsche ungetaufter Kinder darf nicht im Freien gewaschen werden; die Kinder sollen nicht aus dem Hause getragen werden; man brennt an der Wiege ein Licht, damit das Kind nicht ausgewechselt wird (Wechselbalg). Im Unterland sieht man es nicht gern, daß mehrere Kinder mit dem gleichen Wasser getauft werden; man glaubt, daß in diesem Falle eines der Kinder sterben muß; darum wird bei jeder Taufe das Wasser erneuert. Möglicherweise entspringt dieser Aberglaube der Meinung, daß der Teufel in das Taufwasser fahre. Man hofft wohl auch, daß ein krankes Kind durch die Taufe gesund werde. Den ungetauften Kindern legt man unter das Kopfkissen ein Geldstück, die Bibel oder das Gesangbuch. Solche Sitten und Vorstellungen verschwinden allmählich; aber die weisen Frauen und die alten Basen sorgen dafür, daß mit den alten Gebräuchen auch der alte Aberglaube nicht so schnell ausstirbt.

Als wichtiges Amt wird das eines P a t e n angesehen. Als Paten (Götti, Getti, Götte, Pfetter, Pfetterich, Peterich, Dodel, Dout) und Patinnen (Gotti, Gotte, Göttle, Göttel, Dodele, Döutle) werden gewöhnlich Verwandte oder Freunde der Eltern genommen. Die Wichtigkeit des Patenamts wird aber weniger in seiner religiösen Aufgabe gefunden (ist es doch schon vorgekommen, und es sei als Kuriosum erwähnt, daß ein Jude als Pate angegeben wurde), sondern in den damit verbundenen herkömmlichen Verpflichtungen. Sie müssen ihr Patenkind an bestimmten Tagen (Weihnachten, Neujahr, Ostern, Konfirmation, Hochzeit) beschenken. Die Paten nehmen bei den Familienfesten, in deren Mittelpunkt ihre Schützlinge stehen, die Ehrenplätze ein. Die Geschenke sind durch Ortssitte vorgeschrieben; eine Mehrleistung wird mit gebührendem Danke angenommen, eine Minderleistung wird verurteilt. „Pate sein ist eine Ehr', aber macht den Beutel leer". Darum werden die Paten auch von den Kindern hoch geschätzt und von allen Verwandten am meisten respektiert. Die Zahl der Paten richtet sich nach der Ortssitte oder nach dem Stande der Eltern. In den Städten werden manchmal keine angegeben, nominell übernehmen gewisse Personen (Amme, Kirchendiener) das Amt. Bei Zigeunerkindern, die öfters getauft werden sollen, fällt die Patenstelle der Pfarrfrau zu. Es gilt vielfach als Zeichen der Vornehmheit, viele

Paten einschreiben zu lassen. In einer Oberländer Gemeinde sind es gewöhnlich 6—10; es sind aber schon 17 genannt worden. Diesem Unfug sucht die Kirchenbehörde zu steuern. Im Jahre 1803 wurde schon bestimmt, daß es nicht mehr als 4 und nicht weniger als 2 sein sollten.

Können die (auswärtigen) Paten nicht zur Taufe kommen, so werden für diese Stellvertreter (im Oberland bezeichnenderweise „Suffpaten" genannt) bestimmt. An vielen Orten nehmen die Eltern für alle Kinder dieselben Paten, anderwärts werden jedesmal andere Personen um Uebernahme der Patenstelle gebeten. Das angebotene Patenamt auszuschlagen, gilt als eine Beleidigung.

Während auf dem Lande noch ziemlich allgemein die Kinder in der Kirche getauft werden, nehmen in der Stadt, namentlich in den besseren Kreisen, die Haustaufen überhand. Die Kirche ist darin sehr entgegenkommend, obgleich diese Entwicklung zu bedauern ist.

Da und dort haben sich Reste alter Kirchenzucht erhalten. Uneheliche Kinder werden zu anderen Zeiten getauft als die ehelichen (Werktags statt Sonntags; nachmittags statt vormittags; nach dem Gottesdienst statt vor versammelter Gemeinde), oder die Handlung wird in weniger feierlicher Weise vorgenommen (kein Geläute; kein Orgelspiel; kein Kranz und kein Sträußchen bei Pate und Patin).

Neben ihrem religiösen und kirchlichen Wert hat die Taufe noch die Bedeutung, daß dem Kinde der Name gegeben wird.

Im Oberland werden die alten biblischen Namen immer seltener, an ihre Stelle treten die modernen: Albert, Adolf, Oskar, Richard — Frieda, Rosa u. a. Die Schuld daran trägt nicht bloß die Sucht nach Neuerungen oder die Nachäffung städtischer Gebräuche, sondern mehr die praktische Erwägung, daß die Bewohner leichter von einander zu trennen sind, wenn sie verschiedene Vornamen haben. Die vorhandene Häufung der gleichen Familiennamen und die geringe Anzahl der gebräuchlichen Vornamen führte früher oft zu Verwechslungen. Sollte ein an Daniel Schmitt gerichteter Brief dem Bürger Daniel Schmitt I., oder dem Daniel Schmitt XXII. ausgehändigt werden?

Unterlassung der Taufe ist in den ländlichen Diözesen selten. In rein evangelischen Ehen wurden 1905: 98,7 % der Kinder, in Mischehen 106,7 %, von unehelichen Kindern 94,5 % getauft. In 8 von 25 Diözesen wurden alle Kinder aus rein evangelischen Ehen, in 12 über 99 % getauft. Die meisten Unterlassungen hatten Mannheim=Heidelberg (5,6 %), Schopfheim (3,7 %) Konstanz (1,8 %), Karlsruhe=Stadt (1,7 %). Die unehelichen Kinder wurden in 15 Diözesen ohne Ausnahme getauft; in Kon=

1. Das gottesdienstliche Leben.

stanz betrugen die Taufen solcher Kinder 89,4 %, in Mannheim-Heidelberg 93,4 %, in Durlach 93,7 %, in Schopfheim 94,5 %, in Karlsruhe-Stadt 95 %. Wenn die Zahl der Taufen unehelicher Kinder verhältnismäßig viel geringer ist als die der ehelichen, so muß dies zum Teil darauf zurückgeführt werden, daß die Mütter oft zum Zweck der Entbindung eine Anstalt aufsuchen, die sie wieder verlassen, ohne daß das Kind getauft wurde. Die Taufe wird später in den meisten Fällen zu Hause nachgeholt, erscheint jedoch nicht in der Statistik. Eine ziemliche Anzahl der als ungetauft aufgeführten Kinder ist bald nach der Geburt gestorben.

Nach Pieper (Kirchliche Statistik Deutschlands, S. 208) sterben durchschnittlich eheliche bezw. uneheliche Kinder

0,95 bezw. 1,15 % im Laufe des 1. Tages nach der Geburt
2,61 „ 3,85 % in der 1. Woche „ „ „
1,26 „ 2,28 % „ „ 2. „ „ „ „

Die Unterlassungen der Taufen von Kindern, die in der evangelischen Gemeinde geboren sind, betrugen

1875—79: 2,1 %   1890—94 : 1,8 %
1880—84: 1,3 %   1895—1900: 1,5 %
1885—89: 1,5 %

Vom Kalenderjahr 1900 an werden in den statistischen Tabellen die Taufen der unehelichen Kinder und die der Kinder evangelischer Eltern, wie auch die der Kinder aus Mischehen gesondert aufgeführt. Es betrugen die Unterlassungen der Taufen der Kinder evangelischer Eltern und lediger evangelischer Mütter:

1900: 1,6 % bezw. 5,5 %
1901: 1,2 % „ 4,7 %
1902: 1,7 % „ 7,8 %
1903: 2,0 % „ 6,7 %
1904: 1,8 % „ 6,5 %
1905: 1,3 % „ 5,5 %

Ob die Wendung zum Bessern, die für das Jahr 1905 zu konstatieren ist, nur vorübergehend ist, läßt sich natürlich nicht sagen.

Die Unterlassungen kommen hauptsächlich auf Rechnung der sozialdemokratischen Agitation und der Propaganda einzelner Sekten. Ein Vergleich mit anderen deutschen Staaten ist mir nicht möglich, da nach Piepers Tabellen die Erhebungen in Baden bis 1900 in anderer Weise gemacht wurden wie in den übrigen Landeskirchen. Bis dahin wurde nämlich unter den Taufen „innerhalb der evangelischen Gemeinde" auch ein großer Teil der Taufen aus Mischehen aufgeführt.

Die Taufen der Kinder aus Mischehen werden weiter unten aufgezählt.

D. Die Konfirmation.

K.G. vom 22. November 1892 (Konfirmationsordnung). — Statistische Tabellen. — Meyer: Badisches Volksleben. — Kirchenbuch S. 348 ff.

Neben den Religionsunterricht in der Schule (siehe unten) tritt im letzten Schuljahre als Ergänzung und Zusammenfassung des bisher Gelernten der Konfirmandenunterricht, im Volksmund „der Unterricht" κατ' ἐξοχήν genannt. Er beginnt spätestens in der ersten Adventswoche und dauert bis Judika des folgenden Jahres, umfaßt also 4—5 Monate. Er wird in der Regel in vier Wochenstunden beiden Geschlechtern gemeinsam erteilt, bei großer Anzahl der Konfirmanden werden Knaben und Mädchen getrennt unterrichtet. Der Stoff für diese kurze Zeit ist ziemlich umfangreich. Zwar ist eigentlich nur der dem Konfirmandenunterricht vorbehaltene Teil des badischen Katechismus vorgeschrieben. Wie viel von dem in der Schule durchgenommenen Lehrstoff wiederholt und erweitert wird, bleibt dem Ermessen des einzelnen Geistlichen überlassen. Dieses dem Pfarrer geschenkte Vertrauen dürfte selten getäuscht werden. Es wird wenige Geistliche geben, die den Konfirmandenunterricht nicht mit Liebe und Eifer erteilen. Gewöhnlich schließt sich der Unterricht an den Katechismus an; einzelne unterrichten nach eigenen Heften. Gelegentlich war ein solches Privatsystem religiöser Weltanschauung schon Gegenstand der Kritik für Vertreter anderer Richtungen, und auch vor den Oberkirchenrat wurden Klagen gebracht, wenn zu große Willkür zu walten, oder eine zu weitgehende Abweichung von der Kirchenlehre vorzuliegen schien.

Der Konfirmandenunterricht wird jetzt vielfach durch einen Gottesdienst eingeleitet, an dem die Konfirmanden mit ihren Eltern (und Paten) teilnehmen. Den Abschluß der Unterweisung bildet die öffentliche Prüfung, die nach der Konfirmationsordnung am Sonntag Lätare stattfinden soll, in vielen Gemeinden aber mit der Konfirmation an Judika verbunden ist. Die Prüfung gilt als wichtiger Akt und ist überall gut besucht. Die Erwachsenen fühlen sich als Prüfungskommission und wollen hören, ob die Kinder „etwas können". Vielfach wird die Prüfung als die Hauptsache bei der ganzen Konfirmationsfeier angesehen. Sie besteht teils im Abfragen des Katechismus, häufiger ist sie eine Art von Musterkatechese über die Hauptpunkte der christlichen Lehre.

Daß den Kindern vorher gesagt wird, welche Frage sie beantworten müssen, dürfte im ganzen nicht sehr häufig vorkommen,

1. Das gottesdienstliche Leben.

und wo es geschieht, da hat es seinen Grund in der Verschiedenheit der Kenntnisse der Konfirmanden und in dem Wunsche des Pfarrers, daß kein Kind vor der Gemeinde bloßgestellt werde. Denn es gilt besonders auf dem Lande als große Schande, "stecken zu bleiben". Doch sollte die Geschicklichkeit des Geistlichen im Katechisieren eine Bloßstellung der Kinder vermeiden, ohne daß nur eine Scheinprüfung stattfindet.

Ueberall werden die Paten zur Konfirmation eingeladen, in manchen Gemeinden mit stereotypen Phrasen; wenn die Paten am gleichen Orte wohnen, nehmen sie an der Prüfung und an der Einsegnung teil.

Die Agende enthält, wie für die Taufe, so auch für die Konfirmation Parallelformulare.

Nach dem einen werden die Kinder auf das Apostolikum verpflichtet. ("So bekennet jetzt den allgemeinen christlichen Glauben" oder: "Glaubt ihr an Gott, den Vater, den allmächtigen Schöpfer Himmels und der Erde? Glaubt ihr an Jesum Christum" 2c.?). In der zweiten Form lautet die entsprechende Aufforderung: "So laßt uns jetzt dasjenige Bekenntnis vernehmen, in welchem die christliche Kirche von Alters her ihren Glauben bezeugt". Darauf folgt dann das Gelöbnis der Kinder, daß sie "zu aller Zeit vor Gott und Menschen den Glauben an den Vater, den Sohn und den heiligen Geist durch Wort und Wandel bekennen", und daß sie "dem auf Gottes Wort gegründeten Bekenntnis unserer evangelisch-protestantischen Kirche getreulich anhangen und sich den Ordnungen dieser Kirche willig unterziehen" wollen. — Hierauf gibt der Geistliche jedem Kind die rechte Hand, überreicht ihm den Konfirmationsschein und sagt den Gedenkspruch; dann spricht er unter Handauflegung eine Segensformel über die knieenden Kinder. Während der Einsegnung wird mit allen Glocken geläutet. Die Eingesegneten geben den zu beiden Seiten des Altars stehenden Kirchenältesten die Hand und gehen an ihre Plätze. Vor und nach der Konfirmationsfeier singen die Konfirmanden allein.

Unmittelbar an die Konfirmation schließt sich in der Regel der erste Gang zum Abendmahl an. Nicht überall ist es üblich, daß auch die Eltern und Paten an der Abendmahlsfeier teilnehmen. In manchen Gemeinden findet die Abendmahlsfeier der Konfirmanden erst am Palmsonntag, oder an einem andern Tag der Karwoche, oder am Ostersonntag statt. Durch das ganze Land hin hat sich die Sitte verbreitet, daß die Konfirmanden mit Sträußchen, die Konfirmandinnen mit Kränzen geschmückt sind.

Manchmal findet vor der Konfirmandenprüfung ein kurzer feierlicher Akt in der Schule oder im Rathaus statt (Abschied von der Schule). Es werden dabei einige Lieder gesungen, der Pfarrer hält eine Ansprache, die Kinder bitten ihre Lehrer, Eltern und Paten um Verzeihung und sprechen ihnen, alle mit gleichen Worten, ihren Dank aus. Diese Feier pflegt einen tiefen Eindruck zu machen.

Eine eigentümliche Sitte herrschte (und herrscht vielleicht noch) in einigen Gemeinden des Mittellandes. Da erhielt jeder Knabe und jedes Mädchen eine Nummer. Das Paar mit den gleichen Nummern hieß: „die Gleichsteher". Diese Einrichtung soll früher Anlaß zu Liebschaften gegeben haben, da man glaubte, daß die durch den Zufall mit der gleichen Nummer Bedachten für einander bestimmt seien. Die Gleichsteher beschenkten einander. Auch sonst haben früher die Knaben den Mädchen Geschenke gekauft und umgekehrt. Im Oberland scheint es heute noch vorzukommen, daß die Knaben den Mädchen Zuckerwerk, die Konfirmandinnen den Konfirmanden Zigarren (das Attribut der Mündigkeit!?) kaufen.

Nur noch an wenigen Orten erscheinen die Konfirmanden in der **Volkstracht**. Die Bestrebungen des „**Vereins zur Erhaltung der Volkstrachten**" haben bisher wenig Erfolg gehabt. Gewöhnlich treten die Mädchen in schwarzen Kleidern, die Knaben wenigstens in dunklen Anzügen vor den Altar; früher war die übliche Kopfbedeckung der Konfirmanden — der Zylinder; die Kirche wird überall für die Feier geschmückt.

Auf die kirchliche Feier folgt zu Hause das Festessen, bei dem die Mütter nicht sparsam zu sein pflegen. Die ärmeren Konfirmanden werden von den reicheren bewirtet. Nachmittags besuchen sich die Konfirmanden und werden von den Eltern mit Wein und Kuchen bewirtet. Um dem vielen Trinken zu steuern, machen die Pfarrer neuerdings nachmittags mit den Kindern einen Ausflug. Im Hanauerland ziehen am Konfirmationstag ganze Prozessionen in die benachbarten Dörfer; da wird dann manchmal der Teufel mit Beelzebub ausgetrieben.

Nur selten wird die **Konfirmation unterlassen**, im Jahre 1905 nur in 7 Fällen, das sind 0,04%. Es handelte sich dabei um Kinder von Eltern, die einer Sekte angehören, ohne aus der Landeskirche offiziell ausgetreten zu sein.

E. Die Christenlehre.

Unionsurkunde vgl. S. 14. — **Fecht**: Pastoral-Anweisung vgl. S. 14.
Bescheide des Oberkirchenrats auf die Diözesansynoden. — Kirchenbuch Seite 263 ff.

Bis zur Konfirmation hat die Kirche Gelegenheit genug, auf die Jugend einzuwirken. Im letzten halben Jahre des Besuchs der Volksschule haben die Kinder in normalen Fällen 7—8 wöchentliche Religionsstunden. Auch nach der Konfirmation dauert die Einwirkung der Kirche eine Zeitlang fort. Die **Christenlehre** dient dem Zweck, die religiösen Kenntnisse zu erweitern und zu vertiefen.

Nach der Unionsurkunde soll am Sonntag Nachmittag „eine Katechisation nach dem neuen Lehrbuch ... mit der ledigen, der Schule entlassenen Jugend beiderlei Geschlechts bis nach Vollendung des 18. Jahres gehalten werden".

Vorher galt die Bestimmung: „so lange, als immer möglich, wenigstens bis zum erreichten zwanzigsten Jahr"; nach dieser Zeit konnten die jungen Leute vom Spezial (Dekan) in „dringenden Fällen" dispensiert werden. (Fecht S. 24.)

An den Festtagen wird statt der Christenlehre gewöhnlich eine Predigt, eine Betstunde oder ein liturgischer Gottesdienst gehalten. Seitdem der staatliche Zwang aufgehört hat, sind die Klagen über schlechten Besuch der Christenlehre nicht mehr von der Tagesordnung verschwunden. Nach einer Feststellung im Jahre 1878 wurde in 276 Gemeinden der Besuch als ein geordneter, in 122 als ein mangelhafter bezeichnet, und zwar waren in 62 Gemeinden die Söhne, in 60 die Söhne und Töchter säumig. Bis in die neuere Zeit waren allgemein vier Jahrgänge zum Besuch verpflichtet, in vielen Gemeinden heute noch; aber der vierte Jahrgang fügt sich nicht mehr gern der kirchlichen Ordnung. Darum wurde dieser Jahrgang an manchen Orten von der Verpflichtung entbunden. Immerhin konnte 1890 von 54 Gemeinden der Diözesen Durlach, Emmendingen, Lahr, Oberheidelberg, Wertheim und Sinsheim konstatiert werden, daß vier Jahrgänge regelmäßig erscheinen.

Man hat die Christenlehre oft als ein „Schmerzenskind" des kirchlichen Lebens bezeichnet. Hat doch schon da und dort in Vorortsgemeinden die christenlehrpflichtige Jugend ihre Verrohung durch öffentliche Verhöhnung des Pfarrers bewiesen. In den Städten ist der Besuch von seiten der Jugend der niederen Stände ein geringer. Aber in Landgemeinden sind doch die Zustände in der Regel befriedigend. Man kann sich ja bei der Beurteilung von verschiedenen Gesichtspunkten leiten lassen. Man kann sagen: „So und so viele sind verpflichtet, es erscheinen aber nie alle, das ist ein bedauerliches Zeichen des Rückgangs der kirchlichen Ordnung"; man kann aber auch urteilen: „Niemand kann zum Besuch gezwungen werden, doch kommen regelmäßig mehr als die Hälfte, das ist in unserer Zeit noch eine erfreuliche Erscheinung". Auf welchen Standpunkt man sich auch stellen mag, es sind sicherlich beachtenswerte Zeichen der Zeit, wenn in einer sonst kirchlichen Gemeinde der vierte Jahrgang eine Bittschrift an die Kirchengemeindeversammlung um Befreiung von seiner Verpflichtung mit der Begründung richtet, daß anderwärts nur drei Jahrgänge die Christenlehre besuchen, und wenn in einer anderen Diözese der dritte Jahrgang sich weigert zu kommen, weil in der Nachbarstadt nur zwei Jahrgänge verpflichtet sind; wenn ferner in einer Gemeinde ein Jahrgang der Christenlehrpflichtigen streikt, weil dem Pfarrer eine ihnen mißliebige Anordnung zugeschrieben wird.

Um einen besseren Besuch herbeizuführen, werden immer wieder Vorschläge gemacht: Ausschluß der Säumigen vom Patenrecht, Belobung und Belohnung der Fleißigen, Ueberwachung des Besuchs durch die Kirchengemeinderäte u. a. Der Diözesansynodal-Bescheid von 1904 betont, daß die Anstrengungen, die gemacht wurden, um eine Besserung zu erzielen, nicht umsonst waren.

Während im Unterland den Christenlehren auch Erwachsene beiderlei Geschlechts beiwohnen, kommen im Oberland meist nur einige Frauen dazu. Hier wird die Christenlehre nicht als Gottesdienst angesehen, sondern als Sonntagsschule, der die Erwachsenen enthoben sind. Nach den statistischen Tabellen wurden 1906 in den Nebengottesdiensten des Zählsonntags (Seite 100) 76 523 Besucher festgestellt. Unter den Nebengottesdiensten sind — abgesehen von den Städten und von den Gemeinden mit Kindergottesdienst — die Christenlehren zu verstehen. Das sind 10 % der Bevölkerungszahl von 1905: ein Ergebnis, das doch nicht als ungünstig anzusehen ist.

In der Christenlehre soll der Katechismus die Grundlage der Unterweisung bilden. Gegen diese Bestimmung wird viel gesündigt — nicht zum Schaden des Nachmittagsgottesdienstes. Viele Pfarrer entschließen sich nur schwer dazu, den Katechismus, der den Kindern seit dem 4. (jetzt 6.) Schuljahr ein guter, wenn auch nicht lieber Bekannter ist, noch einmal zu „traktieren". (Nach dem neuen Lehrplan sind einige Fragen nicht in der Schule durchzunehmen, sondern erst in der Christenlehre zu behandeln. K. G. und V. O. Bl. 1905 Seite 29.) Die Erfahrung scheint dafür zu sprechen, daß bei der Behandlung eines neuen Stoffs das Interesse ein größeres, der Besuch von seiten der Erwachsenen ein besserer ist.

In einzelnen Gemeinden ist als Rest früherer Sitte das „Auffagen" des Katechismus in der Christenlehre üblich (das frühere

"Vorstehen"). Einige Schüler treten an den Altar und rezitieren Katechismussätze, Sprüche, Lieder und Psalmen. Man nennt das: "in die Kinderlehre beten".

F. Die Trauung.

Kirchenbuch S. 391 ff. — Meyer: Bad. Volksleben. — Bescheide auf die Diözesansynoden. — Statist. Tabellen 1877 ff. — Berichte. — K.G. v. 20. Januar 1870 und vom 14. Juli 1891. K.G. u. V.O.Bl. 1870 S. 2. 1891 S. 97.

Die kirchliche Trauung, der eine Proklamation am Wohnort (resp. an den Wohnorten) des Brautpaares vorausgehen soll, findet in der Regel unmittelbar nach der Zivileheschließung statt. Manchmal liegt zwischen beiden Akten ein Tag, selten mehrere.

Die einfachste Form der kirchlichen Trauung, die ohne Ansprache, wird nicht häufig angewendet. Gewöhnlich hält der Pfarrer nach dem Eingangsgebet eine Rede. Dieser folgt das Hauptgebet, dann die Trauung. Die Frage an das Ehepaar lautet: "Ich frage Euch im Namen Gottes: wollt Ihr mit dieser (diesem) hier gegenwärtigen N. N. als mit Eurer Ehefrau (Eurem Ehemann) nach Gottes Befehl leben, Glück und Unglück in Gottesfurcht mit ihr (ihm) tragen und ihr (ihm) alle Liebe und Treue erzeigen, bis Gott durch den Tod Euch scheidet"? Die Trauformel: "Dieses feierliche Jawort, das Ihr vor Gottes Angesicht Euch gegeben, nehme ich kraft meines Amtes als das Gelöbnis einer christlichen Eheführung an und segne Euern Ehebund i. N. d. V. u. d. S. u. d. h. G." — Ringwechsel ist nicht überall üblich. Es folgt ein Gebet, das Unservater, der Segen.

In den ersten Zeiten der Geltung der Zivilehe hat sich die Befriedigung über die errungene Emanzipation von der Kirche in einer Verschmähung des kirchlichen Segens geäußert. In der Stadt Pforzheim blieben im ersten Jahre 40 % aller Ehepaare ungetraut. In Mannheim wurden von 77 ungemischt evangelischen Ehepaaren nur 46, von 143 gemischten nur 39 in der evangelischen Gemeinde kirchlich getraut. Mit Besorgnis schrieb damals der Oberkirchenrat: "Es droht demnach in Mannheim allerdings ein Zustand, bei welchem man, wenn er sich festsetzt, nicht mehr wird sagen können, daß es allgemeine Volkssitte sei, den Ehestand nur mit dem kirchlichen Segen zu beginnen". Im Jahre 1872 verschmähten in Heidelberg 42 Paare, d. i. 22 % die Trauung; in Mannheim betrug die Zahl der unterlassenen Trauungen noch 26 %, in Pforzheim 34 %. Dagegen blieben in der Stadt Karlsruhe auffallenderweise bei 430 bürgerlichen Eheschließungen nur 6 ohne kirchliche Einsegnung. Die unterlassenen Trauungen verteilten sich fast ausschließlich auf die Arbeiterklasse.

Genauere Zahlen für das ganze Land bringen die statistischen Tabellen erst seit dem Jahre 1877. Darnach betrug die Zahl der unterlassenen Trauungen in Prozenten:

	1. in ungemischt ev. Ehen	2. in Mischehen
1877—81	1,3	8,8
1882—86	2,3	9,2
1887—91	2,6	8,2
1892—96	2,9	9,9
1897—1901	3,0	8,7
1902—1904	3,6	12,7
1904	3,9	17,9
1905	3,4	14,7

Nach dieser Tabelle unterbleibt die kirchliche Trauung am häufigsten in Mischehen. Doch sind die angeführten Zahlen der zweiten Tabelle sehr ungenau, da einerseits nicht alle abgeschlossenen Mischehen, namentlich in der Diaspora, zur Kenntnis der evangelischen Pfarrämter kommen, und anderseits die katholischen Pfarrer manchmal jede Auskunft über die von ihnen vorgenommenen kirchlichen Amtshandlungen verweigern.

Zuverlässig sind nur die für die ungemischten evangelischen Ehen angestellten Berechnungen. Sie lassen erkennen, daß seit 1877 eine absteigende Tendenz obwaltet. Wenn auch die Abnahme keine bedeutende ist, so gewinnt man doch den Eindruck eines langsamen, stetigen Wachstums des unkirchlichen Sinns. Wenigstens tritt dies in den Städten hervor. In Mannheim-Heidelberg blieben 1905 122 Paare ungetraut (13,5 %); das ist doch eine erschreckend hohe Zahl. In Karlsruhe-Stadt verzichteten 17 Paare (3,5 %), in Pforzheim 30 (4,7 %) auf die kirchliche Trauung. In den letzten zehn Jahren wurden im ganzen Lande 1627 evangelische Ehen nicht kirchlich eingesegnet. Wenn man auch annehmen darf, daß ein Teil davon sich nachträglich noch kirchlich trauen ließ, so bleibt doch eine große Zahl von ausgesprochen unkirchlichen Familien übrig, deren Nachwuchs wohl für die Kirche verloren ist. Auch wenn die Trauung begehrt wird, so ist dies natürlich nicht immer ein Beweis kirchlicher Gesinnung. Vielfach lassen sich die Brautpaare nur von dem Gedanken leiten, daß die Unterlassung der kirchlichen Sitte Aufsehen erregen würde, und daß den Kindern später daraus Unannehmlichkeiten erwachsen könnten.

Auf dem Lande ist die kirchliche Sitte noch so ziemlich ungebrochen. In 15 von 25 Diözesen wurden 1905 alle ungemischten Ehen kirchlich eingesegnet, in 5 anderen blieb je ein Ehepaar, in einer blieben 4, in einer 5 ungetraut. Nachahmenswert scheint mir die in Schlesien und in Sachsen bestehende Sitte zu sein, daß die Ehepaare, die sich nicht kirchlich trauen lassen, von dem Kirchengemeinderat an die Erfüllung ihrer kirchlichen Pflicht gemahnt werden. Von solchen Mahnungen schreibt Schian in seiner Kirchenkunde (S. 92), daß sie selten unbeachtet gelassen werden, und daß sie wesentlich zur Verminderung der Zahl der ungetraut gebliebenen Ehepaare beigetragen haben.

Trauungstage sind die altkirchlichen: Dienstag und Donnerstag. In den Städten und ihrer Umgebung wird von Gebildeten und Arbeitern immer mehr der Samstag bevorzugt, aus Gründen, die keiner Erörterung bedürfen.

An vielen Orten unterscheidet man zwischen großen und kleinen Hochzeiten. Bei letzteren erscheinen in der Kirche nur das junge Ehepaar und die Zeugen; bei großen Hochzeiten zieht die ganze Hochzeitsgesellschaft in feierlichem Zuge mit Musik in die Kirche, manchmal 100—200 Personen. In solchen Fällen wird ein förmlicher Gottesdienst mit Gesang und Orgelspiel gehalten.

Die Hochzeit ist noch mit alten, zum Teil sinnigen, zum Teil sinnlosen und abstoßenden Gebräuchen umwoben. Mehr als bei anderen kirchlichen Feiern hat sich hier alte Sitte erhalten. (Siehe Meyer: Bad. Volksleben. Seite 240—320.)

Schon die Vorbereitungen zur Hochzeit sind durch Ortssitte genau geregelt. Das Haus wird mit Kränzen geschmückt, wie auch der Brautwagen. Weit verbreitet ist das Kettenspannen vor dem Brautpaar, das sich durch Geldgeschenke auslösen muß. Der Weg wird mit Blumen, Buchs- oder Tannenzweigen bestreut, bei unehrbaren Brautleuten wohl auch mit Häcksel. Die Braut und der Bräutigam sind geschmückt mit Kranz und Maien. Im Schwarzwald trägt die Braut hie und da den „Schäppelkranz"; doch tritt an seine Stelle immer mehr der Myrtenkranz mit Schleier. Die gefallene Braut trägt keinen Kranz; wo noch die Volkstracht getragen wird, erscheint sie in der Frauenkappe vor dem Altar; in Gutach hat sie schwarze „Bollen" (Wollballen) auf dem Hut, die reine rote. Doch wird nicht selten auch von unwürdigen Bräuten der Kranz getragen. In den Städten, wo eine Sittenkontrolle durch die öffentliche Meinung nicht ausgeübt wird, tragen den Kranz wohl alle.

Als ansprechende Ortssitte wird von Gutach erwähnt, daß dort nach der „Morgensuppe", vor dem Kirchgang, ein Schuhmacher vor dem Elternhause eine biblische Ansprache hält und ein Gebet spricht, das mit dem Unservater und dem Segen schließt das „Ausbeten". Auch in anderen Gegenden findet sich ein ähnlicher Brauch.

In den meisten Gemeinden des Landes erhalten die Getrauten als Geschenk der Kirchengemeinde eine Traubibel oder ein Gebetbuch. Am Sonntag nach der Hochzeit besuchen die Neuvermählten den Gottesdienst.

6. Das Abendmahl.

Kirchenbuch S. 359 ff. — Unionsurkunde § 6. Beilage A § 10. 11. Statistische Tabellen. — Fecht: Pastoral-Anweisung. S. 34. — Gerstlacher: Gesetzessammlung. I. S. 72.

Für die Abendmahlsfeier enthält die Agende zwei Formulare, die sich dadurch unterscheiden, daß das eine statt der Dankeinleitung eine Abendmahlsvermahnung enthält.

Die Ordnung der gottesdienstlichen Feier ist folgende: Eingangsgesang, Votum, Dankeinleitung (Abendmahlsvermahnung), Konsekration, Kommunion, Lob- und Dankgebet, Schlußgesang, Segen.

Die Distributionsformeln lauten: Christus spricht: „Nehmet hin und esset, das ist mein Leib, der für euch gegeben wird. Das tut zu meinem Gedächtnis." — Christus spricht: „Nehmet hin und trinket, das ist der Kelch, das neue Testament in meinem Blute, das für euch vergossen wird." Diese Formeln sind von der Unionssynode festgesetzt und seitdem nicht geändert worden (wie auch die Fragen über das hl. Abendmahl in allen Katechismen unverändert blieben). Sie gestatten, ohne unliturgisch zu sein, lutherische und reformierte Auffassung des Abendmahls. Ueber die Gestalt des Brotes und die Austeilung der Elemente bestimmt die Unionsurkunde:

Es wird weißes, in längliche Stücke geschnittenes Brot von dem Geistlichen gebrochen und den Kommunikanten einzeln oder paarweise in die Hand gereicht; auf gleiche Weise empfängt der Kommunikant den Kelch, dabei soll es aber dem Geistlichen erlaubt sein, nach Befund der Umstände nachzuhelfen, und namentlich den Kelch auch in der Hand zu behalten, wo und wann er es für nötig erachtet.

Bei dem Umgang um den Altar wird — was eigentlich schon im 18. Jahrhundert verboten war — in einigen Gemeinden geopfert, eine Unsitte, über deren Ungehörigkeit wohl kaum ein Zweifel besteht. Ursprünglich war dieses Opfer für den Pfarrer bestimmt; es fällt heute gewöhnlich dem Almosenfond zu, doch ist es da und dort noch heute eine Spende für den Geistlichen.

1. Das gottesdienstliche Leben.

In einzelnen, ehemals lutherischen Gemeinden stehen während der Abendmahlsfeier brennende Kerzen auf dem Altar.

Das Abendmahl findet gewöhnlich im Anschluß an einen Hauptgottesdienst statt. Abendmahlstage sind die hohen Feiertage und manchmal noch ein Sonntag in der Trinitatiszeit. Ihre Zahl ist nicht vorgeschrieben, sie richtet sich nach dem Herkommen und nach der Größe der Gemeinde.

Früher war die Zahl der Abendmahlstage eine größere. Am Ende des 18. Jahrhunderts wurde z. B. in der (lutherischen) Gemeinde Eichstetten das Abendmahl 15mal im Jahre gefeiert, jetzt noch 8mal.

An vielen größeren Orten hat sich die Sitte herausgebildet, daß bestimmte Kategorien der Gemeindeglieder am gleichen Tage zum Abendmahl gehen. In meiner Gemeinde gehen die Konfirmanden an Judika, die ledigen Burschen an Lätare, die Mädchen am Palmsonntag, die jungen Eheleute am Karfreitag und an Ostern, die Alten an Egidi. Aber das ist örtlich verschieden. Im Wiesental erscheinen die Konfirmanden am Palmsonntag, die Ledigen am Karfreitag, die Eheleute an Ostern und Pfingsten, die Alten und Gebrechlichen am Bußtag, diejenigen, die zweimal das Abendmahl genießen, an Weihnachten am Tische des Herrn. In dieser Sitte ist eigentlich schon ein Maßstab für die Beurteilung des Abendmahlsgenusses gegeben: er ist zur Gewohnheit geworden, die man festhält auch ohne inneres Bedürfnis. Mit Recht verwarf schon die Unionsurkunde solche Gebräuche (§ 10 der Kirchenordnung). Für eine Trennung der Geschlechter läßt sich allenfalls die Erwägung geltend machen, daß die Andacht der Jugend bei gemeinsamem Abendmahlsgenuß leicht notleidet.

Ueber den Abendmahlsbesuch geben die statistischen Tabellen Auskunft. Es nahmen am Abendmahl teil:

```
1871—79:   57,1 %
1880—89:   54,5 %
1890—99:   54,9 %
   1900:   55,1 %
   1901:   49,8 %
   1902:   50,7 %
   1903:   51,0 %
   1904:   51,0 %
   1905:   50,9 %
```

Die scheinbar bedeutende Abnahme von 1900 1901 erklärt sich daraus, daß für das Jahr 1901 die Ergebnisse der Volkszählung von 1900 bei der Prozentberechnung zugrunde gelegt sind, für 1900 aber noch die der vorhergehenden Zählung (1895). Da die Bevölkerung seit Dezember 1900 wieder stark zugenommen hat, so ist der Prozentsatz für 1901—1904 tatsächlich geringer als nach der obigen Tabelle. Einigermaßen zutreffende Resultate erhalten wir, wenn wir die von 1895—1900 konstatierte Bevölkerungszunahme von 66 572, und die wieder von 1900—1905 eingetretene von 59 959 mit jährlich ⅕ d. i. 13 314 bezw. 11 992 gleichmäßig auf die zwischen den Volkszählungen liegenden Jahre verteilen. Es betrug demnach die Zahl der Abendmahlsbesucher:

1895	bei einer	Volkszahl	von	635 392 :	338 177	das	sind	53,2 %
1896	„	„	„	648 706 :	341 285	„	„	52,6 %
1897	„	„	„	662 020 :	343 216	„	„	51,8 % [1])
1898	„	„	„	675 334 :	344 659	„	„	51,0 %
1899	„	„	„	688 648 :	347 947	„	„	50,5 %
1900	„	„	„	701 964 :	350 388	„	„	49,9 %
1901	„	„	„	702 867 :	349 732	„	„	49,7 %
1902	„	„	„	714 859 :	355 368	„	„	49,7 %
1903	„	„	„	726 851 :	357 673	„	„	49,2 %
1904	„	„	„	738 843 :	357 880	„	„	48,4 %
1905	„	„	„	750 835 :	357 762	„	„	47,6 %

Die Zunahme der Zahl der Abendmahlsbesucher hat mit dem Wachstum der Bevölkerung nicht Schritt gehalten. Trotz einer absoluten Zunahme der Abendmahlsbesucher von 1895—1905 um 19 585 ist der Prozentsatz von 53,2 % auf 47,6 % gesunken.

Wenn auch diese Zahlen nicht ganz genau sind, so läßt sich doch deutlich ein stetiger Rückgang des Abendmahlsbesuchs erkennen.

Für das ganze Land läßt sich im 19. Jahrhundert eine Abnahme der Abendmahlsgäste feststellen. In meiner Gemeinde nahmen im Jahre 1797 2249 Personen am Abendmahl teil. Aus einer Vergleichung der damaligen Geburtenziffer mit der heutigen geht hervor, daß die Gemeinde damals etwa 2100 Evangelische zählte. Es waren also über 100 % Abendmahlsbesucher, heute sind es noch 62,4 %. Die Abnahme ist ziemlich schnell eingetreten. 1803 waren es 1798, 1809 noch 1442, 1821: 1617, 1829: 1154. Dann hält sich die Zahl lange ungefähr auf gleicher Höhe, um zuletzt wieder anzusteigen — Die Diözese Hornberg hatte 1813: 66 %, jetzt (1904) 57,5 %.

Allerdings ist bei dem guten Abendmahlsbesuch im 18. Jahrhundert zu berücksichtigen, daß unter Karl Friedrich in Baden=Durlach ein Zwang auf die Gemeindeglieder zur Erfüllung ihrer kirchlichen Pflichten ausgeübt wurde.

---

1) Das K.G. u. V.O.Bl. von 1903 S. 49 gibt etwas höhere Zahlen, da dort die Vermehrung der Bevölkerung erst vom Jahre 1897 an berücksichtigt ist. Die obige Berechnung scheint mir ein richtigeres Bild zu geben. Uebrigens ist jede Prozentberechnung ungenau, da die Bevölkerungszahl sich immer ändert und zwar nicht immer in gleichmäßiger Weise.

„Wenn Wir auch nicht gemeint sind, jemanden dahin zu zwingen, das hl. Nachtmahl, so oft es gehalten wird, zu empfangen, so sollen doch alle ermahnt sein, es ö f t e r s zu gebrauchen, und diejenigen, die nur einmal kommen oder sich des Genusses ganz enthalten, sollen gestraft werden und haben die Ungnade des Fürsten zu gewärtigen." (General-Synodal-Verordnung vom 25. Mai 1755. Gerstlacher a. a. O., I. S. 72.)

Außer den von S c h i a n (a. a. O. Seite 108 f.) angeführten Gründen für die Abnahme des Abendmahlsbesuchs (Aufklärung, Kriegswirren, Unabhängigkeitssinn, Sozialdemokratie) sind für Baden noch von Einfluß gewesen: der Verfall der Kirchenzucht und die Verminderung der Abendmahlstage.

Der Besuch des Abendmahls ist in den einzelnen Diözesen sehr verschieden. Den höchsten Prozentsatz hatte 1904 B o r b e r g mit 88,5 % (1905: 90,3 %), den geringsten M a n n h e i m - H e i d e l b e r g mit 23,1 %. Welche gewaltige Differenz in kirchlicher Sitte und Gesinnung! Es finden sich auch sonst Gemeinden mit hohen Zahlen, 100 und mehr Prozent (bis 147) sind nichts Seltenes. Ueber 80 % hatten 2 Diözesen (Borberg, Neckargemünd), zwischen 70—80 % 6 (Mosbach, Neckarbischofsheim, Adelsheim, Wertheim, Sinsheim, Oberheidelberg), zwischen 60—70 % 3 (Eppingen, Lahr, Bretten), zwischen 50—60 % 6 (Hornberg, Karlsruhe-Land, Emmendingen, Freiburg, Ladenburg-Weinheim, Müllheim), zwischen 40—50 % 6 (Schopfheim, Rheinbischofsheim, Konstanz, Lörrach, Karlsruhe-Stadt, Durlach), zwischen 30—40 % 1 (Pforzheim), zwischen 20—30 % 1 (Mannheim-Heidelberg).

Die große Mehrzahl der Diözesen (17) steht über dem Landesdurchschnitt. In kirchlichen Gemeinden nehmen viele zwei- und dreimal im Jahre das Abendmahl. Das Gewöhnliche ist aber einmaliger Genuß. Das Verhältnis des männlichen Geschlechts zum weiblichen ist 43 : 57. Doch ist dieses Verhältnis in den Städten für die Männerwelt noch ungünstiger. In M a n n h e i m - H e i d e l b e r g betrug es 1904 9 : 16. Im ganzen Lande überwiegt, wenn auch in verschiedenem Maße, die Zahl der Frauen. Es gibt keine einzige Diözese, in der die männlichen Teilnehmer zahlreicher sind als die weiblichen. Am günstigsten für die Männerwelt ist das Verhältnis in B o r b e r g und N e c k a r b i s c h o f s h e i m 47 : 53. Nach einer Erhebung des Oberkirchenrats betrug 1887 das Verhältnis der männlichen Abendmahlsgäste zu den weiblichen 43,3 : 56,7; es hat sich also in den letzten 20 Jahren nicht wesentlich geändert.

Auf Seite 107 sind die Diözesen nach der Zahl der Abendmahlsgäste (1905) geordnet. Man sollte denken, daß die ehemals lutherischen Gemeinden einen höheren Prozentsatz aufweisen als die reformierten. Das Gegenteil ist der Fall. Nicht die dogmatische Wertung des Abendmahls scheint ausschlaggebend zu sein, sondern die Kirchlichkeit. Die höchsten Zahlen haben die altreformierten Diözesen. Vergleicht man die Teilnahme am Abendmahl mit dem Gottesdienstbesuch, so findet man hier die gleiche Erscheinung, daß nämlich die Diözesen des Südens die geringsten Zahlen, die des Nordens die höchsten haben. Wenn auch beide Tabellen nicht die gleiche Reihenfolge aufweisen, so sind doch die Unterschiede zwischen beiden nicht groß. Es ergibt sich das Resultat: der Kirchenbesuch stimmt im großen und ganzen mit dem Abendmahlsbesuch überein. Uebrigens ein weiterer Beweis für die Brauchbarkeit des in Baden üblichen Zählmodus!

Die Teilnahme am Abendmahl gilt als kirchliche Pflicht. Wer noch mit der Kirche in Verbindung bleiben möchte, schließt sich nicht aus. Allgemein wird auch die Bedeutung des Abendmahls von kirchlichen Gemeinden nicht gering geschätzt. Doch findet sich natürlich gedankenlose und gleichgültige Teilnahme sehr häufig. Die lutherische Abendmahlslehre wird nur noch in wenigen früher lutherischen Landesteilen in ihrer Reinheit festgehalten. Die Union hat die Anschauungen gemischt und verwischt. Niemand denkt daran, seinen Pfarrer wegen abweichender Ansichten über das Abendmahl anzufechten. Die alten Gegensätze haben jede Bedeutung verloren. An ihre Stelle sind andere, vor allem die christologischen, getreten. Die allgemeine Ueberzeugung kann etwa so formuliert werden: es kommt beim Abendmahl mehr darauf an, wie man es genießt, als was man davon hält; wer in würdiger Weise daran teilnimmt, der hat einen Segen davon; weniger klar dürften die Meinungen über die Folgen unwürdigen Genusses sein.

Als wesentlich zum Abendmahl gehörig wird die Absolution angesehen, die in der Beichte, dem Vorbereitungsgottesdienst, erfolgt. Sie soll in der Regel am Tag vor der Abendmahlsfeier stattfinden.

Sie hat die Form eines einfachen Gottesdienstes mit Gesang, Gebet, Schriftlesung, Predigt (oder liturgischer Abendmahlsvermahnung), Sündenbekenntnis, Gnadenversicherung, Dankgebet, Unser Vater, Segen.

Manchmal wird die Vorbereitung unmittelbar vor dem Abendmahl gehalten und ist dann etwas kürzer. In diesem Falle gilt die Predigt im Hauptgottesdienst als Abendmahlsvermahnung.

Privatbeichten sind selten; sie werden fast nur von solchen begehrt, die an der allgemeinen Beichte nicht teilnehmen konnten: sie wird dann gewöhnlich im Pfarrhause in der für die öffentliche Vorbereitung geltenden Form vorgenommen. Ohne Beichte das Abendmahl zu genießen, gilt als ungehörig und wird gleichsam als eine Erschleichung des kirchlichen Segens verurteilt. In den Städten jedoch mag mancher sich beim Abendmahl einfinden, der bei der Beichte nicht zugegen war. Wer religiös gesinnt ist, der nimmt es mit der Vorbereitung ernst, bereitet sich auch zu Hause vor. Für viele ist auch die Beichte eine bloße Form. Aeltere Leute fasten vor dem Abendmahlsgenuß. Auch nach dem Empfang des Abendmahls wird der Tag besonders geheiligt. An manchen Orten besuchen die Abendmahlsgäste den Nachmittagsgottesdienst, auch die Männer, selbst da, wo es sonst nicht üblich ist, daß Männer sich nachmittags in der Kirche zeigen. Auf dem Lande wird es nicht gebilligt, wenn einer am Abendmahlstag Karten spielt oder sich betrinkt; doch ist dieses verdammende Urteil nicht allgemein. Als Unfug muß es bezeichnet werden, wenn die jungen Leute — was da und dort geschieht — an ihrem Abendmahlstag, dem Karfreitag, wo sie in ihrem Wohnorte das Wirtshaus nicht besuchen, auswärts gehen und sich da ausschweifender Fröhlichkeit hingeben. Besonders in der Diaspora und in gemischten Gegenden nehmen die Katholiken daran berechtigten Anstoß.

Die **Haus- und Krankenkommunionen** sind in den oben (S. 126) gegebenen Zahlen inbegriffen. Erst seit einigen Jahren werden sie in der Tabelle noch besonders aufgeführt. Sie betrugen

```
1900:  7544  d. i. 2,1 %  der Abendmahlsgäste
1901:  7346      „ 2,1 %   „          „
1902:  7658      „ 2,2 %   „          „
1903:  8020      „ 2,2 %   „          „
1904:  8231      „ 2,3 %   „          „
1905:  8826      „ 2,5 %   „          „
```

Die von Pieper für ganz Deutschland konstatierte Zunahme der Privatkommunionen ist auch in Baden, wenigstens in der letzten Zeit, zu beobachten. Katholische Vorstellungen über den Wert solchen Abendmahlsgenusses scheinen mit im Spiele zu sein. Denn die Kommunionen sind besonders in gemischten Gemeinden und in der Diaspora häufig. In ungemischten Gegenden beschränken sie sich oft auf alte, gebrechliche Leute, die am Abendmahlsgottesdienst nicht teilnehmen können und darum an den Abendmahlstagen zu Hause kommunizieren. Zu Sterbenden wird der Pfarrer nicht überall gerufen. Wohl gibt es ungemischte Gemeinden genug, in denen dies geschieht, ja, wo man eher zum Pfarrer schickt als zum Arzt, und wo man „zum großen Weg in die Ewigkeit diese Stärkung (das Abendmahl) haben will". Aber mehr wird in der Diaspora von den Angehörigen der Sterbenden darauf gehalten, daß diese „versehen" werden. Schon deshalb, weil sie nicht von ihren katholischen Mitbürgern einer Pflichtverletzung bezichtigt werden wollen. Hier gewinnt das Abendmahl die Bedeutung, welche die Sterbesakramente für die Katholiken haben: es ist eine „Wegzehrung". Da und dort erwartet man von dem Abendmahlsgenuß magische Wirkungen für das körperliche Befinden und zwar seltsamerweise oft entgegengesetzte. Während die einen hoffen, daß es nach dem Abendmahl mit dem Kranken besser werde, fürchten die anderen, daß er bald darauf sterben muß.

Die Bewegung für Einführung des Einzelkelchs hat auch in Baden weitere Kreise ergriffen; doch bisher nur in den Städten. Die Diözesansynode Mannheim-Heidelberg hat 1905 mit 15 gegen 5 Stimmen einen Antrag auf fakultative Einführung angenommen. Doch hat der Oberkirchenrat erklärt, daß die Resolution der Eisenacher Kirchenkonferenz vom 23. Juni 1903:

„Die Konferenz empfiehlt den Kirchenregierungen, die Gemeinsitte des Gesamtkelchs im hl. Abendmahl in ihren Gebieten aufrecht zu erhalten und jeder willkürlichen Einführung des Einzelkelchs mit Entschiedenheit entgegenzutreten, falls aber das Verlangen nach Gestattung desselben auf kirchenordnungsmäßigem Wege bei ihnen vorgebracht werde, etwaige Ausnahmen nur dann zuzulassen, wenn der gestellte Antrag den Sinn und die Würde des Sakraments unzweifelhaft wahrt und zum Ausdruck bringt"

seinen eigenen Anschauungen entspreche, und daß die Anträge auf Einführung also von Fall zu Fall geprüft werden sollen.

H. Das Begräbnis.

Unionsurkunde. Beilage A. § 14. — St.V. vom 6. November 1838 und vom 7. Januar 1870. — Kirchenbuch S. 432 ff. — Meyer: Bad. Volksleben. Straßburg 1900. — D.E.B. 1895 und 1906. — Berichte.

Den Toten die letzte Ehre zu erweisen, gilt als Christenpflicht. Zur letzten Ehre gehört ein kirchliches Begräbnis.

Die Unionsurkunde sagt darüber: „Die Kirche nimmt auch diesen Macht- und Lichtpunkt des irdischen Lebens für ihre heiligen Zwecke in Anspruch, stellt ihn in die religiöse Ansicht und benützt den ernsten Anblick des Todes zu tiefer Wirkung auf die Lebenden. Darum läßt sie jedes Mitglied ihrer Gemeinschaft durch einen Geistlichen an das Grab begleiten und gibt ihm eine einfache gottesdienstliche Feier an demselben mit Rede und Gebet und, wo es herkömmlich ist, oder verlangt wird, mit Gesang in Auftrag".

1. Das gottesdienstliche Leben.

Auf dem Lande kommt eine Beerdigung ohne Begleitung des Pfarrers nur bei Angehörigen von Sekten oder bei kleinen Kindern vor. In 16 Diözesen wurden im Jahre 1904 alle Gestorbenen kirchlich beerdigt. Bei 15 000 Todesfällen zählte die Statistik 14 571 Leichenbegängnisse, das sind 97,1 %[1]). Unter den 429 nicht kirchlich Beerdigten sind 51 Leichen, die ohne weiteres der Anatomie überwiesen, und 215 Verstorbene, die nach ihrer Heimat verbracht und dort wohl kirchlich beigesetzt wurden. In dem Rest (163) ist noch eine Anzahl ungetauft verstorbener Kinder enthalten, bei deren Beerdigung in vielen Gemeinden eine kirchliche Feier nicht üblich ist. Es bleiben also nur wenige übrig, deren Angehörige die Teilnahme der Kirche nicht beanspruchten. Sie verteilen sich auf die Diözesen Durlach, Freiburg, Karlsruhe-Stadt, Konstanz, Lahr, Lörrach, Mannheim-Heidelberg, Müllheim und Pforzheim. Gegen früher hat eine kleine Abnahme der kirchlichen Beerdigungen stattgefunden. Diese wurde unterlassen

1877—1879 bei 0,4%	1895—1899 bei 0,7%
1880—1884 bei 0,5%	1900—1904 bei 2,3%
1885—1889 bei 0,6%	1905 bei 1,4%
1890—1894 bei 1,0%	

der Gestorbenen evangelischen Bekenntnisses.

Die Leichenfeier gestaltet sich in Stadt und Land verschieden. Während an dem einen Orte der Geistliche im Sterbehause eine Ansprache hält, an einem anderen vor dem Hause am Sarge ein Gebet spricht, schließt er sich an einem dritten unterwegs dem Leichenzuge an oder erwartet diesen an einem vierten auf dem Friedhof. Hier geht der Pfarrer allein oder in Begleitung des Kirchendieners vor dem Sarg her, dort folgt er ihm, neben dem nächsten männlichen Angehörigen einherschreitend. Die kirchliche Feier am Grabe wird nach den Vorschriften der Agende vorgenommen.

Votum, Eingangsgebet, Schriftlesung, Hauptgebet, Personalien, Rede, Einsenkung des Sarges (Gesang, Musik), Einsegnung ("Von Erde bist du genommen, zu Erde sollst du werden, Jesus Christus wird dich aufwecken am jüngsten Tage" oder "Der Leib muß wieder zur Erde kommen, davon er genommen ist, und der Geist zu Gott, der ihn gegeben hat". 1. Cor. 15 55. 57), Schlußgebet, Segen. — Wo es üblich ist, daß die Leichenrede in der Kirche gehalten wird, schließt sich an die Grabliturgie ein Gottesdienst an mit Gebet, Predigt (und Gesang).

An den meisten Orten richtet sich die Feier nach dem Alter des Verstorbenen. Bei der Beerdigung von Kindern wird eine

---

[1]) 1905: bei 14 713 Todesfällen 14 513 kirchliche Beerdigungen d. i. 98,6%.

kürzere Form der Liturgie gebraucht, gewöhnlich fällt auch die Rede weg. Doch in manchen Gemeinden wird auch am Grabe von Totgeborenen eine Rede gehalten und sogar bei kleinen Kindern ein „Lebenslauf" verlesen. Oft findet bei Kindern bis zu einem gewissen Alter (2, 6, 14 Jahre) die Feier auf dem Friedhofe, bei Erwachsenen zum Teil in der Kirche statt. — In vielen ehemals lutherischen Gemeinden wird dem Leichenzug ein Kreuz vorangetragen, die reformierte Sitte dagegen verbietet das Kreuz auch auf dem Friedhof. Statt dessen werden die Gräber mit einem Brette mit dachförmigen Aufsatz „geschmückt". Auf dem Lande ist die Beteiligung an den Begräbnissen eine große; im Schwarzwalde sind die Geschäftsleute fast ständig unterwegs, um an einem Begräbnis teilzunehmen.

In einem Schwarzwalddorfe wird die Beerdigung in folgender Weise vorgenommen: Ehe man die Leiche aus dem Hause trägt, wird sie „ausgebetet" (am offenen Sarge hält ein Laie eine Ansprache mit Gebet). Dann wird der Sarg von den Nachbarn des Verstorbenen bis in die Mitte des Dorfes getragen. Ist der Leichenzug dort angelangt, so wird ein Glockenzeichen gegeben, die Schulkinder mit dem Lehrer und dem Pfarrer erscheinen, die Kinder singen. Dann gemeinsamer Zug auf den Friedhof. Grabliturgie. Gottesdienst. In der Kirche behalten die männlichen Leidtragenden den Hut auf dem Kopfe; ehe sie die Kirche verlassen, gehen sie um den Altar herum und werfen in den dort aufgestellten Teller ihr Opfer, das vielfach in Papier eingewickelt ist. Dann erst verlassen die anderen Teilnehmer das Gotteshaus

Leider ist in jüngster Zeit infolge des Widerspruchs der Lehrer die alte Sitte des Leichensingens fast überall aufgegeben worden. Im Jahre 1903 bestand es nur noch in 3 Diözesen in allen Gemeinden, in 2 fast überall, in 2 weiteren war es an den meisten Orten aufgehoben. Als Gründe dafür werden geltend gemacht einmal, daß der Unterricht notleide, und außerdem, daß im Winter der oft weite Gang zum Friedhof und das Singen bei Wind, Regen und Kälte den Kindern schaden. Die Gemeinden waren über die Aufhebung des alten Brauchs sehr erbittert.

Der Lebenslauf, der bei der Feier vorgelesen wird, soll auf dem Lande ausführlich sein. Man hat es gern, wenn er für alle eine gleiche Form hat, sonst vermutet man hinter besonderer Kürze oder Länge besondere Absichten. Ebenso wünscht man die Leichenreden ziemlich gleich lang. — Die Grabreden dauern 5—10 Minuten, die Predigten in der Kirche bis zu einer halben Stunde. Allgemeine Predigten liebt man nicht. Der Geistliche soll auf den einzelnen Fall eingehen und das Leben des besonderen Individuums auch in besonderer Weise betrachten. Scharfe Leichenreden erregen natürlich Anstoß. Man denkt: Der Pfarrer soll das, was er zu tadeln hat, dem einzelnen vorhalten, solange er noch lebt, den allgemeinen Tadel aber auf die Sonntagspredigt versparen. Wenn aber verlangt wird, daß er die Sünden des Verstorbenen strafen soll, so entspringt dieser Wunsch nicht immer ernster christlicher Denkweise. Die meisten Pfarrer werden in Fällen, wo es sich um schwere Fehler handelt, ohne den Toten zu verdammen oder seine Familie vor den Einheimischen und Fremden bloßzustellen, doch die betreffenden Sünden verurteilen. „Ein gebildeter Mann kann der Wahrheit die Ehre geben ohne zu beleidigen." Selten mag es vorkommen, was aus einem Schwarzwalddorfe berichtet wird, daß ein junger Bursche vor seinem Tode ausdrücklich wünscht, der Pfarrer möge an seinem Grabe keine Trost-, sondern eine Strafpredigt halten im Hinblick auf sein Leben. Wenig Verständnis hat man auf dem Lande für die Frage der Abschaffung der Leichenreden. In der Diaspora erfreuen sich die Begräbnisse evangelischer Personen deswegen einer außerordentlich großen Leichenbegleitung, weil dabei eine Rede gehalten wird, was in der katholischen Kirche selten geschieht. Viele Katholiken erhalten nur auf diesem Wege den unbestimmten Eindruck, daß die Protestanten keine Heiden seien.

Ein eigentlicher Leichenschmaus findet selten mehr statt. Doch versammeln sich die auswärtigen Teilnehmer nach der Beerdigung in den Wirtshäusern. Die Begräbnisse sind erwünschte Gelegenheiten, wo man sich trifft und miteinander „diskutiert". Früher sind bei den Leichenmahlzeiten und besonders bei den Leichenwachen grobe Ungehörigkeiten vorgekommen. „Die Schnapsbrüder gehen gern zur Leichenwache". Es wird erzählt, daß die Leichenwächter manchmal zu den Klängen einer Ziehharmonika zuerst ernste, dann heitere Lieder gesungen haben. „Von einer der letzten dieser Wachen wurde mir gesagt", so berichtet ein Pfarrer, „wie der Vater, der einen erwachsenen Sohn verloren hatte, tief in der Nacht von den jungen Leuten, die Wache hielten, sich verabschiedete und in der ihm eigenen Mischung von Härte und Wehmut unter Hinweis auf die vollen Weinkrüge sagte: „Greifet ordentlich zu; es ist jetzt bei uns, wie wenn wir die Vorhochzeit (Polterabend) hätten". In manchen Gegenden sind die Leichenwachen heute noch üblich.

Selbstmörder werden gewöhnlich „still", ohne Gesang und ohne Geläute beerdigt; in den meisten Fällen wohl auch ohne

Rede. Doch lassen sich manche Pfarrer diese Gelegenheit, ein ernstes Wort zu reden, nicht entgehen. Die kirchlichen Bestimmungen geben dem einzelnen darin Freiheit. „Wenn glaubhaft nachgewiesen ist, daß der Selbstmörder in geistiger Umnachtung gehandelt hat, so wird seine Beerdigung von der anderer Personen sich nicht unterscheiden. Andernfalls soll die Beerdigung in der Stille vorgenommen werden; ob dabei eine Rede oder nur ein Gebet gehalten wird, wird von den besonderen Umständen des Falls abhängen". Vielfach fehlt das Bewußtsein von der Sündhaftigkeit des Selbstmords. Es kommt vor, daß einer sich darauf vorbereitet wie ein andrer, der den Tod erwartet. So jener betagte Rebmann im Oberlande, der sein Gesangbuch nimmt und ein Sterbelied liest; dann legt er seine Brille in das Gesangbuch, geht auf den Speicher und erhängt sich. Man entschuldigt vielfach den Selbstmord durch fatalistische Anschauungen: Es kommt so, wie es kommen muß. In einer Schwarzwaldgemeinde wurde dem Pfarrer, der die stille Beerdigung eines Selbstmörders befürwortete, entgegengehalten, er wisse auch noch nicht, was ihm bestimmt sei. Ein Beitrag zur bäuerlichen Glaubenslehre!

Auch mit der Beerdigung sind örtlich verschiedene Sitten verbunden. Einer Wöchnerin, die mit ihrem Kinde stirbt, gibt man in der Umgegend von Karlsruhe das Nähzeug mit, in Flehingen noch Wachs und Seife. Im Hanauerland steckt man auf das Grab einer Wöchnerin 6—8 Stäbe, die mit weißem Garn umwickelt sind. In Dertingen wird dem Toten ein Gegenstand mitgegeben, der ihm teuer war. Kinder werden mit Kränzen und Sträußen bedeckt, in Nicklashausen legt man ihnen Windeln in den Sarg, in Thiengen einen Rosmarinzweig und eine Zitrone. In Göbrichen geht sofort nach dem Eintreten des Todes ein Familienglied langsam mit gefalteten Händen ins Pfarrhaus.

Der Tod beschäftigt, wie alles Geheimnisvolle, in besonderem Maße die Phantasie des Volkes. Er wird nach der Volksmeinung durch mancherlei Vorboten angezeigt. Nach dem Tode findet der und jener keine Ruhe im Grabe. Rohe Gewohnheiten verschwinden in neuerer Zeit. So herrschte bei Emmendingen der Brauch, dem im Todeskampfe Liegenden das Kopfkissen schnell wegzureißen, um ihm das Sterben zu erleichtern. — Ist der Tod eingetreten, so öffnet man das Fenster, um die Seele hinauszulassen. Den Tod des Hausherrn sagt man im Markgräfler=

1. Das gottesdienstliche Leben.

lande den Tieren im Stall an; alle beweglichen Gefäße werden geschüttelt, den vorhandenen Gartensamen schüttet man aus; im Hanauerland löst man das Vieh von der Kette, Katzen und Hunde werden aus dem Hause gejagt. Wer in Sexau einen Toten angekleidet hat, der muß seine Hände mit Salz reiben, damit sie nicht „verschlafen". In Köndringen darf an dem Totenkleid keine Seide, in Sexau kein Haft, in der Gegend von Pforzheim kein Name eingestickt sein, da sonst bald ein andres Familienglied sterben muß. Der Tote muß, die Füße vorwärts gerichtet, aus dem Hause getragen werden. U. a. m. Während einer Beerdigung darf nichts gegessen werden. Ueber Sonntag soll kein Toter liegen.

Solche Gebräuche verdanken bekanntlich ihre Entstehung altheidnischen Vorstellungen.

Die Einführung eines Totenfestes wurde zwar manchmal befürwortet, doch bis jetzt noch nicht durchgesetzt. An manchen Orten versammelt sich am Ostersonntag nachmittags die Gemeinde auf dem Friedhof, singt und hört eine Predigt an — Immer wird der Toten gedacht im Sylvestergottesdienst.

Große Verschiedenheit findet man in der Pflege der Friedhöfe. Nach der Unionsurkunde soll für den Gräberschmuck und für die Leichenfeier die Norm gelten: „Decenz ohne Luxus". Während da und dort die „Gottesäcker" durch Dorngestrüpp, schiefe Grabsteine, am Boden liegende morsche und faulende Holzkreuze Bilder trostloser Vernachlässigung darbieten, stehen in anderen Gemeinden die Evangelischen in der Pflege der Gräber hinter den Katholiken nicht zurück. Auf den Friedhöfen fallen die Grabsteine aus der Zeit der Aufklärung nicht unangenehm auf. Es sind doch Sinnbilder auf den Steinen, die etwas bedeuten: die Schlange als Sinnbild der Ewigkeit, das Dreieck mit dem Auge Gottes, Trauerweiden, verschlungene Hände findet man gewöhnlich als Verzierung der Sandsteine. Allerdings fehlt es auch nicht an heidnischen Symbolen: zerbrochene Säulen, Masken, Urnen, umgestürzte Fackeln u. a. Aber so wenige dieser Grabsteine christliches Empfinden ausdrücken, sie sind doch nicht so nüchtern und nichtssagend wie die meisten Grabdenkmäler unserer Zeit, namentlich auf ländlichen Friedhöfen. Sie regen doch wenigstens zu stillem Nachdenken an und lassen den Beschauer nicht so kalt wie der heutige Durchschnittsstein. Auf einem Friedhof ist mir ein riesiger schwarzer Würfel aus Mar=

mor aufgefallen, der auf einer abgeschliffenen Ecke ruht, und der keinen andren Gedanken in dem Betrachter auslöst als den: „Diesen Stein könnte man leicht umwerfen". Aehnliche Geschmack= losigkeiten sind häufig anzutreffen, wenn sie auch nicht immer so kostspielig sind. In neuerer Zeit schenken manche Pfarrer den Inschriften mehr Beachtung. Nur ein Beispiel einer unpassenden Inschrift, wie man deren so viele findet:

> Hier ruht in diesem Gräbelein
> Sein Name ist, heißt Friedrich Stein
> Nicht weit von diesem Knäbelein
> Ruht auch sein holdes Schwesterlein.

Als Hauptfehler der Inschriften sind zu bezeichnen: Senti= mentalität, Lobhudelei, schlechte Poesie. Von einem Orte wird berichtet, daß kein einziger Bibelspruch sich auf den Steinen finde. Auf manchen Grabsteinen des Oberlandes sind wie in der Schweiz und in Mitteldeutschland Photographien der Verstorbenen ange= bracht. (Gute Ratschläge über die Pflege der Friedhöfe gibt Prälat Dr. H. Merz in seinem Schriftchen: „Der evangelische Friedhof und sein Schmuck." Stuttgart, 1884.)

Die Friedhöfe in Baden sind im Besitz der politischen Ge= meinden und für alle christlichen Konfessionen offen; es darf keinem Gemeindeglied die Ruhestätte auf dem Ortsfriedhof ver= sagt werden; die Toten müssen in der Reihe bestattet werden. Nur in besonderen Fällen ist eine Ausnahme gestattet, z. B. bei Familiengrabstätten. Will eine Konfession einen besonderen Friedhof für ihre Mitglieder anlegen, so hat sie die Kosten zu bestreiten.

Zur Feuerbestattung hat die evangelische Landeskirche von Anfang an keine feindliche Stellung angenommen. Schon 1891 erklärte die Kirchenbehörde, daß kein zwingender Grund vorhanden sei, die amtliche Beteiligung des Geistlichen bei solchen Bestattungen zu verweigern, falls ihm eine würdige Stellung da= bei zugewiesen werde. „Es wird Aufgabe der für die Feuerbe= stattung in Anspruch genommenen Geistlichen sein, die dafür un= umgänglichen Aenderungen in der Liturgie eintreten zu lassen, aber auch bestimmt darauf zu halten, daß bei solchem Akte der kirchliche Anstand in jeder Weise gewahrt bleibe". Neuere Be= stimmungen über die Gestaltung der Feier sind im K.G. u. V.O.Bl. 1906 (Seite 35 f.) gegeben.

In Baden gibt es z. Zt. 3 Krematorien: in Mannheim, Karls= ruhe und Heidelberg; zwei weitere werden demnächst gebaut. Im erften Halbjahre 1906 wurden in den 3 Krematorien 96 Leichen verbrannt, im gleichen Zeitraum des Vorjahrs 99. Die kleine Abnahme findet ihre Erklärung in der Eröffnung der Krematorien in **Ulm** und **Heilbronn**.

2. Die Opferwilligkeit.

Statistische Tabellen. — D.S.B.

Die Evangelischen in Baden haben im Jahre 1904 aufgebracht

1. an allgemeiner Kirchensteuer (unter Abrechnung der Abgänge) 554 953,99 Mk.

2. an Ortskirchensteuer 600 646,00 Mk.

An Stelle der Ortskirchensteuer werden in den Diasporagenossenschaften zur Bestreitung kirchlicher Bedürfnisse freiwillige Beiträge gesammelt, deren Gesamtbetrag nicht bekannt ist, der aber nicht unbedeutend sein wird,

3. an Kirchen= und Kasualopfern 169 709 Mk.

4. an Kirchenkollekten 82 433 Mk.

5. an Sammlungen und Gaben für kirchliche und allgemein wohltätige Zwecke 644 687 Mk.

Das sind 2 052 428 Mk., die unter Mitwirkung kirchlicher Organe aufgebracht wurden. Es kommen dazu die unkontrollierbaren Gaben (für Vereine und Anstalten), die nicht durch die Hand des Geistlichen gehen; ferner die Sammlungen zur Hebung von augenblicklichen oder dauernden Notständen aller Art, und noch manche andere Gabe, die infolge von Aufrufen der Kirchenblätter gespendet wird, ganz abgesehen von jenen Leistungen, die im Stillen zur Linderung geistlicher und leiblicher Not vollbracht werden.

Es ist eine sehr erfreuliche Erscheinung, daß die Opferwilligkeit immer mehr gestiegen ist. Das ist der Eindruck, den man bei der Betrachtung der allgemeinen Sammlungen erhält, und die gleiche Beobachtung kann man machen, wenn man die einzelnen Kollekten ins Auge faßt.

Die **Karfreitagskollekte** (seit 1863; anfangs bestimmt für die kirchlichen Bedürfnisse armer evangelischer Gemeinden, von 1874—1895 für Stipendien an Studierende der Theologie, seither für bauliche Bedürfnisse) stieg von 7548,67 Mk. im Jahre 1895 auf 10 693,59 Mk. im Jahre 1904.

Die **Reformationsfestkollekte** (seit 1856; für die Diaspora bestimmt) stieg von 3894,74 Mk. im Jahre 1874 auf 7411,14 Mk. im Jahre 1904.

Die **Bußtagskollekte** (seit 1863; für kirchliche Bedürfnisse armer Gemeinden des Landes) stieg von 4550,37 Mk. im Jahre 1874 auf 8903,10 Mark im Jahre 1904.

Die **Weihnachtskollekte** (seit 1859; für Rettungsanstalten für sittlich verwahrloste Kinder) stieg von 4080 Mk. im Jahre 1874 auf 8367,62 Mark im Jahre 1904.

Es ergab:	1895—1899	1900—1904
die Karfreitagskollekte	41 327,60 Mk.	49 604,68 Mk.
die Reformationsfestkollekte	31 557,56 Mk.	34 683,33 Mk.
die Bußtagskollekte	34 841,82 Mk.	41 003,71 Mk.
die Weihnachtskollekte	32 282,05 Mk.	39 214,11 Mk.

Außer diesen jährlich in allen Gemeinden (mit Ausnahme der Diaspora) zu erhebenden Kirchenkollekten werden jedes Jahr vom Oberkirchenrat besondere Landeskollekten für andere Zwecke angeordnet.

Im Jahre 1904 wurde z. B. für die kirchliche Versorgung der deutschen Evangelischen im Ausland, für die Heidenmission in den deutschen Schutzgebieten, für den badischen Landesverein für innere Mission und für die Diasporagemeinde Breisach gesammelt.

Ferner wird die von der Behörde seit 1863 empfohlene **Bibelkollekte** fast in allen Gemeinden erhoben. Seit Einführung des Missionssonntags (1905) wird alljährlich eine **Kollekte für die Heidenmission in den deutschen Kolonien** erhoben. Sie ergab 1906: 7982,31 Mk.

Wenn auch das Steigen des Kollektenertrags (trotz der Abnahme des Kirchenbesuchs) zum Teil auf das Wachstum des Wohlstandes zurückzuführen ist, so ist dies nicht der einzige Grund. Das geht daraus hervor, daß das wirtschaftlich ungünstige Jahr 1901 einen höheren Ertrag brachte als das vorhergehende. Mit der größeren Ausdehnung der Liebeswerke werden sie auch in weiteren Kreisen bekannt, das Interesse wächst und damit auch die Opferwilligkeit.

Auf den Kopf der evangelischen Bevölkerung kamen im Jahre 1904 bei den Kollekten 11,7 Pfg. Ein Vergleich mit früheren Jahren läßt sich hier nicht ziehen, da in den verschiedenen Diözesen und in den verschiedenen Jahren nicht die gleiche Anzahl von Kollekten erhoben wurde. Bei den „Sammlungen und Gaben" kamen auf den Kopf 92 Pfg. Da unter den „Sammlungen und Gaben" auch Beiträge der Gemeinden für zufällige, vorübergehende kirchliche Bedürfnisse (Kirchbau, Glocken ꝛc.) enthalten sind, so kann daraus die Opferwilligkeit der einzelnen Diözesen nicht beurteilt werden. Besser sind dazu die Kollekten geeignet. Die geringsten Beträge haben Mannheim-Heidelberg (6,3 Pfg. auf den Kopf), Schopfheim (7,6), Ladenburg-Weinheim (7,9), Pforzheim (8,7), Oberheidelberg (9,2), Lörrach (9,6), Rheinbischofsheim (11,1), also die Diözesen mit schlechtem Kirchenbesuch. Nur in Karlsruhe-Stadt entspricht der Ertrag der Kollekten (15,1 Pfg.) nicht dem schlechten Gottesdienstbesuch. Die Diözesen mit gutem Kirchenbesuch haben auch die höchsten Kollektenbeträge: Boxberg (15,4), Sinsheim (15,5), Adelsheim (16,7), Wertheim (17,2), Lahr (17,2), Bretten (17,3), Neckarbischofsheim (18,3). Der Ertrag der Kollekten entspricht also im allgemeinen dem Kirchenbesuch.

Wenn von einzelnen Vereinen über Abnahme der Opferwilligkeit geklagt wird, so erklärt sich dies daraus, daß die Anforderungen in den letzten Jahren unverhältnismäßig stärker gewachsen sind als die evangelische Bevölkerung.

3. Die kirchliche Armen- und Krankenpflege.

Kirchenverfassung § 38. — D.S.B. 1886. — Verhandlungen der Generalsynode 1904. Bl. I. S. 22. — Jahresberichte der Diakonissenhäuser in Mannheim, Karlsruhe, Freiburg. — Hesselbacher: Die innere Mission in Baden. Karlsruhe 1884.

Die kirchliche Armen- und Krankenpflege kann nur als eine Ergänzung der weltlichen betrachtet werden. In der Stadt Heidelberg z. B. betrugen 1885 die Leistungen der evangelischen kirchlichen Armenpflege 4500 Mk., die der weltlichen aber 300 000 Mk. Der Geistliche hat Sitz und Stimme im Armenrat seiner Gemeinde und kann hier seine Meinung zur Geltung bringen. Zugleich ist er Vorsitzender des Kirchengemeinderats, zu dessen amtlichen Befugnissen die Armenpflege gehört, und endlich muß er als Seelsorger sich der Armen besonders annehmen. In den großen Städten stehen dem Pfarrer die Diakonen zur Seite. Karlsruhe wurde 1893 in 7 Bezirksdiakonien eingeteilt mit je 4 Diakonen. Den letzteren liegt ob, „innerhalb des ihnen zugewiesenen Dienstbezirks auf eigenes Gutfinden oder auf Veranlassung anderer, insbesondre durch unmittelbare Besuche den religiös-sittlichen Zustand, sowie die Familien- und sonstigen Verhältnisse der Bedürftigen zu ermitteln, den geistlich und leiblich Notleidenden beizustehen und das Ergebnis mit entsprechenden Anträgen zur Kenntnis des Bezirkspfarrers zu bringen". Doch hält es oft schwerer, geeignete Persönlichkeiten zu finden, als die Geldmittel für die Diakonie aufzubringen. Unterstützt werden die Diakonen durch die da und dort bestehenden Hausväterverbände und durch die evangelischen Männervereine. — Auf dem Lande ist es in der Regel der Kirchengemeinderat, der auf vorhandene Notstände aufmerksam macht.

Der Aufwand der Gemeinde und des Staates für die Armenpflege beträgt jährlich etwa 5 Millionen Mark (Seite 6). Was leistet die evangelische Kirche? Darüber sind mir keine statistischen Angaben möglich. Es kommt auf die Größe und die Zweckbestimmung der kirchlichen Ortsfonds an. In vielen Gemeinden ist der Aufwand für die Armen ein namhafter; besonders in den Städten geschieht viel von seiten der Privatwohltätigkeit durch Vermittlung der Geistlichen, der Diakone, der Stadtmissionare. Auf dem Lande werden die Armen auch durch die Frauenvereine unterstützt.

In meiner Gemeinde (1900 Ev.) mit mittlerem Fonds sind für Armenpflege jährlich 425 Mk. ausgeworfen. Diese werden an 5—6 arme Personen in wöchentlichen Raten und an 2—5 Konfirmanden zur Anschaffung von Kleidungsstücken verteilt.

Es gibt im Lande eine Anzahl von Unterstützungsvereinen; einige Pfründnerhäuser nehmen auch ärmere Personen auf. Ueber die Armenpflege lassen sich deswegen keine statistischen Zahlen anführen, weil sie dem Geist des Christentums gemäß zumeist in der Stille geübt wird.

Mehr treten die Leistungen der Krankenpflege hervor. Sie hängt mit der Armenpflege insofern zusammen, als es den Armen in Krankheitsfällen gewöhnlich an der notwendigsten Pflege fehlt. Da treten die Frauenvereine ein. An vielen Orten ist eine Gemeindepflege eingerichtet, an anderen sind wenigstens Krankengeräte vorhanden, die den Armen zur unentgeltlichen Benützung überlassen werden. Die Gemeindekrankenpflege wird mehr und mehr auch auf dem Lande als Bedürfnis erkannt, und das Verständnis dafür gewinnt sichtlich an Boden. In 4 Diözesen ist sie vollständig durchgeführt, in den anderen nur teilweise. Nach dem Berichte des Oberkirchenrats für die Generalsynode 1904 „übten 110 Diakonissen aus badischen Mutterhäusern, etwa 25 Schwestern vom „Roten Kreuz" und 55 sogenannte „Landkrankenpflegerinnen" (weibliche Gemeindeglieder, die für diesen Zweck ausgebildet werden) diesen gesegneten Dienst". In Wirklichkeit muß die Zahl der Diakonissen viel größer sein, da am 1. September 1906 die Diakonissenanstalt in Karlsruhe allein 338 Schwestern (darunter 268 Diakonissen) zählte, die in 91 Gemeindepflegen (fast ausschließlich in Baden) wirkten und 18 Krankenhäuser bedienten; die Diakonissenanstalt in Mannheim hatte am 1. Januar 1906 77 Schwestern, die Zahl der von ihr unterhaltenen Gemeindepflegen betrug 22, außerdem waren Schwestern in drei Anstalten tätig; das Freiburger Diakonissenhaus hatte im August 1906: 120 Schwestern und 21 Hilfsschwestern; von diesen waren 72 Schwestern in 41 Gemeindepflegen beschäftigt, außerdem waren 2 Krankenhäuser mit vier, 3 Erziehungsanstalten mit fünf, eine Privatpflegestation mit drei Schwestern besetzt, der Rest war im Mutterhaus tätig. Demnach betrug die Zahl der evangelischen Krankenschwestern im Jahre 1906 mindestens 500, die zum größten Teil in Baden beschäftigt waren; die Zahl der Gemeindepflegen, die diese 3 Mutterhäuser mit Schwestern versorgten, war etwa 150.

Die Nachfrage übersteigt das Angebot, wenn man sich so ausdrücken darf. Alle Anstalten klagen über Mangel an Schwestern, so daß die Bitten mancher Gemeinden, die eine Gemeindepflege einrichten möchten, zurückgestellt werden müssen.

4. Die Kirchenzucht.

Fecht: Pastoral-Anweisung. S. 133. — Unionsurkunde Bl. C. Kirchengemeindeordnung. §§ 11. 13—16. — Spohn: Kirchenrecht I. S. 135—138. — K. Zittel: Zustände der ev.-prot. Kirche in Baden. Karlsruhe 1843. — Kirchenverfassung. — Gerstlacher: Sammlung u. s. w. II. S. 41. 42. — K.V.O. vom 29. November 1881. K.G. und B.O.Bl. 1881. S. 91. — V. vom 14. März 1883. — D.S.B. 1885 S. 58.

In den reformierten Gemeinden war zur Ausübung der Kirchenzucht das Presbyterium der Einzelgemeinde zuständig. Seine Wirksamkeit beschränkte sich aber auf die Kraft des Wortes und die brüderliche Ermahnung bis zur Ausschließung; der Ortsvogt war als solcher nicht Mitglied des Presbyteriums. Es übte die Aufsicht auch über den Pfarrer aus.

In Baden-Durlach bestanden seit dem Ende des 30jährigen Kriegs sehr strenge Vorschriften über die Kirchenzucht. Im Jahre 1686 z. B. wurde bestimmt, daß derjenige, der die Kirche hartnäckig versäume, mit Einschließung ins Halseisen bestraft werden solle. Wer nach dem Genuß des Abendmahls nicht im Nachmittagsgottesdienst erschien, oder gar das Wirtshaus besuchte, sollte gefänglich eingezogen werden. Ehebruch im zweiten Rückfall wurde mit dem Tode bestraft. Im Jahre 1798 wurde die Zensurordnung revidiert, aber strenge Maßregeln blieben nach wie vor bestehen. Die kirchliche Polizei war dem Pfarrer und den Kirchenzensoren übertragen. Die Zensoren sollten einschreiten gegen öffentliche Unsittlichkeit, soweit sie nicht nach den weltlichen Gesetzen bestraft wurde (Aergernisse, Verführung, Mißbrauch der Religion, Aberglaube, Unmäßigkeit, Faulheit u. a.); sie hatten die Schulversäumnisse zu bestrafen, die Kinderzucht zu beaufsichtigen; sie sollten eingreifen bei Vernachlässigung der Kinder, bei ungenügender Pflege, Kleidung, schlechtem Nachtlager; sie sollten dem Bettel, Holz- und Waldfrevel wehren, das nächtliche Herumschweifen nicht dulden; ferner hatten sie auf die Heilighaltung der Sonn- und Feiertage zu achten, den Besuch des Gottesdienstes zu überwachen, Familienstreitigkeiten zu schlichten, auf alle frechen, sittenwidrigen Reden, auf die Kunkelstuben, Unzucht zu achten u. s. w. Doch erstreckte sich die Gerichtsbarkeit der Kirchenzensur nur auf die niederen Stände! Die Strafen bestanden in a) Ermahnungen und Warnungen, b) Geldstrafen, c) Leibesstrafen und Eintürmung auf zweimal 24 Stunden bei Wasser und Brot. Wie sehr man darauf bedacht war, überall Zucht und Ordnung zu wahren, zeigt die Einrichtung, daß in allen Wirtschaften des Landes „Schwörbüchsen" aufgestellt waren, in welche diejenigen, die fluchten oder leichtsinnig schwuren, zur Strafe einen beliebigen Betrag werfen mußten. Von Zeit zu Zeit wurden die Büchsen entleert; war nichts darin, so wurde der Wirt ernstlich an seine Pflicht ermahnt, im Wiederholungsfall bestraft. Hohe Geldstrafen standen auf geringfügigen Uebertretungen kirchlicher Vorschriften: wer mehr als einmal im Jahr zu Gevatter stand, mußte 20 Gulden bezahlen. Vor die Kirchenzensur wurden auch die „Kaltsinnigen" gezogen, die bei dem heiligen Abendmahl selten erschienen. Von solchen, die am Sonntag auswärts gingen, konnte der Pfarrer eine Bescheinigung verlangen, daß sie anderwärts den Gottesdienst besucht hatten. Das Fluchen wurde mit 4—30 Kreuzern und mit Eintürmung bestraft.

Infolge der Kriegsnöte gerieten diese Verordnungen in Vergessenheit. Mehr und mehr ging die Aufrechterhaltung der öffentlichen Ordnung in die Hände der weltlichen Gewalt über.

Durch die Unionsurkunde wurde die Kirchenzucht dem Kirchengemeinderat übertragen. „Wie der Kirchengemeinderat überhaupt das Wohl der Kirchengemeinde zu erhalten und zu fördern trachtet, so verwaltet er insbesondere in derselben die Sittenanstalt. Indem er aber sich fest dabei in seinem kirchlichen Kreise hält, und wenn es not tut, nur Ermahnung und Rüge anwendet, spricht er, wo diese nicht hinreichen, die weltliche Gewalt

4. Die Kirchenzucht.

um ihr Einsehn und Zutun an". Die Mittel, die er beim Hervortreten sittlicher Fehler anzuwenden hat, sind: Anzeige beim Pfarrer, damit dieser sein Seelsorgeramt ausübe; mündliche oder schriftliche Ermahnungen; Vorladung vor den Kirchengemeinderat; Anzeige bei der Kirchenvisitation; Anrufung der weltlichen Obrigkeit; in besonderen Fällen Mitteilung an die Kirchenbehörde. Das bedeutet nichts anderes als die Aufhebung der alten Kirchenzucht. Darum klagte 1843 Zittel: „Man ist in der Tat in Verlegenheit, wann und wo man die Sache anfangen soll, wie man darüber reden will. Was ist Kirchenzucht? Ist sie einmal gewesen? Ist sie jetzt noch? Wo ist sie?" — Im großen und ganzen blieben diese Bestimmungen bestehen. Was heute unter dem Namen „Kirchenzucht" zusammengefaßt wird, das sind spärliche Ueberreste aus früherer Zeit. In den meisten Fällen bleibt die Seelsorge das einzige Mittel der Einwirkung auf die Irrenden und Fehlenden. Ein Anrufen der weltlichen Obrigkeit hat nur dann Erfolg, wenn es sich um Vergehen handelt, die nach staatlichen Gesetzen strafbar sind. Die Ohnmacht der Kirche zeigt sich nirgends handgreiflicher als auf dem Gebiete der Kirchenzucht. Als wirksamstes Mittel steht der Kirche nach der Verfassung der Ausschluß vom kirchlichen Stimm= und Wahlrecht zu Gebote. Nach § 14 ist vom Stimmrecht ausgeschlossen derjenige, „der wegen Verachtung der Religion oder der evangelischen Kirche oder wegen unehrbaren Lebenswandels öffentliches Aergernis gegeben hat und deshalb von den kirchlichen Behörden für ausgeschlossen erklärt worden ist". Wie vorsichtig man aber bei der Anwendung dieses Paragraphen sein muß, das hat die Aufregung gezeigt, die vor einigen Jahren entstand, als einem Lehrer von der Kirchengemeindeversammlung seines Wohnorts das Stimmrecht entzogen wurde. Diese Bestimmung wird nur selten angewendet — sehr begreiflich bei einer Volkskirche. Als weniger wirksame Mittel sind in manchen Gemeinden (nicht überall) in Uebung: Die säumigen Christenlehrpflichtigen werden ermahnt, vor den Kirchengemeinderat geladen, es wird ihnen das Patenrecht entzogen, und wenn alles nichts hilft, so werden ihre Namen im Hauptgottesdienst von der Kanzel verlesen; Selbstmörder werden ohne Sang und Klang beerdigt; bei Taufen unehelicher Kinder werden nur verheiratete Paten zugelassen; bei der Proklamation eines unehrbaren Brautpaares bleibt die Bezeichnung „ehelich ledig" weg; ledige Mütter haben ihre Plätze in der Kirche in den Frauenbänken. Alle diese

Mittel sind nur dann wirksam, wenn in der Gemeinde eine starke Partei sie billigt. Sonst schaden sie am Ende mehr als sie nützen. Die Kirchenzucht da einzuführen, wo sie nicht mehr besteht, dürfte heutiges tags schwer fallen. Dagegen wird es für den Geistlichen leichter sein, die in der Gemeinde von alters her üblichen Rügen der Verfehlungen gegen die sittliche und kirchliche Ordnung zu erhalten, vielleicht auch zu verschärfen. Dahin gehört unter anderem, daß die Taufen unehelicher Kinder zu anderer Zeit gehalten werden wie die der ehelichen Kinder (Seite 114); daß die gefallenen Mädchen besondere Plätze in der Kirche einnehmen, und daß sie bei der Trauung ohne Kranz erscheinen; daß ihre Hochzeit stiller und einfacher gefeiert wird; daß bei der Beerdigung lediger Mütter nicht die Jungfrauenkrone den Sarg schmückt u. a. m. Bei diesen Gebräuchen kann man aber wohl nicht von Kirchenzucht reden, sondern eher von einem Volksgericht.

Alle diese kümmerlichen Reste einer öffentlichen Verurteilung sittlicher Verfehlungen sind nicht überall zu finden. Es gibt Gemeinden, und zwar sind es nicht bloß die Städte, in welchen davon keine Rede ist. Der Oberkirchenrat hat es abgelehnt, allgemein die gleichen Bestimmungen zur Anwendung zu empfehlen. Wo sie noch üblich seien, da sollten sie aufrecht erhalten werden; doch sei darauf zu achten, „daß damit der Sinn für Anstand und gute Zucht gepflegt, aber der Selbstgerechtigkeit und Lästersucht kein Vorschub geleistet werde". Es wird sich in der Tat nur darum handeln können, das noch Vorhandene zu erhalten.

V. Kapitel.

Das Vereinsleben.

1. Die kirchlichen Vereine.

A. Die Vereine für äußere Mission.

Rieger: Sammlung von Gesetzen. V. S. 317. — Jahresberichte des Evangelischen Vereins für äußere Mission im Großh. Baden und des Allgemeinen evang. protestantischen Missionsvereins.

Die Liebe zur Heidenmission hat sich in Baden spät und langsam entwickelt. Einzelne Missionsfreunde hat es in den ersten 30 Jahren des 19. Jahrhunderts da und dort gegeben.

Es waren wohl ausschließlich solche, die in Gegensatz zu dem herrschenden Rationalismus standen. Erst im Jahre 1838 wurde der Oberkirchenbehörde die Bitte vorgelegt, daß eine badische Missionsgesellschaft gegründet werden möge. Im folgenden Jahre wurde eine Vorstellung der Pfarrer **Winterwerber** und **Hörner** und des Buchhändlers K. **Winter** dahin beantwortet, daß man „dem sich gebildeten Missionsverein die diesseitige vollkommenste Teilnahme bezeuge und demselben den glücklichsten Erfolg wünsche." Am 18. Februar 1840 erhielt der Verein seine Statuten; er zählte 95 Mitglieder; seine Einnahmen betrugen 1840 2230 fl. Das Pflänzchen wuchs zunächst im Verborgenen. Als in der Stadtkirche zu **Lörrach** einst Basler Missionszöglinge ordiniert wurden, geschah es bei verschlossenen Türen, um die Spötter fernzuhalten. Lange Zeit wurde die Mission als ein Werk der Konventikel, der „Mucker", angesehen. Als dann der Gustav-Adolf-Verein ins Leben trat, wurde dieser allgemein als ein Verein der Liberalen, der Missionsverein als ein solcher der Pietisten betrachtet. Und auch nachdem schon lange der Gegensatz zwischen beiden Vereinen sich gemildert hatte, hatten die Gemeinden, die den Missionsverein unterstützten, nur wenig für den Gustav-Adolf-Verein übrig, und umgekehrt. War anfangs als eine Aufgabe des Vereins „die Sammlung von Beiträgen zur Unterstützung d e r **M i s s i o n s - A n s t a l t e n**" bezeichnet worden, so bewirkten die Nähe **B a s e l s** und der in der **B a s l e r M i s s i o n** herrschende Geist, daß der „**B a d i s c h e L a n d e s v e r e i n f ü r ä u ß e r e M i s s i o n**" schließlich zu einem Hilfsverein für diese Missionsgesellschaft wurde. Mit Einführung der **H a l b b a t z e n k o l l e k t e** (1855) stiegen die Einnahmen bedeutend. Im Jahre 1905 betrug die Gesamteinnahme des Landesvereins 12 1905,11 Mk. (Konfirmandengaben 1578,79 Mk., gewöhnliche Gaben 67 106,42 Mk., Halbbatzenkollekte 49 014,77 Mk., sonstige Einnahmen 4205,13 Mk.). Auch heute noch haben die konservativ-pietistisch gerichteten Gemeinden das meiste Interesse für die Mission. So kamen in **K a r l s r u h e - L a n d** im Jahre 1905 auf den Kopf der evangelischen Bevölkerung 45 Pfg. für die Mission, in **M a n n h e i m** nur 4,4 Pfg. Einzelne Gemeinden haben ständig außerordentlich hohe Beiträge. **D u n d e n h e i m**, ein kleine Gemeinde mit 477 Evangelischen brachte, im Jahre 1902 1209,85 Mk., 1903 1182,29 Mk., 1904 1233,66 Mk., 1905 1006 Mk. auf. Die Konfirmanden einer Dorfgemeinde sammelten 1904 für die Basler Mission 50 Mk., für den Gustav-Adolf-Verein 60 Mk.

Die Basler Mission wird namentlich im Oberland von Pfarrern und Gemeinden jeder Richtung unterstützt. Auch liberale Geistliche sammeln für Basel, obwohl die Basler Missionsgesellschaft es abgelehnt hat, mit dem Allgemeinen evang. protestantischen Missionsverein zusammen ihre Bezirksjahresfeste zu feiern. Ich zähle im Jahresbericht für 1904 nur 14 Pfarrgemeinden des Landes, die keine Gaben für die Basler Mission abgeliefert haben. Zur Weckung des Missionsinteresses werden Schriften verteilt, Missionsstunden abgehalten; es erscheint regelmäßig ein Konfirmandenblatt; überall werden Bezirksfeste gefeiert, bei welchen oft ansehnliche Kollekten fallen (z. B. in Nonnenweier 1904 313 Mk.).

Wenn für die Basler Mission beide Richtungen tätig sind, so fällt die Unterstützung des 1884 gegründeten „Allgemeinen evangelisch-protestantischen Missionsvereins" ganz den Liberalen zu. Er ist der später Gekommene und wird deshalb von manchen als Eindringling behandelt. So tritt er bescheiden auf und hat geringe Einnahmen zu verzeichnen. Der „Badische Landesverein des Allg. ev.-prot. Missionsvereins" ist gegliedert in 3 Bezirksvereine mit 7 Zweigvereinen, 3 Frauenvereinen und 23 Ortsgruppen. Seine Einnahmen betrugen vom 1. Oktober 1904/05: 13310,16 Mk. Er hat seine Haupteinnahmequellen in den Städten. Die Konfirmandengaben betrugen 372,72 Mk. Sie sind deshalb so gering, weil die liberalen Geistlichen die von ihren Konfirmanden gesammelten Gaben größtenteils dem Gustav-Adolf-Verein zuwenden. Der Allgemeine ev.-prot. Missionsverein ist nicht volkstümlich, nur wenig gekannt. Während die Basler Mission auch in solchen Gemeinden zuverlässige Freunde hat, in welchen sich der Pfarrer ihr gegenüber ablehnend verhält, ist jener Missionsverein zunächst ganz auf die Tätigkeit der Pfarrer angewiesen: wo der Pfarrer nichts für ihn tut, da geschieht auch nichts. Und doch ist sicherlich noch manche Quelle zu entdecken, wenn man an den Felsen schlägt.

Außer diesen beiden Vereinen erhalten auch andere Missionsgesellschaften nicht unbeträchtliche Gaben aus Baden, z. B. die Rheinische, die Goßnersche und die Neukircher Gesellschaft. Auch für die Judenmission besteht eine kleine Organisation der Freunde Israels. Die am Missionssonntag 1906 erhobene Kollekte ergab 7982,31 Mk. Von dieser Summe erhielt Basel die Hälfte, je $1/6$ der Allg. ev.-prot. Missionsverein, die Deutsch-Ostafrikanische Missionsgesellschaft in Berlin und die Mission der Brüdergemeine.

B. Der Gustav-Adolf-Verein.

Rieger: Gesetze. VIII. S. 231 ff. — J. Hormuth: Die projektierte Pastoration der ... Katholiken. Heidelberg 1843. — J. Zäringer: Der Badische Hauptverein der Gustav-Adolf-Stiftung in den ersten 50 Jahren seines Bestehens. Darmstadt und Leipzig. 1894. — O. Pank: Was jedermann von dem Gustav-Adolf-Verein wissen sollte. Leipzig 1904. — Jahresberichte.

Während die Gründung des Vereins für äußere Mission aus der Gemeinde heraus angeregt wurde, verdankt der Gustav-Adolf-Verein seine Entstehung einer Anregung der Kirchenbehörde. Die „Evangelische Kirchensektion" erließ am 11. Nov. 1842 an alle Dekanate eine Aufforderung zur Tätigkeit für den Gustav-Adolf-Verein. Diese Anweisung war offenbar eine Folge der Verordnung des Ministeriums des Innern vom 4. Januar 1840, wonach die in den ungemischten evangelischen Gemeinden wohnenden Katholiken und die in ungemischt katholischen Orten lebenden Protestanten der zunächst gelegenen katholischen bezw. evangelischen Pfarrei zur Pastoration zugewiesen wurden.

Diese durch die Vermischung der Konfessionen notwendig gewordene Regelung wurde auf protestantischer Seite bekämpft. Man war der Ansicht, daß sie den Katholiken allein zu gute kommen würde. Den Aufschwung der evangelischen Diaspora konnte man damals allerdings nicht ahnen. Von 1803—1840 hatten die Protestanten Pfarrechte erhalten in Konstanz, Freiburg, Rastatt, Bruchsal und Baden-Baden.

Im ersten Jahre (1843) bildeten sich 7 Zweigvereine, im nächsten traten 11, im folgenden 6 weitere hinzu. Die Einnahmen betrugen 1843/45 3170 fl. Die Fortschritte, die der Verein machte, waren zunächst sehr unbedeutend. Die positiven Geistlichen hatten bis zum Ende der 60er Jahre eine Abneigung gegen ihn. Von 1853 an nahm zwar der Verein einen erfreulichen Aufschwung, dann aber trat 1864—68 ein Rückgang ein. Allmählich entwickelte auch die konservative Richtung größeren Eifer. Heute genießt der Verein allgemeines Vertrauen; nur wenige rechtsstehende Pfarrer lehnen eine Teilnahme ab. Ich zähle 12 Gemeinden, die im Rechnungsjahr 1904/05 keine Beiträge lieferten. — Der Gustav-Adolf-Verein hatte im Jahre 1905 34 Zweigvereine und 23 Frauenvereine. Die Einnahmen betrugen 1904/05 42774,18 Mk. (ordentliche Einnahmen 35768,6 Mk. Pfennigkollekten 3398,67 Mk., Konfirmandengaben 3606,91 Mk.).

Er hatte 1905 ein Vermögen von 265 782 Mk. 94 badische Diasporagemeinden wurden von ihm unterstützt. Die Frauenvereine hatten eine Einnahme von 24815 Mk. —

In den letzten 25 Jahren sind die Einnahmen des Vereins um 19 000 Mark gewachsen, die der Frauenvereine um 20 000 Mk.; die Zahl der letzteren hat sich um 12 vermehrt; das Vermögen hat um 229 736 Mk. zugenommen; 31 Kirchen sind mit Hilfe des Vereins erbaut worden. Bis einschließlich 1902 hat der G.A.V. im ganzen 1 504 231 Mk. verwendet.

Die Jahresberichte enthalten (wie auch die des Missionsvereins) Beispiele rührender Opferwilligkeit. Unter den Stiftungen ist hervorzuheben eine Gabe von 1000 Mk., gespendet von einer katholischen Magd, die in einem evangelischen Pfarrhause gedient hatte.

Unter den 45 Hauptvereinen der Gustav-Adolf-Stiftung stand der badische im Jahre 1903 an 9. (1904 an 6.) Stelle. Einmal (1877) ist die große Liebesgabe mit 16 990 Mk. einer badischen Gemeinde, der Stadt Donaueschingen im Schwarzwalde, zugefallen. Im Jahre 1904 fand die Hauptversammlung in Heidelberg statt. Der gegenwärtige Vorsitzende, Pfarrer Zandt in Lahr, berichtet darüber: „Großartig war die Beteiligung der Feststadt selbst, gewaltig die Gottesdienste mit ihren erbauenden und stärkenden Predigten, herzergreifend die Ansprache des Präsidenten Pank in Leipzig. Was aber der großen Hauptversammlung ihre besondere Weihe gab, war die Ansprache, welche unser allgeliebter Großherzog durch seinen Sohn an die Versammlung richten ließ". Der langjährige Vorsitzende des Vereins, Oberkirchenrat Zäringer, erhielt zugleich mit dem Prälaten Oehler von der theologischen Fakultät die Würde eines Ehrendoktors der Theologie, ein Beweis dafür, daß auch die Universität die Bedeutung des Vereins für das kirchliche und religiöse Leben zu schätzen weiß.

C. Die innere Mission.

W. Hesselbacher: Die innere Mission in Baden. Karlsruhe 1884. — W. Ziegler: Der Badische Landesverein für innere Mission an der Wende des Jahrhunderts. Karlsruhe 1900. — Derselbe: Uebersicht über die Entwicklung des B. L. für i. M. Manuskript. — Jahresberichte der verschiedenen Vereine und Anstalten. — Monatsblätter für innere Mission. — Th. F. Mayer: Das Badische Gemeinschaftswesen. Berlin 1906. — Rieger: Gesetze S. 109. — Gerstlacher: Sammlung. II. S. 2 ff. — Zur Erinnerung an das 50jährige Bestehen der Diakonissenanstalt in Karlsruhe. Karlsruhe 1902. — Badische Pfarrvereins-Blätter 1906. Nr. 2, S. 14 f. — Eine Zusammenstellung der bis 1890 in den Synodal-Bescheiden gegebenen Anordnungen, Entscheidungen und Anleitungen siehe im K.G. u. V.V.Bl. 1890. S. 41. — Statistisches Jahrbuch 1904/05, S. 517.

Man kann nicht sagen, daß Wichern erst die innere Mission in Baden ins Leben gerufen habe. Es bestanden schon vorher Bestrebungen, Einrichtungen, Anstalten und Vereine, die man später unter dem Gesamtnamen: „Innere Mission" zusammengefaßt hat. In erster Linie ist zu nennen das von Markgraf Karl Wilhelm 1716 in Pforzheim gegründete Waisenhaus.

Dieses „Fürstliche Waisen=, Toll= und Zuchthaus" war gleichsam eine Universalanstalt der inneren Mission. Es sollten darin aufgenommen werden: Waisen, arme und vermögliche Witwer und Witwen (Waisenhaus, Pfründnerhaus, Armenhaus); Presthafte und Elende an Leib und Gemüt (Siechenhaus und Irrenanstalt); Unbändige, Ungehorsame, Halsstarrige, Lasterhafte bis zur Besserung (Zuchthaus, Rettungshaus); Schüler zur besseren Erziehung, zur Erlernung eines Handwerks (Erziehungsanstalt und Handwerkerschule). — Daß sich auf die Dauer diese verschiedenartigen Zwecke nicht vereinigen ließen, liegt auf der Hand. Aber wir haben hier einen interessanten und beachtenswerten Versuch vor uns, für alle Not= und Mißstände des Landes eine gemeinsame Anstalt zu errichten. — Zu Gunsten des Waisenhauses wurde eine Lotterie veranstaltet und jährlich eine Kirchenkollekte erhoben. Auch die Strafgelder fielen ihm zum Teil zu (zum andern Teil dem Gymnasium illustre), unter anderem die Hurereystrafen und der Inhalt der Schwörbüchsen (S. 142). Im Jahre 1754 hatte die Anstalt ein Kapitalvermögen von 29 592 fl. und großen Grundbesitz. Karl Friedrich wies ihr weitere Einkünfte zu. Um 1760 betrug die Zahl der Insassen 300.

Die Bibelgesellschaft wurde 1820 gegründet; ein „Verein zur Rettung sittlich verwahrloster Kinder" konstituierte sich auf paritätischer Grundlage 1836; im folgenden Jahr wurde eine Kinderbewahranstalt in Karlsruhe errichtet; eines der ältesten Rettungshäuser Deutschlands, das in Beuggen (1820), steht auf badischem Boden; die Gründung des Gustav=Adolf=Vereins fällt in die Zeit vor der Revolution; ein Volksschriftenverein suchte schon seit 1844 gute Bücher zu billigem Preise in weiteren Kreisen zu verbreiten.

Aber durch Wicherns Anregungen wurde die Arbeit der inneren Mission organisiert, erweitert und vertieft. Die Bewegung, die von Wittenberg (22. September 1848) ausging, hatte die Gründung einerseits des „Vereins für innere Mission Augsburger Bekenntnisses" (24. Januar 1849), anderseits des „Evangelischen Vereins für innere Mission" (12. April 1849) zur Folge. Der letztere nannte sich später „Badischer Landesverein für innere Mission". Er setzte sich die Aufgabe, „im engen Anschluß an die unierte Landeskirche und an die großen Bewegungen der J. M. in Deutschland in die breiten Schichten unseres Volkes den Weckruf der J. M. hineinzutragen und die Kräfte des Glaubens und der Liebe in ihnen zu wecken". Der erste Vorstand war zusammengesetzt aus Geistlichen und Laien (die Professoren Ullmann und Hundeshagen, Oberbaurat Eisenlohr, Direktor Roller und Pfarrer Fink). Die Oberkirchenbehörde empfahl den Verein der Unterstützung der Geistlichen und erklärte in einem Erlaß vom 18. Januar 1850: „Wir betrachten uns im innigsten Zusammenhang mit dem Verein für i. M." Es fehlte nicht an reger Tätigkeit. So gab der Verein 1850—58 die „Blätter für innere Mission" heraus (unter Leitung von Mühlhäußer und Fink). In allen Diözesen wurden Bezirksvereine und Ortsvereine gegründet. Jene nahmen die Fürsorge für Arme und Kranke, für entlassene Strafgefangene und verwahrloste Kinder, die Förderung der Hausandachten, Einrichtung von Volksbibliotheken, die Gründung von Lehrlings- und Gesellenheimen, Sparkassen u. s. w. in die Hand; der Gesamtverein dagegen widmete seine Tätigkeit den Auswanderern und der Diaspora. Von Anfang an beteiligten sich Geistliche verschiedener Richtung bei der Arbeit. In der Zeit der kirchlichen Kämpfe (1859—65) stellte der Verein seine Tätigkeit ein.

Im Frühjahr 1865 wurde in Heidelberg die „Südwestdeutsche Konferenz für J. M." gegründet, der sich der badische Landesverein als Zweigverein angliederte. Dadurch kam es zu neuen Unternehmungen. Es entstanden Herbergen zur Heimat (zuerst in Karlsruhe). Gegen Sonntagsentheiligung und Trunksucht wurde der Kampf eröffnet. Das Jahr 1880 brachte die Gründung der Idiotenanstalt in Mosbach. Die Anregung dazu hatte der Direktor der Irrenanstalt in Jllenau (die übrigens auch ihr Entstehen der inneren Mission verdankt), Dr. Roller, gegeben. „Ursprünglich sollten nur bildungsfähige schwachsinnige Kinder aufgenommen werden; aber bald erkannte man, daß das Elend der Nichtbildungsfähigen viel größer und ihre Unterbringung in Anstalten viel bringlicher ist. So wurde die Erziehungsanstalt mehr und mehr Pflegeanstalt".

Jetzt besteht die „Erziehungs- und Pflegeanstalt für Geistesschwache" aus einem Blödenhaus mit 45 Betten, dem Hauptbau mit 90 Betten, dem Pflegehaus mit 50 Betten, dem Krankenhaus mit 4 Krankensälen, dem Oekonomiegebäude, der Waschküche und der Spielhalle. Inspektor: Pfarrer

1. Die kirchlichen Vereine.

H. Riehm (an Stelle des um die Anstalt sehr verdienten Inspektors Geiger). Am 1. Juli 1905 befanden sich in der Anstalt 94 Knaben und 62 Mädchen. Seit Gründung der Anstalt wurden verpflegt 337 Knaben, 248 Mädchen (darunter 411 Evangelische, 160 Katholiken, 14 Israeliten). Die laufenden Einnahmen betrugen 1904/05: 104 845 Mk., die laufenden Ausgaben 69 847 Mk., das reine Vermögen 278 013 Mk. Der einzelne Pflegling kostet pro Jahr ca. 425 Mk.

Im gleichen Jahre wurde die **Karlsruher Stadtmission** von dem zum Agenten des badischen Zweigs der i. M. ernannten Pfarrer **Kayser** eingerichtet. — Am 31. Oktober 1883 entstand als Frucht der Jahresversammlung von 1882 der „**Evangelische Schriftenverein**", der sich „im Geiste der Reformation die Verbreitung gesunder evangelischer Nahrung" zur Aufgabe machte.

Der Evangelische Schriftenverein verbreitete u. a. im Jahre 1903: Wursters „Hausbrot für Christenleute", ein Konfirmandenbüchlein: „Herr, bleibe bei uns" in 3556 Exemplaren, einen Konfirmationsschein von Bode in 17 086 Exemplaren, einen andern von H. Thoma in 7190 Blättern; die traktatähnlichen „Kleinen Schriften" in 19 600 Heften; von der „Hausbibliothek" 1290, von den „Volksbüchern" 361 Bändchen. Die Sortimentsbuchhandlung verbreitete 1903 Bücher für 44 901 Mk. Die von dem Verein mit Schriften versorgte Bezirkskolportage verkaufte für 7900 Mk. Bücher. Ueber die Verbreitung von Andachtsbüchern siehe unten.

Im November 1883 gab der Verein in Ausführung der von Pastor **von Bodelschwingh** auf der Jahresversammlung ausgesprochenen Mahnung Anregung zur Gründung der **Arbeiterkolonie Ankenbuck** auf dem Schwarzwald (s. unten). Ihm verdankt ferner eine Reihe von **Jünglings- und Jungfrauenvereinen** und von **Kinderschulen** ihre Entstehung. Außerdem war er beteiligt bei der Gründung des badischen Zweigs des „**Vereins gegen den Mißbrauch geistiger Getränke**"[1]; er förderte die Einrichtung von **Pfennigsparkassen** und eine Menge anderer Werke der sozialen und sittlichen Fürsorge. Seit 1884 erschien auch wieder eine Zeitschrift, die „**Monatsblätter für i. M.**".

Im Jahre 1889 richtete der Verein, der den alten Namen „**Badischer Landesverein für i. M.**" wieder angenommen hatte, die **Bezirkskolportage** ein. Infolge der Februarerlasse des Jahres 1890 wandte sich der Verein mehr als früher der sozialen Frage zu; durch den Vereinsgeistlichen Wenck wurden **Evangelische Arbeitervereine** gegründet. Zwei Jahre später (30. November 1892) konnte die „**Heil- und**

---
[1] Dieser Verein hat am 1. Mai 1905 eine Heilstätte für Alkoholkranke bei Renchen eröffnet.

Pflegeanstalt für epileptische Kinder in Kork" eingeweiht werden, die seitdem auch zur Aufnahme erwachsener Epileptischen erweitert wurde.

Inspektor der Anstalt ist seit ihrer Gründung Pfarrer Wiederkehr. Zu Beginn des Jahres 1905 befanden sich in der Anstalt 73 männliche, 43 weibliche Kranke; verpflegt wurden 1904: 130 Patienten, darunter aus Baden 106; evangelisch waren von den Verpflegten 85, katholisch 38, altkatholisch 4, israelitisch 3. Laufende Einnahmen 1904: 86 328 Mk. Laufende Ausgaben: 62 926 Mk. Reines Vermögen: 208 546 Mk. Die Selbstkosten für einen Pflegling betrugen 1904 423 Mk.

Die zunehmende Zahl der jugendlichen Verbrecher veranlaßte den Landesverein, auch diesen Notstand ins Auge zu fassen. Aus dieser Arbeit ging im Jahre 1899 die Erziehungsanstalt für schulentlassene verwahrloste Knaben: **Schwarzacher Hof** bei Aglasterhausen, hervor. Es ist natürlich, daß eine solche Arbeit „reich an Sorge und Mühe, reich an Mißhelligkeiten und Enttäuschungen ist".

Inspektor: Hagmeier. Das Haus, das für 40—50 Personen Platz hat, war in den letzten Jahren durchschnittlich von 35 Zöglingen besetzt.
Im Jahre 1902 betrugen die Einnahmen 33 376 Mk., die Ausgaben 32 731 Mk. Die Schulden betrugen 1906 noch beinahe 100 000 Mk.

Zwei Jahre darauf (1901) erfolgte die Uebernahme des **Erziehungshauses in Sickingen** von der Zentralleitung des „Landesverbandes der badischen Bezirksvereine für Jugendschutz und Gefangenenfürsorge". Als die Räume dieses Hauses zu eng wurden, baute der Landesverein im Jahre 1902 das „**Mädchen- und Frauenheim**" in **Bretten**. Ueber die besondere Schwierigkeit dieser Arbeit, zu der viel Menschenkenntnis erforderlich ist, spricht sich der letzte Jahresbericht folgendermaßen aus: „Die schlimmsten geben — im Religionsunterricht — die besten Antworten. Man staunt, wie sie Bibel- und Liederkenntnisse besitzen. Andre machen den Eindruck, als ob sie keinen Religions- und Konfirmandenunterricht besucht hätten. Trübe Erfahrungen bleiben nicht aus; für manche wird das Heiligste ein Gegenstand der Spielerei. Sie reden leicht von Bekehren und Bekennen". Als unbedingte Notwendigkeit verlangt der Jahresbericht, wohl mit Recht, die Scheidung zwischen den ganz verkommenen und den minder tief gefallenen Zwangszöglingen.

Inspektor: Vikar Steinmann. Zahl der Pfleglinge 1904: 74 (davon 41 vorbestrafte) im Alter von 14—47 Jahren. 54 waren als Zwangszöglinge überwiesen, 13 kamen freiwillig: 10 mußten im Laufe des Jahres entlassen werden. — Einnahmen: 31 736 Mk.; Ausgaben: 31 736 Mk. Schulden am 1. Januar 1905: 50 933 Mk.

Der badische Landesverein ist heute noch ein Zweig der "**Südwest-deutschen Konferenz für i. M.**", welche z. Zt. die Gebiete: **Baden, Württemberg, Hessen-Darmstadt, Elsaß-Lothringen, Rheinpfalz, Frankfurt** und den Konsistorialbezirk **Wiesbaden** umfaßt. Außerdem ist er durch die Konferenz an den deutschen "**Zentralausschuß für i. M.**" angegliedert. Das Organ der Konferenz sind die "**Monatsblätter für i. M.**" (herausg. von **Kayser, Wurster** und **Koch**), die den Mitgliedern des Landesvereins für den Jahresbeitrag von 3 M. zugestellt werden. Die Mitgliederzahl beträgt etwa 800. Es können sich dem Verein auch "Freunde" anschließen, die nur 1 M. bezahlen und dafür "**die Geschichten und Bilder zur Förderung der i. M.**" erhalten (Herausgeber **P. M. Hennig**, Vorsteher des Rauhen Hauses). Die Führung der Geschäfte liegt in den Händen eines **Vereinsgeistlichen** und eines **Vereinssekretärs** mit einem Bureau in **Karlsruhe** (Adlerstraße 23), wo auch die reichhaltige **Innere Missions-Bibliothek** untergebracht ist, deren Benutzung den Mitgliedern freisteht. Mit dem Landesverein in Verbindung stehen der badische **Verein für christliche Sonntagsfeier** (seit 1892) und das badische **Evangelisationskomitee**. — Dem Verein steht nahe der "**Oberrheinische Jünglingsbund**" und der "**Marie-Römmele-Bund**" zur Pflege der Jungfrauensache. "Der Landesverein als solcher sieht seine Aufgabe der Jünglingsvereinssache gegenüber lediglich darin, freundlich fördernd ihr zu dienen, Anregungen zu geben, daß die Arbeit an der schulentlassenen Jugend immer intensiver aufgenommen wird, auch den Bund materiell etwas zu unterstützen".

Neben dem Landesverein hat der "**Verein für innere Mission Augsburger Bekenntnisses**" sich große Verdienste um die Förderung der Werke der inneren Mission erworben. Von ihm wird noch unten die Rede sein. Eine Reihe von Anstalten steht mit ihm in engster Verbindung.

Im folgenden werden die wichtigsten Anstalten der inneren Mission, die zwar selbständig sind, aber z. T. von der Kirche unterstützt werden, aufgezählt: Das **Mutterhaus für Kinderpflege in Nonnenweier**, gegründet 1843 von "Mutter Jolberg", einer getauften Jüdin; zuerst in Leutesheim als Kinderschule ins Leben gerufen, wurde die Anstalt 1851 nach Nonnenweier verlegt. Die Anstalt hat in Neuenheim ein „Feierabend= und Erholungshaus". Die „Nonnenweierer Kinderschriften", manch= mal von sehr zweifelhaftem pädagogischen und ethischen Wert, suchen die Kinderwelt religiös zu beeinflussen.

Vorsteherin: K. Im=Thurm. Zahl der Schwestern (1906) in Baden 204, auswärts 207. Anzahl der Stationen in Baden 176, auswärts 179. Einnahmen 1905: 22 169 Mk.; Ausgaben: 22 106 Mk.

Die Kleinkinderbewahranstalt in Karlsruhe, gegründet 1837 auf Anregung der Frau Galeriedirektor Frommel, besitzt seit 1844 ein eigenes Haus. Sie hatte 1883 496 Kinder in Pflege. Mit der Zeit setzte sich die Anstalt die Ausbildung von Kinderpflegerinnen zur Aufgabe. Im Jahre 1905 waren 105 Orte mit Schwestern besetzt.

Die Diakonissenanstalt in Karlsruhe unterhielt 1902 drei Kinderschulen.

Im Jahre 1905 gab es in Baden 603 Anstalten für Kinderpflege (Kleinkinderschulen, Kinderbewahranstalten und Kindergärten) mit 49 593 Kindern. Die meisten Kinderschulen hatte der Landeskommissärbezirk Mann= heim: 200 mit 17 246 Kindern; es folgten die Landeskommissärbezirke Freiburg: 176 Schulen mit 13 108 Kindern, Karlsruhe: 164 Schulen mit 15 073 Kindern, Konstanz: 63 Anstalten mit 4167 Kindern. Diese Reihen= folge entspricht der Bevölkerungszahl der Bezirke. Die Zahl der Kinder= schulen ist bedeutend gestiegen. 1895 zählte man 470 mit 35 475 Kindern. Es kamen hinzu 1896: 3 Anstalten, 1897: 27, 1898: 9, 1899: 16, 1900: 14, 1901: 24, 1902: 12, 1903: 10, 1904: 18.

Die Zahl der Rettungsanstalten beträgt 8. „Die Geschichte der Gründung dieser Anstalten, die ganz kurz nacheinander ins Leben traten, allenthalben vom Geiste der christlichen Liebe für die Kleinen ins Leben gerufen, ist eine der erfreulichsten Partien der Geschichte der i. M. in Baden" (Hesselbacher). Es sind folgende:

1. Die Hardtstiftung zu Welschneureuth verdankt ihre Gründung einem Vermächtnis von Pfarrer Käß 1843, der 200 Gulden stiftete zur Errichtung einer Rettungsanstalt. Doch erst am 18. Juni 1851 konnte das „Hardthaus" mit 16 Kin= dern im Alter von 6—8 Jahren eingeweiht werden.

Bis 1901 wurden in der Anstalt 800 Kinder erzogen. Zahl der Kinder 1901: 73 (39 Knaben, 34 Mädchen). Einnahmen 1900/01: 35 035 Mk., Ausgaben: 35 038 Mk., Kapitalschuld 1901: 19 114 Mk. Hausvater: Meyer (seit Gründung).

2. Das Lahrer Waisen= und Rettungshaus zu Dinglingen (nicht zu verwechseln mit dem Lahrer Reichs= waisenhaus), wurde am 9. April 1849 mit 3 Waisenmädchen er= öffnet; seit 1853 hat es ein eigenes Haus.

Die Zahl der Waisen betrug 1901: 52 (37 Knaben, 15 Mädchen). Einnahmen: 15005 Mk., Ausgaben: 15004 Mk., Schulden: 15250 Mk. Hausvater W. Lenz.

3. Das Pilgerhaus in Weinheim, eröffnet am 1. August 1850 auf Anregung von Dekan Hörner mit 7 Kindern, besitzt seit 1852 ein eigenes Haus. 1860 wurde damit die einst vom Pfarrer Haag in Leutesheim gegründete, dann nach Hoffenheim verlegte, schließlich mit der Schönauer Rettungsanstalt in Meckesheim untergebrachte Erziehungsanstalt vereinigt.

Zahl der Kinder durchschnittlich: 40, 1901: 58. Einnahmen 1900/01: 13129 Mk., Ausgaben: 12994 Mk. Reines Vermögen: 28516 Mk. Hausvater: H. Pfeifer.

4. Das Rettungshaus für Mädchen in Mannheim wurde am 5. Juni 1853 mit 6 Mädchen eingeweiht. Es befinden sich durchschnittlich etwa 40 Pfleglinge darin.

Laufende Einnahmen 1904: 21087 Mk. Laufende Ausgaben: 11047 Mk. Hausvater: H. Curth.

5. Das Waisenhaus Georgshilfe in Wertheim, eröffnet am 1. April 1855 mit 9 Knaben. Fürst Georg von Wertheim stiftete dazu einen Garten und 3000 fl. (daher der Name: Georgshilfe). Die Anstalt nimmt nur 16—20 Knaben auf, um den Charakter einer Familie möglichst wahren zu können. Hausvater: Joh. Huß.

6. Das Rettungshaus Niefernburg bei Pforzheim wurde auf Anregung von Pfarrer Köllner am 4. April 1856 eröffnet und am 25. Juni mit 13 Kindern eingeweiht. Im Jahre 1857 wurde die Anstalt auf die Niefernburg verlegt; 1873 litt das Haus schweren Schaden durch einen von Anstaltskindern angelegten Brand.

Die Anstalt hat Raum für 60 Kinder; sie beherbergte 1905 37 Knaben, 17 Mädchen; 1856—1906 342 Knaben, 152 Mädchen. Laufende Einnahmen 1905/06: 12006 Mk. Laufende Ausgaben: 13588 Mk. Schulden: 20423 Mk. Hausvater: Karl Seifert.

7. Das Schwarzwälder Rettungshaus in Hornberg ist von den Geistlichen der Diözese Hornberg gegründet. Anfänglich suchte der „Schwarzwälder Verein für i. M." einzelne Kinder in guten christlichen Familien unterzubringen; am 26. Dezember 1867 wurde dann eine Anstalt eröffnet mit 12 Knaben und 6 Mädchen.

Zahl der Kinder 1901: 30 Knaben, 26 Mädchen; 1905: 42 Knaben, 21 Mädchen. Laufende Einnahmen 1904/05: 13180 Mk. Laufende Ausgaben: 18175 Mk. Reines Vermögen: 55658 Mk. Hausvater: Joh. Schmidt.

8. **Das Rettungshaus Friedrichshöhe in Tüllingen** wurde am 22. November 1860 mit 6 Kindern eröffnet. Es können jetzt 50 Kinder aufgenommen werden.

Einnahmen 1905: 15 436 Mk. Ausgaben: 15 433 Mk. Reines Vermögen 1905: 49 787 Mk. Hausvater: K. Engler.

In den Rettungsanstalten — mit Ausnahme der Hornberger — empfangen die Kinder den Schulunterricht durch den Hausvater. Die Pfleglinge werden mit Arbeiten im Feld, Garten und Haus beschäftigt; die Knaben haben Gelegenheit, ein Handwerk zu erlernen. Die Anstalten werden vor allem von den Gemeinschaften in den umliegenden Gemeinden mit Geld und Naturalien unterstützt. Sie bieten für die Gemeinschaften in der Nähe die Mittelpunkte ihrer Sammlung und Erbauung. Besonders zu den Jahresfesten finden sich die Brüder und Schwestern zusammen. Hohe Kollekten bezeugen die Menge und die Opferwilligkeit der Versammelten. Sämtliche Anstalten sorgen für ihre Zöglinge auch nach der Entlassung.

Auch das **deutsche Reichswaisenhaus** in Lahr will die ihm anvertrauten Kinder in christlichem Geiste erziehen, doch steht es mit der inneren Mission in keiner Verbindung.

Marthahäuser, Mägdeherbergen gibt es in Mannheim (1), Karlsruhe (2), Freiburg (1). Die ersten drei sind mit den dort bestehenden Diakonissenhäusern verbunden, die Mägdeherberge in Freiburg gehört zum „Evangelischen Stift".

Am 19. Oktober 1859 faßte Fabrikant Karl Mez bei Gelegenheit seiner silbernen Hochzeit den Entschluß, ein **Evangelisches Stift** zu gründen. Er kaufte ein passendes Grundstück; am 14. Juli 1860 wurde die Anstalt eröffnet. Die Kinderschule wurde ins Stift verlegt, eine Sonntagsschule hier eingerichtet. Später kam ein Krankenhaus hinzu; 1869 wurde ein Waisenhaus erbaut. Dann entstanden Jünglings- und Jungfrauenvereine und ein Versorgungshaus mit 60 Zimmern.

Der Magdalenensache dient das 1880 von Baron von Gemmingen gegründete Asyl **Bethesda** in Gernsbach, das den Zweck hat, „gefallenen Mädchen einen Zufluchtsort zu bieten, um sie zum Heil in Christo zu führen und ihnen dazu zu verhelfen, gesittete und arbeitstüchtige Glieder der menschlichen Gesellschaft zu werden". Der Aufenthalt soll in der Regel mindestens 1 Jahr 10 Monate währen. Das Asyl hat Räumlichkeiten für 11—13 Mädchen. Mit dieser Anstalt ist das 1882 gegründete Bewahrungsheim **Beth Hanan** verbunden. Als ein Vorasyl, das den Gefallenen eine Selbstprüfung ermöglichen soll, dient die 1883 eröffnete Anstalt **Bethabara** in Karlsruhe.

Herbergen zur Heimat sind in Heidelberg, Mannheim, Karlsruhe, Freiburg gegründet worden. Stadtmissionen bestehen in den großen Städten (auch in Lörrach) und wirken in verschiedener Weise: durch Abhaltung von Gottesdiensten, Erbauungsstunden, Bibelkursen, Vorträgen; durch Leitung von Sonntagsschulen, Jünglings- und Jungfrauenvereinen; durch Mithilfe bei der Seelsorge, der Armen- und Krankenpflege; durch Verbreitung von Predigten, Traktaten, Bibeln, Neuen Testamenten u. a. m. Den Mittelpunkt bildet jeweils das Vereinshaus.

Der Krankenpflege widmen sich drei große Diakonissenhäuser.

1. Die Diakonissenanstalt in Karlsruhe wurde am 1. Advent 1851 eingeweiht, wobei die ersten 5 Diakonissen eingesegnet wurden. Bald erwies sich das vorhandene Haus als zu klein. Es wurde ein größeres gebaut und am 1. November 1857 eröffnet. In den Kriegen von 1866 und 1870/71 nahmen die Schwestern großen Anteil an der Pflege verwundeter und kranker Krieger. Die Anstalt erweiterte sich immer mehr, eine Reihe von Neubauten wurde angegliedert. Die Anstalt umfaßt Krankenhäuser, Marthaschulen, Mägdeherberge, Marthaheim und ein Erholungsheim Salem in Baden-Baden. Das Wachstum zeigen folgende Zahlen: Die laufenden Einnahmen betrugen 1860/61: 16 227 Mk.; 1870/71: 29 948 Mk.; 1880/81: 60 776 Mk.; 1890/91: 107 433 Mk.; 1903/04: 256 683 Mk. Schulden 1904: 61 325 Mk. Das Haus zählte am 1. Sept. 1906 268 Diakonissen, 68 Probeschwestern, 2 Vorprobeschwestern. Vom Pfarrer des Diakonissenhauses (zurzeit Katz) wird der „Krankenfreund" herausgegeben (Auflage 29 800).

2. Das Diakonissenhaus in Mannheim entstand 1867 auf Anregung von Stadtpfarrer Greiner. In diesem Jahre wurde ein kleines Haus zum Kinderhospital hergerichtet. Als die Versorgung des erweiterten Kinderspitals mit Karlsruher Diakonissen Schwierigkeiten machte, faßte man 1881 die Errichtung eines eigenen Diakonissen-Mutterhauses ins Auge. Im Frühjahr 1884 wurde es eröffnet. Mit der Anstalt sind verbunden ein Kinderspital, ein Kindersoolbad in Rappenau, Marthahaus, Hospiz, Heim für alleinstehende Frauen und Mädchen; Gemeindepflegen und Heilanstalten werden von den Schwestern bedient. Zur Förderung der Anstaltszwecke erscheint ein „Monatsblatt aus dem Diakonissenhaus und der Stadtmission in

Mannheim" (derzeitiger Herausgeber: Hausgeistlicher Kühlewein).

3. Das jüngste Diakonissenhaus unseres Landes, das Evangelische Diakonissen- und Krankenhaus in Freiburg, ist eine Schöpfung des Evangelischen Bundes, darf aber hier nicht fehlen. An seiner Gründung hat den größten Anteil Professor A. Thoma in Karlsruhe. Am 24. Juli 1893 beschloß der evangelische Bund, ein Diakonissenhaus in Freiburg zu gründen, am 30. März 1895 wurde der Bauplatz gekauft, am 1. November 1898 fand die Einweihung des Hauses statt. Von allen Seiten flossen reichliche Unterstützungen. Es erhielt an Gaben, Schenkungen und Vermächtnissen 1893/1901: 520 667 M. Aber das allen modernen Anforderungen entsprechende Krankenhaus erfordert große dauernde Opfer. Bei der Betriebseröffnung betrug die Hypothekenschuld 360 000 M. Die Schuldenlast ist dank den eifrigen Bemühungen des Hauspfarrers Weißheimer bis 1906 auf 150 000 M. heruntergegangen. „Das ganze Werk darf in seinem inneren und äußeren Leben auf Jahre friedvoller, gesegneter Arbeit und gesunden Fortschritts zurückblicken". Gegenwärtiger Leiter: Pfarrer Karl.

Wie der Plan zur Gründung des Diakonissenhauses entstand, schildert in anschaulicher Weise Frau Professor Thoma: In einer Sitzung im Juli 1893 beriet der Vorstand des Evangelischen Bundes über das weitere Schicksal der Bundesdiakonie. „Als die Debatte schon sehr lebhaft war, geht die Türe auf und der Fehlende (Pfr. Janzer) tritt ein, grüßt und überreicht meinem Manne einen Hundertmarkschein mit den Worten: ‚Ein Vermächtnis meiner Schwiegermutter'. Da faßte mein Mann den Schein, legte ihn auf den Tisch und rief aus: ‚Wir haben einen Grundstein, wir bauen'!

Für Verbreitung christlicher Volksschriften wirkt neben dem schon erwähnten Evangelischen Schriftenverein der „christliche Kolportageverein", gegründet 1867; er hatte zuerst in Gernsbach, dann in Baden-Baden seine Hauptniederlage. Der Verein druckt auf eigene Rechnung erbauliche Schriften und Traktate. Der methodistische Charakter dieser Literatur entfremdete dem Verein auch die konservativ gerichteten Kreise. Neuerdings soll größere Nüchternheit herrschen. Ein von liberalkirchlicher Seite im Jahre 1897 ins Leben gerufener „badischer evangelischer Volksschriftenverein" löste sich wieder auf und ging in den „Evangelischen Verlag" in Heidelberg über, der sich die Herausgabe und Verbreitung einer populär-liberalen Literatur zur Aufgabe gemacht hat. Von seinen verschiedenen

Unternehmungen ist hier zu erwähnen die Herausgabe des „Sonntagsgrußes für Gesunde und Kranke" (Pfennigpredigten vgl. S. 71). Er hat auch den Verlag des ev.-prot. Sonntagsblatts: „Die Kirche", des „Missionsblatts des Allg. ev.-prot. Missionsvereins", der „Zeitschrift für Missionskunde und Religionswissenschaft" und der „Kinder-Kirche".

D. Die badische Landesbibelgesellschaft.

Gerstlacher: Sammlung.. I. 121. — W. Hesselbacher: Die innere Mission. — Jahresberichte der Landesbibelgesellschaft.

Die Badische Landesbibelgesellschaft, gegründet von Kirchenrat Sander 1820, ist entstanden infolge einer Anregung der Britischen und ausländischen Bibelgesellschaft.

Schon am 11. Oktober 1754 bestimmte Karl Friedrich, daß für die ärmeren Untertanen Bibeln zur Hälfte aus der fürstlichen Kasse, zur Hälfte auf Landeskosten angeschafft werden sollten. Um den Bedarf festzustellen, wurde eine jährliche Haussuchung im ganzen Lande angeordnet. Diese Verordnung scheint längere Zeit durchgeführt worden zu sein. Wenigstens wurde 1766 wieder ein neues Formular zur Ausfüllung vorgeschrieben. In den aufzustellenden Listen mußte der Pfarrer angeben, ob der Mangel an Bibeln zurückzuführen sei auf „Nachlässigkeit, Alter, Unwissenheit im Lesen oder auf Armut". Vielleicht ist Baden-Durlach das erste Land gewesen, in dem der Grundsatz praktisch durchgeführt wurde, daß in jedem evangelischen Hause eine Bibel sein solle.

Die neugebildete Gesellschaft erhielt von dem Mutterverein ein Geschenk von 300 Pfd. Sterling und 1000 Bibeln. Sie hat sich langsam und stetig entwickelt. Ein weiteres Feld ihrer Tätigkeit eröffnete sich, als seit 1860 immer mehr die Sitte aufkam, daß den Brautpaaren von den Kirchengemeinden Traubibeln überreicht wurden. 1903 wurden die alten Statuten einer Revision unterzogen. Die Gesellschaft ist in Bezirksvereine gegliedert, die den 25 Diözesen entsprechen. In jeder Diözese ist ein Geschäftsführer bestellt, der eine Bibelniederlage hält. An der Spitze steht ein Ausschuß, bestehend aus dem Vorsitzenden (seit 1897 Prälat D. Oehler) und 10 Mitgliedern. Die Zahl der Mitglieder betrug 1904 739. Haupteinnahmequelle ist neben den Mitgliederbeiträgen eine in den meisten Gemeinden des Landes erhobene Kirchenkollekte.

Laufende Einnahmen 1905: 15 887 Mk. Laufende Ausgaben: 18 640 Mk. Betriebsfond am 1. Januar 1906: 23 043 Mk.

Zur Förderung der Vereinssache finden Bezirksfeste und ein Jahresfest statt; bei letzterem werden Bibeln unentgeltlich an Schulkinder verteilt. — Die Bücher werden von der Württembergischen Bibelgesellschaft gedruckt.

Auch die Britische Bibelgesellschaft ist in Baden tätig und tritt unterstützend der Tochter zur Seite. Sie hat im Jahre 1904, vorwiegend in katholischen Gegenden, 17000 Bibeln und Bibelteile verbreitet.

E. Der evangelische Bund.

A. Thoma: Aus der Geschichte des Ev. Bundes in Baden. Manuskript. — Verzeichnis der Haupt= und Zweigvereine des Evangelischen Bundes. Leipzig 1906. — Evangelischer Bundesbote.

Bald nach der Gründung des Evangelischen Bundes (1886) entstanden in Baden Zweigvereine, die sich 1889 zu einem Landesverein vereinigten und die Herausgabe eines „Evangelischen Bundesboten" beschlossen. Die Redaktion wurde Professor Thoma übertragen, der seitdem fast alle Hefte allein geschrieben hat. Der Bund entfaltete eine rege Tätigkeit, die nicht in allen evangelischen Kreisen Anklang fand, aber doch dem Vereine immer neue Mitglieder zuführte. Im Jahre 1890 wurde Thoma zum Vorsitzenden gewählt; er hat seither dieses Ehrenamt mit großer Hingebung und außerordentlichem Geschick bekleidet. Ursprünglich hatte der Evangelische Bund auch die Bekämpfung der Sozialdemokratie durch Gründung evangelischer Arbeitervereine in sein Programm aufgenommen, mehr und mehr aber wandte sich das Interesse davon wieder ab und der Diakonie zu. Zunächst erhielten die „Bundesschwestern" ihre Ausbildung in Schwäbisch=Hall; später (1893) beschloß man, in Baden ein Diakonissenhaus zu errichten.

Der Evangelische Bund erfreut sich in Baden, vornehmlich in der Pfalz, einer großen Volkstümlichkeit; er ist zu einem „unentbehrlichen Bestandteil des kirchlichen Lebens" geworden. Im Jahre 1905 zählte er 15000 Mitglieder in 18 Bezirks= und 132 Ortsvereinen (resp. Ortsgruppen). Im Unterland ist das Interesse für ihn lebhafter als im Oberland. Die größte Mitgliederzahl hat der Bund in Mannheim (1320); auch auf dem Lande gibt es starke Vereine (bis zu 336 Mitgliedern). In der letzten Zeit trat er mit Eifer für die Los=von=Rom=Bewegung in Oesterreich ein. Die drohende Aufhebung des Jesuitengesetzes, der „Klostersturm" in Baden[1]), der Toleranzantrag des Zentrums gaben stets neuen Stoff für die Agitation. Der Bund sucht

---

1) Seit Jahren wird die badische Regierung von der katholischen Volkspartei mit Anträgen auf Zulassung von Männerklöstern bestürmt.

seine Zwecke zu erreichen durch Abhaltung von Vorträgen und Veranstaltung von Familienabenden, durch Aufführung von Festspielen; er pflegt kirchlichen Gesang und kirchliche Musik, richtet Volksbibliotheken ein, gründet Krankenpflegestationen, Arbeitervereine, Gemeindehäuser, bedient die Presse, versucht den Zusammenschluß der evangelischen Landeskirchen zu fördern, kurz: er entfaltet eine umfassende Tätigkeit. Wie dem Gustav-Adolf-Verein, so kam man auch dem Evangelischen Bund anfangs in den positiven Kreisen mit Mißtrauen entgegen; doch zählt er heute auch auf der rechten Seite viele eifrige Förderer und Freunde.

f. Der Protestantenverein.

W. Hönig: Die Arbeit des deutschen Protestanten-Vereins während seines 25jährigen Bestehens. Berlin 1888. — Verhandlungen der Protestantentage 1865 ff. — Holtzmann: Richard Rothe. Heidelberg 1899. Kurz: Lehrbuch der Kirchengeschichte. § 179. 1.

Der Protestantenverein ist ein Ergebnis der im Jahre 1859 in Baden einsetzenden liberalen Bewegung. Auf der am 3. August 1863 gehaltenen Durlacher Konferenz machte sich das Bedürfnis nach einem Zusammenschluß der freier gesinnten Protestanten geltend; am 30. September 1863 trat dann die konstituierende Versammlung in Frankfurt a. M. zusammen. Ihr gehörten u. a. an: die Theologen Schenkel und Rothe; die Führer der liberalen Geistlichen in Baden K. Zittel und O. Schellenberg; auch einzelne jüngere Kräfte: Heinrich Holtzmann, Hausrath, E. Zittel. Der Verein erstrebte: 1. den Ausbau der deutschen evangelischen Kirchen auf der Grundlage des Gemeindeprinzips; 2. die Bekämpfung alles unprotestantischen, hierarchischen Wesens innerhalb der einzelnen Landeskirchen und die Wahrung der Rechte, Ehre und Freiheit des deutschen Protestantismus; 3. die Erhaltung und Förderung christlicher Duldung und Achtung zwischen den verschiedenen Konfessionen und ihren Mitgliedern; 4. die Förderung des christlichen Lebens sowie aller der christlichen Unternehmungen und Werke, welche die sittliche Kraft und Wohlfahrt des Volkes bedingen. Der erste Protestantentag in Eisenach 1865 „erhielt einen glänzenden Nimbus durch die Anwesenheit des an den Verhandlungen lebhaft sich beteiligenden Professors Rothe aus Heidelberg".

Rothe wies unter allgemeinem Beifall nach, daß die leider unbestreitbare Entfremdung von Massen und ganzen Klassen unserer deutsch-evangelischen Bevölkerung von der Kirche nur durch eine Kur von Grund aus geheilt werden könne. „Die Kirche verstand es nicht, sich zu dem neuen Kulturleben die richtige Stellung zu geben und zuletzt machte die in ihr vorherrschende Strömung ihm eine grundsätzliche Opposition als einem unchristlichen oder gar widerchristlichen". Darum ergebe sich als Aufgabe der Kirche, a) „ehrlich und mit klarem Bewußtsein mit dem modernen Kulturleben Friede und Freundschaft zu schließen, dies jedoch unter dem ausdrücklichen Vorbehalt, daß das moderne Kulturleben sich der erziehenden Einwirkung des Geistes Christi unterwerfe; b) ihre eigenen Verhältnisse in einer Weise zu ordnen, die den tatsächlichen Bedürfnissen des heutigen d. i. des modernen Christentums wirklich entspricht".

Der Verein nahm bald einen mächtigen Aufschwung trotz der Anstrengung vieler Kirchenregierungen, seine Ausdehnung zu hindern. Die Frage der Lehrfreiheit war die Hauptfrage, die alle Protestantentage bis 1870 beschäftigt hat. Als im Jahre 1868 Papst Pius IX. „den kecken Mut fand, die Protestanten zur Rückkehr in den Schafstall Petri einzuladen, da tagte jene protestantische Riesenversammlung zu Worms, wo vielleicht 20000 Männer mit hoch erhobenen Händen den Protest von Speyer erneuerten gegen jeden Gewissenszwang und jede hierarchische Bevormundung". In Baden entstanden zahlreiche Vereine, auch an Landorten; aber die Pfarrer hielten sich zum größten Teil fern. Das „Süddeutsche evangelisch-protestantische Wochenblatt", das als Organ des Vereins galt, hatte in kurzer Zeit 1000 Abonnenten. Die „Protestantischen Flugblätter", von dem Vorsitzenden des badischen Protestantenvereins, Pfarrer Hönig, redigiert, die Jahrbücher, ein Erbauungsbuch, die Protestantenbibel und ein Kalender („der Wegweiser") suchten die Ideen des Vereins in weitere Kreise zu tragen.

Allmählich geriet die Bewegung ins Stocken; es gelang dem Vereine nicht, eine mächtige Partei zu bilden, die auf den Gang der Dinge einen maßgebenden Einfluß auszuüben imstande war. Das Süddeutsche ev.-prot. Wochenblatt verlor von Jahr zu Jahr an Abonnenten. Als Grund des Mißerfolgs bezeichnet Hönig selbst den Doktrinarismus, an dem der Verein krankte. Erst im Anfang der 90er Jahre entstand infolge des Apostolikumsstreits eine neue Bewegung, die zur Gründung der kirchlich-liberalen Vereinigung führte. In Baden bestehen zurzeit noch einige Ortsvereine des Protestantenvereins, z. B. in Pforzheim und in Karlsruhe; das Haupterbe ist jedoch auf den Tochterverein übergegangen.

Von der kirchlich-liberalen Vereinigung und der Evangelischen Konferenz ist schon oben die Rede gewesen (Seite 75).

1. Die kirchlichen Vereine.

Beide erfreuen sich eines starken Wachstums und stehen immer auf dem „Qui vive". Sie rüsten sich zu den entscheidenden Auseinandersetzungen, welche die nächste Zeit wohl bringen wird, und vergessen hoffentlich nicht, daß ihrem Streit nicht bloß ein tertius (Katholizismus) fröhlich zuschaut, sondern auch ein quartus (Sozialdemokratie) und ein quintus (Methodismus).

G. Die deutsche Lutherstiftung.

D.E.B. 1884. S. 59. — Rechenschaftsberichte.

Der „Badische Hauptverein der deutschen Lutherstiftung" bildete sich zu Anfang des Jahres 1884 eine Frucht des Lutherjahres — zum Zwecke der Erleichterung der Erziehung von Kindern von Pfarrern und Lehrern insbesondre auf dem Lande und zur Gründung einiger entsprechender Erziehungsanstalten. Der Verein hat nur eine bescheidene Ausdehnung; seine Mitglieder sind zum großen Teil Lehrer und Pfarrer. Am 1. Januar 1907 hatte er ein Vermögen von 24 632 Mk. Die Mitgliederbeiträge betrugen 1905 1309 Mk. An Unterstützungen wurden ausbezahlt 1500 Mk., dazu vom Zentralverein 600 Mk., zusammen 2100 Mk. (600 Mk. an Pfarrer-, 1500 Mk. an Lehrerfamilien). Seit seinem Bestehen hat der Verein doch schon 34 820 Mk. (15 010 an Pfarrer-, 19 810 an Lehrerfamilien) verteilt: ein stiller Wohltäter trotz beschränkter Mittel. Vorsitzender ist Geh. Oberkirchenrat Bujard in Karlsruhe.

H. Der evangelische Kirchengesangverein.

H. Bassermann: Die ersten 25 Jahre des evangelischen Kirchengesangvereins für Baden. Heidelberg 1906. — Jahresberichte. — W. Hesselbacher: Die innere Mission in Baden. Karlsruhe 1884.

Die Gründung eines evangelischen Kirchengesangvereins wurde am 6. Januar 1880 durch einen von Lic. Bassermann, Stadtpfarrer Eisenlohr, Musikdirektor Hänlein, Hofprediger Helbing, Dekan Nüßle erlassenen Aufruf angeregt; es traten bis Juni desselben Jahres 21 Vereine bei. Endgültig konstituierte er sich 1882. Sein Wachstum beleuchten folgende Zahlen:

```
1881 hatte er  45 Chöre mit 1490 Sängern
1884    "     100   "    "  3893    "     und 215 Einzelmitgliedern
1894    "     123   "    "  4818    "      "  215         "
1906    "     170   "    "  6586    "      "  157         "
```

Von Anfang an war der Verein bestrebt, seinen Chören durch unentgeltliche oder doch billigere Lieferung geeigneten Singstoffs zu dienen. Der Vorstand gab 1883 ein von Helbing, Hänlein und Barner bearbeitetes Choralbuch zum neuen Gesangbuch für gemischten Chor und zum Hausgebrauch heraus. Diesem folgten 1885: Vierzig Chorgesänge zum gottesdienstlichen Gebrauch (herausg. von Helbing und Hänlein); im Jahre 1893 die 30 Chorgesänge für den gottesdienstlichen Gebrauch (von Helbing und Lützel); 1897: „Der evangelische Kirchenchor", eine Sammlung älterer strophischer Lieder und liturgischer Gesänge (von Ph. Wolfrum); 1903: „Choräle und Chorgesänge zum gottesdienstlichen Gebrauch" (von Hänlein und Barner). — Der Verein feiert in der Regel jedes Jahr ein Gesangsfest, an dem sich die Chöre des Festorts und seiner Umgebung beteiligen; außerdem werden Bezirksfeste gefeiert, bei welchen die Bezirksvereine ihr Können zeigen. Diese Feste erfreuen sich gewöhnlich großer Teilnahme. Den Vorsitz hatten der Reihe nach: Eisenlohr, Helbing, Bassermann (letzterer seit 1898).

Die meisten Kirchenchöre des Landes gehören dem Verein an. „Dem Draußenstehenden mag es wohl als eine kleine und unbedeutende Geschichte erscheinen", sagt Bassermann am Schlusse seines Ueberblicks über die Entwicklung des Vereins, „wer tiefer sieht, muß doch erkennen, daß es sich hier um Hohes und Wichtiges handelt. Denn solange noch die Frömmigkeit eine Macht ist in unserem deutschen Volke, solange wird das fromme Lied, wird der religiöse und kirchliche Gesang eines der wichtigsten Mittel sein, ebensowohl diese Frömmigkeit zu entsprechendem Ausdruck zu bringen, als sie zu erhalten und zu fördern. Was unser Volk singt, und wie es singt, ist das nicht ein Gradmesser für den Stand seiner Gesamtanschauung und seiner Herzensbildung? Die fromme Weise darf dabei nicht nur nicht fehlen, sie sollte sogar einen Ehrenplatz einnehmen, sie sollte und müßte ganz besonders sorgfältig gepflegt und auf die höchste erreichbare Stufe gebracht werden".

2. Die Gemeinschaften.

Th. F. Mayer: Das badische Gemeinschaftsleben. Berlin 1906. Jahresbericht des Ev. Vereins für i. M. Augsburger Bekenntnisses 1905. D.E.B. 1899. S. 42. — W. Ziegler: Der Badische Landesverein für i. M. an der Wende des Jahrhunderts. Karlsruhe 1900. — Bericht des Diözesanausschusses der Diözese Karlsruhe-Stadt 1897. — P. Fleisch:

Die moderne Gemeinschaftsbewegung in Deutschland. Leipzig 1903. 2. Aufl. 1906. — Lexikon für Theologie und Kirchenwesen von H. Holtzmann und R. Zöpffel. Braunschweig 1888—1891.

Pietistische Strömungen machen sich in Baden etwa seit der Mitte des 18. Jahrhunderts geltend. Karl Friedrich bezeichnet in einem Erlaß vom Jahre 1767 außerhalb des Gottesdienstes stattfindende, der Erbauung dienende Versammlungen als empfehlenswert. Aber die Bewegung gewann keinen besonderen Umfang. Der Einfluß pietistisch gerichteter Persönlichkeiten beschränkte sich auf einzelne kleine Kreise. Jung Stilling wirkte von 1805—1817 als Arzt in Karlsruhe und wollte auch die kranken Seelen seiner Patienten heilen. Zu gleicher Zeit bemühte sich Juliane von Krüdener, durch Erweckungspredigten und Rettungstaten neues religiöses Leben auch in Baden zu wecken. Sie wurde „erst als Heilige, besonders während des Hungerjahres 1817, verehrt, dann als Närrin verlacht, seit 1818 als Volksaufwieglerin polizeilich verfolgt und an die russische Grenze gebracht". Doch hat ihr Auftreten sicherlich die Verbreitung des Pietismus mehr gehindert als gefördert.

Erst durch Aloys Henhöfer (S. 74 f.) und seine Freunde erlangte der Pietismus größere Bedeutung. Mayer nennt Henhöfer den Vater des badischen Gemeinschaftslebens. „Es trat auf einmal an den Tag, wie viele Liebhaber der Privaterbauung es doch gab; sie kamen aus ihren Winkeln hervor, und die Pfarrer selbst trieben sie diesem (Henhöfer) zu, indem sie gegen das Hinauslaufen nach Graben und das Zeugnis Henhöfers predigten". Frühere Gegner wie Käß und Dietz wurden zu Freunden der Bewegung. Die Erweckten schlossen sich zu kleinen Gemeinschaften zusammen. Durch Pfarrer Rein wurde die Erweckung ins Ried, durch Ledderhose auf den Schwarzwald verpflanzt. Als später die innere Mission auf dem Plan erschien, da waren es die Gemeinschaftsleute, welche die neuen Aufgaben mit dem Feuer der ersten Liebe in Angriff nahmen.

Am 24. Januar 1849 schlossen sie sich zusammen zu einem „Evangelischen Verein für innere Mission Augsburger Bekenntnisses" (vgl. S. 149). Dieser Verein wurde zur Organisation der Stillen im Lande. Als Aufgabe stellt er sich: „mit Hilfe des unsichtbaren Oberhaupts gegen das jetzt herrschende geistliche und leibliche Verderben anzukämpfen und demselben zu wehren" (§ 1). Als Quelle des Verderbens erkennt der Verein den jetzigen

Abfall der Christenheit von Jesu Christo, unserem Herrn und Gott, als einziges Rettungsmittel nur die volle Umkehr zu dem Glauben an Jesum Christum als unseren Herrn und Gott (§ 2). Die ganze Tätigkeit besteht in der Ausübung des allgemeinen Priestertums.

Wenn in den Statuten über das Verhältnis zur Landeskirche nichts gesagt ist, so geht aus anderen offiziellen Veröffentlichungen hervor, daß der Verein innerhalb der geordneten Kirche wirken will, freilich gegen jede freiere Auffassung des Christentums. Im Jahresbericht für 1905 spricht sich Inspektor Böhmerle über das Verhältnis zur Kirche folgendermaßen aus: „Wir stehen in der Entwicklung unserer evangelischen Landeskirche in einer hochernsten Stunde. Der alte und der neue Glaube kommen immer schärfer ins Ringen. Auch droht immer mehr die Gleichberechtigung der verschiedenen Richtungen innerhalb unserer Kirche Tatsache zu werden, was wir nicht zugeben können". Aber im weiteren wird die Gleichsetzung positiv-gläubig und liberal-ungläubig abgewehrt. Wenn jedoch hervorgehoben wird, daß vor allem „der Kampf um die Bibel als Gottes Wort im Vollsinn und um die Gottessohnschaft des Heilands" geht, so ist unter allen Umständen der Standpunkt des Vereins auf der äußersten Rechten. Sympathisch berührt in dem erwähnten Jahresbericht die Zurückweisung antikirchlicher Bestrebungen. Es wird verlangt: „freies, selbständiges Gemeinschaftsleben, aber auf entschieden kirchlichem Boden".

Die Gemeinschaften sind in 5 Bezirke unter je einem Brüderrat eingeteilt. Der Verein zählt 26 Reiseprediger. Die Arbeit der „Brüder" besteht in Veranstaltung von Versammlungen, Vereinsstunden, Monatsstunden, Jünglings- und Jungfrauen-Konferenzen; in der Abhaltung von Bibelkursen, Evangelisationsvorträgen, in Haus- und Krankenbesuchen. Dazu kommt die Verteilung von Traktaten, Flugblättern (z. B. über „Kirchweihe", „Fastnacht" ꝛc.). Der Verein gibt einen Kalender heraus (47000 Abnehmer) und ein Sonntagsblatt, den „Reich-Gottes-Boten" (gegründet 1844, seit 1873 redigiert von Gustav Stern. Auflage 18200).

Die Zahl der Jünglingsvereine beträgt 76, die der Jungfrauenvereine 26. Außerdem gibt es noch eine Reihe von Jünglings- und Jungfrauenvereinen, die mit den Gemeinschaften zwar nicht in direkter Verbindung stehen, aber dem in ihnen herr-

2. Die Gemeinschaften.

schenden Geiste nach mit ihnen verwandt sind.

Sektiererische Neigungen scheinen bei der Evangelisation hervorgetreten zu sein, wie sie überhaupt in einzelnen Gemeinschaftskreisen vorhanden sind. Vor allem ist die Kritik des Kirchentums selten eine verständnisvolle oder anerkennende. Hier ist für viele „alles tot".

Nach einer Statistik des Oberkirchenrats fanden sich 1903 in sämtlichen Diözesen — mit Ausnahme von Konstanz — ältere Gemeinschaften, zu denen seit 1871 noch neuere hinzukamen; gegenwärtig ist keine Diözese ohne Gemeinschaft. Es sind im ganzen 325 Gemeinden, in welchen größere oder kleinere Gemeinschaften bestehen; in der Diözese Durlach finden sie sich in allen Gemeinden, in 14 Diözesen sind $3/4$, in 9 ist die Hälfte der Orte von Gemeinschaften durchsetzt. Von den Gemeinschaften gehören nur 240 zu dem V. f. i. M. A. B., die Michelianer zählen 45, allgemein pietistischen Charakter haben 10, mit Stadtmissionen verbunden sind 5, dem Methodismus nähern sich 10, Wißwässer gibt es 10, ausgesprochen sektiererische Tendenzen verfolgen 5 Gemeinschaften (darunter 3 Pregizerianer).

Die Michelianer (Michel-Hahner) haben ihren Namen von Michel Hahn (1758—1819), einem württembergischen Bauersmann, der neben der Verkündigung eigenartiger theologischer Spekulationen (doppelter Sündenfall, zweite Auferstehung, Wiederbringung aller Dinge) mit Nachdruck zur Heiligung mahnte. Daß sie keine Sekte bilden wollen, zeigt § 13 ihrer Gemeinschaftsordnung, wonach die Mitglieder die Kirche fleißig besuchen, die Sakramente wert halten und benützen und den Dienern ihrer Kirche gebührende Ehre erweisen sollen. — Wißwässer, ein ehemaliger Reiseprediger des V. f. i. M. A. B. gründete 1877 einen besonderen Verein. — Pregizer, Pfarrer von Heiterbach, † 1824, betonte das Verdienst Christi, die Rechtfertigung durch den Glauben, die Seligkeit der Erlösten. Seine Anhänger werden auch die „fröhlichen Christen" genannt.

Doch ist diese Zählung nicht genau. Mayer zählt nach Dietrich rund 450 Gemeinschaften, von denen auf die Michelianer 70, auf den V. f. i. M. A. B. 320—330, auf die Wißwässer 14—20, auf die Stadtmissionen 5, auf die Pregizerianer 3 entfallen.

Mehr als die Hälfte aller Orte mit evangelischer Bevölkerung beherbergt also Gemeinschaften. Das Unterland ist stärker durchsetzt als das Oberland. Offiziell wird die Anzahl der Gemeinschaftsleute auf 2—3 % geschätzt. Diese bilden einen namhaften Teil der Kirchgänger; denn die Mehrzahl der Pietisten besucht fleißig den Gottesdienst. — Während sich im V. f. i. M. A. B. das Institut der Reiseprediger herausgebildet hat, lassen die Michelianer nur Laienwort zu. — Die „Stunden" werden gewöhnlich in der Kinderschule des betreffenden Ortes, in einem Saale oder auch in einer Stube gehalten; der V. f. i. M. A. B. besitzt 15 Vereinshäuser.

Die Gemeinschaften werden in sehr verschiedener Weise beurteilt. Die einen weisen darauf hin, daß sie einen Schutzdamm gegen andringendes Sektierertum bilden, demgegenüber betonen andere, daß die Gemeinschaftsbewegung sehr leicht einen antikirchlichen Charakter annimmt. Jedenfalls darf die Kirche nicht mit Gewaltmitteln vorgehen, wie sie dies in der ersten Hälfte des vorigen Jahrhunderts getan hat. „Es ist bei uns selbstverständlich", sagt der Evangelische Oberkirchenrat, „daß den privaten Erbauungsgemeinschaften seitens der kirchlichen Organe kein Hindernis in den Weg gelegt wird". — Manche Pfarrer oder ihre Frauen besuchen die Erbauungsstunden. An anderen Orten werden sie dagegen von den Geistlichen nicht gerne gesehen. Das verschiedene Verhalten der Pfarrer ist Folge und Ursache einer verschiedenen Stellung der betreffenden Gemeinschaften zur Kirche.

Die Vorwürfe, die den Pietisten gemacht werden, sind die bekannten: „Die Geschmacklosigkeiten der erbaulichen Literatur, die Eintönigkeit der geistigen Bewegung bis zur Geistlosigkeit, das Schablonenhafte der Seelsorge und Beurteilung; dazu engherziges, abstoßendes Wesen gegen andersartige Erscheinungen bis zur Ungerechtigkeit und Unduldsamkeit; Verständnislosigkeit für wissenschaftliche Probleme, künstlerische Leistungen, ja selbst oft Verschlossenheit gegen die Schönheit der Natur und Schöpfung, Mißtrauen gegen den Kulturfortschritt und schließlich Form statt Wesen, Worte statt Kraft, Gewohnheit statt Leben". Dies das Urteil eines konservativen Beobachters (Mayer) über den Pietismus. — Aber die Lichtseiten sollen nicht unerwähnt bleiben. Als solche sind hervorzuheben: wirkliches Gemeinschaftsgefühl, Stärkung durch Zusammenschluß, Pflege der Jünglings- und Jungfrauenvereine, religiös gesinntes Laientum, stille, treue Arbeit, Ernst im Streben nach Heiligung. Es ist nicht der geringste Vorzug, daß in diesen Kreisen die Liebe zur Mission und die Opferwilligkeit für die besondere Reich-Gottes-Arbeit als selbstverständliche Aeußerungen ihrer Frömmigkeit gelten. Sie werden darin von niemand übertroffen. Das sind die Leute, die ein Ohr haben für jeden Hilferuf, ob er aus Indien kommt oder aus einer Anstalt der Heimat. Mögen die Beweggründe nicht immer vor dem Forum einer geistigen Auffassung der Religion bestehen, der Ruhm kann ihnen nicht genommen werden, daß durch ihr Beispiel und ihre Arbeit die Werke der inneren Mission in der evangelischen Kirche unseres Landes vielen Andersgesinnten erst bekannt und lieb geworden sind. Die Gemeinschaften unterstützen die Bestrebungen des Weißen und des Blauen Kreuzes, ferner sind sie vor anderen Gemeindegliedern an dem deutschen Hilfsbund für Armenien beteiligt; manche kleine Gemeinschaft bringt die Mittel für die Verpflegung eines armenischen Waisenkindes auf.

Die meisten Reiseprediger haben ihre Ausbildung in der Anstalt St. Crischona bei Basel empfangen. Die Evangelisten, die hier ausgebildet werden, sind angewiesen, „die zuständigen ‚gläubigen' Pfarrer der Landeskirche zu besuchen und die kirchlichen Ordnungen zu achten". Wo die Vertreter der Landeskirche „das biblische Bekenntnis verlassen haben", da sollen die Brüder dem Gottesdienste fern bleiben.

3. Interkonfessionelle Vereinigungen.

Geschichte des badischen Frauenvereins. Karlsruhe 1906. — Jahresbericht für 1905. — Statistisches Jahrbuch 1904/05. S. 615. 616. — St.G. vom 4. Mai 1886 und 26. August 1900. K.G. u. V.O.Bl. 1887. S. 7 ff. 1905. S. 183 ff.

Unter den interkonfessionellen Vereinigungen, die ähnliche Aufgaben verfolgen wie die innere Mission der evangelischen Kirche

Verbesserung

zu **Ludwig,** Das kirchliche Leben der evang.-prot. Kirche des Grossh. Baden.

S. 168 Z. 11 v. u. ist nach dem Worte „Pietismus" hinzuzufüge „der für die guten Seiten der Gemeinschaften nicht blind ist."

arbeitslehrerinnen (z. Zt. 546), Luisenschule mit 77 Schülerinnen, Frauenarbeitsschule mit 184 Schülerinnen, Handarbeitsschule, Schule für Kunststickerei, Heim für alleinstehende Frauen, 2 Haushaltungsschulen, Seminar für Haushaltungslehrerinnen, Stellennachweis-Bureau).

Abteilung II: Kinderpflege (Krippen, Kinderpflegerinnen-Institut, Pflege von Armen- und Haltekindern).

Abteilung III: Krankenpflege (73 Krankenhäuser und -Stationen z. Zt. mit 522 Schwestern, Kindersoolbad Dürrheim, Ausbildung von Landkrankenpflegerinnen (z. Zt. 126).

Abteilung IV: Armenpflege und Wohltätigkeit (Asyl Scheibenhardt, Geschäftsgehilfinnenheim, Flickschulen, Kochschulen, Volksküche, Flickverein, Beschäftigungsverein).

Neuerdings wurden 2 weitere Abteilungen V und VI hinzugefügt: zur Bekämpfung der Säuglingssterblichkeit und der Tuberkulose.

Wie der Verein in Karlsruhe vorbildlich wirkt, so werden die gleichen Bestrebungen im ganzen Lande angeregt und gefördert. Die badischen Frauenvereine unterhielten 1905: 39 Handarbeitsschulen, 27 Nähkurse, 19 Bügel-, 85 Flick-, 21 Koch-, 19 Spinnkurse. Die Zahl der von Frauenvereinen unterhaltenen Kinderschulen betrug 96; bei 95 weiteren ist der Frauenverein beteiligt. Die Pflege- und Haltekinder werden überwacht von 97 Vereinen. Die Zahl der Krankenpflegestationen beträgt 160. Es sind beschäftigt 117 Ordensschwestern, 61 Diakonissen, 64 Schwestern vom Roten Kreuz, 74 Landkrankenpflegerinnen.

Seit kurzem hat sich der Verein besonders die Bekämpfung der Lungentuberkulose und der Säuglingssterblichkeit zur Aufgabe gemacht.

Der Frauenverein besitzt eine große Volksbibliothek.

Das Vermögen betrug 3 707 709 M. Die oberste Leitung liegt in den Händen der Protektorin, der Großherzogin Luise; ihr zur Seite stand lange Jahre der Generalsekretär, Geh. Rat Sachs.

Auf eine lange Geschichte kann der „Verein zur Rettung sittlich verwahrloster Kinder" zurückblicken. Er hat sich 1836 konstituiert in der Ueberzeugung, „daß eine auf Religion und Sittlichkeit gegründete Erziehung der Jugend die notwendigste und allein sichere Grundlage sowohl für ihr eigenes Glück als auch für die Wohlfahrt und Ruhe der Gesellschaft sei". Der Verein sucht statutengemäß sein Ziel zu erreichen durch Unterbringung der Kinder in braven Familien und durch Errichtung eigener Rettungshäuser. Das erste Rettungshaus wurde in Durlach errichtet, 1904 wurde die Anstalt nach Weingarten verlegt. Außer dieser besitzt der Verein zwei weitere Rettungshäuser in Hüfingen und in Sinsheim. Am 1. Januar 1905 befanden sich in der Vereinsfürsorge 187 Zöglinge, 89 Lehrlinge (82 ev., 190 kath., 3 altk., 1 israel.); davon standen in Zwangserziehung 246 Knaben.

Die Erziehungsresultate werden als zufriedenstellend bezeichnet. Von 180 entlassenen Knaben hielten sich 100 gut, 59 ziemlich gut, bei 21 war der Erfolg ungenügend. Das sind keine schlechten Erziehungsresultate, wenn nur bei 12% die gewünschten Früchte sich nicht zeigen. Allerdings ließe sich der Erfolg erst nach einigen Jahren beurteilen. Die Einnahmen betrugen 1904 84 080 Mk., das Vermögen am 1. Januar 1905 480 418 Mk.

In der staatlichen Erziehungsanstalt in Flehingen befanden sich 1906 105 Pfleglinge (33 ev., 72 kath.). Von den Zöglingen des Jahres 1904 wurden nach Vollendung des 20. Lebensjahres entlassen 9, in einem Lehr- oder Dienstverhältnis untergebracht 32, zu den Eltern geschickt 12; entlaufen sind 11. —

Eine paritätische Anstalt ist auch die Arbeiterkolonie Ankenbuck im Schwarzwald, gegründet 1884 infolge der Bemühungen des badischen Landesvereins für i. M. Sie gibt den arbeitslosen Wanderern Unterkunft und Beschäftigung, wird aber ängstlich gemieden von Stromern und Bettlern, da man dort Arbeit, aber keinen Schnaps findet. Im Jahre 1905 war die Kolonie von 181 Kolonisten besucht (91 ev., 86 kath., 2 altkath., 1 griech.-kath., 1 religionslos); davon waren aus Baden 85. Von den 181 Aufgenommenen waren 44 unbestraft, 79 mit Haft, 43 mit Gefängnis, 4 mit Zuchthaus bestraft. 81 verließen die Anstalt wieder vor Ablauf der vorgeschriebenen Zeit. „Diese letzteren sind die Schmerzenskinder der Kolonie, die eigentlichen Stromer, welche die Anstalt nur als Erholungsstation betrachten, und sobald sie sich von ihren Wanderstrapazen erholt haben, gereinigt sind und frische Kleider und Wäsche besitzen, wieder weiter ziehen". Der Verein zählt rund 2850 Mitglieder, zumeist in den Städten; auf dem Lande sind es fast nur Pfarrer, die ihn unterstützen. Ferner gehören dem Verein sämtliche Kreisverbände und Bezirksvereine für Jugendschutz und Gefangenenfürsorge und die meisten Gemeinden des Landes als korporative Mitglieder an.

Die Zahl der Bezirksvereine für Jugendschutz- und Gefangenenfürsorge im Jahre 1904 betrug 60 mit 8992 Mitgliedern und 2038 Schützlingen (785 ev., 1119 kath., 6 altk., 4 israel., 124 andrer Religion). Aus Baden stammen 1625 Schützlinge. Die Fürsorge besteht in der Vermittlung von Arbeit, Darreichung von Geld, Kost, Kleidung, Handwerkszeug, Gewährung von Herberge, Verbringung in eine Lehrstelle, in eine Anstalt, Ermöglichung der Auswanderung, Unterstützung der Familie u. s. w. —

Auch der „**Verein für ländliche Wohlfahrtspflege in Baden**" (gegründet 3. Juni 1902) sei erwähnt. Er verfolgt den Zweck, „die auf materielle und geistige Hebung der ländlichen Bevölkerung gerichteten Bestrebungen in Baden zu unterstützen und zu pflegen und für dieselben einen gemeinsamen Mittelpunkt zu schaffen". Obwohl er erst wenige Jahre besteht, hatte er am 1. September 1906 schon 735 Mitglieder, und außerdem gehörten ihm 27 Korporationen an. Der Verein gibt eine Monatsschrift heraus: „**Dorf und Hof**" (Schriftleiter: H. Bauer). Die Zukunft wird zeigen, ob in einem solchen Vereine evangelische und katholische Geistliche einträchtig zusammenwirken können.

Einen neuen Versuch stellt das Unternehmen dar, zu welchem sich einige Pfarrer in der Diözese Emmendingen vereinigt haben. Sie geben gemeinsam ein Monatsblatt heraus, die „**Dorfheimat**", in dem sie kirchliche und weltliche Angelegenheiten ihrer Gemeinde besprechen in ähnlicher Weise, wie dies in den großen Städten schon längere Zeit geschieht. Pfarrer Nuzinger in Gutach ist meines Wissens der erste, der in Baden für einen Landort ein periodisch erscheinendes Gemeindeblatt herausgegeben hat.

VI. Kapitel.

Das kirchliche Leben im Verhältnis zu anderen Religionsgemeinschaften.

1. Die evangelisch-lutherischen Gemeinden und die Reformierten.

H. v. Keußler: Urkundlicher Bericht über die Entstehung der evang.-luth. Gemeinden im Großherzogtum Baden. Freiburg 1901. — Derselbe: Urkundlicher Bericht über die Entstehung der ev.-luth. Gemeinde in Freiburg. 1901. — Derselbe: Bericht über die ev.-luth. Gemeinde Freiburg Jhringen. 1901. — Verhandlungen der Generalsynode 1899. — Statistische Jahresberichte. — Ein Brudergruß aus den vereinigten ev.-luth. Kirchen im Großherzogtum Baden. Freiburg 1902.

Am 3. November 1850 erklärte Pfarrer K. Eichhorn in Nußloch seinen Austritt aus der badischen Landeskirche, da er als überzeugter lutherischer Christ der unierten Kirche nicht mehr dienen könne; am 11. Januar 1851 erhielt er die erbetene Entlassung aus dem Kirchendienst. Ueber die Gründe seines Austritts veröffentlichte er eine Broschüre: „Zur Verständigung bei seinem Austritt aus der unierten Kirche und Eintritt in die lutherische Kirche". Diese Schrift erregte großes Aufsehen und weckte auch in anderen den Wunsch, den gleichen Schritt zu tun. Im März 1851 sammelte sich in Jhringen eine kleine lutherische Gemeinde, bestehend aus 15 Familien. Ihre Bitte, Privatgottesdienste in einem Hause ihres Ortes unter Leitung von Eichhorn halten zu dürfen, wurde vom Ministerium nicht gewährt. Im September 1851 nahm Eichhorn auch einige Familien seiner früheren Gemeinde in die lutherische Kirche auf; Ostern 1852 schlossen sich andere an. Die staatliche Anerkennung der neu gebildeten Gemeinde aber wurde nicht ausgesprochen. Pfarrer Eichhorn selbst wurde überwacht, öfters ins Gefängnis gebracht, schließlich in seinen Geburtsort Kembach verbannt, von wo aus er trotz angedrohter und zuerkannter Gefängnisstrafen von Zeit zu Zeit die lutherischen Gemeinden besuchte. Im Jahre 1855 wurde die kleine Gemeinschaft verstärkt durch viele Familien von Jspringen, die unter Führung von Pfarrer Haag die Landeskirche verließen. Haag wurde ausgewiesen; nachdem eine Zeit lang ein Berliner Pfarrer die Seelsorge in Jspringen ausgeübt hatte, übernahm Eichhorn die geistliche Versorgung. Am 21. November 1856 wurde amtlich die staatliche Duldung der separierten lutherischen Gemeinden ausgesprochen. Die Zahl der Gemeindeglieder betrug damals etwas über 500. Später kamen Gemeinden in Karlsruhe (1866) und Freiburg (1869) hinzu. Im Jahre 1871 konstituierte sich eine evangelisch-lutherische Kirchengemeinde. Ihre Kirchenordnung, die von Professor Dr. Mejer verfaßt ist, legt die Leitung der Gemeindeangelegenheiten in die Hände einer Kirchenkonferenz. Im Jahre 1902 hatte die evangelisch-lutherische Freikirche 3 Parochien: Freiburg, Karlsruhe, Jspringen mit je einer Kirche. Gottesdienst wurde außerdem alle 14 Tage in Baden-Baden und Bretten gehalten. Ueber den Gottesdienstbesuch wird gesagt, daß er in Jspringen mittelmäßig sei, und daß in Karlsruhe die Zahl der Besucher durchschnittlich 75 betrage. (Das wären, wenn man die Volkszählung von 1900 zugrunde legt, nach der die lutherische Gemeinde in der Residenz 317 Mittglieder hatte, ca. 24 %). Nach der Zählung von 1900 betrug die Zahl der Gemeindeglieder 1650, nach der von 1905

2060. Man wird nicht fehlgehen, wenn man annimmt, daß in den Städten die Mehrzahl der Gemeindeglieder aus zugewanderten Preußen und Bayern besteht. Eine besondere Zugkraft hat die Bewegung nie gehabt. Der „Brudergruß" redet von einer „Hemmung des Wachstums, die in Geduld getragen und durch das Zeugnis in Wort und Wandel überwunden sein will".

Die Zahl der Reformierten betrug 1900 444; 1905 2823; es sind zumeist eingewanderte Schweizer. Sie sind besonders in den Grenzgebieten vertreten. Mehr als die Hälfte aller Reformierten wohnt in den Kreisen Konstanz (363), Waldshut (518) und Lörrach (581). Die bedeutende Zunahme seit der letzten Volkszählung erklärt sich wohl aus einer wachsenden Einwanderung aus der Schweiz.

2. Die Brüdergemeine.

Brüderkalender 1906. — Gysin: Königsfeld 1881. — Sprenger: Bericht über die Herrnhuter (Manuskript).

Die Herrnhuter haben im Schwarzwald eine Kolonie: Königsfeld mit 291 Evangelischen. Nachdem schon im 18. Jahrhundert herrnhutische Brüder die „Stillen" in Baden besucht hatten, aber nach Karl Friedrichs[1]) Anordnung (1748) von den Spezialaten als Separatisten überwacht worden waren, erhielt die Brüderunität 1806 vom König von Württemberg die Erlaubnis zur Gründung einer Gemeinde auf württembergischem Boden. Am 9. Juli 1807 wurde der Grundstein zum ersten Hause gelegt. Die neue Kolonie sollte Friedrichsfeld heißen, der König aber gab ihr den Namen: Königsfeld. Im Jahre 1810 fiel die neue Gemeinde, die 42 Mitglieder zählte, mit dem Amte Hornberg an Baden. Die der Gemeinde verliehenen Privilegien wurden bestätigt und im November 1811 die neue Fundationsurkunde ausgefertigt. Als das 25jährige Jubiläum der Saalweihe gefeiert wurde (1837), hatte die Gemeinde 200 Glieder.

In Königsfeld befinden sich zwei gut besuchte Erziehungsanstalten: eine für Knaben mit dem Lehrplan einer Realschule

---

1) Später scheint Karl Friedrich günstigere Ansichten über die Herrnhuter gewonnen zu haben; wenigstens wird in einer aus den Akten des Königsfelder Gemeindearchivs zusammengestellten Geschichte der Gemeinde mitgeteilt, daß durch den Uebergang der Herrnhuter Kolonie an Baden „ein vieljähriger Wunsch dieses Fürsten in Erfüllung gegangen sei".

(75 Zöglinge und 15 Tagesschüler) und eine für Mädchen (72 interne, 27 externe Schülerinnen).

Das Verhältnis der Kolonisten zu den Angehörigen der evangelischen Landeskirche ist ein freundliches; Prediger und Missionare der Brüdergemeine treten nicht selten bei landeskirchlichen Festen der inneren oder äußeren Mission als Redner auf. Anderseits wurde ein Teil der in diesem Jahre (1907) am Missionssonntag erhobenen Kollekte vom Oberkirchenrat der Herrnhuter Mission zugewiesen.

Ein Kenner der Verhältnisse urteilt über den Einfluß der Kolonie: „In der rationalistischen Zeit die Pflegerin pietistischer Frömmigkeit in weitem Umkreise, wurde sie noch in den 50er Jahren als Brennpunkt religiösen Lebens auf dem Schwarzwald bezeichnet. Auch besteht immer noch eine gewisse Verbindung mit den pietistischen Kreisen. Zeugen dafür sind die beiden großen Missionsfeste am Pfingstmontag und im September, zu denen die Besucher bis weit aus Württemberg her kommen. Schon in der vorigen Generation mindestens ist aber eine starke Verweltlichung eingetreten, und jetzt dürfte die Gemeine, was den Durchschnitt ihrer Mitglieder anlangt, kaum beträchtlich über dem Mittel der umliegenden Orte stehen. Das schließt nicht aus, daß die Eigenart und Innigkeit ihrer Gottesdienste und der mancherlei das ganze Leben durchziehenden Ordnungen und sinnigen Bräuche einen großen Reiz auf Fernerstehende ausüben, daß auch in einzelnen Familien und den Kreisen der Prediger und Lehrer viel Ernst und religiöse Kraft zu finden ist. Seit Herbst 1902 ist die Kolonie in eine politische Gemeinde umgewandelt und durchsetzt sich mit anderen Elementen. Nicht zu unterschätzen dagegen ist der kulturelle Einfluß der gut gebildeten Herrnhuter. Viele Mädchen der Nachbarschaft dienen in Königsfeld und bringen Sinn für Reinlichkeit und bessere Lebenshaltung besonders in die mittleren Familien".

3. Die Sekten.

Statistische Jahrbücher. — D.E.B. 1899. S. 42. — Th. F. Mayer: Das badische Gemeinschaftsleben. Berlin 1906. — Berichte.

Daß die Grenze zwischen den Gemeinschaften und den Sekten schwer festzustellen ist, geht schon aus dem oben (Seite 167) Gesagten hervor. Einerseits machen sich in den Gemeinschaften öfters sektiererische Neigungen geltend, anderseits ist man nicht einig darüber, ob diese oder jene Gemeinschaft nicht ganz zu den Sekten zu rechnen sei. So werden von manchen die **Pregizerianer** und die **Wißwässer** als Sekten angesehen. Jedenfalls nehmen die letzteren zum großen Teil eine kirchenfeindlichere Stellung ein als z. B. die **Mennoniten**, deren versöhnliche und freundliche Haltung gegenüber der Landeskirche von verschiedenen Seiten anerkannt wird. Aber da die Mennoniten auch vor dem Staatsgesetz als eine besondere christliche Religionsgemeinschaft mit bestimmten Privilegien gelten, so sind sie im folgenden zu den Sekten gerechnet; für die Beurteilung der Wißwässer aber ist maßgebend, daß sie nichts anderes sein wollten und sein wollen, als eine in einzelnen Punkten von den übrigen abweichende Gemeinschaft.

Die Zahl der **Mennoniten** betrug 1905 1227. Sie sind fast über das ganze Land hin zerstreut.

In einem scharfen Gegensatz zur Landeskirche stehen die **Baptisten** (Neutäufer, Untertaucher). Sie sehen in der Kirche Babel und in den Kirchenchristen Verlorene; sie selbst sind die Wiedergeborenen, die den Geist Gottes haben, über das Gesetz erhaben sind und nicht mehr sündigen; getauft wird nur, wer schon wiedergeboren ist. Die mildere Richtung schickt wenigstens ihre Kinder in die Kirche und in den Religionsunterricht des Pfarrers. Ihre Zahl betrug 1905 773.

Ebenso kirchenfeindlich und aggressiv treten die **Methodisten** (evangelische Gemeinschaft, Albrechtsbrüder) auf. Zwar nicht gleich am Anfang. Die ersten Versuche machen sie unter der Flagge einer gewöhnlichen Privaterbauungsstunde. Zunächst besuchen ihre Mitglieder noch den Gemeindegottesdienst; aber je länger je mehr sondern sie sich ab, verlegen ihre Stunden auf die Zeit des Gottesdienstes, bauen eigene Kapellen und agitieren heftig gegen das Kirchenchristentum. Diese Entwicklung hat auch der Methodismus im ganzen genommen. Im Jahre 1863 galten die Methodisten noch nicht als kirchenfeindlich, besuchte doch noch 1877 der Methodistenprediger in Adelsheim den Gemeindegottesdienst und nahm teil an der kirchlichen Abendmahlsfeier. Heute ist das leider ganz anders geworden. — Eine starke Gemeinde haben sie in Karlsruhe, die 1897 206 Glieder zählte. — Von der evangelischen Gemeinschaft geschieden sind die **bischöflichen Methodisten.**

Am **Kaiserstuhl** treibt seit einigen Jahren eine methodistische Gemeinschaft unter Führung eines jungen Schuhmachers eifrige Propaganda. Ihre Glieder besuchen den Gemeindegottesdienst nicht, „weil sie nicht sitzen wollen, da die Spötter sitzen"; das Wort Jesu von der Mörder-

3. Die Sekten.

grube (Luc. 19 46) wenden sie auf die Kirche an; die Pfarrer nennen sie Lohnprediger; sie feiern unter sich das Abendmahl; den Verkehr mit der „Welt" meiden sie soviel als möglich; wo sie doch mit ihr in Berührung kommen, mahnen sie zur Buße. Sie lehnen es ab, Patenstelle zu vertreten bei den Kindern von Verwandten, die nicht zu ihnen gehören; sie haben asketische Neigungen, verdammen das Rauchen als eine Erfindung des Teufels; als Zeichen der Bekehrung dient ihnen außer dem Bekenntnis der begangenen Sünden die Zurückgabe alles dessen, was einer in seinem Leben von frühster Jugend an unrechtmäßigerweise erworben hat. Trotz ihrer Abneigung gegen die Kirche lassen sie ihre Kinder taufen, unterrichten, konfirmieren, halten sie zum Besuch der Christenlehre an, begehren kirchliche Trauung und lassen ihre Toten kirchlich beerdigen (wohl nach Matth. 23 s).

Im Jahre 1900 wurden 711 Methodisten gezählt, 1905 795. Ihre genaue Zahl läßt sich aber nicht feststellen, da gewiß viele sich einfach als evangelisch bezeichnen.

Auch die Irvingianer, die sich selbst „apostolische Gemeinde" nennen, haben den Charakter einer Sekte angenommen und greifen die Kirche an. In Karlsruhe hatten sie 1897 150 Mitglieder, im ganzen Lande im Jahre 1900 184, 1905 929 Anhänger.

Gering ist die Bedeutung der Darbysten (3). — In einzelnen Städten haben die Spiritisten größere Gemeinden. Auch die Adventisten (Sabbatisten) sind im Lande vertreten (72).

Die Heilsarmee entfaltet in den Städten eine eifrige Tätigkeit; auch auf dem Lande suchen sie Eingang zu finden, aber wie es scheint, nur mit vorübergehendem Erfolg (17 Mitglieder). In den großen Städten bestehen freireligiöse Gemeinden; die Zahl der Mitglieder entspricht nicht dem selbstbewußten Auftreten der Führer (1900: 2010, 1905: 2808); die Freireligiösen werden wohl ein großes Kontingent für den Monistenbund stellen.

Die Zahl der nicht zur Landeskirche gehörigen Evangelischen betrug 1900 5359. Darin sind 1650 Lutheraner und 444 Reformierte enthalten. Im Jahre 1905 zählte man neben 2060 Lutheranern und 2823 Reformierten 2157 „sonstige Evangelische" und 7449 „andere Christen". Gewachsen sind die Mennoniten (von 1079 auf 1227), die Methodisten (von 711 auf 795), die Irvingianer (von 184 auf 929!), die Freireligiösen (von 2010 auf 2808). Zurückgegangen sind die Baptisten (von 807 auf 773). Im ganzen zeigt die Betrachtung der auf Seite 22 zusammengestellten Ergebnisse der letzten Volkszählung eine starke Zunahme der separierten Gemeinschaften. Von einer Zersetzung der Landeskirche kann man zwar nicht reden, aber die Fortschritte sektiererischer Bestrebungen sind unbestreitbar. Läßt man die Freireligiösen, die sich ebensowohl aus der katholischen wie aus der evangelischen Kirche rekrutieren, außer Betracht, so betragen die übrigen „anderen Christen" 4641, d. i. 0,6 % der gesamten evangelischen Bevölkerung.

4. Die römisch-katholische Kirche.

Statistisches Jahrbuch 1904/05. — D.S.B. — Statistische Tabellen. Badisches Kirchenblatt 1833. — Bericht des Evangelischen Oberkirchenrats für die Generalsynode 1904. — Buchenberger: Die Belastung der landwirtschaftlichen Bevölkerung durch die Einkommensteuer und Verschuldung der Landwirtschaft im Großh. Baden Karlsruhe 1893. — Jahresbericht des badischen Frauenvereins 1905. — Held: Die Verschiebung der Konfessionen in Bayern und Baden. Riga 1901. — Pieper: Kirchliche Statistik Deutschlands. Freiburg 1897. — Statistische Mitteilungen für das Großherzogtum Baden. 1905. XXII. — Kühner: J. H. von Wessenberg. Heidelberg 1897. — Offenbacher: Konfession und soziale Schichtung. Tübingen und Leipzig 1901. — Evangelischer Bundes-Bote 1906. Nr. 11/12. S. 95.

Die Katholiken Badens gehören zu dem (1821 errichteten, 1827 zum ersten Male besetzten) Erzbistum Freiburg, mit dem zusammen die Suffraganbistümer Fulda, Limburg, Mainz und Rottenburg die „Oberrheinische Kirchenprovinz" bilden. Im Jahre 1905 betrug die Zahl der Katholiken 1 108 511, dazu 8096 Altkatholiken.

Die Altkatholiken nehmen zur katholischen Kirche ungefähr die gleiche Stellung ein wie die Sekten zur evangelischen. Sie betragen 0,6% der gesamten katholischen Bevölkerung. Die altkatholische Bewegung breitete sich in Baden auch auf dem Lande aus. Im Schwarzwald und am Bodensee entstanden altkatholische Gemeinden. An manchen Orten wurde ihnen die Benützung der Pfarrkirche vom Staate zugestanden. Ihre Zahl hat aber von Jahr zu Jahr abgenommen. Im Jahre 1880 wurden 17 536 Altkatholiken gezählt, jetzt sind es noch 8096. Außer in den großen Städten sind sie in größerer Anzahl vertreten in den Bezirken Engen, Konstanz, Meßkirch, Donaueschingen, Triberg, Bonndorf, Säckingen, Waldshut, Offenburg. Der Verlust der römischen Kirche an die Altkatholiken ist ebenso groß wie der der evangelischen Kirche an die Sekten. Auf diese Tatsache seien ultramontane Polemiker aufmerksam gemacht, die so gerne von den Gefahren des Sektentums für die evangelische Kirche reden.

Wie schon oben (Seite 23 f.) hervorgehoben wurde, haben sich die Katholiken in den letzten 50 Jahren nicht so stark vermehrt wie die Protestanten. Das Wachstum betrug:

		1864—71		1871—80	
bei den	Katholiken	12 757	d. i. 1,4%	50 367	d. i. 5,3%
„ „	Protestanten	20 583	„ 4,4%	55 769	„ 11,4%
		1881—90		1891—1900	
bei den	Katholiken	35 113	d. i. 3,5%	103 417	d. i. 10,0%
„ „	Protestanten	51 900	„ 9,5%	105 381	„ 17,6%

4. Die römisch-katholische Kirche. 179

```
                        1901—1905
bei den Katholiken  (ohne Altkatholiken)   84 036 = 7,4%
 „    „  Protestanten (der Landeskirche)   60 862 = 8,6%
```

Die Gründe des schnelleren Wachstums der evangelischen Bevölkerung sind nach Held darin zu suchen, daß die Mehrzahl der Eingewanderten der evangelischen Kirche angehört, daß der Geburtenüberschuß bei den Protestanten etwas größer ist als bei den Katholiken, und daß die Evangelischen bei der Kindererziehung in Mischehen einen Gewinn haben.

Es haben die Staatsangehörigkeit erworben

```
1902:  1161 Evangelische      864 Katholiken
1903:  3092      „            1865      „
```

Dagegen haben die Staatsangehörigkeit verloren

```
1902:   241 Evangelische      345 Katholiken
1903:   392      „            493      „
```

Viel größer ist natürlich die Zahl der Zugezogenen, welche die Staatsangehörigkeit nicht erwarben.

Mehr ins Gewicht fällt der Gewinn, den die evangelische Kirche durch die Mischehen hat. Im Jahre 1885 wurden 22 711 Mischehen gezählt mit 18 265 Kindern. Von den letzteren wurden 9078 (50,44 %) in der evangelischen Religion, 8009 (43,9 %) in der katholischen erzogen; 909 Kinder entstammten Ehen, in welchen gemischte Kindererziehung vereinbart war; der Rest entfiel auf solche Ehen, bei denen die evangelische Konfession nicht beteiligt war.

Die Zahl der Mischehen ist fortwährend gestiegen. Vor 1875 waren es immer weniger als 10 % der Eheschließungen, seitdem immer mehr; seit 1885 stets über 13 %. 1890 betrugen die Mischehen 13,43 % der abgeschlossenen Ehen, 1900 (2330 =) 15 % (von 15 491), 1903 (2247 =) 14,5 % (von 15 546), 1894 bis 1903 durchschnittlich (2117 =) 14,6 % (von 14 482).

In den Mischehen des Jahres 1903 war in 1128 Fällen die Frau, in 1082 Fällen der Mann evangelisch. Die Zahl der Mischehen, in denen die Frau der katholischen Religion angehört, ist also etwas geringer als die Zahl derjenigen, in welchen die Frau evangelisch ist. Dies ist auch in anderen Jahren zu beobachten; in den Jahren 1894—1903 beträgt die Differenz jährlich 54. Da man wohl annehmen darf, daß die Männer in religiösen Dingen gleichgültiger sind als die Frauen, so kann man den Schluß ziehen, daß das katholische Mädchen sich weniger leicht zu einer Mischehe entschließt als das evangelische.

VI. Kapitel.

Die Statistik des Evangelischen Oberkirchenrats verzeichnet für das Jahr 1903 nur 2097 Mischehen mit einem evangelischen Eheteil, nach dem Statistischen Jahrbuch dagegen waren es 2210. Auch die anderen Jahre weisen ähnliche Differenzen auf. Die kirchlichen und staatlichen Angaben differieren z. B. 1900 um 113, 1901 um 71, 1902 um 78. Der Grund ist darin zu suchen, daß ein Teil der abgeschlossenen Mischehen nicht zur Kenntnis der zuständigen evangelischen Pfarrämter kommt. Darum können die in den statistischen Tabellen für die Diözesansynoden enthaltenen Angaben nur annähernd den Tatbestand bezeichnen. Zuverlässig sind nur die dort gegebenen Zahlen der evangelischen Trauungen.

Von 2210 Mischehen mit einem evangelischen Eheteil wurden im Jahre 1903 1038 evangelisch kirchlich getraut (46,9 %).

1900 wurden evangelisch getraut von 2297 Mischehen: 1181 = 52,9%
1901 „ „ „ „ 2198 „ 1099 = 50,0%
1902 „ „ „ „ 2124 „ 1061 = 49,9%
1903 „ „ „ „ 2210 „ 1038 = 46,9%

Aus dem bedeutenden Rückgang der evangelischen Trauungen kann man auf eine Zunahme der katholischen schließen. Auch bei der Betrachtung der Zahlen der kirchlichen Statistik ergibt sich das gleiche Resultat:

1880—89 betrug der Prozentsatz der ev. Trauungen 59,7
1890—99 „ „ „ „ „ „ 54,6
1900—04 „ „ „ „ „ „ 51,1

Die wirklichen Prozentsätze sind aus dem angeführten Grunde etwas niedriger. Dieses Ergebnis stimmt mit einzelnen Beobachtungen überein. In der Diaspora-Diözese Konstanz z. B. wurden 1893 41 Paare evangelisch, 16 katholisch getraut, im Jahre 1904 aber 60 katholisch und 44 evangelisch! Wenn bisher die Protestanten einen bedeutenden Vorteil hatten, so steht nunmehr die katholische Kirche auf dem Punkt, die evangelische zu überflügeln. Ein Wunder ist es nicht, wenn man bedenkt, mit welchem Hochdruck und mit welchen Mitteln die katholischen Geistlichen, unterstützt von eifrigen Gliedern ihrer Kirche, arbeiten. Die beiden Kirchen kämpfen mit ungleichen Waffen. Die katholische verlangt vor der Trauung die Unterzeichnung eines Reverses, worin der Mann verspricht, die zu erwartenden Kinder in der katholischen Religion zu erziehen. Man droht dem Geschäftsmann mit dem Boykott, wenn er sich den Vorschriften der katholischen Kirche nicht fügt; Unglücksfälle in den Mischehen mit evangelischer Kindererziehung werden als Strafe des Himmels bezeichnet; Lebenden

4. Die römisch-katholische Kirche.

und Sterbenden wird die Absolution verweigert, wenn sie ihre Kinder nicht der alleinseligmachenden Kirche zuführen; im Beichtstuhl, in der Christenlehre, auf der Kanzel, bei der Seelsorge, überall wird der katholischen Jugend eingeschärft, daß eine evangelisch getraute Mischehe keine rechte Ehe sei. Den Erfolg dieser Tätigkeit zeigt die Statistik.

Der Prozentsatz der Mischehen in den einzelnen Landesteilen ist sehr verschieden. Während im Jahre 1903 in einem überwiegend katholischen Kreis nur 3,1 % Mischehen geschlossen wurden, steigt der Prozentsatz in einem Kreis mit gemischter Bevölkerung auf 31 %. Im Jahre 1903 wurden in 48 von 53 Amtsbezirken weniger als 100 Mischehen geschlossen, in 26 weniger als 10; die größten Zahlen weisen die Stadtbezirke auf:

Freiburg 139 unter 785   Pforzheim 155 unter 812
Heidelberg 208 „   1020   Karlsruhe 347 „   1320
Mannheim 560 „   1804

Im Amtsbezirk Mannheim ist fast der dritte Teil der abgeschlossenen Ehen gemischt.

Bei der fortschreitenden Vermischung der Konfessionen wäre es aussichtslos, gegen die Mischehen als solche anzukämpfen. Aber die bisherige Entwicklung eröffnet der evangelischen Kirche ungünstige Aussichten für die Zukunft. Unsere Kirche wird mehr als dies bisher im Bewußtsein der Ueberlegenheit geschehen ist, ihre Aufmerksamkeit den gemischten Ehen zuwenden müssen, wenn sie nicht ganz ins Hintertreffen geraten will.

Wie steht es mit der Kindererziehung in den Mischehen?

Das staatliche Gesetz vom 9. Oktober 1860 regelt die Erziehung der Kinder in der Weise, daß über die Konfession der ehelichen Kinder der Vater, über die der unehelichen die Mutter zu entscheiden hat. Nach zurückgelegtem 16. Lebensjahr steht die Wahl der Religion den Kindern frei.

Ueber die wirklichen Verhältnisse geben die statistischen Tabellen Auskunft. Freilich sind auch diese Angaben nicht unbedingt zuverlässig, da nicht alle Geburten aus Mischehen den evangelischen Pfarrern bekannt werden.

1904 betrug die Zahl der ev. getauften Kinder aus Mischehen 54,8%
1903   „   „   „   „   „   „   „   „   „   54,2%
1902   „   „   „   „   „   „   „   „   „   53,9%
1901   „   „   „   „   „   „   „   „   „   53,4%
1900   „   „   „   „   „   „   „   „   „   55,0%

Dieses Bild würde sich gleichfalls etwas ändern, wenn die Angaben genau wären. Immerhin scheint es, daß die evangelische Kirche z. Zt. noch einen Vorsprung hat. Der Rückgang ist hier naturgemäß noch nicht ersichtlich und wird sich erst in einigen Jahren bemerkbar machen. — Wohl entspricht die Kindererziehung nicht immer der Trauung; wird der Wohnort gewechselt, so ändern sich manchmal die vorher gefaßten Pläne über die konfessionelle Erziehung der Kinder. Außerdem trägt die Agitation der römischen Kirche dazu bei, daß auch in evangelisch getrauten Mischehen die Kinder katholisch werden. Wenn anderseits evangelische Männer ihr Versprechen katholischer Kindererziehung nicht halten, so ist dies vom protestantischen Standpunkt aus nicht zu billigen, aber es ist bei einem erzwungenen Versprechen erklärlich. Jedenfalls kann sich die katholische Kirche darüber nicht beklagen, da sie dann nur mit ihren eigenen Waffen geschlagen wird. Denn sie legt dem Versprechen evangelischer Kindererziehung keinen Wert bei, vielmehr gilt ihr das Interesse der Kirche mehr als das gegebene Wort.

Von geringer Bedeutung für das Wachstum der beiden Kirchen sind die Austritte und Uebertritte.

Zur kath. Kirche traten über 1894—98 : 73 erwachsene[1]) ev. Personen
„   „   „   „   „   1899—1903: 113   „   „   „   „
„ ev.   „   „   „   1894—98 : 299   „   „   kath. „
„ „   „   „   „   1899—1903: 703   „   „   „   „

Die Zahl der Uebertritte zur evangelischen Kirche hat also bedeutend zugenommen. Nur ist zu berücksichtigen, daß die Uebertritte zur katholischen Kirche zahlreicher sein werden; es liegen darüber nur die Angaben der evangelischen Pfarrämter vor. Aber selbst wenn die Zahl doppelt so groß wäre, als die obige Tabelle angibt, so bliebe der evangelischen Kirche doch ein nicht unbeträchtlicher Gewinn.

Der Verlust der evangelischen Kirche an die Sekten und an unkirchliche Gemeinschaften ist viel größer als der an die katholische Kirche. 1894—98 sind aus der Landeskirche ausgetreten 598 Personen, 1899 bis 1903: 582.

Aus den bisherigen Ausführungen geht hervor: die evangelische Kirche hatte bis zur Gegenwart in Trauungen, Taufen und Uebertritten einen Vorteil vor der katholischen.

Das Verhältnis zwischen beiden christlichen Konfessionen war nicht immer so gespannt wie in den letzten Jahren. Es hat eine Zeit gegeben, da ein Bistumsverweser (Wessenberg) einer jungen evangelischen Gemeinde bei der Einweihung ihrer

---

1) D. h. über 16 Jahre alte.

4. Die römisch-katholische Kirche.

Kirche seine Glückwünsche aussprach; da ein katholischer Pfarrer einem evangelischen Kinde nach protestantischem Katechismus Konfirmandenunterricht erteilte; da Beerdigungen von Angehörigen der einen Konfession oft von Geistlichen der anderen vorgenommen wurde. Wie friedlich und freundlich damals das Verhältnis zwischen den Konfessionen war, geht daraus hervor, daß von 1833 ein „Badisches Kirchenblatt" von evangelischen und katholischen Pfarrern gemeinsam herausgegeben wurde, das sich „eine freimütige Besprechung der Zustände beider Schwesterkirchen" zur Aufgabe machte.

Die Redaktion sagte über ihre Absichten: „Wenn es wahr ist, daß Mißtrauen aus Mangel an Umgang und Bekanntschaft zu entspringen pflegt, so wird unser Kirchenblatt, woran die christlichen Kirchen unseres Vaterlandes sich nachbarlich berühren und verkehren, ein Band des Friedens sein, und wesentlich dazu beitragen, gegenseitige Achtung und Duldung mit Liebe einzuflößen". — Aber schon am 20. Mai 1834 wurde dem katholischen Redaktionsmitglied Mersy vom Erzbischof geboten, „innerhalb 8 Tagen" seine Mitarbeit am Kirchenblatte einzustellen. Das ist um so auffallender, als die Kurie $3/4$ Jahre vorher die Erlaubnis zur Mitarbeit erteilt hatte. Die schnelle Sinnesänderung des Ordinariats war durch ein päpstliches Schreiben bewirkt, in dem es im üblichen Kurialstil heißt: „Das Beispiel einer solchen ruchlosen Verwegenheit (Reformbestrebungen) stellten, wie wir vernommen, vor noch nicht langer Zeit mehrere Geistliche aus der Stadt Offenburg auf, die auf Anstiften und unter Anleitung ihres Dekans (Mersy) so weit gingen, daß sie nicht nur verschiedene Reformartikel in ihren Zusammenkünften ausdachten, sie dem Erzbischof in Freiburg zur Bestätigung vorlegten, anderen Ruralkapiteln mitteilten, sondern noch ein Büchlein mit dem Titel: „Sind Reformen in der katholischen Kirche notwendig?" durch den Druck bekannt zu machen sich erfrechten . . . Wir haben schon längst vernommen und sprechen es mit betrübtem Herzen aus, daß er (der Aufruhr) sich fast in allen jenen Gegenden, und vorzüglich über die Rottenburger Diözese ausgebreitet hat und sogar schon außer der Rheinischen Kirchenprovinz sich zeigt". — Ueber diesen Reformkatholizismus und sein ruhmloses Ende bietet das „Badische Kirchenblatt" interessante Daten. — Das Blatt hatte 200 Leser.

Auch während des Kulturkampfs war das Verhältnis zwischen Katholiken und Protestanten schiedlich-friedlich. Die Synodalbescheide aus jener Zeit betonen dies öfters.

Seitdem ist es anders geworden. Zwar fehlt es nicht ganz an Beispielen von Toleranz. So nimmt da und dort an Kirchweihen die ganze Bevölkerung ohne Unterschied der Konfession teil; bei der Beerdigung von Evangelischen schicken manche katholische Geistlichen Kruzifix und Fahnen zur Leichenbegleitung. Aber daß solche Dinge besonders erwähnt werden müssen, beweist ihre Seltenheit.

Die Kirchenbehörden selbst kommen wenig miteinander in

offizielle Berührung. Es gibt vereinzelte Abmachungen zwischen Oberkirchenrat und Ordinariat [z. B. über Ausstellung von Taufscheinen, Gewährung des Geläutes[1]) bei Beerdigungen (1865)], doch sind es nur wenige. Auf Grund der Diözesanberichte hat der Oberkirchenrat in den letzten Jahren immer wieder Veranlassung gehabt, die Störungen des konfessionellen Friedens zu beklagen. Wenn auf katholischer Seite der Evangelische Bund als Friedensstörer bezeichnet wird, so ist dies eine Verwechslung von Ursache und Wirkung. Der eigentliche Hauptgrund wie der Anfang der konfessionellen Streitigkeiten liegt in der intoleranten Mischehenpraxis der katholischen Kirche, die sich etwa in dem Satz zusammenfassen läßt: „in gemischten Ehen hat der evangelische Eheteil kein Recht auf Geltendmachung seines religiösen Standpunktes". Damit hängt zusammen die fortwährende Bedrohung des ehelichen Friedens sowie die Verweigerung der Absolution. Auch die Abhaltung von Fronleichnamsprozessionen in gemischten Gemeinden ist oft eine Ursache zu Reibungen[2]); es ist schon vorgekommen, daß durch die auf den Sonntag verlegte Prozession der evangelische Gottesdienst in empfindlicher Weise gestört wurde. — Bei dieser Haltung der katholischen Kirche ist es selbstverständlich, daß auch die evangelische Kirche zu einem entschiedeneren Vorgehen gedrängt wird. Darum hat z. B. die Generalsynode 1904 den § 17 der Kirchenverfassung durch die Bestimmung erweitert: „Auch soll von der Wahl (zum Kirchengemeinderat) solcher abgesehen werden, welche ihre Kinder der evangelischen Kirche entziehen". Von verschiedenen Seiten wurde schon gewünscht, daß auch die evangelische Kirche vor der Einsegnung einer Mischehe die Ausstellung eines Reverses verlangen solle, wie die katholische es tut. Dieses Verlangen hat der Oberkirchenrat, als nicht den evangelischen Grundsätzen entsprechend, mit Recht zurückgewiesen.

Vergleichen wir nun die beiden Kirchen nach ihrem Anteil an den kulturellen, sozialen und charitativen Bestrebungen.

---

1) Bei Beerdigung von Personen anderer Konfession soll das Trauergeläute, wo darum nachgesucht wird, nicht verweigert werden. Doch gilt dies nur für den Fall, daß die Konfession des Verstorbenen kein eigenes Geläute besitzt.

2) Nicht nachahmenswert ist das Verhalten jenes Pfälzer Schmiedemeisters, der, ungehalten darüber, daß man einen Altar vor seinem Hause aufstellte, die Wand seines Hauses mit den Bildern der — Reformatoren schmückte.

4. Die römisch-katholische Kirche.

Im Schuljahr 1904—05 betrug die Zahl
der evangel. Schüler der **Gymnasien** 2147, der kathol. 2715
„ „ „ „ **Progymnasien** 125 „ „ 39
„ „ „ „ **Realmittelschulen** 5629 „ „ 5157
„ „ „ „ **Mittelschulen** zus. 7901 „ „ 7911

Die Zahl der evangelischen Mittelschüler ist also der der katholischen fast gleich: der Anteil der Protestanten ist im Verhältnis zur Seelenzahl ein viel größerer. Prozentualiter sollte die Zahl der evangelischen Schüler nur 5961 betragen resp. die der katholischen 9582.

Noch ungünstiger für die Katholiken ist das Verhältnis bei den staatlichen Mittelschulen für die weibliche Jugend. An diesen betrug die Zahl der evangelischen Schülerinnen 1977, die der katholischen 964. Dabei ist allerdings zu bedenken, daß ein großer Teil der weiblichen katholischen Jugend in den Privatschulen (Klosterschulen) eine über das Niveau der Volksschule hinausgehende Bildung empfängt. In den Privatschulen waren 530 evangelische, 683 katholische Schülerinnen. Immerhin ist auch hier der Anteil der evangelischen Bevölkerung relativ größer als der der katholischen.

Von 10000 Einwohnern studierten (nach Cron):
1869—73 bei den Evangelischen 8,98, bei den Katholiken 5,10
1874—78 „ „ „ 8,22 „ „ „ 4,79
1889—83 „ „ „ 7,84 „ „ „ 4,55
1884—88 „ „ „ 11,81 „ „ „ 7,79
1889—93 „ „ „ 13,35 „ „ „ 9,52

Nur die Zahl der Studierenden der katholischen Theologie ist größer als die der evangelischen Theologiestudenten. Am Schlusse des Schuljahrs 1903/04 entschieden sich 72 Abiturienten für das Studium der katholischen, aber nur 22 für das der protestantischen Theologie. Es studierten an den badischen Universitäten in Heidelberg und Freiburg
im W.S. 1903—04 56 ev. Theol. (36 Bad.); 185 kath. Theol. (140 Bad.)
„ S.S. 1904 71 „ „ 37 „ 208 „ „ 141 „
„ W.S. 1904—05 59 „ „ 39 „ 224 „ „ 157 „
„ S.S. 1905 67 „ „ 40 „ 237 „ „ 154 „

Sehr zu beklagen ist es, daß dem Stande der **Volksschullehrer** sich eine geringe Zahl von Evangelischen zuwendet. Im Schuljahr 1903/04 waren in den Lehrerseminaren 153 evangelische und 409 katholische Schüler; im Schuljahr 1904/05: 220 evangelische und 471 katholische. Der Mangel an evangelischen Lehrern macht sich besonders in der Diaspora geltend, wo oft kein evangelischer Lehrer angestellt werden kann. Es ist auch schon vorgekommen, daß in ganz evangelischen Gemeinden katholische Unterlehrer verwendet werden mußten.

Nach den Ausführungen von Offenbacher **überwiegen die Protestanten** in den wissenschaftlichen und technischen Berufsarten, ferner bei dem kaufmännisch gebildeten Verwaltungs-, Aufsichts- und Bureaupersonal; in der Zahl der gelernten, geschickten und gut bezahlten Arbeiter, der Selbständigen in Buch-, Kunst- und Musikalienhandlungen, im Versicherungs-, Geld- und Kreditwesen. Auch die Berufe, die auf Rechnung und Gefahr der Unternehmer betrieben werden, sind vorwiegend von Protestanten besetzt.

Nach der Berufszählung von 1895 waren evangelisch

in der Landwirtschaft	31,7%	
in Industrie und Bergbau	39,3%	von der gesamten Bevölkerung 37%.
in Handel und Verkehr	37,4%	
ohne Erwerbstätigkeit im Hauptberuf	38,3%	

Eine Erklärung für die verschiedene Beteiligung der Evangelischen und Katholiken an dem Erwerbsleben bietet (abgesehen von dem Wohnort) die Betrachtung der **Vermögensverhältnisse**, die ja einerseits Ursache, andererseits Folge höheren Bildungsstrebens sein können. Für das Jahr 1905 wurden bei gleichem Steuerfuß festgestellt:

	in d. evang. Kirche	in d. kath. Kirche
Kapitalrentensteuerkapitalien	922 911 030 Mk.	575 956 850 Mk.
Grund-, Häuser-, Gefäll- u. Gewerbesteuerkapitalien	1 093 492 140 Mk.	1 308 267 640 Mk.
Einkommensteuerkapitalien	152 628 620 Mk.	126 732 910 Mk.
Grund-, Häuser-, Gefäll- u. Gewerbesteuerkapitalien von Auswärtigen	84 806 310 Mk.	83 457 190 Mk.
Gesamtertrag der Kirchensteuer:	574 338 Mk.	519 944 Mk.

Die Kapitalrentensteuer-Kapitalien der Evangelischen sind also um rund 346 Millionen größer als die der Katholiken, die Einkommensteuerkapitalien um 25 Millionen; die Grund-, Häuser-, Gefäll- und Gewerbesteuerkapitalien sind um 214 Millionen geringer, aber immer noch größer als nach dem Prozentsatz der Protestanten zu erwarten wäre. Demgemäß ist der Ertrag der festgestellten Kirchensteuer bei den Evangelischen, obwohl sie 1905 nur 37,9% der Gesamtbevölkerung umfaßten, um 54 394 Mk. größer als bei den Katholiken. Das heißt, auf den Staatshaushalt übertragen: **Die Protestanten zahlen mehr Staatssteuer als die Katholiken.**

Das durchschnittliche Einkommen der Katholiken betrug nur etwas mehr als die Hälfte des Durchschnittseinkommens der Protestanten.

Woher rührt der größere Wohlstand der evangelischen Bevölkerung?

Gewöhnlich werden als Gründe angegeben, daß die Protestanten die fruchtbareren Landstriche bewohnen, und daß sie im höheren Maße an der Industrie beteiligt sind als die Katholiken. Gewiß müssen diese Umstände berücksichtigt werden; aber sie reichen zur Erklärung doch nicht aus. Der verstorbene ehemalige Finanzminister Buchenberger hat seinerzeit über die Verschuldung des ländlichen Grundbesitzes in Baden Erhebungen veranstaltet und deren Ergebnis veröffentlicht. Darnach betrug die Verschuldung:

1. im Pfinz- und Kraichgau 16,0%
2. in der mittleren Rheinebene 17,2%
3. in der unteren Rheinebene 19,8%
4. im Bauland 16,5%
5. in der oberen Rheinebene 21,4%
6. am Kaiserstuhl 18,5%
7. im Odenwald 23,7%
8. im mittleren und nördlichen Schwarzwald 26,6%
9. im südlichen Schwarzwald 32,8%
10. in der Donaugegend 32,1%
11. in der Seegegend 36,7%

Die Landesteile mit katholischer Bevölkerung (8—11) sind demnach am meisten verschuldet. Buchenberger führt als Gründe an: 1. Das Erbrecht (das Gut wird von einem Kinde übernommen, die anderen Kinder sind Taglöhner oder ziehen fort). 2. Häufiger Hagelschlag in der Donaugegend. 3. Verschiedenheit des Bodens. Immerhin ist auffallend, daß der von Evangelischen bewohnte arme Odenwald, der sicher keine günstigere Erwerbsbedingungen darbietet als der Schwarzwald, doch wirtschaftlich besser situiert ist als die fruchtbare Seegegend. Und wenn nachgewiesen ist, daß „die individuelle Persönlichkeit der Wirtschafter auch im landwirtschaftlichen Gewerbe viel mehr, als man gemeinhin anzunehmen geneigt ist, eine nicht unwesentliche Rolle spielt, und daß die Tugenden des Fleißes, der Sparsamkeit und Nüchternheit und vor allem der wirtschaftlichen Vorsicht nicht minder schwer wiegen, als etwa die Vorzüge des Bodens und Klimas, guter Absatzverhältnisse, billiger Betriebskosten", so wird doch auch die Konfession als Erklärungsgrund herbeizuziehen sein, insofern die Berufstreue nach evangelischer Anschauung höher gewertet, und die wirtschaftliche Leistungsfähigkeit der Katholiken — früher noch mehr als jetzt — durch die Feiertage, die freiwilligen Abgaben für Klöster, Stiftungen, Bruderschaften 2c. ein wenig beeinträchtigt wird.

Trotz geringerem Wohlstande ist die **Opferwilligkeit der Katholiken** für kirchliche Zwecke größer als die der Protestanten, ebenso ihr Anteil an **Krankenpflege und sozialen Vereinigungen**. Ein Vergleich im einzelnen ist mir nicht möglich. Doch ist es eine bekannte Tatsache, daß auch kleine katholische Städte sehr reiche Spitäler besitzen; so hatte das Spital in Ueberlingen im Jahre 1876 ein Vermögen von 3½ Millionen Mark. Sehr reich sind auch die Spitäler in Konstanz, Pfullendorf, Meersburg. Der badische **Bonifatius-Verein** hat 1905 zusammengebracht 362407 Mk. (Sammlungen 87 000 Mk., Legate 45 373 Mk., Rentenstiftungen 230 034 M.!), während der badische **Gustav-Adolf-Verein** nur 47488 Mk. (Schenkungen und Stiftungen 1150 Mk.!) aufgebracht hat.

Die Gründe der katholischen Opferwilligkeit sind bekannt: Verdienstlichkeit der Werke, Notwendigkeit, für das Seelenheil durch fromme Stiftungen zu sorgen u. a. Man muß jedoch auch bedenken, daß die evangelischen Kreise verhältnismäßig mehr für interkonfessionelle Zwecke beisteuern, und daß auch manche katholische Anstalt die Gaben der Protestanten gern annimmt. Jedenfalls kann man nicht sagen, daß die Teilnahme an fremder Not bei den Katholiken größer wäre als bei den Protestanten.

Auf dem Gebiet der **Sittlichkeit** ist ein Vergleich noch schwerer zu ziehen. Es liegen darüber nur einzelne Beobachtungen vor, deren Tragweite nicht überschätzt werden darf. Die landläufige Polemik mißbraucht da manchmal die darüber vorliegenden Zahlen, und der Simplizissimus geißelt dieses Verfahren nicht ganz mit Unrecht, wenn er einen evangelischen Geistlichen — er hätte auch einen katholischen wählen können — ungefähr sagen läßt: „Ein segensreiches Jahr! Zwei Sittlichkeitsverbrechen weniger auf unserer Seite als auf Seite der Katholiken". Widerwärtig ist die polemische Verwertung einzelner Tatsachen, die in der Zentrumspresse so beliebt ist, z. B. die geflissentliche Hervorhebung, daß der Raubmörder N. N. Protestant ist u. dgl.

Wegen **Verbrechen und Vergehen** gegen den Staat,

die öffentliche Ordnung und die Religion wurden verurteilt:

1902: 964 Evangelische (41,6%) 1198 Katholiken (51,7%)
1903: 966   „   (43,6%) 1147   „   (51,8%)

Wegen Verbrechen und Vergehen gegen die Person:

1902: 3263 Evangelische (43,1%) 4208 Katholiken (55,8%)
1903: 3253   „   (43,0%) 4229   ,   (55,9%)

Wegen Verbrechen und Vergehen gegen das Vermögen:

1902: 2753 Evangelische (42,1%) 3778 Katholiken (57,9%)
1903: 2499   „   (44,4%) 3444   „   (57,1%)

Im ganzen wurden verurteilt

1903: 6732 Evang. (42,4%) 8845 Kath. (55,8%)
im Durchschnitt 1894/1903: 6114 Evang. (41,8%) 8199 Kath. (56,0%)

Wenn hier der Anteil der Evangelischen etwas größer ist, als der der Katholiken, so muß man berücksichtigen, daß von 1901—1903 die Zahl der Evangelischen stärker gewachsen ist, als die der Katholiken, daß also das Stärkeverhältnis nicht mehr das von 1900 (60,6 : 37,7) ist, sondern etwa 60 : 37,9

Beide Kirchen werden fast in gleicher Weise bei den Gesetzesübertretungen beteiligt sein.

Im Jahre 1878 kamen auf 1000 Katholiken 7,808, auf 1000 Evangelische 7,751 Verurteilte. Wie wenig sich aber aus den Zahlen einzelner Jahre Schlüsse ziehen lassen, geht daraus hervor, daß z. B. bei den Verbrechen gegen die Sittlichkeit das Verhältnis der Protestanten zu den Katholiken 1902: 44 : 54,8, 1903 aber 37 : 62 betrug.

Zu dem gleichen Schlusse kommt man bei der Betrachtung folgender Zahlen:

In Zuchthäusern und Gefängnissen befanden sich 1902: 937 Evangelische (40,2 %), 1376 Katholiken (59 %). 1903: 812 Evangelische (42,4 %), 1076 Katholiken (56,3 %).

In Zwangserziehung waren 1899 521 evangelische und 894 katholische Zöglinge.

Dagegen ist die Zahl der evangelischen Selbstmörder in Baden nicht unbeträchtlich größer als die der katholischen. Sie betrug 1902 199 Ev., 196 Kath., 1903 214 Ev., 193 Kath., im Durchschnitt 1894/1903 173 Ev., 176 Kath.

Ein Bericht aus einer Pfälzer Gemeinde äußert sich darüber: „Selbstmord kommt hier fast nur in der evangelischen Gemeinde vor. Die Ursachen desselben liegen unserer Erfahrung nach in einer Weltanschauung, welche, der Schrecken des Fegfeuers ledig, sich auch wenig um den Ernst göttlicher Gebote bekümmert oder auch vielleicht glaubenslos geworden ist — von dem äußeren Zügel frei, ist sie sich zu sehr selbst ein Gesetz geworden".

Um eine weitere Nachtseite des Volkslebens ins Auge zu

fassen, so betrug die Zahl der **unehelichen Geburten** 1903 4853 unter 66 691 Geburten, das sind 7,3 %. Sie ist seit Jahren kleiner geworden.

1833	waren es	14,41%	1850—1859	waren es		16,18%
1850	„ „	20,75%	1860—1869	„	„	14,96%
1851	„ „	19,92%	1870—1879	„	„	8,65%
1852	„ „	18,22%	1880—1889	„	„	8,06%
1853	„ „	18,04%	1894—1903	„	„	7,9 %
1840—1849	„ „	14,83%	1840—1890	„	„	12,23%

Die Gründe für die Abnahme sind: Erleichterung der Eheschließung, Besserung der sozialen Zustände, aber auch wachsender Sinn für Ordnung und Sittlichkeit.

Nach der Statistik des Evangelischen Oberkirchenrats betrug der Prozentsatz der unehelichen evangelischen Kinder 1872—81: 6,4; 1882—91: 7,8; 1892—1901: 8,2.

Demnach wäre also eine Zunahme zu verzeichnen, während für das ganze Land eine stetige Abnahme festgestellt ist.

Es wurden uneheliche Kinder geboren nach dem

Landesdurchschnitt	1899: 7,9%;	in der evangel. Kirche	8,2%		
„	1900: 7,6%	„ „ „	,	„	7,4%
„	1901: 7,8%	„ „ „		„	7,2%
„	1902: 7,5%	„ „ ,		„	7,4%
„	1903: 7,3%	„ „ „		„	7,4%

Aber da bei der Berechnung des Prozentsatzes der evangelischen Kirche ein Teil der Kinder aus Mischehen mitgerechnet sind, so sind die Zahlen der kirchlichen Statistik keineswegs genau. Ich will versuchen, den Anteil der katholischen und der evangelischen Kirche wenigstens für einige Jahre so genau zu berechnen, als dies mit den gegebenen Zahlen geschehen kann.

Im Jahre 1900 betrug die Zahl der ehelichen Kinder 60 316. Von den 4944 unehelichen Kindern werden auf die nicht katholischen und nicht evangelischen Mütter — nach dem Prozentsatz der Volkszählung — 84 (1,7 %) zu rechnen sein. Es bleiben also 4860. Davon entfallen nach der kirchlichen Statistik auf die evangelische Kirche 2017 (40,8 %), während für die katholische 2843 (57,5 %) zu rechnen sind. Nach der Bevölkerungszahl müßten der kath. Kirche 60,6 %, der evangelischen 37,7 % zufallen. Ebenso berechnet wurden festgestellt 1901: im ganzen Land 5239; von evang. Müttern 2051 (39,1 %), von kath. Müttern 3099 (59,1 %). 1902: im ganzen Land 5013; von evang. Müttern 2090 (41,6 %), von kath. Müttern 2838 (56,6 %). 1903: im ganzen Land 4853; von evang. Müttern 2057 (42,4 %), von kath. Müttern 2713 (55,9 %).

Die Zunahme der unehelichen Geburten in der evangelischen Kirche und die Abnahme in der katholischen finden zum Teil ihre Erklärung im stärkeren Wachstum der protestantischen Bevölkerung. So viel geht aber aus dieser Tabelle hervor, daß in der letzten Zeit der Prozentsatz der unehelichen Geburten in der evangelischen Kirche etwas größer ist als der der unehelichen Geburten in der katholischen. Da in früheren Jahren das Umgekehrte zu konstatieren war, so ist dieser Zustand vielleicht vorübergehend und läßt auf keinen Fall einen sicheren Schluß zu, daß es mit der geschlechtlichen Sittlichkeit der Katholiken besser stehe als bei den Protestanten.

Große Schwankungen sind übrigens nicht selten. Die Zahlen für die unehelichen Kinder bewegen sich 1890—99 in den katholischen Amtsbezirken Meßkirch zwischen 6,25 und 12,85 %, Pfullendorf zwischen 9,44 und 16,87 %, Stockach zwischen 6,14 und 10,26 %, Ueberlingen zwischen 10,72 und 15,63 %, St. Blasien zwischen 4,65 und 9,12 %.

Die geringsten Zahlen hatten 1899 die kath. Bezirke B r e i s a c h 2,84 %, Tauberbischofsheim 3,54, Buchen 3,79, der evangelische Bezirk Wertheim 3,81, der gemischte Bezirk Wiesloch mit 3,66 %. Die höchsten Prozentsätze hatten (abgesehen von Heidelberg und Freiburg, bei welchen die Universitätskliniken den Prozentsatz erhöhen) die katholischen Amtsbezirke Pfullendorf 10,06, Wolfach 10,29, Donaueschingen 12,19, Ueberlingen 12,9, Waldkirch 14,12 und die vorwiegend evangelischen Bezirke Kehl 10,85 und Pforzheim 10,24.

Fast alle diese erscheinen auch 1903 unter den Bezirken mit den höchsten und den niedrigsten Zahlen. Am günstigsten standen 1903 die katholischen Bezirke Tauberbischofsheim 2,2 %, Buchen 3,1, Breisach 3,2, Staufen 3,5, Oberkirch 3,6, Achern 3,7, Waldshut 3,8, Schönau 3,9; ferner die evangelischen Bezirke Boxberg 3,2, Adelsheim 3,8; außerdem die Bezirke mit evangelischer Mehrheit Wiesloch 2,7, Sinsheim 3,7 und der vorwiegend katholische Amtsbezirk Bruchsal 3,7. Am ungünstigsten standen die Stadtbezirke Karlsruhe 10,2, Pforzheim 10,7 und die katholischen Landbezirke Donaueschingen 9,4, Waldkirch 9,7, Ueberlingen 11,6. Das Unterland unterscheidet sich auch hier vorteilhaft von dem Oberlande. Namentlich das Hinterland hat einen geringen Prozent=

satz. Da erheben sich 1903 die unehelichen Geburten nirgends über 6%. Im Oberlande hat der S ch w a r z w a l d hohe Ziffern, aber lange nicht mehr so hohe als in früheren Zeiten. Sollte jemand Wert legen auf die Konstatierung der Tatsache, daß katholische Amtsbezirke die niedrigsten Prozentsätze haben, so sei darauf hingewiesen, daß auch die Landbezirke mit den höchsten Zahlen katholisch sind.

Ueber dem Mittel (7,3 %) standen 1903 37 von 53 Bezirken.

Aber in den einzelnen Gemeinden eines Amtsbezirks sind bedeutende Verschiedenheiten zu beobachten. Es gibt Gemeinden, die beständig hohe Ziffern unehelicher Geburten aufweisen, daneben andere, die jahrelang keine solche haben. Wo einmal die öffentliche Meinung sich an das häufige Vorkommen illegitimer Verhältnisse gewöhnt hat und daran keinen Anstoß mehr nimmt, da ist das Uebel, weil eingewurzelt, schwer zu bekämpfen.

Uebrigens ist allgemein anerkannt, daß die unehelichen Geburten keinen unbedingt richtigen Maßstab für die Beurteilung der Sittlichkeit darbieten. Eine Stadt mit geringer Zahl unehelicher Kinder kann sittlich viel tiefer stehen als eine andere mit einer größeren Anzahl: eine fortgeschrittene Unsittlichkeit versteht es, unangenehme Folgen im außerehelichen geschlechtlichen Verkehr zu vermeiden. —

In der P o l i t i k kann sich die evangelische Kirche mit der katholischen nicht messen, sie hat auch noch nie diesen Ehrgeiz gehabt; sie findet ihre Aufgaben auf anderen Gebieten. Das Zentrum nimmt auch in Baden wie im Reich eine dominierende Stellung ein. Bei den letzten Reichstagswahlen (1903 und 1907) wurden abgegeben

	1907	1903	
für das Zentrum rund:	134 100 St.	138 900 St.	+ 4 800
für den liberalen Block:	112 700 „	132 200 „	+ 19 500
für die sozialdemokratische Partei:	72 300 „	93 400 „	+ 21 100
für die konservative Parte	10 200 „	24 500 [1] „	+ 14 300

Die Evangelischen sind zum großen Teil politisch nationalliberal oder wählen doch liberale Kandidaten. In der Diaspora gilt evangelisch und nationalliberal fast als gleichbedeutend. Wie aber verteilen sich die Sozialdemokraten auf beide Kirchen? In

---

[1] In dieser Zahl sind etwa 10 000 Zentrumsstimmen enthalten.

4. Die römisch-katholische Kirche. 193

dem gemischten Reichstagswahlbezirk Schwetzingen-Mannheim (120 296 Ev. 95 710 Kath.) fielen im Jahre 1903 4601 Stimmen auf den Zentrumskandidaten, 8623 auf den Nationalliberalen und 15 105 auf den Sozialdemokraten. In Karlsruhe-Bruchsal (88 193 Ev., 84 796 Kath.) erhielt der Kandidat des Zentrums 7570 Stimmen, der Nationalliberale 7698, der Sozialdemokrat 12 048. Aus diesen Zahlen geht hervor, daß das Zentrum lange nicht alle katholischen Wähler umfaßt, daß vielmehr in Industriestädten die Sozialdemokratie in gleicher Weise unter Katholiken und Protestanten ihre Anhänger hat.

Besser läßt sich die Zugehörigkeit evangelischer und katholischer Wähler zur Sozialdemokratie nach dem Ergebnis der (direkten) Landtagswahl im Jahre 1902 feststellen. Bei dieser Wahl war das Land in 73 Wahlkreise eingeteilt. Die Nationalliberalen, Demokraten und Freisinnigen schlossen vor der Wahl ein Bündnis (den „Block") und stellten gemeinsame Kandidaten auf. Von 384 000 wahlberechtigten Personen beteiligten sich 297 344 (77,4 %) an der Wahl. Es fielen auf

die Kandidaten des Zentrums   125 453 Stimmen (42,4%)
die nationalliberalen Kandidaten   89 393   „   (30,2%)
die sozialdemokratischen Kandidaten   50 431   „   (17,0%)
die konservativen Kandidaten   8 599   „   (2,9%)

Der Rest entfiel auf freisinnige (1,2 %), demokratische (4,1 %), national-soziale (0,3 %), deutsch-soziale (0,3 %), parteilose (0,5 %) Kandidaten und auf den Bund der Landwirte (0,9 %); zersplittert waren 0,2 % der Stimmen.

Es erhielten: das Zentrum 42,4 % der Stimmen, der liberale Block 35,8 %, die Sozialdemokraten 17 %, die Konservativen und der Bund der Landwirte zusammen 3,8 %.

In den städtischen Wahlkreisen erhielt der Block 42,9 %, die Sozialdemokraten 32,5 %, das Zentrum 22,4 %.

In den ländlichen Wahlkreisen kam auf das Zentrum mit 48,4 % fast die absolute Stimmenmehrheit, während der Block nur 33,7 %, die Sozialdemokraten 12,4 % erreichten. In den Gemeinden unter 2000 Seelen erhielten die Zentrumskandidaten 51,4 % aller Stimmen, die Sozialdemokraten nur 9,2 %, die Nationalliberalen 32 %; das Verhältnis der Protestanten zu den Katholiken betrug hier 31,1 : 67,9. Schon im ersten Wahlgange erhielt das Zentrum 28 Sitze, die Nationalliberalen 14, die Demokraten 2, die Konservativen 1, die Sozialdemokraten 5. Der Block schloß für die zweite Wahl ein Abkommen mit der Sozialdemokratie und verhinderte so, daß dem Zentrum im Landtag die absolute Majorität zufiel.

Daß die Sozialdemokraten auch in katholischen Bezirken eine beträchtliche Stimmenzahl aufbrachten, geht aus folgender Tabelle hervor. Die Sozialdemokraten erhielten:

Im 3. Wahlkreis (19,6% Ev., 77,5% Kath.), 11,6% der Stimmen
„ 4. „ 5,2% „ 94,6% „ 9,7% „ „
„ 5. „ 7,1% „ 89,2% „ 11,0% „ „
„ 10. „ 10,4% „ 89,5% „ 11,9% „ „
„ 17. „ 3,9% „ 96 % „ 13,2% „ „
„ 36. „ 13,5% „ 86,1% „ 12,8% „ „
„ 39. „ 4,8% „ 94,4% „ 41,2% „ „

Namentlich der an letzter Stelle stehende Wahlkreis, der 19 Gemeinden, darunter keine einzige Stadt enthält, ist ein Beispiel dafür, daß auch auf dem Lande die Sozialdemokratie unter den Katholiken dann Erfolge hat, wenn es sich um eine Industrie treibende Bevölkerung handelt. Daß die Sozialdemokratie auch in den Städten die katholischen Arbeiter zum großen Teil für sich gewonnen hat, lehrt das Ergebnis der Landtagswahl ebenso wie das der Reichstagswahl.

In den ländlichen Bezirken, in welchen eine Landwirtschaft treibende evangelische Bevölkerung wohnt, ist die Zahl der Sozialdemokraten gering. Sie betrug

im 14. Wahlkreis (63,3% Ev., 34,8% Kath.) 3,3%
„ 30. „ 86,6% „ 11,3% „ 11,2%
„ 67. „ 69,6% „ 26,0% „ 2,6%
„ 66. „ 65,9% „ 29,7% „ 7,8%

Allerdings ist zuzugeben, daß die Evangelischen einen größeren Prozentsatz an die Sozialdemokraten abgeben als die Katholiken. Die Ursachen liegen darin, daß die Protestanten verhältnismäßig mehr Industriearbeiter umfassen, und daß sie sich in höherem Maße auf die großen Städte verteilen wie die Katholiken. Dazu kommt noch der Umstand, daß bei den Evangelischen keine dem Zentrum ähnliche Organisation der Sozialdemokratie Widerstand leistet. Die einzige ausgesprochen evangelische Partei, die konservative, hat zu wenig Anhänger, um bei dem Kampfe um die politische Herrschaft in Betracht zu kommen.

Von besonderer Bedeutung für die Sammlung der Katholiken sind der katholische Volksverein und die katholischen Arbeitervereine. Ende 1903 waren es 141 katholische Arbeitervereine mit 18 827 Mitgliedern (14 012 Arbeitnehmer), von denen die Mehrzahl dem „Verbande katholischer Ar=

beitervereine der **Erzdiözese Freiburg**" angehörte. Unter diesen waren 52 katholische Gesellenvereine mit 8102 Mitgliedern (3704 Arbeitnehmer).

Evangelische Arbeitervereine gab es 1903 nur 35 mit 5278 Mitgliedern (2791 Arbeitnehmer). Davon bildeten 29 Vereine mit 4216 Mitgliedern den „**Badischen Landesverband evangelischer Arbeitervereine**". Die wöchentlich erscheinende „**Evangelische Arbeiterzeitung**" (gegründet 1892) hat in Baden 2864 Abonnenten. Außerdem erscheint für Unterbaden ein evangelisches Arbeiterblatt. Neben den beiden genannten Arbeitervereinigungen zählt man 68 christliche Gewerkschaften mit 6762 Mitgliedern.

Den Aufschwung, den das Zentrum in Baden in den letzten Jahren genommen hat, verdankt es der mustergültigen Organisation. Die Berufsstände sind in Vereine zusammengeschlossen, die jüngste Frucht dieser Bestrebungen ist der **katholische Lehrerverein**. Ferner wurden mit der der katholischen Kirche eigenen praktischen Energie in allen größeren und in vielen kleineren Städten Lokalblätter ins Leben gerufen. Die Zahl der **politischen katholischen Zeitungen** betrug Ende 1904 37 gegenüber 64 liberalen, 7 freisinnig-demokratischen, 2 sozialdemokratischen, 3 konservativen und 45 unparteiischen Blättern. Außerdem entfällt von den 37 Blättern für Religion und Kirche der Löwenanteil auf die katholische Kirche. Es ist zwar Grund zu der Annahme vorhanden, daß die katholische Presse ohne bedeutende Zuschüsse sich nicht über Wasser halten könnte; die Entwicklung des katholischen Zeitungswesens ist sicherlich mit großen Geldopfern gefördert worden. Aber die Geldmittel werden aufgebracht, und in der katholischen Geistlichkeit hat die Presse eine Mitarbeiterschar, die imstande ist, das ganze Leben und alle Vorkommnisse des Landes im Lichte des katholischen Dogmas zu betrachten. Was will es dem gegenüber bedeuten, wenn einzelne evangelische Pfarrer sich mit Eifer den sozialen Aufgaben zuwenden (national-soziale Bestrebungen; Evangelisch-sozialer Kongreß; Freie kirchlich-soziale Konferenz; Arbeitervereine ꝛc.), wenn andere gelegentlich für politische Zeitungen Artikel schreiben, oder wenn positiv gerichtete durch die konservative Presse, die kein rechtes Gedeihen zeigt, auf das politische Leben einwirken wollen!

Entschieden überlegen ist dagegen die **evangelische kirchliche Presse** der katholischen. Zwar fehlt es der katholischen

Kirche nicht an beachtenswerten Volksschriftstellern (z. B. Alban Stolz, Hansjakob), aber es ist kein Zweifel, daß der kirchlichen Presse der evangelischen Kirche die politische Enthaltsamkeit ihrer Pfarrer zu gute kommt. Außerdem ist hier die Mannigfaltigkeit der Anschauungen, welche der politischen Betätigung hinderlich ist, ein Vorzug. Kein Unbefangener wird es für die literarische Produktion als vorteilhaft ansehen, wenn selbst den katholischen Theologieprofessoren erst nach der kirchlichen Zensur zum Bewußtsein kommt, ob sie das, was sie geschrieben haben, auch verantworten können.

Es ist zu beachten, daß der katholischen Kirche für ihre mannigfaltigen Bestrebungen viel mehr Kräfte zur Verfügung stehen.

Sie zählte 1905 in 39 Kapiteln 802 Pfarrgemeinden mit 814 Pfarreien, 114 Kaplaneien, 259 gestifteten (!) Hilfspriesterstellen, im ganzen also 1187 geistliche Stellen.

Von diesen Stellen werden besetzt:
295 durch landesherrliche Präsentation,
264 durch freie Kollatur des Erzbischofs,
168 durch Ternavorschlag
145 durch fürstliche und andere Präsentation,
  9 durch alternierende Präsentation,
in 47 Fällen ist das Recht der Besetzung strittig.

Es kamen also im Jahre 1905 auf einen katholischen Priester 1009 Seelen, auf einen evangelischen Pfarrer aber 1609.

VII. Kapitel.

Das kirchliche Leben und das öffentliche Leben.

St.G. v. 18. Sept. 1876. — Lbh.V.O. v. 23. Mai 1891. S. 108. — Elementar-Unterrichtsgesetz v. 13. Mai 1892. — V.O. vom 11. Januar 1895. S. 31 ff.; vom 8. Oktober 1897. S. 217; V. vom 8. März 1905. S. 57; vom 19. Februar 1905. — F e c h t: Pastoral-Anweisung. — Bekanntmachung vom 15. Juli 1903. — D.S.B. 1878. — St.G. vom 19. Juli 1906.

Die evangelische Kirche ist als solche keine p o l i t i s c h in Betracht kommende Größe. Sie hat im L a n d t a g zahlreiche Gegner und nicht viele zuverlässige Freunde. Auch diejenigen nationalliberalen Abgeordneten, die im Grunde ihres Herzens gut evangelisch sind, wünschen schon um der Parität willen nicht, daß die allzeit staatstreue evangelische Kirche mit einem anderen Maßstab gemessen werde als die katholische. Wird eine katholische Einrichtung angegriffen, so erstehen ihr Verteidiger genug; handelt es sich um die evangelische Kirche, so bleibt in der zweiten Kammer oft eine Zurückweisung des Angriffs aus; in der ersten hat der Prälat schon manchmal das Versäumte nachholen müssen. Allerdings ist die evangelische Kirche, weil sie öffentlich wenig hervortritt, nicht so vielen Angriffen ausgesetzt als die mitten im politischen Kampfe stehende katholische. Doch weckt es keine besonders angenehmen Empfindungen, wenn man sieht, wie überall im öffentlichen Leben die evangelische Kirche als quantité négligeable behandelt wird.

Die gleiche Beobachtung gilt von der Tagespresse. Für die Einrichtungen der katholischen Kirche tritt unter allen Umständen die weit verbreitete Zentrumspresse ein. Aber wer führt die Sache der evangelischen Kirche? Die parteilosen Zeitungen nehmen auf ihre katholischen Leser in der Regel mehr Rücksicht als auf die protestantischen. Stirbt irgendwo in Südamerika oder in Hinterindien ein katholischer Bischof, so erfahren dies die Leser, der Verstorbene wird vielleicht sogar im Bilde vorgeführt und seine Bedeutung gewürdigt. Ueber die wichtigsten Vorgänge innerhalb der evangelischen Christenheit werden nur kurze Notizen veröffentlicht. Ueber Katholikenversammlungen bringen solche Blätter spaltenlange Berichte, die Jahresversammlungen des „Evangelischen Bundes" werden mit einigen sachlichen Mitteilungen abgetan. Ausnahmen bestätigen die Regel.

Auch die liberale Presse, die keine kirchenfeindliche Stellung einnimmt, verhält sich zu kirchlichen Fragen oft wenig verständnisvoll. Das hat seinen guten Grund: sie muß Rücksicht nehmen auf die zur Partei gehörenden liberalen Katholiken, deren Zahl immer noch beträchtlich ist. (So z. B. fielen 1905 in dem katholischen 8. Wahlkreis 45,4 % der Stimmen auf den nationalliberalen Kandidaten, im zweiten, ebenfalls fast ganz katholischen Wahlbezirk 48,7 %.) Wenn nicht manche evangelische Pfarrer durch ihre Zugehörigkeit zur liberalen Partei veranlaßt würden, in der Parteipresse auch kirchliche Angelegenheiten zu besprechen, so wäre es noch schlimmer. Einzelne Blätter machen eine rühmliche Ausnahme. So hat es sympathisch berührt, daß die „Heidelberger Zeitung" ihre Spalten bereitwillig zur Erörterung kirchlicher Fragen zur Verfügung stellte. Auch die „Badische Landeszeitung" hat je und je die Interessen der evangelischen Kirche verteidigt oder verteidigen lassen. Die konservative Presse tritt natürlich für die Kirche ein, läßt aber manchmal die Rücksichtnahme auf die liberalen Glieder der Kirche vermissen.

Auch sonst tritt die evangelische Kirche in der Oeffentlichkeit zurück. Man vergleiche etwa den Empfang des Erzbischofs mit dem eines evangelischen Prälaten. Wir wünschen keine Kirchenfürsten an der Spitze unserer Kirche zu sehen, aber das katholische Volk nimmt das höhere äußere Ansehen, in dem ihre Bischöfe stehen, als einen Beweis für ihre höhere Würde.

Doch wenn die Macht der evangelischen Kirche im öffentlichen Leben gering ist, so hat der Protestantismus eine weit größere Bedeutung für das Volksleben, und auch die katholische Kirche hat sich der überzeugenden Kraft protestantischer Ideen nicht entziehen können. Besonders der liberale Katholizismus und der Altkatholizismus sind von protestantischen Gedanken erfüllt, und manche „Taufscheinkatholiken" stehen in ihrer religiösen Ueberzeugung dem Protestantismus näher als dem Katholizismus.

Im Staatsleben, in der Politik, in der Presse, im öffentlichen Leben ist die Bedeutung der evangelischen Kirche nicht groß; nur auf die Erziehung der von ihr getauften Kinder hat sie zur Zeit einen gesetzlich geschützten Einfluß. In Baden besteht seit 1876 die staatliche Simultanschule. Die Statistik zählt für das Schuljahr 1903/04 1682 Volksschulen an 1576 Schulorten mit 282 091 Schülern. Vor Einführung der gemischten Schulen bestanden 550 evangelische Volksschulen. Durch das neue Gesetz wurden 180 davon zu gemischten Schulen; es waren also damals (1876) noch 370 Schulen vorhanden, die tatsächlich ziemlich oder ganz ungemischt-evangelisch waren. Eine weitere Mischung hat sich seitdem im ganzen Lande vollzogen. Im Jahre 1891 hatten 356 Schulen evangelische Lehrer, 222 waren gemischt.

Nach dem Schulgesetz ist das Ziel der Volksschulbildung, „die Kinder zu verständigen, religiös-sittlichen Menschen und dereinst tüchtigen Gliedern des Gemeinwesens heranzubilden". Zu den Haupt-Unterrichtsfächern gehört die Religion; dieser Unterricht wird unter Aufsicht der Kirche zum größeren Teil von evangelischen Lehrern, zum kleineren von Geistlichen erteilt. Für den Unterricht sind wöchentlich in jeder Klasse drei Stunden aufgenommen, eine weitere wurde an etwa 100 Schulen von Pfarrern freiwillig übernommen. Die Lehrer können zu sechs Religionsstunden in der Woche verpflichtet werden. Auch da, wo kein evangelischer Lehrer angestellt ist, müssen der Minderheit für den Religionsunterricht das vorhandene Schullokal und die Heizung dargeboten werden. — Die örtliche Aufsicht über den Religionsunterricht ist Sache des Pfarrers und des Kirchengemeinderats, die Bezirksaufsicht liegt in den Händen des Dekans. Als Mitglied der Ortsschulbehörde ist der Pfarrer auch an der Aufsicht über die Volksschule beteiligt, die Bezirksaufsicht haben die vom Staate angestellten Kreisschulräte.

Der Religionsunterricht wurde geregelt durch die Verordnung vom 19. Februar 1905. Er umfaßt folgende Gegenstände: Gebet, Biblische Geschichte, Bibelkunde, Lieder, Katechismus, Kirchengeschichte. Die einzelnen Gegenstände sollen zu einander in Beziehung gesetzt werden. Als Lehrbücher sind eingeführt: die Biblische Geschichte (seit 1877), das Gesangbuch (seit 1882), der Katechismus[1]) (seit 1882), eine „Kurze Geschichte der christlichen Religion" (seit 1865).

Die kirchlich liberale Partei erstrebt eine Reform des Religionsunterrichts nach modern-pädagogischen Grundsätzen, sie wünscht die Entfernung des Katechismus aus dem Religionsunterricht der Schule und seine Verleguug in den Konfirmandenunterricht und in die Christenlehre; ferner Verkürzung des Memorierstoffs, ein einheitliches, den verschiedenen Unterrichtsstoff zusammenarbeitendes Lehrbuch, Einführung einer Schulbibel statt der Vollbibel u. a. Auf der letzten Generalsynode wurden ihre dahingehenden Anträge abgelehnt, doch wurde wenigstens erreicht, daß der Katechismusunterricht erst mit dem sechsten Schuljahr beginnt (bisher mit dem vierten). Eine Reform des ganzen Religionsunterrichts ist in Aussicht genommen. Eine „Konferenz von Sachverständigen aus den verschiedenen kirchlichen Parteien, bestehend nicht bloß aus Theologen, sondern auch aus ebensoviel Volksschullehrern", hat nach dem Beschluß der Synode ein Lehrbuch ausgearbeitet, das gegenwärtig den Diözesansynoden zur Prüfung vorliegt.

Einen unerwarteten Ausgang hat die Bewegung für Einführung einer Schulbibel genommen. Die Generalsynoden von 1891 und 1894 empfahlen dem Oberkirchenrat, in Erwägung zu ziehen, ob nicht der fakultative Gebrauch eines Auszugs aus der Bibel für die Schule gestattet werden könne. Den Diözesansynoden des Jahres 1902 wurde daraufhin die Aufgabe gestellt, sich mit dieser Frage zu beschäftigen. Und das Re-

---

1) Die pädagogische Unzulänglichkeit des gegenwärtig gebrauchten Kompromißkatechismus ist ziemlich allgemein anerkannt; er wird wohl in der nächsten Zeit durch einen anderen ersetzt werden; doch ist der von konservativer Seite gemachte Vorschlag, den lutherischen kleinen Katechismus einzuführen, aussichtslos.

sultat? Fast die Gesamtheit der Diözesansynoden verwarf die Einführung des württembergischen biblischen Lesebuchs, obwohl sich für seine Brauchbarkeit 350 geg n 280 Stimmen erklärt hatten. Die Gründe für dieses auffallende Ergebnis sind darin zu suchen, daß einerseits an eine obligatorische Einführung einer Schulbibel zurzeit leider nicht zu denken ist, daß aber die Gestattung des fakultativen Gebrauchs naturgemäß zu allerlei Mißständen und Unzuträglichkeiten bei Stellenwechseln führen müßte. So blieb es einstweilen beim Alten. Es wird von Fall zu Fall entschieden, ob für eine Gemeinde, welche die Einführung der Schulbibel wünscht, der Gebrauch zu gestatten sei. In einer Reihe von Mittelschulen hat die Schulbibel Eingang gefunden.

Auch in den Mittelschulen des Landes gehört die Religion zu den gebotenen Unterrichtsfächern. Die Berechtigung zur Erteilung des Religionsunterrichts wird von der Kirchenbehörde ausgesprochen. In den unteren sechs Schuljahren kann nach dem Volksschullehrplan unterrichtet werden; in den oberen Klassen wird der Unterricht in der Regel von geprüften Theologen erteilt. Die Anstellung der Religionslehrer geschieht durch die Schulbehörde im Einvernehmen mit dem Oberkirchenrat. Nach der landesherrlichen Verordnung vom 23. Mai 1891 können Kandidaten der Theologie und Geistliche der christlichen Kirchen als wissenschaftliche Lehrer an Mittelschulen angestellt werden, sofern sie durch eine Prüfung Lehrbefähigung für das Hebräische und für zwei weltliche Fächer nachweisen. Dieser Prüfung haben sich bis jetzt nur wenige unterzogen, daher erteilen an den meisten Mittelschulen Pfarrer und Vikare Religionsunterricht im Nebenamt. Die Lehrbücher sind für die unteren Klassen dieselben wie für die Volksschule. Jede Klasse hat wöchentlich mindestens zwei Religionsstunden.

In der nächsten Zeit scheint ein Kampf entbrennen zu wollen über die Frage der Trennung von Kirche und Staat. Für die Schule würde diese Trennung bedeuten, daß der Religionsunterricht aus dem Lehrplan der Volksschule ausscheiden müßte. Zur Zeit ist es außer dem Zentrum und den Konservativen ein großer Teil der nationalliberalen Abgeordneten, die eine Entfernung des Religionsunterrichts nicht für zweckmäßig und opportun halten. Aber in den Kreisen der Jungliberalen und unter den jüngeren Lehrern wird für derartige Bestrebungen eifrig agitiert. Zwar ist die Stimmung im Volke den Neuerungsplänen nicht günstig, jedoch da erfahrungsgemäß in solchen Fragen die öffentliche Meinung oft schnell umschlägt, so läßt sich nicht voraussehen, was kommen wird. Die Abneigung gegen die Herrschaft des Ultramontanismus könnte leicht einmal diese bittere Frucht zeitigen.

Zeitweise war das Verhältnis der Lehrer zu der evangelischen Kirche (bezw. den Pfarrern) ein sehr gespanntes. Der Ton der Schulzeitungen ist auch jetzt noch wenig freundlich, um nicht mehr zu sagen. Eifersüchtig wachen die Lehrer darüber, daß der Pfarrer seine Befugnisse nicht überschreite. Infolge der antikirchlichen Strömung haben auch die Religionslehrerkonferenzen, die in einigen Bezirken vor 10 Jahren von Pfarrern und Lehrern gehalten wurden, wieder aufgehört.

Ueber die gegenwärtige Stellung der Mehrheit der Lehrer zur Kirche läßt sich nicht gut etwas Bestimmtes sagen. Liest man die Lehrerpresse, besonders die „Neue Badische Schulzeitung", so könnte man meinen, daß die Lehrer fast durchweg der Kirche feindlich gegenüberstehen. Das ist sicher nicht der Fall. Die Zahl derjenigen Lehrer ist nicht klein, die den Religionsunterricht nicht missen wollen. Aber zwischen den ausgesprochenen Gegnern der Kirche und ihren treuen Gliedern steht eine unschätzbare Zahl von Lehrern, die nicht so viel kirchlichen Sinn besitzen, daß sie gegen kirchenfeindliche Bestrebungen entschieden Front machen.

Der Organistendienst liegt fast noch überall in den Händen der Lehrer, obwohl die letzteren seit einigen Jahren zur Uebernahme dieser Leistung nicht mehr gezwungen werden können.

VIII. Kapitel.

Das kirchliche Leben und das religiös-sittliche Leben.

1. Das religiöse Leben.

(Gebhardt): Zur bäuerlichen Glaubens- u. Sittenlehre. 3. Aufl. Gotha 1896. — A. I'Houet: Zur Psychologie des Bauerntums. Tübingen 1905. — E. H. Meyer: Badisches Volksleben im 19. Jahrhundert. 1900. — Drews, Schian: Evangelische Kirchenkunde. I. und II. — A. Wuttke: Der deutsche Volksaberglaube der Gegenwart. Berlin 1900. — Berichte. — D.S.V. — Gerstlacher: Sammlung rc. I. S. 233. 241. — „Unser Landvolk und die Kirche" in d. Grenzboten. 1900. S. 10 ff.

Daß die Religion im Volksleben eine Macht ist, beweisen die statistischen Angaben über die Aeußerungen des kirchlichen Lebens. Namentlich für die weitesten Kreise des Landvolks gehört die Erfüllung der kirchlichen Pflichten zu einem geordneten Leben. Es ist da kein Lob, wenn von einem Gemeindeglied hervorgehoben wird, daß er nie den Gottesdienst besuche; in den kirchlichen Gemeinden des Unterlands gilt derjenige nicht als voll, der sich von dem kirchlichen Leben fernhält. Aber in den Städten und in ihrer Umgebung, auch in unkirchlichen ländlichen Bezirken gibt es Leute genug, die nicht nur selbst außerhalb des Schattens der Kirche leben, sondern auch mit mitleidigem Spott auf das Kirchenchristentum herabschauen. Seinerzeit erregte es unter den Studenten in Heidelberg Aufsehen, als ein neu berufener Professor der Jurisprudenz regelmäßig am Sonntag mit dem Gesangbuch zur Kirche wanderte. Bekannt ist auch, welche Anfechtungen in den Reihen der Sozialdemokraten kirchliche Genossen zu ertragen haben.

Als ein Maßstab der kirchlichen Sitte in einer Gemeinde kann die Sonntagsfeier gelten. Den stillen Frieden des Sonntags wird man auch auf dem Lande nicht mehr überall finden — trotz der gesetzlichen Sonntagsruhe. Sonntagsarbeit ist zwar in vielen Gemeinden nur in Notfällen und nur zu bestimmten Zeiten (Heuet, Ernte, Oehmd, Herbst) üblich, in manchen wird überhaupt nie gearbeitet. Aber z. B. im Hanauerland und im Oberland nimmt man es damit nicht so genau. „Ist in der Erntezeit der Gottesdienst aus, so fahren schon die ersten bereit gehaltenen Wagen auf die Felder". Mehr noch ist es gebräuchlich, am Sonntag vormittag in Haus und Hof dies und das zu ordnen, zu richten, auszubessern. Die jungen Männer nehmen die Gewohnheiten ihrer Militärzeit mit in die Heimat. Wird der Vormittag vielfach der häuslichen Arbeit gewidmet, so wird der Sonntagsfrieden am Abend durch Lärm und Tanzmusik gestört. „Je näher der Stadt, desto lärmender der Sonntag". Die Ausflügler toben sich in den „Bierdörfern" aus, Burschen und Mädchen ziehen truppweise singend durch die Straße, bis spät in die Nacht dauert das Johlen und Schreien, in das schließlich das Singen übergeht. Der Verein, der für die Heilighaltung des Sonntags eintritt, hat bis jetzt keine großen Erfolge erzielt.

Doch wenn die Teilnahme am kirchlichen Leben trotz dem überhandnehmenden Mißbrauch des Sonntags im ganzen noch als befriedigend bezeichnet werden kann, so ist dies weniger von der Religionsübung im täglichen Leben zu sagen. Wohl ist es in manchen Gegenden (z. B. bei Wertheim) noch Sitte, daß beim Abendläuten in den Wirtshäusern das Gespräch verstummt, daß die Männer auf der Straße den Hut abnehmen und ein stilles Gebet sprechen; aber sonst herrscht vielmehr eine gewisse

Scheu, öffentlich, außerhalb der Kirche, religiöse Gesinnung zum Ausdruck zu bringen. Der Durchschnittsprotestant fürchtet sich davor, als Pietist, als Betbruder angesehen zu werden. Diese Scheu hält sogar viele Frauen ab, nachmittags die Kirche zu besuchen.

Aber wie steht es mit dem Gebet im Kämmerlein, mit der **häuslichen Andacht?** Darüber fehlen natürlich statistische Angaben. Darum sprechen sich die Berichte darüber mit vorsichtiger Zurückhaltung aus. Es finden sich ja in den einzelnen Gegenden, Gemeinden und Familien große Unterschiede. Während von dem einen Ort berichtet wird, daß fast in jedem Hause Morgen- und Abendandachten gehalten werden, heißt es von anderen, daß nur noch einige Familien an dieser Sitte festhalten. Jedenfalls ist die Zahl derjenigen Gemeinden klein, in welchen allgemein häusliche Andachtsübungen stattfinden. Es sind vor allem die Gemeinschaftsleute, die Sekten und die konservativ gerichteten Kreise, die sich an dem Gottesdienst am Sonntag nicht genügen lassen und auch das häusliche Leben durch gemeinsames Gebet weihen. Doch auch in konservativen Gegenden wird geklagt, daß die Hausandachten seltener werden.

Mehr ist die **Einzelandacht** in Uebung. Aeltere Männer und Frauen lesen für sich den Morgen- und Abendsegen, auch am Sonntagnachmittag werden die Andachtsbücher fleißig gebraucht. Weniger die Bibel. Das regelmäßige Bibellesen ist auf kleine Kreise beschränkt. Man weiß vielfach nicht recht, was man mit der Bibel anfangen soll. Es scheint, daß das alte Testament mehr gelesen wird als das neue. Der Grund mag darin liegen, daß die Evangelien als bekannt gelten und die Briefe zum Teil schwer verständlich sind. An die Stelle der Bibel sind in vielen Häusern die Zeitung, das Wochenblatt, die Sonntagsblätter getreten. Je abgelegener eine Gegend ist, je weniger politische Zeitungen gehalten werden, um so mehr hat sich die Sitte der häuslichen Erbauung erhalten: im Schwarzwald, im Hinterland. Ob die Bibel einmal wirkliches Volksbuch gewesen ist? Sicherlich war die Bibelkenntnis früher eine größere, weiter verbreitete, schon deshalb, weil in der Schule die Religion das Zentrum des Unterrichts bildete.

Zum Beweise dafür sei der „Schul-Schematismus" vom Jahre 1766 für die oberste Klasse der Schulen in **Baden-Durlach** angeführt: Im Winter: „**Montag** Vormittag: Predigt wiederholen, Bibel lesen, Wochengesang, Spruchbuch wiederholen, Schreiben; Nachmittag: Neues Gesang, Groß-Catechismus zergliedern, Bußpsalmen. **Dienstag** Vormittag: Groß-

Catechismus hersagen, Bußpsalmen, Einmaleins, Schreiben; Nachmittag: Gros-Catechismus wiederholen, Klein-Catechismus, Spruchbuch zergliedern, Schreiben. **Mittwoch**: Spruchbuch hersagen, Bibl. Historie, Auswendig buchstabieren, Einmaleins, Schreiben. **Donnerstag** Vormittag: Spruchbuch wiederholen, Bibl. Historie, Einmaleins, Schreiben; Nachmittag: Gros-Catechismus, Klein-Catechismus, Schreiben. **Freitag** Vormittag: Gros-Catechismus aufsagen, Geschriebenes lesen, Schriften korrigieren; Nachmittag: Gros-Catechismus wiederholen, Bibl. Historie, Spruchbuch zergliedern, Schreiben. **Samstag**: Evangelium oder Epistel lesen, Spruchbuch aufsagen, Diktiertes schreiben; „die 2 Kinder, so am Sonntag das Hauptstück beten, sagen es auf". — Für den Sommer war ein ähnlicher Schulplan vorgeschrieben, doch mußten die Schüler nur vormittags in den Unterricht.

Die Austeilung Heiliger Schriften an Neuvermählte hat das Bibellesen nicht wesentlich gefördert. Die Bibel wird wohl wert gehalten, aber mehr als Schmuck, denn als Gebrauchsgegenstand angesehen.

Wohl in allen Häusern auf dem Lande finden sich **Andachtsbücher**. Es sind die weit verbreiteten: von Arnd, Starck, Brastberger, Schmolck, Hofacker, Hiller, Goßner, Habermanns kleines Gebetbüchlein; von neueren: Spengler, Gerok, Wurster. Am meisten wird das Starckebuch verbreitet sein, zum Teil in der neuen Bearbeitung von Dr. R. Krone.

In 32 Häusern meiner Gemeinde waren vorhanden (durch Schulkinder festgestellt): 26 Starckebücher und 6 andere Andachtsbücher. Was hier von einer Gemeinde gilt, das bestätigt für das ganze Land eine Mitteilung des Evangelischen Schriftenvereins, wonach im Jahre 1903 von ihm abgesetzt wurden: 720 Starck, 841 Habermann, 147 Hillers Liederkästlein, 88 Goßners Schatzkästlein, 31 Spenglers Pilgerstab und 450 sonstige Andachtsbücher von verschiedenen Verfassern.

Neben diesen Werken wird auch das **Gesangbuch** fleißig benützt, doch fast nur von Frauen. Die Lieder, die für Krankheitsfälle passen, die vom Sterben handeln, besonders auch solche, in denen das Vertrauen zu Gott und die Liebe zu Christus zum Ausdruck kommen, werden auch memoriert und gern „gebetet". Das **freie Gebet** wird weniger geübt; wo es geschieht, da besteht es gewöhnlich in einem Aneinanderreihen von Bibelsprüchen und Liederversen. Nur die Pietisten und Sekten legen größeren Wert darauf; sie richten ihre Gebete mit Vorliebe an den Heiland. Das Tischgebet ist in den Familien, in denen Kinder vorhanden sind, ziemlich verbreitet; in vielen Gemeinden fast in jedem Hause.

In den Städten fehlt in zahlreichen Häusern, bezw. Familien jedes religiöse Buch.

Auch da, wo das tägliche Leben wenig Erhebung zu Gott zeigt, wecken Zeiten der Trübsal und der Anfechtung das religiöse

1. Das religiöse Leben.

Bedürfnis. Selten wird in diesem Falle seelsorgerlicher Zuspruch verschmäht. Ein Pfarrer erwähnt, er habe es in 11 Jahren nur einmal erlebt, daß sein seelsorgerlicher Beistand zurückgewiesen wurde.

Einen Ersatz oder eine Ergänzung für die häusliche religiöse Lektüre bildet für viele Familien das S o n n t a g s b l a t t. In Baden sind verbreitet: „Die Kirche" (Evang.=prot. Sonntags= blatt; gegründet von J. Schück 1877, später von F. Issel, jetzt von B a r c k redigiert; liberal; ca. 24 000 Abonnenten), das „Kirchen= und Volksblatt" (gegründet 1860 von Hofprediger Beyschlag, 1880—1904 von Pfr. Reinmuth, seit 1904 von P. Herrmann redigiert; konservativ; ca. 20 000 Abonnenten), der „Reich=Gottes=Bote" (Seite 166), das „Stuttgarter Evangelische Sonntagsblatt", außerdem: der „Krankenfreund" (Seite 157), „Für Alle", „Komm heim", das „Badische Diasporablatt" u. a.

Welche Bedeutung diese Blätter für das religiöse Leben einer Ge= meinde gewinnen können, zeigt eine Mitteilnng aus einer positiv gerich= teten Pfälzer Gemeinde (2870 Ev.), in der gelesen werden: 115 „Kirchen= und Volksblätter", 200 „Für Alle", 100 „Komm heim", 74 „Reich=Gottes=Bote", 30 „Heidenbote", 90 „Heidenfreund", 18 „Kirche", 80 „Jugendfreund", 75 „Kinderbote", 52 „Kleiner Bote aus dem Reich Gottes" (Wißwäffer= blatt), 30 „Stuttgarter Sonntagsblatt", 11 „Christenbote", 60 „Frohe Bot= schaft"; das sind 935 Exemplare religiöser Blätter. — In einer Ober= länder Gemeinde (873 Ev.) fanden sich deren 221, nämlich: 59 „Kirchen= und Volksblatt", 29 „Kirche", 84 „Komm heim", 11 „Heidenbote", 25 „Krankenfreund", 13 „Reich=Gottes=Bote".

Die Beliebtheit dieser Sonntagsblätter zeigt, welch ein dank= bares Feld für kirchliche Wirksamkeit auf diesem Gebiete vorhan= den ist. Hier könnte und sollte noch viel geschehen, es liegt eine Aufgabe vor, die eifrigere Mitarbeit verdienen würde. Um= somehr sollte die evangelische Kirche dieses Feld bebauen, als ihr eine einflußreiche politische Presse nicht zur Verfügung steht. Gute Vorschläge über die Befriedigung des Lesebedürfnisses gibt der Bescheid auf die Diözesansynoden von 1890. Es wird empfohlen: „Errichtung von Schriftenniederlagen, Gründung von Volks= und Schulbibliotheken, von Lesevereinen, Beteiligung an der Bezirks= kolportage, Veranstaltung von Leseabenden, Verteilung von Flug= blättern" u. a. m. Auch der K a l e n d e r, der in einem Hause gelesen wird, ist für das geistige und geistliche Leben nicht ohne Bedeutung. Am meisten verbreitet sind die konfessionell neutralen „Hinkende Bote", „Vetter vom Rhein", „Hebels Rheinländischer Hausfreund". Auch der sogenannte „Engelskalender" (Auflage

47 000) wird gern gelesen; weniger Absatz finden der „Gustav-Adolf-Kalender" und der „Kalender des Evangelischen Bundes."

Wenn wir nach den herrschenden religiösen Anschauungen fragen, so ist zu unterscheiden zwischen Stadt und Land, zwischen liberalen und konservativen Gemeinden und Personen. Zwar stimmen die Beobachter darin überein, daß das Landvolk von den theologischen Richtungsunterschieden nur wenig weiß. Es mögen darüber eigenartige Vorstellungen vorhanden sein. Häufig begegnet man der Gleichsetzung von „liberal" und „ungläubig", von „positiv" und „gläubig". Doch auch liberale Pfarrer gelten als Pietisten, wenn sie sich von weltlichen Vergnügungen fernhalten und Zurückgezogenheit lieben. Aber wie wenig darüber Klarheit herrscht, zeigt der Vorwurf, der in einer politisch liberalen Gemeinde einem konservativen Pfarrer nach einer Predigt gemacht wurde, in der Nachbargemeinde (wo seit 25 Jahren ein liberaler Geistlicher wirkte, der aus seiner Gesinnung kein Hehl machte) hätte er nicht so (frei) predigen dürfen. Die „Kirche" wird in manchen Gemeinden von weit rechtsstehenden Gemeinschaftsleuten gelesen, ohne daß diese an ihrem Inhalt Anstoß nehmen. Ein positiver Kollege, der es für erfreulich hält, daß in seiner Gemeinde die kirchlichen Parteiunterschiede unbekannt sind, schreibt über diese Frage: „Bei der Pfarrwahlbewegung im Jahre 1893, als Pfarrer X auf der Liste stand, warf ein Lehrer das Wort unter die Masse: „Das ist ein Neunundneunziger!" (Seite 21.) Da riefen alle, auch die ärgsten Wirtshausbrüder, Lügner und Raufbolde: „Einen Neunundneunziger wollen wir nicht", und sie erzwangen den Pfarrverwalter." — Wenn also auf dem Lande — abgesehen von Zeiten kirchlicher Kämpfe und abgesehen von ausgesprochen positiven oder liberalen Kreisen — theologische Streitfragen geringem Verständnis begegnen, so weiß man in den Städten davon „mehr als nötig". „Das Bewußtsein von kirchlichen Parteiungen ist ins Volk gedrungen, wohl veranlaßt durch unsern Wahlmodus. Die Vorstellungen über die Eigenart der kirchlichen Parteien sind nichtsdestoweniger durchaus irrig und verwirrt. Weite Gemeindekreise gehen grundsätzlich nur zu positiven Geistlichen in die Kirche". — Jedenfalls kann man sagen, daß ein großer Teil der Gemeindeglieder sich den kirchlichen Richtungen gegenüber neutral verhält, und daß sicherlich die Mehrzahl eine Abneigung gegen kirchliche Streitigkeiten hat.

Schwerer dürfte die Frage nach dem Charakter der evange=

lischen Frömmigkeit zu beantworten sein. Sie ist im allgemeinen mehr protestantisch als evangelisch: Der Widerspruch gegen den blinden Autoritätsglauben findet größeren Beifall als die Betonung des ewig gültigen Wahrheitsgehalts des Evangeliums. Einzelne katholische Sitten haben sich erhalten: am Freitag wird vielfach kein Fleisch gegessen, ziemlich allgemein am Karfreitag; im Schwarzwald beteiligen sich manche Protestanten infolge eines Gelübdes an der Fronleichnamsprozession im benachbarten Wallfahrtsort; beim Kauf oder beim Neubau eines Hauses wird in einzelnen oberländer Gemeinden ein „Versprechen aufs Haus" abgelegt, das darin besteht, daß man gelobt, an einem bestimmten Tag kein Fleisch zu essen; ein solches Gelöbnis muß dann auch von späteren Geschlechtern gehalten werden. Doch sind ausgesprochen katholisierende Neigungen so wenig vorhanden, daß jede Neuerung in kirchlichen Dingen, die etwa einer katholischen Einrichtung ähnlich ist, mit großem Mißtrauen und mit Widerwillen betrachtet wird. Von den Katholiken urteilt man, daß sie hinter der Zeit zurückgeblieben seien; man wundert sich über ihre Zeremonien, für die jedes Verständnis fehlt; man tadelt ihre Abhängigkeit von den Geistlichen; auch der Vorwurf der Unaufrichtigkeit, der Heuchelei wird in auffallender Uebereinstimmung gegen sie erhoben. Die konfessionellen Gegensätze treten stärker in der Pfalz hervor. Der Markgräfler im Oberland ist sehr tolerant, ein Feind konfessioneller Zwistigkeiten; er ist besonders leicht für interkonfessionelle Zwecke zu begeistern und denkt: „Jeder hat halt den Glauben seiner Eltern".

„Kirche haben wir genug und Theologie haben wir genug. Aber Kirche und Theologie sind keine Religion. Die Religion fehlt uns". So urteilt l'Houet vom modernen Menschen, glaubt aber, daß der korrekte Bauer in seiner Seele nicht bloß ein schwer konservativer, sondern auch ein schwer religiöser Mensch sei. „Das Bauerntum ist entschieden Deutschlands religiösester Stand, zugleich im Besitz der gesündesten Religion". Ob man in Baden von einer besonderen „Bauernreligion" sprechen kann? Man muß bedenken, daß die Gelassenheit, die Ruhe, der Frieden, den man im Bauernstand findet, ebensosehr eine Folge seiner Beschäftigung als seiner Religiosität sind. Seine Geduld ist durchaus nicht immer die apostolische, und hinter der äußeren Ruhe verbirgt sich nicht selten heftige Gemütsart. Ohne Zweifel ist es richtig, daß die Religion im Bauernstand einen guten Boden findet, und daß frommes Empfinden in der ständigen Berührung mit der Natur sich viel leichter auslöst als zwischen den hohen Mauern der Städte. Darum bildet allerdings der Bauernstand die Kerntruppe nicht nur der katholischen, sondern auch der evangelischen Kirche. Atheisten sind unter den Bauern selten, häufig aber sind Skeptiker und Spötter zu finden. Ueber die Wunder, besonders die des Alten Testaments, über das ewige Leben, über die Rätsel des Weltlaufs macht man sich Gedanken. Freilich dem Pfarrer gegenüber äußert man seine Zweifel nicht. Man scheut sich schon deshalb davor, weil man seine Gedanken nicht so gut ausdrücken kann. Es fällt dem Bauersmann schwer, zusammenhängende Gedankenreihen mitzudenken oder einer logischen Entwicklung zu folgen, noch schwerer, sie selbst zu vollziehen. Bauernpredigten sind gewöhnlich nur Ideenassoziationen oder Wiederholungen derselben Gedanken in verschiedener Form. Aber es ist doch ein großer Fond religiöser Gefühle und Gedanken vorhanden. Die Religion hat einen gesetzlichen Zug. Rechtschaffenheit im bürgerlichen Leben und Gottvertrauen in sorgenvollen Tagen sind dem Bauern die Zeichen der Religiosität. Kirchlichkeit und Frömmigkeit gelten vielfach als identisch. Die Religion gehört zur bürgerlichen Ordnung. Die Kirche ist den meisten eine Staatsanstalt zur Aufrechterhaltung von Zucht und Ordnung. — Aber wie verschieden lauten doch die Urteile über die Bedeutung der Religion für das bäuerliche Leben! Der eine Beobachter glaubt, daß „die religiösen Anschauungen den Hauptbestandteil der bäuerlichen Bildung und Kultur bilden", ein anderer meint, „eigentlich religiöses Leben finde sich selten". „Die Einwirkungen des evangelisch-protestantischen Kirchentums scheinen mir sichtbar zu Tage zu treten. Dieses gegen sich selbst harte, ganz der erkannten Pflicht hingegebene, schwer arbeitende, sparsame und nüchterne Geschlecht verrät evangelische Auffassung vom Weltleben, von Pflicht und Beruf; Arbeit ist ihm Gottesdienst; daraus ergibt sich die natürliche Kehrseite: Gottesdienst und Kirchengehen kommt erst in zweiter Reihe. Die Arbeit erfüllt sie mehr als genug; es gibt Fanatiker der Arbeitspflicht und der diesseitigen Interessen. Das Leben wird unsäglich genau, geregelt, nüchtern und schwunglos... Der protestantische Bauer unseres Dorfes scheint in seiner geistigen Struktur derselbe zu sein wie der in Südafrika, und es scheint ihm auch kein Kleid so auf den Leib zu passen, wie das protestantische". So beurteilt ein Pfarrer — nach meinen Beobachtungen durchaus richtig — den Bauernstand der mittleren Rheinebene. Ich führe noch andere Aeußerungen an: „Die Frömmigkeit durchdringt nicht den Menschen, sondern läuft äußerlich neben den Berufsgeschäften her". „Die Bedeutung der Religion für das tägliche Leben ist verschwindend gering... Wirklich Gutes, Erfreuliches, echt Evangelisches, wahrhaft christliche Gesinnung ist leider kaum irgendwo in der Gemeinde (der Pfalz) zu entdecken. Bei allem Pfälzer Leben geistiger Tod". Diese und ähnliche Aussprüche geben zu denken und rechtfertigen wohl die Behauptung, daß man sehr vorsichtig sein muß bei einer Zusammenstellung der wesentlichen Bestandteile der „Bauernreligion". — Aber das läßt sich nicht verkennen: in Zeiten der Not erwacht das religiöse Gemütsleben, und gewiß ist dies nicht allein auf Rechnung des Egoismus zu setzen, der Gottes Hilfe begehrt, wenn menschlicher Beistand vergeblich ist.

Man kann es als ein Armutszeugnis für unsere Kirche ansehen, daß das tägliche Leben des evangelischen Landvolkes im ganzen so wenig durchleuchtet ist von höherem Licht, und daß viele erst die Not beten lehrt; mit mehr Recht wird man sagen, daß die Religion die beste Probe ihrer Kraft ablegt, wenn alles andere versagt und als wertlos erkannt ist. Es ist doch ein Beweis dafür, daß die Religion tief im Volksleben wurzelt, wenn ein Seelsorger schreiben kann: „Ich weiß von manchen, Alten und Jungen, die eines seligen Todes im lebendigen Glauben an den Herrn Jesus Christus, mit lachendem Munde, verklärten Antlitzes gestorben sind. Das Evangelium ist doch noch eine Macht im Volke".

Gilt dies auch von den Städten? Hier sind es andere Faktoren, die das Leben bestimmen. Der Bürgerstand ist der kirchlichste Teil der Stadtbewohner. Der Durchschnittsprotestant der Stadt ist ein „nüchterner Empiriker, ein realistisch gerichteter Verstandesmensch". Er verhält sich skeptisch zu den Dogmen der Kirche, hält aber das Christentum für notwendig, hauptsächlich wegen seiner ethischen Forderungen. Für ihn ist das Christentum die eigentliche Humanitätsreligion. Und an den humanitären Bestrebungen nehmen auch solche teil, die sich um die Kirche herzlich wenig kümmern und religiös indifferent sind. Am wenigsten kirchlich-religiös sind die akademisch Gebildeten. „Die Hände falten, singen, sich anpredigen lassen, das paßt ihnen nicht, besonders der liturgische Teil ist ihnen lästig." Diese Kreise beurteilen auch die kirchlichen Feiern vorwiegend nach ästhetischen

Gesichtspunkten. So sind z. B. die Universitätsgottesdienste in Heidelberg sehr gut besucht; aber von nicht wenigen dieser Kirchenbesucher dürfte gelten, daß sie den Gottesdienst wie etwa ein Konzert genießen und sich freuen über die formvollendete Predigt, das künstlerische Orgelspiel, die Gesänge des Bach-Vereins. Die Stellung der Universitäten zu Kirche und Religion ist eine kühlgleichgültige. „Derjenigen Lehrenden und Lernenden, die sich zu kirchlichen Veranstaltungen einfinden, sind es ganz wenige. Am studentischen Gustav-Adolf-Verein nimmt kaum einmal ein Nichttheologe teil. Als in der Aula in Heidelberg Vorträge gehalten wurden über die Mission in der modernen Welt, erschienen nur sehr wenige nichttheologische Studenten." Doch gibt es einzelne Ausnahmen. In Freiburg scheint das Verhältnis der protestantischen Dozenten zur evangelischen Kirche ein freundlicheres zu sein. Doch wird hier der Protestantismus wohl meist nur als relativ höher stehende geistige Macht gegenüber dem Katholizismus gewertet. Direkt feindlich oder auch nur unfreundlich sind jedoch auch die Heidelberger Universitätskreise nicht. „Dazu genießt die theologische Fakultät zu bedeutendes Ansehen und kaum bestrittenes Heimatsrecht". — In Karlsruhe beteiligt sich gerade der Beamtenstand eifrig am kirchlichen Leben, in Mannheim hat die kirchlich-liberale Richtung besonders im Kaufmannsstand zuverlässige und überzeugte Anhänger. Es gilt auch für die höheren Stände dasselbe, was oben vom Landvolk gesagt ist, daß nach dem religions- und kirchenfeindlichen Materialismus der Jugendzeit eine höhere Wertung der Frömmigkeit einzutreten pflegt.

Ueber die Religion der Arbeiter liegt mir ein Bericht vor aus einer Diözese des Oberlandes, in dem die Stellung der ländlichen und städtischen Industriearbeiterbevölkerung erörtert wird. Darnach ist für viele die Kirche ein durchaus entbehrliches Institut; sie dient dazu, die Menschen in Abhängigkeit zu erhalten. An den Pfarrern wird getadelt, daß sie zu sehr auf der Seite der Besitzenden stehen. Man beklagt es auch, daß zu wenig Arbeiter in den kirchlichen Vertretungskörpern sind. Sehr viele Arbeiter gehen nicht mehr in die Kirche, andre nur an hohen Feiertagen. Da sie dann immer wieder die gleichen Gedanken aussprechen hören, so halten sie nicht viel von der Predigt. Mit Himmelfahrt und Pfingsten weiß der Arbeiter nichts anzufangen; auch für das Reformationsfest und für das Ernte- und Dankfest hat er wenig Sinn. Den Bußtag hält er für überflüssig: „Buße soll tun, wer will; wir brauchen es nicht, unser ganzes Leben ist schon Buße genug". Jesus genießt hohe Wertschätzung. Die Arbeiter sind der Ansicht, daß er heute auf seiten der Sozialdemokratie stehen würde. Für die Reformation fehlt jedes Verständnis. Je näher der Wohnort einer größeren Stadt liegt, umsomehr gewinnt die antikirchliche Strömung die Oberhand; in den Industriezentren wird vielfach mit der Kirche auch die Religion bekämpft.

Neuerdings sind verschiedene Versuche gemacht worden, die Arbeiterkreise für religiöse Fragen zu interessieren. Stadtvikar Wielandt hat in Heidelberg 1904 unter großem Andrang volkstümliche Vortragskurse über religionswissenschaftliche Probleme gehalten. „Die Haltung der Hörer, auch der zahlreichen Sozialdemokraten und Katholiken, war tadellos. Das Erfreulichste war, daß es (durch Professor Deißmann) gelang, die Arbeiter in den Gewerkschaften in großer Anzahl heranzuziehen". Auch in Mannheim und in Karlsruhe fanden solche Vorträge ein zahlreiches Publikum. In Pforzheim wurde an einem Abend die Zahl der Besucher auf 1000 geschätzt. Das sind Erfahrungen, die besonders deshalb so erfreulich sind, weil sie in den sozialdemokratischen Zentren gemacht wurden. Wenn man dazu nimmt, daß auch die Vorträge von Vertretern anderer Richtungen, die Evangelisationsversammlungen von Pastor Keller, von Prediger Schrenck u. a. oft in überfüllten Sälen gehalten wurden, so hat es den Anschein, als ob die Bedeutung der Religion für das tägliche Leben wieder mehr erkannt werde. Arbeiten, nicht verzweifeln!

Die p i e t i s t i s c h e Frömmigkeit hat in Baden den gleichen Charakter, den sie überall zeigt. Neben der strengen, asketischen Richtung findet sich ein gemütvoller Mystizismus, der doch Verständnis hat für die unschuldigen Freuden der „Welt". Die größere Kraft liegt allerdings in der strengen Richtung, in der methodistische Bestrebungen Eingang finden, während die andere Form, der schwäbische Pietismus, sympathischere Züge hat (vgl. auch S. 166 ff.).

Im evangelischen Volk sind religiöse und abergläubische Vorstellungen nicht in so enger Weise miteinander verbunden wie im katholischen; nach unserem Urteil läßt sich die Grenze zwischen dem katholischen Glauben und dem Aberglauben schwer feststellen. Manches rechnen wir zum Aberglauben, was in der katholischen Kirche zum Glauben gehört (Benediktusmedaillen, Lourdeswasser, heiliges Oel von Eichstädt, Gnadenbilder ꝛc.). Doch würde man irren, wenn man annehmen wollte, daß diese Art Glauben im evangelischen Volk ausgestorben sei. Die Lehre vom Teufel gibt zu allerlei Wahnvorstellungen Anlaß; der Einfluß des persönlich gedachten Teufels auf den Weltlauf ist nach Ansicht vieler ein sehr realer, natürlich aber ein unheilvoller. Ja, der Glauben an den Teufel gilt manchen als das Schibboleth des Glaubens überhaupt. Ich kenne eine Frau, die mit ihrem Mann nicht zum Abendmahl geht, weil er nicht an den Teufel glaube. Aufgeregte Frauen und Männer sehen ihn heute noch in der Gestalt von Tieren; Ereignisse, für welche eine natürliche Erklärung fehlt, werden ihm zugeschrieben; epileptische und hysterische Zustände werden mit ihm in Verbindung gebracht, und es wird vom Pfarrer noch hie und da verlangt, daß er ihn austreiben solle. Auch der Hexenwahn übt noch manchmal seine unheimliche Suggestion aus. Wohl wird es kaum mehr vorkommen — was 1870 von der Diözese Rheinbischofsheim berichtet wird —, daß Frauen auswandern müssen, weil sie für Hexen angesehen werden. Aber aus persönlichen Erlebnissen kann ich berichten, daß man heute noch da und dort älteren, unbeliebten Frauen zauberische Eigenschaften beilegt. Es ist für den Pfarrer nicht leicht, in diese Gedankenwelt einen Einblick zu gewinnen, man hält solche Dinge geheim. Die Wunderdoktoren („Gutterlisdoktoren") haben großen Zulauf, Hexenbanner werden aufgesucht, den Wahrsagerinnen und Kartenschlägerinnen fehlt es nicht an Kunden. Wie man gewissen Personen wunderbare Kräfte zuschreibt, so hält man bestimmte Zeiten, Tage, Nächte und Stunden für besonders geeignet zur Erzielung magischer Wirkungen, namentlich die Zeit „zwischen den Jahren" (Weihnachten bis Dreikönig), die Karwoche und andere. Ebenso heften sich an einzelne Orte abergläubische Vorstellungen (Kreuzwege, Friedhöfe, ehemalige Richtplätze). — Geheimnisvolle Bedeutung wird manchen Zahlen beigelegt (3, 7, 13). In meiner früheren Gemeinde hatte das Pfarrhaus, ganz außer der Reihe, die Nummer 13. In manchen Krankenhäusern folgt auf das Zimmer Nr. 12 das Zimmer Nr. 12 a! Die „drei höchsten Namen" schreibt man an die Stubentüre, damit nichts Böses eindringe. Wie sehr das Landvolk beim Säen und Pflanzen auf den Mondwechsel und auf bestimmte Zeichen achtet, ist bekannt. Der Winzer schneidet nicht gern die Reben im „leeren Mond". Hat der Sämann eine „unglückliche" oder „unreine" Hand, so kommt der Brand in das Getreide. Das „Brauchen" (Besprechen) ist weit verbreitet. Die Diphtherie z. B. wird in einer Gemeinde des Oberlandes in folgender Weise „besprochen": „Hiob ging über Land mit dem Stab in der Hand. Da begegnet ihm Gott, der Herr, und sprach: „Hiob, warum bist du so traurig?" Hiob sprach: „Warum sollt' ich nicht traurig sein, da mir mein Mund und Schlund will verbrennen?" Gott, der Herr, sprach: „Nimm Wasser in den Mund und speie es auf den Grund, so wird es heilen deinen Schlund" u. s. w. Man glaubt an Ahnungen, Träume, schlechte und gute Vorbedeutungen, an Sympathiemittel und ähnliches. Daß vieles von diesem Glauben aus dem Heidentum stammt, beweist auch die Tatsache, daß man im Schwarzwald in den Dachgiebeln alter Häuser noch Pferdeschädel findet.

Weil man diese Dinge verbirgt, wohl auch öffentlich darüber spottet, aber heimlich sich dieses Glaubens nicht ganz erwehren kann, so läßt sich nicht feststellen, welche Verbreitung derartige Vorstellungen haben. Daß sie aber noch eine große Bedeutung haben, läßt sich nicht leugnen. Darum finden auch in den Städten Spiritisten und Theosophen ein gläubiges Publikum. An verschiedenen Stellen (S. 113, 130, 134) sind schon die abergläubischen Vorstellungen und Gebräuche, die sich an die kirchlichen Handlungen anschließen, erwähnt. Eine ziemlich erschöpfende Schilderung gibt E. Meyer: „Badisches Volksleben im 19. Jahrhundert". Straßburg 1900.

2. Das sittliche Leben.

G. Kappes: Die geschlechtlich-sittlichen Verhältnisse der evangelischen Landbewohner im Großherzogtum Baden. Leipzig 1896. — Nachrichten über die Bekämpfung des Mißbrauchs geistiger Getränke im Großherzogtum Baden. 1895 ff. — Heunisch: Das Großherzogtum Baden. Heidelberg 1857. — Statistisches Jahrbuch 1904/05. — D.E.B. 1889 ff. — R. Nuzinger: Die Erhaltung der Volkstrachten. Zell i. W. 1896. — Berichte.

Die Klagen über den weiten Abstand des **sittlichen Ideals** von der Wirklichkeit sind so alt als die Ethik überhaupt. Auf diesem Gebiete darf man auch über kleine Fortschritte sich freuen. Vergleicht man die sittlichen Zustände unserer Zeit mit denjenigen früherer Jahrhunderte oder Jahrzehnte, so ist eine Besserung unverkennbar.

Zum Beweis diene eine Schilderung des kirchlichen und sittlichen Zustandes der Großh. Bad. Diözese Hornberg (im Schwarzwald) von Pfr. W. Ludwig 1813: „Die Diözes besteht aus 2 Städten und 26 Vogteien. Der Zustand der ganzen Diözes in Rücksicht auf Moralität und Ordnung ist sehr traurig. Die Gottesdienste sind nicht an bestimmte Zeiten gebunden. Keine Schulpläne, keine Kirchenältesten. Alles geht nach einem traurigen Schlendrian und dem Schwarzwälder ist es behaglich, wenn er sein Kind zum Viehhüten und ökonomischen Geschäften nach Willkür gebrauchen kann ... und alles, was sein Kind außer den 6 Hauptstücken noch lernen soll, gilt ihm für ein neues Recht, das man auf seinen Hof legen will. Alles Gefühl für das Edle und Erhabene ist unterdrückt; in der Religion ist der mystische Sinn vorherrschend geworden, die Sinnlichkeit bekam die Oberhand. Besonders groß ist die Unreinlichkeit. Rusticus ubicunque est idem". Sie neigen zur Trunksucht und Unzucht, sie haben noch keinen Begriff von dem Nutzen der Stallfütterung(!) In manchen Gemeinden ist ein Drittel der Geborenen unehelich. In St.G. sind 49 „Hurenkinder" in der Schule. Der Aberglaube ist tief eingewurzelt.

Ganz so schwarz dürfte eine Schilderung des Zustandes derselben Diözese heute nicht mehr ausfallen (vgl. die Schwarzwälder Gemeinde S. 225 ff.). Und auch eine Darstellung des religiössittlichen Zustandes der ganzen Landeskirche muß einen Fortschritt gegenüber früheren Zeiten konstatieren (vgl. S. 215). An dunklen Schatten fehlt es freilich nicht. Ja, es gibt Gemeinden, in welchen der Einfluß der Religion auf die Sittlichkeit so gering ist, „daß es kaum mehr schlimmer werden kann". Ein schwacher Trost ist der Gedanke, daß es ohne die Arbeit der Kirche noch trauriger aussehen würde. Doch wenn auch Kirchlichkeit und Sittlichkeit — im weiteren Sinne — nicht immer einander entsprechen, so ist überall der Einfluß echter Religiosität auf das sittliche Verhalten unverkennbar. Auf dem Lande ist gewöhnlich die unkirchliche Schicht auch die sittlich minderwertige; denn hier ist die Unkirchlichkeit häufig nur die Folge eines unordentlichen Lebens.

Die beiden hervortretenden Hauptübel, an denen das Volksleben krankt, sind auch in Baden **Unzucht** und **Trunksucht**. Der geschlechtliche Verkehr der Ledigen ist nicht bloß im Volksleben des Schwarzwaldes ein dunkles Blatt. Fassen wir zunächst die unehelichen Geburten ins Auge. Ich ordne die Diözesen nach den Zahlen, die sich aus der kirchlichen Statistik als Durchschnitt für die Jahre 1900, 01, 02, 03, 04 ergeben. Es hatten uneheliche Geburten in Prozenten:

1. Sinsheim	3,7		6. Ladenburg-Weinheim	4,9
2. Wertheim	4,3		7. Müllheim	5,2
3. Lörrach	4,4		8. Mosbach	5,2
4. Adelsheim	4,8		9. Lahr	5,3
5. Boxberg	4,8		10. Neckargemünd	5,4

2. Das sittliche Leben. 215

11. Emmendingen	5,4		19. Rheinbischofsheim	7,3
12. Bretten	5,9		20. Karlsruhe-Stadt	8,5
13. Eppingen	5,9		21. Pforzheim	8,5
14. Oberheidelberg	6,0		22. Freiburg	9,2
15. Schopfheim	6,0		23. Hornberg	10,1
16. Karlsruhe-Land	6,5		24. Mannheim-Heidelberg	10,2
17. Neckarbischofsheim	6,6		25. Konstanz	11,1
18. Durlach	7,2			

In dieser Tabelle steht die Diaspora-Diözese Konstanz an letzter Stelle, weil in Markdorf längere Zeit eine Entbindungsanstalt bestand, deren Kinder bei der geringen Anzahl der Geburten (jährlich ca. 400) bedeutend ins Gewicht fielen. Bei Freiburg und Heidelberg erhöhen die Kliniken den Prozentsatz. Aber es sind doch die Städte, welche die höchsten Zahlen aufweisen. Vergleicht man diese Tabelle mit den Tabellen über den Kirchenbesuch und die Teilnahme am Abendmahl (S. 107), so fällt auf, daß Lörrach hier unter den besten Diözesen erscheint, während seine Kirchlichkeit unter dem Durchschnitt steht; daß Ladenburg-Weinheim, das 1905 nur 19,4% Kirchenbesucher zählte, einen besseren Platz hat als Neckarbischofsheim mit 39,2% Kirchenbesuchern; daß das kirchliche Unterland im großen und ganzen vor dem Oberlande nicht viel voraus hat. Man kann also nicht sagen, daß die Kirchlichkeit der Sittlichkeit überall entspreche. Immerhin ist beachtenswert, daß die vier Diözesen mit dem besten Kirchenbesuch auch in dieser Tabelle obenan stehen. Daraus scheint doch hervorzugehen, daß die kirchliche Sitte die geschlechtliche Sittlichkeit günstig beeinflußt.

In früheren Jahren wurden die Gemeinden ohne uneheliche Geburten gezählt. Im Jahre 1873 waren es: 103, 1874: 109, 1875: 110, 1877: 100, 1879: 128. Diese Feststellung ist deswegen für die Allgemeinheit von geringerer Bedeutung, weil auf der Ehrentafel zumeist kleinere Orte stehen. Einzelne Schwarzwaldgemeinden haben einen noch über den Durchschnitt der letzten Diözese hinausgehenden Prozentsatz. Ob die sittlichen Zustände so viel schlechter sind als in anderen Gegenden?

Dank der strengen Kirchenzucht waren uneheliche Geburten im 18. Jahrhundert selten. In einer Gemeinde des Hanauerlandes waren es 1732 bis 1800 nur 1,5%. Im letzten Jahrzehnt des 18. Jahrhunderts beginnt sich die Sitte zu lockern, die Zahl stieg bis zu 40% im Jahr 1841 und sank dann, um neuerdings wieder anzusteigen. — Von einer Gemeinde im Oberland wird berichtet: „Viel besser ist es jedenfalls geworden in Bezug auf uneheliche Geburten. Vor 50 Jahren lungerten hier doch Weiber herum, die 4, 6 und 8 uneheliche Kinder gebaren; in den alten Familienbüchern steht doch oft Familie neben Familie, wo bei jeder von 2, 3 und

4 Töchtern uneheliche Kinder vermerkt sind; in dieser Beziehung ist eben doch eine ganz bedeutende Besserung eingetreten".

Vielfach ist das Urteil in diesem Punkte sehr lax. Am besten scheint es in der weiblichen Jugend des Bürgerstandes und der höheren Kreise zu stehen. Sonst wird Stadt und Land in gleicher Weise von entsittlichenden Ideen durchdrungen sein. Gelegenheiten, wo sich die Jugend beiderlei Geschlechts zusammenfindet, gibt es genug (Tanz, Spinnstuben, Markt). So wenig auf dem Lande im Sommer sich Gelegenheit bietet — außer an Sonntagen, umsomehr im Winter. In vielen Orten ist gemeinsamer Wirtshausbesuch der Jugend üblich, das Beisammensein gestaltet sich von selbst zum Tanz, wozu einer die Ziehharmonika spielt. In den Städten fehlt es noch weniger an Tanzgelegenheit. Die Eltern der unteren Stände pflegen auf die Wahl des Verkehrs ihrer Kinder nicht einzuwirken, sie hätten in den meisten Fällen auch gar nicht die nötige Autorität. Sind sie mit der Wahl nicht einverstanden, so wird ihre Einwilligung nicht selten erzwungen. Daß der Verkehr leicht zu einem verbotenen wird, leuchtet ein. Wenn dann die öffentliche Verlobung erklärt ist, so findet man den geschlechtlichen Umgang zwar nicht in der Ordnung, aber er gilt nicht als besonders anstößig. Charakteristisch sind Aeußerungen wie diese: „Man kauft keine Katze im Sack". „Wir heiraten, wenn wir müssen". Ueber den schlimmen Einfluß, den das Vorbild der studentischen Jugend und des Militärs ausübt, kann kaum ein Zweifel bestehen. — Eine Untersuchung über die Zahl der Eheschließungen von Brautpaaren, die vor der Trauung verbotenen Umgang hatten, ist in wenigen Gemeinden angestellt worden. Das Ergebnis ist sehr verschieden: 20—60%; da und dort scheint der vorehelicher unerlaubte Verkehr fast die Regel zu sein. — Ein Lichtblick in diesen trüben und dunklen Verhältnissen ist noch der Umstand, daß die meisten unehelichen Kinder durch nachfolgende Eheschließung legitimiert werden. Kappes stellt fest, daß in 75—100% der Fälle der Bursche das Mädchen, mit dem er sich vergangen hat, heiratet. Die männliche Jugend der höheren Stände handelt weniger ehrenhaft. Auch darin steht die städtische Sittlichkeit der ländlichen nach, daß auf dem Lande die Venus vulgivaga ziemlich unbekannt ist.

In neuerer Zeit beteiligt sich auch die Frauenwelt an dem Kampfe gegen die Unzucht. In Heidelberg nahm vor kurzem eine große Frauenversammlung Stellung gegen die Wiederöff=

2. Das sittliche Leben.

nung des öffentlichen Hauses — allerdings ohne Erfolg.

Der Kampf gegen die Unsittlichkeit wird von vielen als völlig aussichtslos angesehen. Man spricht über dieses Uebel mit achselzuckendem Bedauern. Es ist in Wirklichkeit sehr niederdrückend, wenn man beobachten muß, daß die christliche Forderung der Reinheit von so wenigen beachtet wird, und daß es der Kirche nicht gelungen ist, das Volksgewissen zu schärfen.

Nach dem Abschluß der Ehe ist die Zeit der Liederlichkeit in den meisten Fällen vorüber. Die Ehe und das Familienleben bieten im allgemeinen ein sympathisches Bild. Ehebruch ist nicht häufig, wilde Ehen kommen auf dem Lande selten vor. Der Sinn des Bauern für Ordnung begünstigt abnorme Verhältnisse nicht. Die Eheordnung muß intakt bleiben, das leuchtet ihm ohne weiteres ein. — Die Zahl der Ehescheidungen ist nicht bedeutend. Geschieden wurden 1903 261 Ehen, im Durchschnitt von 1894/1903 jährlich 210; es hat also eine Zunahme stattgefunden; von den Ehescheidungen kommen auf die 10 Städte mit Städteordnung 1903 164, auf die übrigen (kleinen Städte) 21, also auf Stadtgemeinden 185, d. i. 70,9%. Die Ehescheidungen betrugen 1903 etwa $1/60$ der Eheschließungen. Größer ist die Zahl derjenigen Ehen, die nicht gerichtlich geschieden, aber tatsächlich getrennt sind; die Trennung dauert oft nicht die ganze Lebenszeit, Wiedervereinigung ist nichts Seltenes.

Daß die Kinderzahl auf künstliche Weise beschränkt werde, vermuten die einen, andere stellen es für ihre Gemeinden entschieden in Abrede. Wenn die Katholiken des Mittellandes für das Zweikindersystem den Ausdruck „hanauern" (d. h. es so machen, wie man es im protestantischen Hanauerland macht) gebrauchen, so unterschätzen sie den Kinderreichtum des Hanauerlandes. Daß ein solches allgemeines Urteil über die Evangelischen nur boshafter nachbarlicher Verkleinerungssucht entspringt, geht daraus hervor, daß der Geburtenüberschuß der Protestanten den der Katholiken überwiegt.

Die hohe Schätzung der Ehe auf dem Lande hat nicht zum mindesten darin ihren Grund, daß im Bauernstand die Mitarbeit der Frau unentbehrlich ist. Die Frau ist eine wirkliche Gehilfin des Mannes, ihre Rechte und Pflichten sind durch Ortssitte genau vorgeschrieben. Im Oberland mutet man ihr weniger zu wie etwa im Mittelland. Der Markgräfler hat etwas von ritterlicher Denkweise, obgleich er für die Hausfrau das sächliche Fürwort „es" ge=

braucht; er nimmt der Frau die schwersten Geschäfte ab; auch der Pfälzer behandelt seine Gehilfin rücksichtsvoll und schiebt ihr den Karren in die Stadt auf den Markt. Anders ist es wieder am Kaiserstuhl: Da trägt die Frau den schweren Marktkorb stundenlang auf dem Kopf zur Stadt. — Mißhandlung der Frau kommt aber überall vor. „Es muß als einmal ein Donnerwetter die Luft reinigen", sagt der Pfälzer halb im Scherz, halb im Ernst. „Es muß von Zeit zu Zeit den Herrn spüren", meinen die Grobiane des Oberlands. Schläge werden im allgemeinen nicht tragisch genommen. „Wenn er mir nur gä hätt', wie's der Bruch isch, wott i nit sage", klagt eine Frau, und ein Junggeselle erzählt von seiner verheirateten Schwester: „Wisse Se, es isch selber schuld, die Wibslüt' hän halt alli e frechs Mulwerk, alli; wann es 's Mul halte däht, bekäms au nit so viel Schläg' über". Doch gehört eine harte Behandlung zu den Ausnahmen. In der Regel nimmt die Frau in der Familie eine geachtete Stellung ein, sie ist die Seele, das Gewissen des Hauses. Wenn sie arbeiten kann und zu haufen versteht, so erntet sie als „gute Köchin" allgemeines Lob und gilt als „brav". Traurig ihr Los, wenn sie leidend ist! Eine bäuerliche Wirtschaft und eine kranke Frau! Kann sie sich Dienstboten halten, dann geht es noch; aber wenn es dazu nicht reicht, ist das Schicksal einer solchen Frau höchst beklagenswert. So lange die Kräfte es halbwegs erlauben, muß sie mitarbeiten. Man versetze sich in das Leben einer kranken Frau zur Zeit der Ernte! Aber welch eine zähe Energie steckt doch in diesen gebrechlichen Geschöpfen! In meiner Gemeinde gehen die Frauen jede Woche einmal auf den Markt in die 16 km entfernte Stadt; noch vor zehn Jahren gingen die meisten zu Fuß, jetzt benützen sie zum Teil die Bahn, andere fahren auf offenem Wagen, manche halten an der früheren Gewohnheit fest. Sie suchen möglichst früh in der Stadt zu sein, um einen guten Platz zu erhalten. Da sitzen sie in Regen und Schnee von morgens 5, 6 Uhr an bis zum Mittag und müssen häufig einen Teil ihrer Waren wieder mit nach Hause nehmen. Viele ruinieren sich dabei für ihr ganzes Leben. Manche Dame, die über die Marktweiber verächtlich die Nase rümpft, sollte lieber vor ihnen das Haupt neigen. Es gibt wohl keinen Beruf, in dem die Frau so hart arbeiten muß als im Bauernstand. Daher die Landflucht der jungen Mädchen und ihr Streben, einen „Angestellten" zu heiraten. Es ist üblich, darüber zu schelten, aber begreiflich ist der Wunsch, es leichter zu haben. Denn von der Poesie des Landlebens merken die Frauen herzlich wenig. — Ein Gedanke ist es, der die Bauern immer wieder aufstachelt, und ein Verlangen beseelt sie: vorwärts zu kommen, Schulden abzutragen, Land zu erwerben. Das ist die eine große Sehnsucht des Bauern, ein schuldenfreies, ansehnliches Gut zu besitzen. Arbeit ist ihm der höchste Lebenszweck. Wer nicht arbeitet, wird verachtet. Wer nicht mehr arbeiten kann, fühlt sich überflüssig. Mag einer große Fehler haben, wenn er „schafft", so wird ihm vieles nachgesehen. Achtzigjährige Männer und Frauen arbeiten noch mit auf dem Felde, in den Reben, auf den Wiesen. Der höchste Ehrgeiz des Alters ist der, es den Jungen gleichzutun. Für die „wohlverdiente Ruhe" haben die Bauern wenig Verständnis. Aber alles zu seiner Zeit. Im Winter sitzen sie in den Stuben und harren des Frühlings. Doch kaum erscheint im neuen Jahre der erste ordentliche Tag, so hört man in den Weinbergen den metallischen Klang der Rebschere. So empfindet der Bauer den Fluch und den Segen der Arbeit; daß er die Arbeit als Fluch betrachtet, unterscheidet ihn von den gelehrten Ständen, daß er auch des Segens inne wird, das hebt ihn über den Durchschnittsarbeiter empor.

Kein Wunder, daß bei dem Bauern die Sparsamkeit leicht zum Geiz wird. Die günstige Konjunktur für die Landwirtschaft verstärkt nur solche Bestrebungen. Man sieht, daß der Fleiß nicht umsonst ist; so entsteht ein allgemeiner Wetteifer. Jeder will der Erste sein, oder wenigstens nicht der Letzte. „Den Letzten beißen die Hunde". Wo einmal ein derartiges wetteiferndes Vorwärtsstreben heimisch geworden, da treten alle mit dem Geiz verbundenen sittlichen Schäden hervor: Unredlichkeit, Betrug, Nahrungsmittelfälschungen u. s. w. Man sollte denken, daß mit dem wachsenden Wohlstand die Eigentumsvergehen seltener würden. Aber in den Jahren 1829—1844 wurden in Baden jährlich wegen Eigentumsvergehen 260 Personen verurteilt, im Jahre 1903 aber 6034! Dies zur Illustration der sozialdemokratischen These, daß mit dem höheren Auskommen die Begehrlichkeit abnimmt.

Betrachten wir im Anschluß an das Gesagte gleich das Gegenteil der Habsucht, die Verschwendungssucht, so ist diese mit dem sich mehrenden Wohlstand, namentlich in der Stadt, außerordentlich gestiegen. Man kann zwar nicht sagen, daß die Ernährung der ländlichen Bevölkerung eine viel bessere geworden sei. Denn wenn auch mehr Fleisch gegessen wird als früher, so wiegt die Herrschaft des Kaffees die Verbesserung wieder auf. Aber wie viel wird getrunken! In weinreichen und weinarmen Gegenden, im Wald und auf der Ebene, im Oberland und im Unterland! Wo es da am besten, wo es am schlimmsten steht, wer will es entscheiden? In Weingegenden z. B. verlangen die Arbeiter früh morgens einen Schnaps; sie erhalten Wein um 9 und um 11 Uhr, zum Mittagessen, um 2 und um 4 Uhr, endlich zum Abendessen. Fünf Liter Wein sind noch nicht das höchste Tagesquantum. Das Trinken von zwei Litern gilt als mäßiger Genuß. Allerdings trinkt man keinen reinen Wein, sondern einen „angemachten" Haustrunk aus Rebensaft, Zucker und Wasser. Will man gegen den unmäßigen Weingenuß ankämpfen, so weisen die Rebleute auf die schwere Arbeit hin, oder auf das hohe Alter, das sie trotzdem erreichen. Als bedenkliches Zeichen wird bei einem Kranken hervorgehoben, daß ihn „der Wi sur dunkt". Da kann es wohl vorkommen, daß man den Tod der Kinder eines Temperenzlers darauf zurückführt, daß sie keinen Wein erhielten. Denn der Wein gibt Kraft und macht starke Knochen. Darum haben auch schon die Kinder ihr besonderes Gläschen, das so oft gefüllt wird als das Glas der Erwachsenen. Wenn in solchen Gemeinden in der Schule gefragt wird, wer von den Schülern nicht regelmäßig Wein trinke, so erheben sich einzelne, zögernd, als ob sie sich dieses Eingeständnisses zu schämen hätten. Immerhin hat der Weingenuß noch das Gute, daß in den Weingegenden das Wirtshaus seltener besucht wird.

Das Bier hat die Herrschaft in den Industriegebieten, in den Werkstätten, auf den Bauplätzen. Da ist der Schnapsteufel vom Bierteufel ausgetrieben worden. Die Lebensweise der gewohnheitsmäßigen Biertrinker ist meist eine unhygienische. „Schlechte Küche, viel Kaffee, Wurst als Mittagessen, dazu viel, viel Flaschenbier, um 9, 12, 4 Uhr, abends in und außer dem Familienkreise. Das Flaschenbier ist der gesundheitliche und wirtschaftliche Ruin für manche Familien". In der Nähe von Lahr tauschen manche Frauen Milch gegen Flaschenbier um — ein moderner Tauschhandel!

Das Branntweintrinken ist weniger verbreitet, am meisten findet es sich auf dem Schwarzwald. Da konnte in einer Gemeinde festgestellt werden, daß unter den Schülern der 5. Klasse nur zwei waren, die noch keinen Branntwein getrunken hatten.

Im Jahre 1894 waren in den Krankenhäusern des Landes

143 Personen, die das Delirium hatten. In den Heilanstalten (für Geisteskranke, Epileptiker, Idioten, Schwachsinnige und Nervenkranke) wurden 1903 239 Personen wegen Alkoholismus behandelt; in die Kreispflegeanstalten wurden in demselben Jahre 149 Personen wegen Alkoholismus aufgenommen. Wie groß mag erst die Zahl derjenigen gewesen sein, die in den Krankenhäusern und in ihren Wohnungen wegen dieses Leidens in Behandlung waren!

Eine Schilderung aus der Diözese Karlsruhe-Land (1897) malt noch nicht die schlimmsten Zustände: Auf eine Bevölkerung von 26 409 Seelen kommen 135 Wirtschaften, 26 Flaschenbierhandlungen, 20 Kaufläden mit Schnapsdetailhandel, 4 Branntweinbrennereien, 1 Bierbrauerei, 26 Kegelbahnen. Die Zunahme der Bevölkerung betrug 1861—96: 23%, die der Schankstätten 75%. In 16% der Wirtschaften liegen auch kirchliche Blätter auf. Schnaps kommt wenig, Wein mehr, Bier am meisten in Betracht. Bei der jüngeren Generation nimmt der Alkoholkonsum zu. In der Hälfte der Gemeinden besuchen Mädchen mit Burschen das Wirtshaus, in einer Gemeinde etwa die Hälfte der Mädchen, denen auch einzelne Frauen sich anschließen. „Es wird mancher Mann den Sonntag für verloren halten, an welchem er das Wirthaus nicht besucht. Manche bringen den ganzen Sonntag Vormittag in Werktagskleidern hin und ziehen ihre Sonntagskleider erst an, wenn es ins Wirtshaus geht". Der Besuch der Wirtschaften an Werktagen nimmt zu, Frühschoppen und Dämmerschoppen kommen auf. Nur in zwei Gemeinden der Diözese findet nie Tanzmusik statt. Der blaue Montag wird zum grünen Dienstag und zum grauen Mittwoch ausgedehnt. Ein Mann, der 5—6 Liter Bier trinkt, gilt noch als anständig, falls er davon nicht berauscht wird. Von 65 Schulkindern einer Gemeinde hatten — was eines Tages festgestellt wurde — 43 am Mittag Kaffee erhalten. Notorische Trunkenbolde gab es 28. — Dieser Bericht stammt aus dem Jahr 1897; seitdem haben sich die Verhältnisse geändert; aber besser werden sie kaum geworden sein.

Im Jahre 1903 bestanden im Lande 21 890 Branntweinbrennereien, darunter 20 641 kleine, die bis zu 50 l Alkohol erzeugten. Die kleinen Brennereien wurden noch von 15 491 Materialbesitzern (Besitzern von Kirschen, Zwetschgen, Weintrebern ꝛc.) benützt. Die Brennereien erzeugten jährlich 72 498 hl Alkohol, die kleinen allein 42 152 hl. Auf den Kopf der Bevölkerung kamen demnach jährlich 4 l Alkohol, der im Lande erzeugt wird.

Von manchen Bezirken wird als erfreuliche Erscheinung hervorgehoben, daß der Branntweinverbrauch **abgenommen** hat. Im Bezirk Mosbach wurden 1894 nur 10 männliche Trunkenbolde festgestellt. In den Diözesen Boxberg, Wertheim und Sinsheim wird der „Verein gegen Mißbrauch geistiger Getränke" als überflüssig bezeichnet, da in den Gemeinden Mäßigkeit herrsche. Auch die Bewohner der mittleren Rheinebene sind als nüchtern bekannt.

Soll man die Tatsache, daß in manchen Orten der Pfalz

durch Ortsstatut die Wirtschaften während des Gottesdienstes geschlossen sind, als ein günstiges oder als ein ungünstiges Zeichen betrachten? Anerkennenswert ist es sicherlich, daß ein solcher Beschluß gefaßt wurde, aber daß die Notwendigkeit dieser Maßregel allgemein empfunden wurde, läßt auf grobe Mißstände schließen.

Trunksucht und Unsittlichkeit empfangen immer wieder neue Nahrung durch die überhand nehmenden Feste. In dem „Kirchenkalender für die ev.-protestantische Gemeinde Mannheim" sagt Pfarrer Hitzig (1904): „Auf einen tollen Fasching folgte das nach Heidelberger Muster eingeführte Kinderfest des „Sommertages", an welchem wenigstens 10000 Kinder teilnahmen; an Ostern die Eröffnung der Festhalle mit dreitägigem Beethovenfest, hierauf der große Maimarkttrubel, an Pfingsten das dreitägige badische Sängerfest, drei Wochen darauf das 50 jährige Feuerwehrjubiläum, dann der deutsche Ingenieurtag, hierauf ein Kinderfest im Rosengarten, dann die oberrheinische Regatta, demnächst das Radfahrerfest; im Oktober wartet unser ein großer allgemeiner Bazar, und zwischenhinein ist ein stilles Jubiläum unbemerkt geblieben: die Eröffnung der 1000. Wirtschaft unserer Stadt". Für das Jubiläumsjahr 1907 sind in Mannheim 84 Versammlungen, Kongresse und Feste großer Verbände angesagt!

Auch in kleineren Städten jagt ein Fest das andere; bei der großen Anzahl der Vereine ergibt sich fortwährend die Notwendigkeit der Feier von Jubiläen. Das Adreßbuch von Heidelberg für 1906 weist 53 kirchliche und wohltätige, 80 gemeinnützige, 31 Kunst- und Gesangvereine auf; in Karlsruhe gab es am 1. Januar 1907 625, in Pforzheim 350 Vereine. In der ländlichen Diözese Schopfheim wurden 1888 nicht weniger als 34 Arten von Vereinen festgestellt.

In neuerer Zeit werden von kirchlicher Seite Anstrengungen gemacht, edle Geselligkeit und Unterhaltung an die Stelle der herkömmlichen Vergnügungen zu setzen. Aber überall stößt der, welcher es versucht, auf die Mauer der Vorurteile. Freilich wird man sich wenig darum kümmern dürfen, einzelne Enttäuschungen sollten nicht abschrecken. Doch hat die Erfahrung gezeigt, daß Jünglings- und Jungfrauenvereine an Orten entstanden sind, in denen weder Sinn noch Verständnis dafür vorhanden war. Am leichtesten wird es sein, das überall vorhandene Lesebedürfnis zu befriedigen. Der Sinn für edle Unterhaltung wird durch Familienabende, Vortragskurse geweckt und genährt. In vielen Gemeinden sind solche Veranstaltungen zu den beliebtesten Unterhaltungen des Winters geworden. Auch Volksschauspiele werden öfters aufgeführt und finden ein dankbares Publikum. Das gilt namentlich von dem „Sackpfeifer von Nicklashausen" von Pfarrer Kern. Groß ist die Zahl der Weihnachtsspiele und Weihnachtsfeiern, auch von verschiedenen badischen Verfassern. Unter ihnen wird immer noch das Beste Thoma bieten mit seiner „Kinder-Weihnachtsfeier".

Die Bestrebungen zur Stärkung der Heimatliebe, zur Förderung der Heimatkunst dürfen nicht vergessen werden. Man sucht das gute Alte zu bewahren und umzubilden, auch wohl Neues einzuführen. Ob es gelingen wird, die Volkstrachten zu erhalten, ist mir zweifelhaft. Nicht alle Trachten sind, wie Nuzinger hervorgehoben hat, praktisch oder schön. Ein Gutacher Frauenhut wiegt 3 Pfund, auch die Röcke und Unterröcke sind sehr schwer. Die Haubenflügel der Markgräflerinnen geben bei Regen und Sonnenschein nicht „Schutz und Schirm". Wenn Nuzinger recht hat mit seiner Behauptung, daß an der Erhaltung der Volkstrachten die Städter mehr Interesse haben als das Landvolk selbst, so wird eine künstliche Konservierung nicht viel helfen. — Wünschenswert ist die Beibehaltung alter sinniger Bräuche, auch wenn ihr Ursprung einigermaßen zweifelhaft ist. Im Oberlande gehen an manchen Orten die Kinder am „Uffertstag" (Himmelfahrt) mit Kränzen aus 7 oder 9 verschiedenen Blumen in die Kirche, an einzelnen Orten werden an Pfingsten die Brunnen bekränzt. Das Scheibenschießen, aus heidnischer Vorzeit stammend, erfreut sich in letzter Zeit des Interesses des „Vereins für ländliche Wohlfahrtspflege". Manche Geistliche haben in geschickter Weise alte kirchliche Sitten wieder belebt. So wird am Erntedankfest vielfach die Kirche mit den Feldfrüchten geschmückt, auch Erntefestspiele werden aufgeführt. Diesen Bemühungen, die kirchlichen Feiertage zu wirklichen Volksfesten zu machen, ist gewiß Erfolg zu wünschen, und sie werden ihn haben. Aber manche Volkssitten aus alter Zeit wird man auch bekämpfen müssen. In der heutigen Form sind die Spinnstuben nach dem Urteil kundiger Beobachter „Brutstätten des Klatsches, des Aberglaubens, des Unfugs, der Unzucht", und man wird ihnen, wenn sie verschwinden, keine Tränen nachweinen; denn nach den Auerbachschen Dorfgeschichten darf man diese „Kunkelstuben" nicht beurteilen, die schon 1766 aus guten Gründen verboten wurden. Heimatliebe und Heimatkunst! Auch die evangelische Kirche hat hier eine Mission. Tote Formen mit neuem Geiste zu erfüllen, das kirchliche Leben dem Volksleben einzugliedern, nicht in stolzer Höhe über den Bäumen zu schweben, sondern mit dem Volke zu leben, seine Interessen zu teilen, seine höheren Bedürfnisse zu befriedigen, den Landmann nicht bloß als Objekt des Studiums und der Bearbeitung anzusehen: das sind Aufgaben, welche die evangelische Kirche mehr als bisher ins Auge fassen muß, wenn sie eine wirkliche Volkskirche bleiben oder richtiger werden will. Sollte nicht der Gedanke, von dem sich der Rationalismus bei seinen Versuchen zur Hebung des Volkes leiten ließ, doch ein gesunder gewesen sein. Und dürfen wir dies nicht anerkennen, auch wenn wir die Mittel, die er anwandte, und die Wege, die er einschlug, für verkehrt halten?

3. Einzelbilder.

Die allgemeine Schilderung der kirchlichen, religiösen und sittlichen Zustände mag zum Schluß durch einige Einzelbilder illustriert werden. Ich wähle zu diesem Zwecke Gemeinden aus, die in gewissem Sinn als typisch für ihre Bezirke gelten können.

1. Eine unkirchliche Gemeinde des Oberlands mit ca. 1200 Einwohnern. Die Bewohner sind zum großen Teile Landwirte, Weinbauern. Die Armen sind politisch freisinnig, die Wohlhabenderen liberal. Sozialdemokraten finden sich nur vereinzelt. In der Christenlehre führen zwei Mitglieder des Kirchengemeinderats und der Kirchengemeindeversammlung die Aufsicht. In der Kirchengemeindeversammlung sind einige unkirchliche Männer. Die meisten Männer könnten das Pfarramt entbehren. Der Gehalt des Pfarrers gilt als zu hoch, seine Arbeit wird gering gewertet. Doch hat er keine Anfechtungen zu bestehen. Manche wünschen, daß der Pfarrer in der Woche oder am Sonntag Abend mit den angesehenen Bürgern im Wirtshaus zusammensitze. Die Taufen finden 6—8 Wochen nach der Geburt statt. Uneheliche Geburten sind selten. Die Eltern halten es für notwendig, daß die Kinder Religionsunterricht empfangen. Bei Trauungen tragen die „Reinen" Kränze. Etwa 20% der Bräute sind defloriert. Mischehen: 8,65%. Alle Kinder aus solchen werden evangelisch erzogen. Die Ehe wird hoch gewertet, die Frau nimmt eine geachtete Stellung ein. Ehebruch ist nicht

3. Einzelbilder.

häufig. Geschiedene und getrennte Ehen sind unbekannt. Kinder und Eltern behandeln sich gegenseitig gut. Die Alten werden von den erwachsenen Kindern in Ehren gehalten. Die Kranken erwarten den Besuch des Pfarrers. Der Tod wird von vielen als der natürliche Abschluß des Menschenlebens angesehen. Kirchenbesuch gilt nicht als notwendig. Auch kirchliche Leute brennen ihr Obst am Sonntag. Kirchenbesuch 22%, zumeist Kinder. Der Mittelstand besucht am fleißigsten den Gottesdienst, die Aermeren (wenigstens die Männer) fast gar nicht, die Wohlhabenden mit einzelnen Ausnahmen spärlich. Diejenigen, die zur Kirche kommen, sind sehr aufmerksam. Wer häufig in die Kirche geht, ist ein „Heiliger". Wochenkirchen werden von Frauen gut besucht. Abendmahlsgäste 37,5%. Es gibt nicht viele Arme, die Unterstützung nötig haben. Ein großer Frauenverein mit 200 Mitgliedern hat einen Fonds von 19000 Mk. Stiftungen für Arme und Kranke sind vorhanden, auch eine Kleinkinderschule. Für den Gustav=Adolf=Verein bringt die Gemeinde jährlich 100 Mk. auf; der Evangelische Bund hat 30 Mitglieder. Es besteht ein Kirchenchor. Zu denen, welche die Kirche meiden, gehören auch 9 Baptisten. In der Bibel lesen einige Pietisten, vielleicht noch andere. Häusliche Familienandachten sind unbekannt. Dogmatisch sind die Kirchlichen teils ultra=radikal, teils sehr konservativ. Das Familienleben ist im ganzen gut. Trunksucht kommt vor, auch bei Frauen. Die Streitsucht ist nicht groß. Die Gemeindemitglieder sind opferwillig für innere Angelegenheiten. Die Arbeitsamkeit ist sehr groß; die Vergnügungssucht mäßig. Ein leichtsinniger, unsittlicher Mensch gilt trotz der Unkirchlichkeit der Gemeinde als einer, „der nichts glaubt!" Neben äußerlicher Kirchlichkeit gibt es auch wirklich ernste Frömmigkeit.

2. Eine Schwarzwaldgemeinde von ca. 600 Evangelischen, 76 Katholiken, 10 Baptisten. Haupterwerbsquellen: Viehzucht und Waldwirtschaft. Einige Fabrikarbeiter finden Arbeit in den nächsten Städten. Keine Industrie am Ort. Die Häuser liegen weit zerstreut über eine Fläche von 5 qkm. Die Wege sind sehr mangelhaft. Den Grundstock der Gemeinde bilden wenige „Bauernhöfe", die übrigen sind „Gütlein"; Taglöhner, die in „Herbergen" wohnen, gibt es fast gar nicht mehr. Der Leutemangel zwingt die Bauern, ihre Höfe immer mehr zu verteilen. Der Kirchengemeinderat besteht aus drei Bauern und einem Gütler. Bei der Wahl entscheidet die Rücksicht auf die Kirchlichkeit. Doch wählt man keine Pietisten. Die Kirchengemeinderäte sind durch=

Ludwig, Baden. 15

aus ehrenwerte Männer, die sonntäglich das Opfer an den Kirchtüren erheben und Haussammlungen vornehmen. — Das Pfarramt genießt sein altes Ansehen. — Vor der Taufe verläßt die Wöchnerin das Haus nicht. Uneheliche Kinder werden ohne Glockengeläute und ohne Orgelspiel getauft. Es findet nach der Taufe ein Schmaus statt, bei dem der Pfarrer das Tischgebet spricht. Der Tod eines ungetauften Kindes wird als ein Unglück betrachtet. Die religiöse Erziehung der Kinder besteht wohl hauptsächlich in der festen religiösen Haussitte (Tischgebet, Morgen- und Abendsegen). Unzucht der Ledigen ist Hauptfehler auch dieser Schwarzwaldgemeinde. Die Zahl der unehelichen Geburten beträgt durchschnittlich 15%. Mitursache ist die Bauart der Schwarzwaldhäuser und die Erschwerung der Heirat durch die Agrarverhältnisse. „Anderseits weist gerade die Zahl der so geborenen Kinder auf eine gewisse Sittlichkeit (resp. geringere Unsittlichkeit) gegenüber anderen Gegenden hin". Auch die sittliche Haltung der Verwitweten ist oft tadelnswert. Im Gegensatz zu der Ungebundenheit der Ledigen steht die strenge Heilighaltung der Ehe. Die Frau ist sehr geschätzt. Zu Mißhandlungen neigt der Volkscharakter nicht. Geschiedene Ehen sind nicht selten; Grund der Scheidung ist fast durchweg Geisteskrankheit. Die Kinderzahl ist groß, die Erziehung zu nachsichtig. Die Seelsorge des Pfarrers ist durchaus erwünscht, sie ist im Winter sehr anstrengend. Mannigfach besteht die Ansicht, daß man den Pfarrer erst in Todesgefahr holen müsse. Die Sterblichkeit ist gering, da die Lungenschwindsucht fast unbekannt ist. Häufig ist aber Geisteskrankheit. „Ihre Ursachen liegen einmal in den Lastern der Unzucht und Trunksucht, andererseits in dem schwermütigen Charakter des Volkes, der Monotonie der Tannenwälder und des achtmonatlichen Winters und in den vielen Inheiraten im gleichen Dorf, da die Bauernfamilien auf dem Schwarzwald so blaublütig und exklusiv sind wie irgend ein Adel in der Welt". Der Sonntag wird auf dem Schwarzwald wohl mehr heilig gehalten, als in anderen Landesgegenden. Nur in der Erntezeit bricht bei schlechtem Wetter die gute Sitte zusammen. Der Sonntag wird gern zu Besuchen in anderen Gemeinden benutzt. „Man pflegt dabei vormittags zu gehen, den Gottesdienst in dem betreffenden Ort zu besuchen und mittags wieder heimzukehren. Es ist das eine allgemeine Schwarzwaldsitte". Der Gottesdienstbesuch ist gut, er beträgt ca. 33% der Seelenzahl. Die Zahl der Männer überwiegt. „Der regelmäßige Gottesdienstbesuch beginnt eigent-

3. Einzelbilder. 227

lich erst mit der Konfirmation". Karfreitagschristen gibt es nicht. Wochenkirchen sind auf dem Schwarzwald nicht Sitte. Ihre Stelle vertreten die Beerdigungen, die unter Teilnahme der ganzen Gemeinde stattfinden (S. 132). — Neuerdings eingerichtete Abendgottesdienste in der Advents- und Passionszeit werden verhältnismäßig gut, auch von Männern besucht. Das Kirchenopfer beträgt jährlich 40 Pfg. auf den Kopf. Der Abendmahlsbesuch geht zurück, auch die Krankenkommunionen nehmen ab. Früher wurde der Pfarrer auch nachts geholt, jetzt kommt dies selten vor. Am eifrigsten sind noch die jungen Leute. — Es gibt keine eigentliche Armut. Der Kranken nehmen sich die Nachbarn an. (Bedeutung der Nachbarschaft im Schwarzwald!) Kirchliche Vereine gibt es nicht. Für den Gustav-Adolf-Verein und die Mission bringt die Gemeinde jährlich ca. 90 Mk. auf. Von sonstigen Vereinen besteht nur ein Militärverein. „Groß ist der Einfluß der pietistischen Gemeinschaft, die sehr tüchtige Mitglieder hat, einen entschieden guten Einfluß in der Gemeinde ausübt und durchaus kirchlich ist". Die Sonntagsblätter haben etwa 120 Abonnenten. Sehr zahlreich sind die Andachtsbücher. Die Frömmigkeit hat vorwiegend einen mystischen Charakter, wie er dem zum Grübeln geneigten, schweren Geiste des Volkes entspricht. Um kirchliche Parteiunterschiede kümmert man sich wenig. — Trunksucht ist eines der Hauptlaster, besonders verderblich das Branntweintrinken im Hause. „Die Leute sind langsam und machen leicht den Eindruck des Lahmen, sind aber sehr ausdauernd und haushälterisch. Vergnügungssucht ist eigentlich nur durch wahlmachende Beamte und spekulative Wirte gezüchtet". Als Vergnügungen kennt man Tanzen und Trinken. Höher Strebende suchen in der Religion Befriedigung. Aberglauben steckt viel im Volke, wird aber sehr geheim gehalten.

3. Eine Vorortsgemeinde der Pfalz. 3122 Evangelische, 764 Katholiken. Bei der Landtagswahl 1905 wurden gezählt 163 Nationalliberale, 50 Zentrum, 257 Sozialdemokraten, 177 Antisemiten. Erwerbsarten: Landwirtschaft, Handwerk, Fabrikarbeit. Der Einfluß der Stadt macht sich geltend. Die Kirchenältesten stehen dem Pfarrer redlich zur Seite; auf ihre sittliche Haltung wird Wert gelegt. Die Wahlbeteiligung betrug 1900 4,7%. Obgleich die Gemeinde im ganzen unkirchlich ist, so hört man doch wenig gehässige Urteile über den Pfarrer. Die unehelichen Kinder werden während der Woche in der Kirche oder im Pfarrhause getauft. Die Zahl der

15*

unehelichen Geburten betrug in den letzten 10 Jahren 9,9 % der Geburten. Trauungstag ist der Samstag. „Die Unsittlichkeit wird leider bei vielen nicht mehr als ein ernster Makel verachtet". Ehebruch dagegen ist selten. Es gibt nur zwei getrennte Ehen. Die Gemeinde zeichnet sich durch große Kinderzahl aus und zwar ohne Unterschied in reichen und armen Familien. Der Pfarrer wird in Krankheitsfällen gerufen und ist immer willkommen. Daß sich Gemeindeglieder seiner Seelsorge entziehen, kommt kaum vor. Der Sonntag wird weniger durch Tanzmusik als durch Trunk, Ausflüge und Arbeit entheiligt. Es ist gelungen, das Ortsstatut durchzusetzen, daß Sonntags während des Vormittagsgottesdienstes die Wirtschaften geschlossen sind, nachdem das Aergernis tatsächlich sich ins Unerträgliche gesteigert hatte. Der Kirchenbesuch ist schwach. Es sind nicht wenige, die nie in die Kirche kommen, und groß ist die Zahl der Karfreitagschristen. Bei dieser Kirchenflucht tritt kein Stand besonders hervor. Man ist es nicht mehr gewöhnt, in die Kirche zu gehen. Das jährliche Kirchenopfer beträgt 13,8 Pfg. (!) Ein blühender Frauenverein mit 600 Mitgliedern sorgt für die wenigen Armen. Die Gaben für die Basler Mission betragen jährlich 100 Mk.; für den Allgemeinen protestantischen Missionsverein werden 50 Mk., für den Gustav-Adolf-Verein 140—180 Mk. aufgebracht. Letzterer ist am beliebtesten, während der Evangelische Bund wenig Eingang findet. Es fehlt hier der starke konfessionelle Gegensatz. „Wer in der Bibel liest? Oder in wie viel Häusern Andachten gehalten werden? Fragen, auf welche eine wenig tröstliche Antwort zu geben ist. Vielleicht sind es nur jene Michelhahner (S. 167), vielleicht sind es doch mehr, als wir ahnen". Die Gemeinde ist liberal, aber in ihrem Glaubensstandpunkt kirchlich konservativ. Das Familienleben ist ein geordnetes; in einigen Familien kommt es vor, daß erwachsene Söhne und Töchter, deren Eltern noch leben, sich anderwärts in Kost geben: zu ihrem eigenen Schaden. Der leichte und reichliche Verdienst verleitet viele zur Vergnügungssucht und zum Luxus, die Männer und Jünglinge zur Trunksucht. „Aus letzterer gehen jene häufigen Schlägereien hervor, durch welche die Einwohner geradezu bekannt geworden sind". Doch soll die vorhandene Opferwilligkeit und besonders die Arbeitsamkeit der Gemeinde ehrlich anerkannt werden. Aberglauben, katholische Gebräuche finden hier keinen Boden mehr. „Daß im täglichen Leben und im Charakter eine alles beeinflussende Leichtlebigkeit, die oft zur Oberflächlichkeit wird, dem Ganzen sein Gepräge gibt, kann den Beobachter der Pfälzer Volksseele nicht wundernehmen".

4. Eine kirchliche, rein landwirtschaftliche Gemeinde des Hinterlandes mit 745 Einwohnern (597 Ev., 74 Kath., 66 Isr., 8 Mennoniten). Bei der letzten Landtagswahl wurden 154 Stimmen für den Block (S. 193), 9 für das Zentrum abgegeben. Die Gemeinde ist konservativ und gemäßigt liberal. Die Kirchenältesten stehen in gutem Ansehen; einen Mann mit groben Sünden würde man nicht in den Kirchengemeinderat wählen. Auch die Kirchengemeindeversammlung besteht aus lauter kirchlich gesinnten Landwirten. Der Pfarrer ist sehr angesehen. Er soll „gläubig" predigen. Wirtshausbesuch nimmt man ihm nicht übel. — Die Taufe findet innerhalb der ersten 3 Wochen nach der Geburt des Kindes statt. Seit 5 Jahren wurde kein uneheliches Kind geboren. Man hat einen hohen Begriff von dem Wert der Taufe. Die Kinder werden in den meisten Familien zum Gebet angehalten, sowie zum Lernen der Aufgaben für den Religionsunterricht. — Gefallene Mädchen sitzen in der Kirche bei den Frauen. „Bei anderen wird Unsittlichkeit verachtet, doch im allgemeinen nicht genug". In der Regel heiraten die Gefallenen. Vorehelicher Umgang findet wahrscheinlich statt. Ehebruch ist selten. Zwei getrennte Ehen sind zu verzeichnen. Mißhandlungen der Ehefrauen sind allerdings hie und da zu beklagen. Die Kinderzahl beträgt durchschnittlich 3—4. Viele Eltern sind zu nachsichtig in der Erziehung, aber andere zu anspruchsvoll in Bezug auf die Mitarbeit der Kinder. Die Alten sagen: „Wenn man nicht mehr arbeiten kann, gehört man nicht mehr her", und die Jungen denken auch so. — Tanzmusik findet zweimal im Jahr statt. Der Bauer trinkt am Sonntag Nachmittag 2—4 Glas Bier oder Wein; Ausflüge werden selten gemacht; nie wird am Sonntag auf dem Felde gearbeitet. Der Gottesdienst ist sehr gut besucht (60 %), weniger gut, aber nicht schlecht in den heißen Sommermonaten. Es gibt keine Karfreitagschriften. Zur Kirche geht, wer abkommen kann, nachmittags mehr Frauen als Männer. Wochenkirchen werden im Winter abends 7 Uhr abgehalten. Der Besuch beträgt 30 %. Das Kirchenopfer beträgt 60 Pfg. auf den Kopf. Die Gemeinde ist sehr opferwillig. Im Jahr 1902 betrugen die Gaben für kirchliche und wohltätige Zwecke über 2000 Mk. (!). Für die äußere Mission bringt die Gemeinde ca. 290 Mk. auf. Der Abendmahlsbesuch zeigt 100 %. Die Abendmahlstage werden still gefeiert. — Notstände existieren nicht. Es besteht ein Frauenverein, ferner eine Diakonissenstation und eine Kinderschule. An Bibeln und Andachtsbüchern

fehlt es nirgends. „Der Pfarrer ging schon oft mit mehr Trost und christlicher Freude von Sterbebetten, als er selbst bringen konnte". Es sind keine Sekten vorhanden, aber eine kirchliche Gemeinschaft. Die Mennoniten halten sich zur Kirche. Gebetet wird überall, in einzelnen Familien sind auch gemeinsame Morgen- und Abendandachten eingeführt. Die Trunksucht nimmt zu, doch wird in der Woche das Wirtshaus weniger besucht. Krakehler gibt es einige, unter den Burschen kommt es manchmal zu Schlägereien. Die Vergnügungssucht wächst, steht aber in keinem Verhältnis zu der in der Pfalz. Der Aberglaube traut sich nicht mehr an die Oeffentlichkeit. „Man will ein geregeltes, frommes Leben führen, getragen vom Gebet, und man besucht eifrig die Gottesdienste. Die Gemeindeverhältnisse sind wohl geordnet, wir haben eine sehr gute Schule, einen hervorragend guten Bürgermeister. Die Sittlichkeit im engeren Sinne hat sich gehoben. Vor 30 Jahren wurde selten eine Ehe geschlossen ohne vorhergegangene Taufe, jetzt ist es viel besser. Freilich findet sich viel äußerliche Kirchlichkeit, aber doch ist ein fester, guter Stamm wahrer Christen vorhanden, die gegründet sind in ihrem Glauben an Christus, und die dies im Leben und Sterben beweisen."

Das Schlußbild ist ein freundliches, auch die anderen sind nicht ohne Licht. Unser Land wird oft als „Musterländel" verspottet. Auch die Verhältnisse der evangelisch-protestantischen Landeskirche wurden seit 50 Jahren manches Mal in unfreundlicher Weise kritisiert. Unsere Kirche ist weit davon entfernt, sich als „Musterkirche" zu fühlen. Aber sie braucht doch den Vergleich mit den anderen deutschen Landeskirchen nicht zu scheuen. Vielleicht findet mancher Beurteiler in dieser Schilderung, die Licht und Schatten in gerechter Weise zu verteilen suchte, Veranlassung, seine Ansichten über die „traurigen" Zustände der badischen Kirche zu revidieren. Jedenfalls war ich bei meiner Arbeit von dem Bestreben geleitet, der Kirche meiner Heimat einen kleinen Dienst zu erweisen. Im übrigen mag die Betrachtung der erfreulichen Erscheinungen dazu anspornen, das gut Begonnene weiterzuführen, die Hervorhebung der Mängel aber kann für alle treuen Glieder der Kirche eine Mahnung sein, mitzuarbeiten an einer gedeihlichen Entwicklung im Geiste des Stifters der christlichen Kirche zum Segen des evangelischen Volkes.

I. Personen-Register.

Ahles, Pf. 71.
Albrecht, Pf. 72.
Arnd 204.
Arper, Diak. 65.
Auerbach, B. 223.

Bähr, Joh., Prälat 52.
Bähr, K. W. Chr. 68. 95.
Barck, Ed. 75.
Barck, Ernst, Pf. 72. 205.
Barner, Hoforganist 164.
Bassermann, H., Geh. Kirchenrat 26. 41. 59. 71. 95. 163. 164.
Bauer, Heinr. 172.
Baumüller, Geh. Rat 52.
Bechtel, Dekan 69. 71.
Becker, Pf. 73.
Berckheim, Frh. v. 17.
Berg, v., Geh. Rat 52.
Beyschlag, Prof. 205.
Bode 151.
Bodelschwingh, v., Pf. 72. 151.
Böhme, Direktor 52.
Böhmerle, Insp. 166.
Bonifatius 14.
Brastberger 204.
Brauer, Kirchenratsdirektor 72.
Braun, Pf. 74.
Brenz 41.
Brückner, Pf. 69.
Buchenberger, Minister 187.
Bujard, Geh. Oberkirchenrat 163.

Chlodwig 10.
Columban 14.
Cremer 72.
Cron 185.
Curth, Hausv. 155.

Daub, Prof. 47.
Däublin, Pf. 71.
Deißmann, Prof. 211.
Dietrich 167.
Dietz, Pf. 71. 75. 165.

Doll, Prälat 52. 77.
Dörr, Pf. 61.
Drews, P., Prof. 83. 102.

Ebbecke, Pf. 74.
Eberlin, Aug. 69. 74.
Eberlin, A. Chr. 68. 75.
Egidy, v. 21.
Eichhorn, Pf. 172 f.
Eisenlohr, A. Pf. 68, 163. 164.
Eisenlohr, Oberbaurat 150.
Engler, Hausv. 156.
Ewald, Dekan 26. 74.

Fecht, C. F. 66. 71. 119.
Fecht, K. G., Pf. 74.
Fink 72. 150.
Fridolin 14.
Friedrich, Großh. v. Baden 13. 45. 49.
Friedrich III., Kurfürst 15. 41.
Frommel, Emil 44 75. 105.
Frommel, Frau 154.
Frommel, K. O., Pf. 73.

Gallus 14.
Geiger, Insp. 151.
Gemmingen, Baron v. 156.
Georg, Fürst v. Wertheim 155.
Georg, Graf v. Wertheim 15.
Gerok 71. 204.
Goßner 204.
Götz v. Berlichingen 15.
Greiner, Kirchenrat 157.

Haag, Fr. Julius, Pf. 77.
Haag, Gg. Fr. 75. 173.
Haag, Julius, Pf. 155.
Habermann 204.
Hack, Pf. 74.
Hagenmeyer, Pf. 69.
Hager, Pf. 75.
Hagmeier, Insp. 152.
Hahn, Karl 69.
Hahn, Michael 167.

I. Personen-Register.

Hahn, Prof. 48.
Hänlein 163. 164.
Hansjakob 196.
Hasenclever 69.
Hausrath, Prof. 59. 161.
Häusser, Prof. 13.
Hebel 7 ff. 9. 17. 52. 70. 72. 92.
Helbing, Präsident 52. 97. 163. 164.
Held 179.
Henhöfer 71. 74 f. 165.
Hennig, Pf. 153.
Herrmann, Pf. 205.
Hesselbacher, Karl, Pf. 71.
Hesselbacher, Wilh., Pf. 77. 154.
Hiller 204.
Himmelheber, Pf. 74.
Hindenlang, Pf. 69. 73.
Hiob 213.
Hitzig, Prof. 59.
Hitzig, Stadtpf. 222.
Höchstetter, Dekan 7
Hofacker 204.
Holdermann, Dekan 74.
Holsten, Prof. 59.
Holtzmann, H., Prof. 59. 77. 161.
Holtzmann, Prälat 20. 52. 68. 95.
Hönig, Dekan 69. 162.
Hörner 145. 155.
Hüffell, Prälat 52.
Hundeshagen, Prof. 150.
Huß, Hausvater 155.

Janzer, Pf. 158.
Im-Thurm 154.
Johann Wilhelm, Kurfürst 16.
Jolberg, Schwester 153.
Joseph II. 16. 42.
Issel, Ernst, Stadtpf. 55. 69. 74.
Issel, Friedrich, Pf. 71. 205.
Jung Stilling 165
Junker, Pf. 74.

Kalchschmidt, Pf. 74.
Kappes, Pf. 216.
Karl, Großherzog von Baden 49.
Karl II., Markgraf 15. 41.
Karl, Hauspf. 73. 158.
Karl Friedrich, Großherzog v. Baden 11 f. 16. 42. 49. 70. 94. 98. 126. 149. 159. 165. 174.
Karl Ludwig, Kurfürst 16.
Karl Philipp,   „   16.
Karl Theodor,   „   16. 42.
Karl Wilhelm, Markgraf 149.
Käß, Pf. 75. 154. 165.
Katz, Pf. 157.

Kayser, Pf. 151. 153.
Kayser, Gg. Fr., Diak. 72.
Keerl, Pf. 68.
Keller, Past. 211.
Kern, Pf. 223.
Kilian 14.
Kneucker, Dekan 69. 75.
Koch 153.
Köllner, Pf. 155.
Köllreutter, Pf. 70.
Körber, Pf. 106.
Krone, Pf. 75. 204.
Krüdener, Juliane v. 165.
Krummel, Pf. 68.
Kühlewein, Hauspf. 158.
Kühner, Karl, Pf. 70.

Landolin 14.
Längin 21. 70. 72.
Ledderhose, Pf. 69. 165.
Leitz, Alfr. 73. 74.
Lemme, Prof. 59.
Lenz, Hausvater 155.
Leopold, Großh. v. Baden 49.
l'Houet 207.
Lindenmeyer, Pf. 70.
Ludwig XIV. 11.
Ludwig, Großh. v. Baden 17. 49.
Ludwig, Kurfürst 41.
Ludwig, Wilhelm, Pfr. 77.
Ludwig, Wilhelm, Pfr. 214.
Luise, Großherzogin 169. 170.
Luther 8. 15.
Lützel 164.

Mann, Pf. 75.
Martini, Pf. 74.
Mayer, Th. Fr., Oberkirchenrat 165. 167. 168.
Meerwein, Pf. 71.
Mejer, Prof. 173.
Melanchthon 15.
Mersy, Stadtpf. 183.
Merz, Prof., Geh. Rat 59.
Merz, Prälat 136.
Meyer, Hausvater 154.
Meyer, H. E. 123. 213.
Mez, Fabrikant 156.
Mühlhäußer, K. A. 69. 71. 150.
Mühlhäußer, L. Th. 75.
Mulsow, Pf. 74.

Nadler 7.
Napoleon I. 11.
Neu, Pf. 74. 77.
Nippold, Prof. 12.
Nüßle, Dekan 74. 163.

I. Personen-Register.

Nüßlin, Staatsrat 20. 52.
Nuzinger, Pf. 73. 172. 223.

Oehler, Prälat 52. 148. 159.
Offenbacher 186.
Otto Heinrich, Kurfürst 15. 41.

Pank, Geh. Kirchenrat 148.
Pfeifer, Hausv. 155.
Philipp, Pf. 74.
Pieper 29. 115. 129.
Pirmin 14.
Pius IX. 162.
Plitt, Pf. 69.
Pregizer, Pf. 167.

Raupp, Otto, Pf. 73. 75.
Rein, Pf. 165.
Reinmuth, Oberkirchenrat 75. 205.
Reuchlin, Joh. 15.
Rieger, Pf. 53. 69.
Riehl 8.
Riehm, Heinrich, Insp. 151.
Riehm, Wilh. 74.
Rinck 69.
Rohde, Pf. 32. 71.
Roller, Direktor 150.
Römmele, Marie 153.
Rothe, Richard 20. 48. 59. 60. 69. 71. 76. 77. 161.
Rüdt, Frh. v., Direktor 52.

Sachs, Geh. Rat 170.
Sander, Kirchenrat 159.
Schellenberg, O. 161.
Schenkel 13. 20. 92. 161.
Scheurl, Prof. 47.
Schian 44. 66. 83. 123. 127.
Schleiermacher 42. 69.
Schlusser, Pf. 76.
Schmidt, Joh., Hausvater 155.
Schmidt, Julius, Pf. 74.
Schmidt, Prälat 52.
Schmitthenner, Ad. 71. 73. 76.
Schmitthenner, Ludwig, Pf. 97.
Schmolck, Benj. 204.
Schrenck, Pred. 211.
Schück, Julius, Pf. 205.
Schumann, Pf. 70.
Schwarz, Kirchenrat 47.
Schwarz, Pf. 54.
Seifert, Hausv. 155.
Siegrist, Pf. 74.
Sievert, Pf. 74.
Sonntag, Kirchenrat 72.
Specht, Christ. J. G. 70.
Specht, Herm., d. ältere 74.
Specht, Herm., d. jüngere 36.
Specht, Julius, Pf. 74.
Spengler, Pf. 72. 204.
Spohn 24.
Starck 204.
Steinmann, Insp. 152.
Stephani, Direktor 52.
Stern, Gust. 166.
Stocker, Pf. 69. 74.
Stöcker 72.
Stolz, Alban 196.
Stösser, Präsident 52.
Ströbe 97.
Sulzer, General-Sup. 67.

Thoma, Albrecht, Prof. 73. 158. 160. 223.
Thoma, Frau Prof. 158.
Thoma, Hans 151.
Trautwein, Pf. 74.
Troeltsch, Geh. Kirchenrat, Prof. 59.
Trudbert 14.

Ullmann, Prälat 19 f. 52. 75. 150.

Vicari, v., Erzbischof 54.

Walther, Pf. 74.
Walz, Oberhofpr. 72.
Weinbrenner, Oberbaudir. 34.
Weißheimer, Pf. 158.
Wenck, Vereinsgstl. 151.
Wendt, H. H., Prof. 59.
Wessenberg, Bistumsverweser 70. 182.
Wichern 149.
Wiederkehr, Insp. 152.
Wielandt, Präsident 52.
Wielandt, Stadtv. 70. 211.
Wilhelm, Prinz v. Preußen 12.
Wilhelmi, Pf. 74.
Wimmer, Pf. 70. 71.
Winter, Buchh. 145.
Winter, Staatsrat 52.
Winterwerber, Pf. 145.
Wirth, Dekan 74.
Wißwässer 167.
Wolfhard, Pf. 73.
Wolfrum, Prof. 164.
Wöllwarth, v., Direktor 52.
Wurster 151. 153. 204.
Wurth, Pf. 75.

Zandt, Kirchenrat 17.
Zandt, Otto, Pf. 148.
Zäringer, Oberkirchenrat 148.
Zittel, Emil 70. 161.
Zittel, Karl 13. 28. 69. 75. 143. 161.

II. Orts-Register.

Achern, Bezirk 191.
Achern, Stadt 24.
Adelsheim, Bezirk 191.
Adelsheim, Diözese 18. 28. 84. 100 ff. 107. 127. 139. 214.
Adelsheim, Stadt 176.
Aglasterhausen 152.
Allerheiligen 11
Angelthürn 74.
Antenbuck 151. 171.
Armenien 169.
Augsburg 46.

Baar 2.
Baden, Kreis 22.
Baden, Markgrafschaft (Markgräflerland) 9. 10 f. 15 f. 21. 89. 102. 135.
Baden-Baden, Markgrafschaft 11. 15.
Baden-Baden, Stadt 39. 147. 157 f. 173.
Baden-Durlach, Markgrafschaft 11. 15. 27. 41 f. 69. 126. 141. 159. 203.
Badenweiler 35.
Bammental 74.
Basel 2. 11. 145 f. 169.
Bauland 26. 187.
Bayern 1. 3. 8. 174.
Bergstraße 2.
Berlin 48.
Beuggen 149.
Binzen 73.
Bischoffingen 112.
Bobstadt 74.
Bodensee 2. 7. 14. 26. 178. 187.
Bonndorf, Bezirk 178.
Bonndorf, Stadt 36.
Boxberg, Bezirk 191.
Boxberg, Diözese 18. 82. 84. 88. 101 ff. 107. 127. 139. 214. 221.
Boxberg, Stadt 74.
Brandenburg 44.
Breisach, Bezirk 191.
Breisach, Stadt 36. 138.
Breisgau 14.
Bretten, Bezirk 11.
Bretten, Diözese 84. 88. 102. 107. 127. 139. 215.
Bretten, Stadt 18. 37. 152. 173.
Britzingen 74.
Brombach 74.
Bruchsal, Bezirk 191.
Bruchsal, Stadt 147.

Buchen, Bezirk 191.
Bühl 74.
Burgheim 34.
Büsingen 34.

Dertingen 35. 134.
Deutschland 2. 3. 5. 6. 13. 20. 29. 49. 115. 129. 150. 207.
Dinglingen 154.
Donau, Donaugegend 10. 187.
Donaueschingen, Bezirk 178. 191.
Donaueschingen, Stadt 104. 148. 178.
Dundenheim 145.
Durlach, Diözese 84. 94. 102. 107. 115. 119. 127. 131. 167. 215.
Durlach, Stadt 13. 19. 74 f. 161. 170.
Dürrheim 170.

Efringen 67.
Eichel 35.
Eichstädt 212.
Eichstetten 55. 69. 74. 111. 125. 126. 140. 204.
Eisenach 84. 130. 161.
England 16.
Elsaß-Lothringen 1. 153.
Elz 7.
Emmendingen, Diözese 102. 106 f. 119. 127. 172. 215.
Emmendingen, Stadt 134.
Engen, Bezirk 178.
Eppingen, Diözese 84. 102. 107. 127. 215.
Eppingen, Stadt 74.
Epplingen 74.
Ettenheim 14.
Ettenheimmünster 11.

Feldberg 1.
Feldberg, Dorf 67.
Freudenheim 4.
Flehingen 134. 171.
Frankfurt a. M. 153. 161.
Frankreich 13.
Freiamt 74.
Freiburg, Bezirk 181. 191.
Freiburg, Diözese 28. 102. 107. 115. 127. 131. 215.
Freiburg, Erzbistum 178. 195.
Freiburg, Kreis 22.
Freiburg, Landeskommissärbez. 154.
Freiburg, Stadt 4. 5. 15. 25. 54. 69.

II. Orts-Register.

73. 95. 105. 109. 141. 147. 156. 157. 158. 173. 183. 210.
Freistett 74.
Fulda, Bistum 178.

Gaiberg 74.
Gallien 10.
Gauangelloch 74.
Gengenbach 11. 74.
Germania superior 14.
Gernsbach 156. 158.
Göbrichen 134.
Graben 165.
Gresgen 36.
Grombach 24.
Grünwettersbach 74.
Gutach 73. 123. 172.

Hamburg 6.
Hanauerland 21. 53. 80. 118. 134. 135. 202. 215. 217.
Handschuchsheim 28.
Haßmersheim 74.
Hauingen 68.
Hausen 104.
Hegau 2.
Heidelberg, Bezirk 11. 181. 191.
Heidelberg, Kreis 22.
Heidelberg, Stadt 4. 11. 15 ff. 20. 25. 34. 42 f. 46.ff. 58. 59. 66. 69 ff. 73. 91. 121. 136. 139. 148. 150. 157. 158. 161. 197. 202. 210. 211. 216. 222.
Heilbronn 137.
Heiterbach 167.
Hessen 1. 153.
Hinterindien 197.
Hinterland 80. 191. 229.
Hoffenheim 155.
Hohensachsen 71
Holland 16.
Hornberg, Amt 174.
Hornberg, Diözese 28. 102. 107. 126. 127. 155. 214. 215.
Hornberg, Stadt 155. 156.
Hüfingen 170.

Jhringen 173.
Illenau 150.
Indien 168.
Ispringen 98. 173.

Käfertal 28.
Kaiserstuhl 3. 80. 176. 187. 218.
Karlsruhe, Bezirk 181. 191.
Karlsruhe, Kreis 22.

Karlsruhe, Landeskommissärbez. 154.
Karlsruhe, Stadt 2. 4. 5. 21. 25. 30. 31. 33. 35. 39. 42. 69. 73. 74. 78. 88. 94. 105. 106. 109. 121. 134. 136. 139. 140. 149. 150. 151. 153. 154. 156. 157. 162. 163. 165. 169. 170. 173. 176. 177. 210. 211. 215. 222.
Karlsruhe-Bruchsal, Wahlbez. 193.
Karlsruhe-Land, Diözese 82. 94. 102. 107. 127. 145. 215. 221.
Karlsruhe-Stadt, Diözese 101. 102. 103. 106. 107. 114. 115. 122. 127. 131. 139. 156. 215.
Kehl, Bezirk 191.
Kembach 173.
Kieselbronn 74.
Kirchheim 4.
Klettgau 2.
Köndringen 135.
Königsfeld 174. 175.
Konstanz, Bistum 11. 14.
Konstanz, Diözese 26. 27. 28. 102. 106. 107. 114. 127. 131. 167. 180. 188. 215.
Konstanz, Kreis 22. 174.
Konstanz, Landeskommissärbez. 154.
Konstanz, Stadt 4. 11. 26. 69. 147. 188.
Kork 27. 73. 152.
Kraichgau 15. 80. 187.

Ladenburg, Amt 11.
Ladenburg, Stadt 74.
Ladenburg-Weinheim, Diözese 27. 88. 102. 103. 107. 127. 138. 214. 215.
Lahr, Diözese 27. 84. 102. 107. 119. 127. 131. 139. 214.
Lahr, Stadt 11. 148. 154. 156. 220.
Leipzig 148.
Leutesheim 155.
Lichtenau 11.
Lichtental 11. 39.
Limburg 178.
Lohrbach 74.
Lörrach, Diözese 28. 102. 107. 127. 131. 138. 214. 215.
Lörrach, Kreis 22. 174.
Lörrach, Stadt 24. 74. 145. 157.
Lußheim 74.

Mahlberg 27.
Main 2. 10. 26.
Mainz 15. 178.
Mannheim, Bezirk 181.
Mannheim, Kreis 6. 22.
Mannheim, Landeskommissärbez. 154.

Mannheim, Stadt 2. 4. 5. 7. 8. 9. 16. 18. 24. 30. 31. 39. 66. 74. 121. 136. 141. 145. 155 f. 157. 158. 160. 181. 210. 211. 222.
Mannheim-Heidelberg, Diözese 27. 28. 88. 101. 102. 103. 107. 114. 122. 127. 130. 131. 138. 215.
Markdorf 215.
Maulburg 68.
Meckesheim 155.
Meersburg 26. 36. 150. 188.
Meßkirch, Bezirk 178. 191.
Mitteldeutschland 136.
Mittelland 7. 118. 217.
Mosbach, Bezirk 221.
Mosbach, Diözese 83. 101. 102. 107. 127. 214.
Mosbach, Kreis 6. 22.
Mosbach, Stadt 150.
Müllheim, Diözese 74. 102. 107. 127. 131. 214.
Müllheim, Stadt 74.

Nazareth 9.
Neckar 2. 29.
Neckarau 28.
Neckarbischofsheim, Diözese 84. 101. 102. 127. 139. 215.
Neckargemünd, Diözese 84. 102. 107. 127. 214.
Neuenheim 28. 154.
Neufreistett 74.
Neulußheim 74.
Nicklashausen 134. 223.
Niefernburg 155.
Nonnenweier 146. 153.
Nordamerika 20.
Nußloch 172.

Oberheidelberg, Diözese 102. 107. 119. 127. 138. 215.
Oberkirch 191.
Oberland 7. 9. 18. 65. 80. 102. 104. 114. 118. 120. 136. 146. 160. 191. 202. 210. 213. 215. 217. 218. 220. 223. 224.
Odenheim 11.
Odenwald 2. 8. 187.
Oehningen 11.
Offenburg, Bezirk 178.
Offenburg, Kreis 22.
Offenburg, Stadt 11. 35. 183.
Oldenburg 43.
Os 7. 10. 14.
Oesterreich 13. 20. 160.
Ostsee 7.
Oetlingen 70.

Paris 12.
Petershausen 11.
Pfalz 1. 7. 9. 10. 11. 15. 16. 19. 27. 36. 41. 102. 104. 160. 189. 207. 209. 218. 221. 227. 230.
Pfinzgau 187.
Pforzheim, Bezirk 181. 191.
Pforzheim, Diözese 29. 84. 94. 101. 102. 103. 107. 122. 127. 131. 138. 215.
Pforzheim, Stadt 4. 5. 25. 30. 39. 94. 121. 135. 149. 155. 162. 211. 222.
Pfullendorf, Bezirk 191.
Pfullendorf, Stadt 11. 188.
Preßburg 11.
Preußen 1. 3. 6. 13. 16. 20. 57. 174.

Rappenau 157.
Rastatt 22. 23. 147.
Reichenau 14. 15.
Reilsheim 74.
Renchen 11. 151.
Rhein 1. 2. 10. 14.
Rheinbischofsheim 27 f. 35. 88. 102. 107. 138. 215.
Rheinebene, Rheintal 2. 3. 7. 26. 29. 187. 209. 221.
Rheinfelden 26.
Rheinpfalz 153.
Rheinpreußen 43.
Rosenberg 104.
Rötteln 74.
Rottenburg, Bistum 178.
Rußland 11.
Ryswyck 16

Sachsen, Königreich 1. 3. 17. 20. 83. 102. 123.
Sachsen, Provinz 44.
Sachsenflur 74.
Säckingen, Bezirk 178.
Säckingen, Stadt 74.
Salem 36.
Sandhofen 4.
Schatthausen 74.
Scheibenhardt 170.
Schillingstadt 74.
Schlesien 66. 83. 123.
Schmieheim 74.
Schönau, Bezirk 191.
Schönau, Stadt 17. 34. 155.
Schopfheim, Diözese 28. 74. 86. 102. 107. 114. 115. 127. 138. 215. 222.
Schopfheim, Stadt 35.
Schwaben 8.
Schwabhausen 74.

Schwarzach 11. 15.
Schwarzwald 2. 3. 7. 12. 21. 25. 26. 29. 32. 80. 112. 132. 133. 134. 165. 175. 178. 187. 192. 207. 213. 214. 220. 225 ff.
Schweden 16.
Schweiz 1. 136: 174.
Schwetzingen=Mannheim, Wahlbezirk 193.
Seckenheim 4.
Seediözese s. Konstanz.
Seegegend s. Bodensee.
Serau 135.
Sickingen 152.
Sigmaringen 1.
Sinsheim, Bezirk 191.
Sinsheim, Diözese 84. 101. 102. 103. 107. 119. 127. 139. 214. 221.
Sinsheim, Stadt 74. 170.
Spanien 11.
Speyer 11. 15.
St. Blasien, Bezirk 15. 191.
St. Georgen 74.
St. Trudbert 15.
Staufen, Bezirk 21. 191.
Steinen 67.
Stockach, Bezirk 191.
Straßburg 11. 14. 77.
Strümpfelbrunn 74.
Stuttgart 205.
Südafrika 208.
Südamerika 197.
Süddeutschland 9.

Tauberbischofsheim, Bezirk 191.
Tegernau 74.
Thiengen 134.
Triberg, Bezirk 178.
Tüllingen 156.

Ueberlingen, Bezirk 191.

Ueberlingen, Stadt 11. 74. 188.
Ulm 137.
Unterland 7. 29. 98. 102. 113. 120. 160. 191. 167. 202. 215. 220.
Unteröwisheim 74.

Villingen, Kreis 22.
Vorderösterreich 10. 11. 15.

Waldkirch, Bezirk 191.
Waldkirch, Stadt 70.
Waldshut, Bezirk 178. 191.
Waldshut, Kreis 22. 174.
Waldshut, Stadt 2.
Weingarten 170.
Weinheim 27. 69. 155.
Welschneureuth 154.
Wenckheim 74.
Wertheim, Bezirk 191.
Wertheim, Diözese 18. 84. 101. 102. 103. 107. 109. 119. 127. 139. 202. 214. 221.
Wertheim, Stadt 15. 35. 70. 74. 155.
Wien 12.
Wiesbaden 153.
Wiesental 125.
Wiesloch, Bezirk 191.
Willstätt 11.
Windischbuch 74.
Wittenberg 15. 149.
Wölchingen 74.
Wolfach, Bezirk 191.
Wollbach 74.
Worms 15. 162.
Württemberg 1. 3. 12. 20. 41. 72. 153. 175.
Würzburg 15.

Zehntland 10.
Zell a. H. 11.
Zell i. W. 36.

III. Sach-Register.

Abendgottesdienste 103. 108. 109. 227.
Abendmahl 17. 18. 65. 97. 104. 111. 117. 124 ff. 128 f. 141. 142. 176. 212. 215.
Abendmahlsbesuch 107. 125 ff. 225. 227. 229.
Abendmahlsgäste 44. 89. 109.
Abendmahlslehre 128.
Abendmahlstage 125. 127. 129. 229.
Abendsegen, =andacht 203. 226. 230.

Aberglaube 113. 142. 211 f. 214. 223. 227. 228. 230.
Abhörkommission 63.
Absolution 128. 181. 184.
Accidentien s. Stolgebühren
Ackerbau s. Landwirtschaft.
Advent 97. 108. 116. 227.
Adventisten 22. 177.
Agende 19. 68. 91. 92. 94 ff. 98. 110. 124. 131.

III. Sach-Register.

Agende, preußische 94.
Agendenstreit 19 f. 95 f.
Albrechtsbrüder 176.
Alemannen 7. 8. 10. 14.
Alkoholismus 221.
Allg. Priestertum 44. 91. 166.
Almosenfonds 38. 124.
Alternativen, falsche 75.
Altkatholiken 22. 36. 178. 198.
Altlutheraner 22.
Alumnate 77 f.
Andacht, häusliche s. Hausandacht.
Andachtsbücher 71. 72. 204 f. 227. 229.
Anstalten, katholische 188.
Anstaltsgeistliche 49. 63.
Anstaltsgemeinden 23.
Antisemiten 227.
Apostolikum 93. 96. 99. 110. 111. 117.
Apostolikumsstreit 21. 162.
Arbeiter 4. 7. 86. 106. 121. 123. 186. 194. 210 f. 219.
Arbeiterkolonie Ankenbuck 151. 171.
Arbeitervereine, evang. 151. 160 f. 195.
—, kath. 194.
Arbeiterzeitung, evang. 195.
Aergernis, öffentliches 142. 143.
Armenaufwand 6 f.
Armenhaus 149.
Armenkinder 169.
Armenpflege, Armenfürsorge 31. 52. 66. 85. 139 f. 157. 170.
Armenrat 27. 139.
Atheisten 208.
Aufklärung 127. 135.
Augsburg. Konfession 15. 46. 48.
Ausbeten 124. 132.
Austritte 40. 182.
Auswanderer, Auswanderung 3. 150. 172.
Authentische Erläuterung 48.

Baptisten 22. 176. 177. 225.
Barett 92.
Basler Mission 145 ff.
Bauernkrieg 10.
Bauernpredigten 208.
Bauernreligion 207 ff.
Bauernstand, landwirtsch. Bevölkerung 2. 3. 4. 5. 6. 7. 12. 86. 106. 186. 207. 212. 217 ff. 224. 227. 229.
Baufonds 35. 38.
Baupflicht 35 f.
Bauwesen, Baugewerbe 4. 6.
— kirchliches 52.

Beamte 105. 210. 227.
Beerdigung, Begräbnis 25. 44. 65. 78. 89. 109. 112. 130 ff. 144. 177. 183 f. 226. 227.
Beichte 128 f.
Bekenntnis, Bekenntnisstand 19. 21. 45 ff. 61. 63. 74. 92 f. 169.
Bekenntniskatechismus 19.
Bekenntnisschriften 46 ff.
Bekleidungsgewerbe 6.
Belletristik 72.
Benediktusmedaillen 212.
Bergbau 4. 186.
Berufe, freie 4. 186.
Beschäftigungsverein 170.
Besetzung, alternierende 64.
Bethabara, Vorasyl 156
Bethesda, Asyl 156.
Beth-Hanan, Bewahrungsheim 156.
Betstunden 108 f. 119.
Bevölkerung, Bewegung 5.
—, Charakter 7 ff.
—, evangelische 12. 21 ff. 24. 178 f.
—, katholische 12. 22 f. 178 f.
—, Vermehrung 3. 5. 6. 23.
—, Wohlstand 5 f.
Bevölkerungsdichtigkeit 3
Bezirkseinteilung 31 f.
Bezirkskolportage 93. 151. 205.
Bezirksvereine für Jugendschutz und Gefangenenfürsorge 171
Bibel, Bibellesen 113. 157. 159 f. 166. 203. 204. 225. 228. 229.
Bibelgesellschaft, britische 159. 160.
—, württemb. 159.
Bibelkollekte 138.
Bibelkunde 69. 70. 199.
Bibelkurse 157. 166.
Bibelniederlagen 159.
Bibelstunden s. Betstunden.
Bibelübersetzung, Wertheimer 70.
Bibliothek des Ev. Oberkirchenrats 68.
— der innern Mission 153.
Biblische Geschichte 19. 91. 92. 199.
Biblisches Lesebuch, württemb. 200.
Biennium 61.
Bierbrauereien 221.
Bistümer 14. 15.
Blätter, kirchliche und religiöse 195.
— für innere Mission 150.
Blaues Kreuz 169.
Block 192 f. 229.
Bonifatius-Verein 188.
Branntweinbrennereien 221.
Branntweintrinken 220 f.
Brauchen 213.

III. Sach-Register.

Brüdergemeine 147. 174f.
Brudergruß 174.
Brüderrat 166.
Bruderschaften 188.
Buchhandlungen 186.
Bügelkurse 170.
Bund der Landwirte 193.
—, evangelischer 158. 160f. 184. 197. 225. 228.
Bundesbote, evangelischer 160.
Bundesdiakonie 158. 160.
Bureaukratismus 53.
Burgen 2. 10.
Bürgerstand 105. 209. 216.
Burschenschaft 60.
Buß- und Bettag 92. 99. 104. 125. 211.
Bußtagskollekte 137. 138.

Charakterbild Jesu 20.
Choralbuch 98. 164.
Choräle 98.
Choräle und Chorgesänge z. gottesdienstl. Gebrauch 164.
Chorgesänge (40 und 30) 99. 163.
Christenbote 205.
Christen, fröhliche 167.
Christenlehre 86. 89. 118ff. 177. 181. 199. 224.
Christenlehrpflichtige 103. 119. 120. 143.
Christentum, Einführung 14.
Christfeier 97.
Christtag s. Weihnachten.

Darbysten 22. 177.
Dekan, Dekanat 27f. 44. 55f. 61. 89. 91, 199.
Dekanatsordnung 92.
Demokraten 193.
Demokratisierung 93.
Deutsche Bundes-Akte 83.
Deutsch-Katholiken 22.
Deutsch-Soziale 193.
Diakone 139.
Diakonie 139. 140.
Diakonissen 140. 157ff. 170.
Diakonissenanstalt in Karlsruhe 140. 154. 157.
— — Mannheim 141. 157.
Diakonissenhaus in Freiburg 141. 158.
Diakonissenstationen 36. 229.
Dialekte 7ff.
Dialektpoesie 9.
Diaspora 23f. 25ff. 30. 33. 36. 38. 43. 55. 61.-86f. 93. 104. 106. 122. 129f. 133. 137f. 147f. 150. 185. 192.

Diasporablatt, badisches 205.
Diasporagemeinden (=genossenschaften) 23ff. 32. 33. 137. 148.
Dienst, bürgerlicher 4.
—, häuslicher 4. 6.
—, kirchlicher 4.
Dienstvikare 61. 62.
Diözesanausschuß 56. 89.
Diözesaneinteilung 27f.
Diözesangemeinde 28. 55.
Diözesansynodalordnung 92.
Diözesansynoden 27ff. 34. 44. 47. 55. 56. 88. 89f. 93. 96. 180. 199. 200. 205.
Diözesen 27ff. 32. 43. 44. 55. 67. 90.
Dissidenten 22.
Distributionsformel 124.
Distriktsstiftungen 6.
Disziplin 55.
Dogmatik 17.
Domänenverwaltung 37.
Dorfheimat 172.
Dorf und Hof 172.
Dotation 40.
Doxologie 99.

Ebene 1. 2.
Ehe 217. 226. 230.
Ehebruch 141. 217. 224. 228. 229.
Ehegesetzgebung 41f.
Ehen, evang. 114f. 122.
—, geschiedene 226. 228. 229.
—, wilde 217.
Ehescheidungen 44. 217.
Eheschließung 190. 216.
Eigentumsvergehen 219.
Einheitslehrbuch 93. 199.
Einkommen(steuer) 3. 5. 23. 39. 186.
Einsegnung des Brautpaars 121.
— der Konfirmanden 117.
— — Toten 131.
Einsetzungsworte 110.
Einwanderung 179.
Einwohnerzahl 1. 3. 6. 12. 16. 22.
Einzelandacht 203.
Einzelkelch 90. 130.
Engelskalender 205.
Enklaven 1.
Epiphanien 97.
Episkopalsystem 42.
Episkopat, landesherrl. 51.
Erbauungsbuch d. Prot. Vereins 162.
Erbauungsbücher s. Andachtsbücher.
Erbauungsgemeinschaften 164ff.
Erbauungsstunden 157. 168.
Erbrecht 187.

Ernte-Dankfest 92. 104. 210. 223.
Erntefestspiele 223.
Erweckung 165.
Erweckungspredigten 165.
Erzbischof 183. 196. 198.
Erziehung s. Kindererziehung.
Erziehungsanstalten 141. 149. 171. 174. 175.
Erziehungshaus in Sickingen 152.
Erziehungs- und Pflegeanstalt für Geistesschwache 150.
Evangelien s. Perikopen.
Evangelisation 166 f. 211.
Evangelisationskomitee, bad. 153.
Evangelische im Ausland 138.
Evangelisch-kirchliches Departement 51.
Evangelisten 169.
Exklaven 1.

Fabrikarbeiter s. Arbeiter.
Fakultät, theologische 43. 59. 69. 77. 91. 148. 210.
Familienabende 66. 161. 222.
Familiengrabstätten 136.
Familienleben 113. 217. 225. 228.
Familiennamen 114.
Fatalismus 134.
Fegfeuer 189.
Feierabendhaus 154.
Feiertage, Feste 27. 33. 42. 85. 92. 99. 104. 109. 119. 142. 222. 223.
—, gesetzliche 104.
—, katholische 16. 104. 188.
Festspiele 161.
Feuerbestattung 136.
Feuerversicherungskasse 78.
Filial(gemeinden) 24. 30. 32. 33.
Fischerei 4.
Flächeninhalt 1.
Flaschenbierhandlungen 221.
Flickkurse 170.
Flickschulen 170.
Flickverein 170.
Flugblätter 166. 205.
—, protest. 69. 162.
Fonds, kirchliche 40. 52. 106.
Forschung, freie 46. 47.
Forstwirtschaft 4.
Franken 7. 8.
Französisch-Reformierte 22.
Frauen 105. 109. 120. 127. 179.
Frauenarbeitsschulen 169.
Frauenverein, badischer 169 f.
Frauenvereine 26. 140. 146. 147. 148. 170. 228. 229.

Frei-Evangelische 22.
Freiheit, liturgische 94. 98.
Freilutheraner 22.
Freireligiöse 22. 177.
Freitexte s. Perikopen.
Friede von Preßburg 11.
— — Ryswyck 16.
Friedensfest 104.
Friedhof 37. 112. 131 f. 135 f. 212.
Friedhöfe, konfessionelle 136.
Frohe Botschaft 205.
Frömmigkeit, evang. 207. 208. 211. 225. 227.
Fronleichnam 104.
Fronleichnamsprozession 184. 207.
Für Alle 205.

Garnisonsprediger 63.
Gartenbau 4.
Gebete 94 f. 97 ff. 110. 121. 124. 128. 131. 199. 202 ff. 229. 230.
Gebetbücher s. Andachtsbücher
Gebietserweiterungen 11. 12.
Gebildete 123. 209 f.
Gebirgsgegenden 1. 3.
Geburten, uneheliche 190 ff. 214 f. 224. 226. 228.
Geburtenüberschuß 179. 217.
Gefallene 144. 229.
Gefängnisse 189.
Geisteskrankheit 226.
Geistliche s. Pfarrer.
—, unständige 58 f. 61 f.
Geistliche Witwenkasse 40.
Geläute 114. 133. 184. 226.
Gelehrte 105.
Gemeinde, apostolische 177.
Gemeinden, ausgefallene 16.
—, ev.-luth. 172 ff.
—, gemischte 22. 36. 104. 129. 184.
—, konservative 206.
—, liberale 206.
—, pietistische 18. s. auch Pietisten.
—, politische 28. 35. 37.
—, ungemischte 25. 43. 129. 147.
Gemeindeabende 36.
Gemeindeblätter 172.
Gemeindedienst 6.
Gemeindegesang 99.
Gemeindehäuser 36.
Gemeinde(kranken)pflege 36. 39. 140. 141. 157 f.
Gemeindeleben 31. 86. 90. 109.
Gemeindepastoration 29.
Gemeinschaften 79. 90. 156. **164 ff.** 175. 182. 203. 205 f. 227. 230.

III. Sach-Register.

Gemeinschaft, evang. 22. 176.
Gemeinschaftsbewegung 168.
Generalsynode 44. 49. 88. 89. 90 ff.
— (1789) 42.
— (1821) 17. 42. 46 f. 92. 94. 96. 124.
— (1834) 18. 43. 92. 95. 96. 98.
— (1843) 18. 37. 43. 92. 108.
— (1855) 19. 43. 46. 48. 92. 95.
— (1861) 38. 43. 48. 50. 91. 92.
— (1867) 20. 27. 92. 95.
— (1871) 92.
— (1876) 92. 95. 97.
— (1881.82) 64. 92. 97.
— (1886) 92.
— (1891) 92. 199.
— (1894) 93. 199.
— (1899) 29. 31. 93.
— (1904) 32 f. 58. 64. 78. 84. 88. 91. 93. 96. 140. 184. 199.
Generalsynodalausschuß 54. 60. 93.
Gesamtkelch 130.
Gesang, kirchl. 123. 128. 134. 161. 163 f.
Gesangbuch 28. 68. 72. 91 f. 96 f. 113. 134. 164. 199. 204.
Gesangvereine 222.
Gesangverein, akad. 60.
Geschäftsgehilfinnenheim 170.
Geschäftsleute 132.
Geschichten und Bilder z. Förderung der I. M. 153.
Gesellenheime 150.
Gesellenvereine, kath. 195.
Gesetz v. 9. Okt. 1860 43. 52. 57. 181.
Gesetzesübertretungen 189.
Gewerbe 6.
Gewerkschaften, christl. 195. 211.
Gewitterfeiertage 104.
Glaubensregel 46.
Gleichberechtigung der Richtungen 48. 75. 92. 166.
Gleichsteher 118.
Gnadenbilder 212.
Gnadenwahl 17.
Gottesacker s. Friedhof.
Gottesdienst 24 ff. 32. 33. 36. 41. 52. 97. 98 ff. 123 f. 157. 175 f. 184. 208. 214. 222.
—, liturg. 109. 119.
Gottesdienstbesuch(er) 18. 26. 44. 80. 89. 99 ff. 128. 139. 142. 167. 173. 201. 215. 225. 226. 227. 228. 229.
Gottesdienstordnung s. Agende.
Gotteshaus s. Kirche.
Gottesverehrung, öffentl. 52.
Grabrede 131 ff.
Grabsteine(=Denkmäler) 35. 135 f.

Grenzen 1.
Großherzogtum, Entstehung 12.
Großstädte 4.
Grund-, Häuser-, Gefäll- und Gewerbesteuer 39. 186.
Gründonnerstag 104.
Gruppensystem 109.
Gustav-Adolf-Frauenvereine 26. 147 f.
— -Kalender 206.
— —Verein 25. 26. 38. 54. 145. 147 f. 161. 188. 227. 228.
Gustav-Adolf-Verein, student. 210.
Gutterlisdoktoren 212.

Halbbatzenkollekte 145.
Haltekinder 169.
Hanauern 217.
Handarbeitslehrerinnen 169.
Handarbeitsschulen 169. 170.
Handel 4. 6. 186.
Handwerk 4. 227.
Handwerkerschule 149.
Handwerkerstand 91. 105.
Hardthaus 154.
Hardtstiftung 154.
Hauptexamen, theol. 58. 60.
Hauptgottesdienst 100 ff. 110. 112. 124. 128. 143. 228.
Hausandachten 150. 203. 225. 228.
Hausbibliothek 151.
Hausbrot für Christenleute 151.
Haushaltungslehrerinnen 169.
Haushaltungsschulen 169
Hauskommunionen 129 f.
Hauslehrerstellen 61.
Haustaufen 114.
Hausväterverbände 139.
Hebels Rheinländ. Hausfreund 205.
Hebeltag 104.
Heidelberger Theologie 59.
Heidenbote 205.
Heidenfreund 205.
Heidenmission 138 (s. auch äuß. M.).
Heidnische Vorstellungen 135.
Heilanstalten 157. 221.
Heiligenfonds 38.
Heilige Schrift 46 ff.
Heilquellen 2.
Heilsarmee 22. 177.
Heilstätte für Alkoholkranke 151.
Heil- und Pflegeanstalt in Kork 152.
Heimatkunde 73.
Heimatkunst 223 f.
Heimatliebe 8. 9. 223 f.
Heime für Frauen (und Mädchen) 157. 169.

Ludwig, Baden. 16

Helvetisch-Reformierte 22.
Herbergen zur Heimat 150. 157.
Herrnhuter 22. 174. 175.
Hexenbanner 212.
Hexenwahn 212.
Hilfsbund, deutscher, f. Armenien 169.
Hilfsfonds 40.
Hilfskasse 78.
Hilfspriesterstellen 196.
Himmelfahrt 97. 104. 210. 223.
Hinkender Bote 73. 205.
Hinterbliebenenversorgung 66.
Hirtenbriefe 90.
Hochzeit 113. 123. 144.
Hofdienst 4. 6.
Hofgüter 2. 3.
Hofprediger 49. 63.
Hofratsinstruktion 42.
Holländisch-Reformierte 22.
Hügelland 2.
Hussiten 22.
Hütten- und Salinenarbeit 4.

Jagd 4.
Jahrbuch des Protest. Vereins. 162.
Jahrbuch, statist. 23. 83. 180.
Jähtaufe 111.
Idiotenanstalt in Mosbach 180.
Jesuiten 15.
Jesuitengesetz 160.
Indifferentismus 18. 26.
Industrie 4. 5. 6. 106. 187 f. 194. 225.
Industrieorte 2. 105 f. 193.
Infanterieregiment in Rastatt 23.
Inschriften 136.
Inspektionen 27.
Interesse, kirchl. 88. 93.
Irrenanstalten 149. 150.
Irvingianer 22. 177.
Israeliten 22.
Judenmission 146.
Jubika 116. 117. 125.
Jugend, männl. 105. 216.
—, weibl. 185. 216.
Jugendfreund 205.
Jugendgottesdienste 109.
Jungfrauenvereine 90. 151. 156 f. 166. 168. 222.
Jungliberale 200.
Jünglingsbund, oberrhein. 153.
Jünglingsvereine 90. 151. 156 f. 166. 168. 222.
iura circa sacra 41. 43.
iura in sacra 41.

Kalender 205. 206.
Kaltsinnige 142.
Kalvinisten 22.
Kapitalrentensteuer 23. 39. 186.
Karfreitag 99. 104. 125. 129. 207.
Karfreitagschriften 105. 227. 228. 229.
Karfreitagskollekte 58. 137. 138.
Kartenschlägerinnen 212.
Karwoche 108. 117. 212.
Kasualien 65. 82.
Kasualopfer 89.
Katechismus, bad. 18. 19. 69. 75. 91. 92. 116. 120. 124. 199.
—, Heidelberger 15. 46. 48.
— Luthers 19. 46. 47. 48. 199.
Katechismusunterricht 69. 93. 199.
Katholiken, Katholizismus 13. 15. 16. 22. 23. 26. 129. 133. 147. 163. 178 ff. 210.
—, Berufsarten 186. 193. 194.
—, Einkommen 23. 186. 187.
—, Kirchensteuer 186.
—, liberale 197. 198.
—, Pastoration 25. 196.
—, Verschuldung 187.
Katholikenversammlungen 197.
Kaufmannsstand 210.
Kinder, eheliche 115. 181.
—, ev. getaufte 114 f. 181.
—, kath. getaufte 181.
—, totgeborene 132.
—, uneheliche 114 f. 143. 144. 181. 190 f. 216.
—, ungetaufte 111 f. 131. 226.
Kinderbewahranstalt in Karlsruhe 149. 154.
Kinderbewahranstalten s. Kinderschulen.
Kinderbote 205.
Kindererziehung 179 f. 198. 226.
Kindergärten s. Kinderschulen.
Kindergottesdienste 97. 103. 110. 120.
Kinder(ho)spital 157.
Kinder-Kirche 159.
— —-Krüppelheim 36.
Kinderlehre 121.
Kinderpflege 154. 169.
Kinderpflegerinnen 154.
—-Institut 169.
Kinderschulen 36. 151. 154. 156. 168. 170. 225. 229.
Kinderschwestern 110.
Kindersoolbäder 157. 170.
Kinder-Weihnachtsfeier 223.
Kinderzahl 217. 226. 228. 229.
Kinderzucht 142.
Kirche, ev.-luth. 17. 24. 47. 173.

III. Sach-Register. 243

Kirche, ev.-ref. 17. 24.
—, kath. 15. 17. 50. 57. 178 ff. 196 ff.
— —, Kurie 12. 36. 57. 183.
— —, Mischehenpraxis 180 f. 184.
— —, Organisation 178. 196.
„Kirche" 91. 159. 205. 206.
Kirche und Staat s. Staat und Kirche.
Kirchen 33 ff. 39. 86. 148.
—, rechtliche Stellung 13. 20. 39. 50. 52.
Kirchenälteste 43. 81. 85 ff. 90. 91. 117. 214. 227.
Kirchenämter 52.
Kirchenausschuß 50.
Kirchenbaustil 92.
Kirchenbehörde (-regiment) 17. 19 f. 25. 41. 43. 47. 49. 51. 53. 55. 61. 88. 90. 93. 114. 130. 136. 143. 183. 200.
Kirchenblatt, badisches 183.
—, ev. prot. 75.
— für die ev. prot. Kirche 68. 75.
Kirchenblätter s. Sonntagsblätter.
Kirchenbücher 63.
Kirchenchristentum 176. 202.
Kirchenchor, ev. 164.
Kirchendienerpragmatik 92.
Kirchendienst 6.
Kirchendisziplin 41.
Kirchenflucht 105. 228.
Kirchengemeinden 23 ff. 29. 31 ff. 35. 37. 39. 44. 55.
Kirchengemeindeordnung 87.
Kirchengemeinderat 9. 31. 39. 43. 44. 56. 63. 85 ff. 89. 90. 120. 123. 139. 140. 142. 224 ff. 229.
Kirchengemeindeversammlung 31. 44. 63. 85. 87. 93. 120. 143. 224. 229.
Kirchengesangbuch, deutsch-ev. 97.
Kirchengesangvereine (-chöre) 68. 99. 163 f.
Kirchengeschichte 14 ff. 60. 199.
Kirchenkonferenz, Eisenacher 84. 130.
Kirchenkunde 123.
Kirchenlehenherrlichkeitsedikt 84.
Kirchenlehre 91. 116.
Kirchenlieder 72. 97. s. auch Lieder.
Kirchenopfer 89. 106. 107. 132. 137. 227 ff.
Kirchenordnung 18. 19. 42. 72. 94.
—, ev.-luth. 173.
—, kurpfälz. 41.
—, württemb. 41.
Kirchenplätze 33.
Kirchenpolizei 25.
Kirchenrat 41. 42.
—, luth. 42.

Kirchenrat, reform. 42.
Kirchenratsinstruktion 12. 42. 46.
Kirchenratsordnung 41.
Kirchensektion, ev. s. Ministerial-Kirchensektion.
Kirchensprengel 14.
Kirchensteuer, allg. 26. 39. 40. 55. 92. 93. 106. 137. 186.
—, örtl. 38. 39. 65. 137.
Kirchen- und Volksblatt, evang. 205.
Kirchenverfassung 17 f. 20. 27. 38. 40 ff. 184.
—, oldenb. 43.
—, rheinpreuß. 43.
Kirchenvermögen 37 ff. 52. 85. 87.
Kirchenvisitation 52. 55. 56. 143.
Kirchenzensoren (-zensur) 66. 141.
Kirchenzucht 31. 41. 42. 91. 114. 127. 141 ff.
Kirchgänger s. Gottesdienstbesucher.
Kirchlichkeit 108. 128. 208. 214. 215. 225. 230.
Kirchweihe 90. 166. 182. 183.
Klassenkonvente 16. 42.
Kleiner Bote aus d. Reich Gottes 205.
Kleinkinderschulen s. Kinderschulen.
Kleinstädte 4.
Klöster 10. 14. 15. 160. 188.
Klosterschulen 185.
Kochkurse 170.
Kochschulen 170.
Kollekten 38. 52. 86. 89. 137 ff. 149. 159.
Kolportageverein, christl. 158.
Komm heim 205.
Kompromißkatechismus 199.
Konferenz, Durlacher 19. 75.
—, evang. 64. 75. 76. 93. 162.
—, südwestd. für I. M. 150. 153.
Konfessionen, Verhältnis 16. 18. 22. 23. 47. 54. 103. 147. 161. 180 ff. 187. 207.
Konfirmanden 116. 125. 140.
Konfirmandenanstalt 36.
Konfirmandenblätter 146.
Konfirmandenbüchlein 151.
Konfirmandengaben 145 ff.
Konfirmandenprüfung 116. 117.
Konfirmandenunterricht 36. 37. 65. 92. 116. 152. 183. 199.
Konfirmation 55. 89. 92. 97. 113. 116 ff. 227.
—, Unterlassung. 118.
Konfirmationsordnung 92. 116.
Konfirmationsschein 117. 151.
Kongreß, ev. soz. 195.

Konsistorialverfassung 42.
Konsistorium, luth. 42.
Konstitutionsedikt, erstes 25. 52.
—, drittes 83.
Konventikel 53. 145.
Konvention (Konkordat) 12. 13. 20.
Korrespondenzblatt der ev. Konferenz 75.
— der landeskirchl. Vereinigung 76.
Krankenbesuche 66. 81. 166.
Krankenfreund 157. 205.
Krankengeräte 140.
Krankenhäuser 140. 156. 157. 169. 212. 220 f.
Krankenkommunionen 129. 227.
Krankenpflege 31. 85. 90. 139 f. 157. 169. 188.
Kranken(pflege)stationen 161. 169. 170.
Krankenschwestern s. Diakonissen.
Kreispflegeanstalten 221
Kreisschulräte 199.
Krematorien 136. 137
Krieg, dreißigjähriger 10. 16. 42. 141.
Kriege Ludwigs XIV. 11.
— Napoleons I. 11.
Krippen 169.
Kulturexamen 57.
Kulturkampf 13. 57. 183.
Kultus 17. 55. 94.
Kunkelstuben 142. 223.
Kunstdenkmäler d. Großh. Baden 34.
Kunsthandlungen 186.
Kunststickerei 169.
Kunstvereine 222.
Kurze Geschichte d. christl. Rel. 68. 199.

Lahrer Waisen- u. Rettungshaus 154.
Laien 85. 168.
Laientaufe 111.
Land und Stadt s. Stadt u. Land.
Landbevölkerung 4. 22. 23. 178. 194. 201.
Landesbibelgesellschaft, bad. 149. 159 f.
Landesbischof 42. 43. 49 ff. 53. 55. 61.
Landesgemeinde 44.
Landeskollekten 138.
Landesorganisation 27. 51.
Landesstiftungen 6.
Landesverband der bad. Bezirksvereine für Jugendschutz u. Gefangenenfürsorge 152.
Landesverband ev. Arbeitervereine 195.
Landesverein f. J. Mission 138. 149 ff.
Landeszeitung, bad. 197.
Landflucht 5. 218.

Landkrankenpflegerinnen 140. 170.
Landpfarrer 66.
Landpost, bad. 69 f.
Landtag 196 f.
Landtagswahlen 193 f. 227. 229.
Landwirtschaftliche Bevölkerung s. Bauernstand.
Lätare 116. 125.
Lebenslauf, Personalien 132.
Lehrbuch s. Katechismus.
Lehrer s. Volksschullehrer.
Lehrer, wissenschaftliche 200.
Lehrerpresse 201.
Lehrerseminare 185.
Lehrerverein, kath. 195.
Lehrfreiheit 162.
Lehrlingsheime 150.
Leibeigenschaft, Aufhebung 12.
Leichenfeier 131.
Leichenreden s. Grabreden.
Leichenschmaus 133.
Leichenwachen 133.
Leichenzug 131. 132. 133. 183.
Lektion s. Perikopen.
Leseabende 205.
Lesebedürfnis 222.
Lesevereine 205.
Liberalismus, kirchl. 18. 20. 21. 59. 75. 79. 145.
—, polit. 13. 18.
Liebeswerke 138.
Lieder, relig. 96. 97. 199.
Liederdichter 72. 97.
Liederkunde 69. 70.
Litanei 99.
Liturgie 21. 91. 92. 94.
— des Abendmahls 124.
— des Begräbnisses 131. 136.
— der Beichte 128.
— — Betstunden 108.
— — Konfirmation 117.
— des Sontagsgottesdienstes 98. 99.
— der Taufe 110.
— — Trauung 121.
Los- von Rom-Bewegung 160.
Lourdeswasser 212.
Luisenschule 169.
Lungenschwindsucht 226.
Lutheraner 16. 18. 22. 24. 34. 177.
Lutherfeier 104.
Lutherische Separation 18. 173.
Lutherstiftung, deutsche 163.
Luthertum 42.

Mädchen- u. Frauenheim i. Bretten 152.

III. Sach-Register.

Magdalenensache 156.
Mägdeherberge 156.
Männer, männl. Geschlecht 105. 109. 127. 129. 179. 182. 202. 224. 227.
Männerorden 13.
Männervereine, evang. 90. 139.
Marie-Römmele-Bund 153.
Markgräfler 9. 102. 207. 217. 218.
Marthahäuser(=heime) 156. 157.
Marthaschule 157.
Maschinenbau 6.
Massengemeinden 31. 32.
Maturitätszeugnis 57.
Maximum in d. Gottesdienstordn. 19. 95.
Melanchthonhaus 37.
Memorierstoff 199.
Mennoniten 22. 176. 177. 230.
Metallindustrie 6.
Methodisten, Methodismus 22. 110. 163. 167. 176 f. 211.
—, bischöfl. 176.
Michelianer 167. 168. 228.
Militärdienst 4.
Militärgemeinden 22. 23.
Militärleben 9. 202. 216.
Militärstellen 29.
Minimum in d. Gottesdienstordn. 19. 95.
Ministerial-Kirchensektion, ev. 42. 51. 53. 147.
Ministerium der Justiz, des Kultus u. Unterrichts 52.
— des Innern 42. 51. 53. 147.
Mischehen 54. 114. 115. 122. 179 ff. 184. 190. 224.
Mißhandlungen der Frauen 218. 226. 229.
Mission, äußere 92. 144 ff. 168. 175. 227. 228.
—, innere 54. 138. 148 ff. 165. 169. 175.
Missionare 14. 58.
Missionsblatt des Allg. ev.-pr. Miss.-Vereins 159.
Missionsgesellschaft, Basler 145.
—, deutsch-ostafrik. 147.
—, Goßnersche 146
—, Neukircher 146.
—, Rheinische 146.
Missionsgesellschaften 145 ff.
Missionsgottesdienste(=stunden) 54. 108. 146.
Missionssonntag(=fest) 93. 104. 138. 146. 175.
Missionszöglinge 58. 145.
Mittelpartei 76.

Mittelschulen 185. 200.
Mittelstand 225.
Monatsblätter für J. M. 151. 153.
— aus dem Diakonissenhaus Mannheim 157. 158.
Monistenbund 177.
Morgenbote 69. 75.
Morgensegen, Morgenandacht 203. 226. 230.
Morgensuppe 124.
Mormonen 22.
Mucker 145.
Mundarten s. Dialekte.
Musik, kirchl. 161.
Musikalienhandlungen 186.
Musterländel 230.
Mutterhaus für Kinderpflege 153.
Mystizismus 54. 214.

Nachbargemeinden 30. 79.
Nachmittagsgottesdienst 100. 102. 103. 108. 109. 110. 120. 129. 141.
Nähkurse 170.
National-Soziale 195.
Naturalgaben 65.
Nebengottesdienste 103. 120.
Neujahr 104. 113.
Neunundneunziger 21. 206.
Neutäufer s. Baptisten
Niederdeutsche 7.
Nonnenweierer Kinderschriften 154.
Norddeutsche 10.
Nottaufe 111.

Oberkirchenrat, ev. 19. 20. 29 f. 34. 40. 44. 46. 48 f. 51 ff. 55. 56. 58. 60. 63. 64. 66. 67. 85. 89 ff. 96. 103. 108. 121. 127. 144. 150. 168. 180. 184 f. 190. 200.
—, kath. 51. 54.
Oberkirchenratsdirektoren, =präsidenten 19. 52. 60.
Oberländer 8. 9.
Oberrealschulen 57.
Oberrheinische Kirchenprovinz 178.
Opferwilligkeit 27. 108. 137 ff. 148. 156. 168. 188. 228. 229.
Orden 16.
Ordensschwestern 170.
Ordinariat, kath. 183. 184.
Ordination 55. 61.
Ordinationsformel 47. 61. 92.
Organistendienst 201.
Orgeln 35. 39.
Orgelspiel 90. 112. 114 123. 210. 226.
Ortsfonds 38. 65. 140.
Ortsgeschichten 73. 74.

Ortskirchensteuer s. örtliche Kirchensteuer.
Ortsschulbehörde 27. 199.
Ortsstiftungen 6.
Ostern 97. 100. 104. 113. 117. 125. 135.
Osterproklamation 50.

Palmsonntag 117. 125.
Parallelformulare 95. 110. 117.
Parochialeinteilung 30. 31. 93.
Parochien s. Pfarreien.
Parteien, kirchl. 20. 75. 88. 199. 206. 227.
—, polit. 192 ff. 197. 227. 229.
Partei, demokratische 193 f.
—, deutsch-soziale 193.
—, freisinnige 193 f.
—, konservative 192 f.
—, nationalliberale 193 f.
—, nationalsoziale 193.
—, sozialdemokratische 192 f.
Partikularkonvente 41.
Passionszeit 108. 109. 227.
Pastoralanweisung 66.
Pastoralkonferenz, Straßburger 77.
Pastoration, Pastorierung 25. 28 ff. 32. 147.
Pastorationsgeistliche 61. 62.
Pastorationsstellen 25. 29.
Pastorenkirche 89.
Paten(amt) 92. 110 ff. 117. 142. 177.
Patenrecht 120. 143.
Patronate 38. 52. 63. 64. 83 ff. 93.
—, kath. 84.
Pensionäre 6. 74.
Perikopen 92. 99.
Personalvikare 61. 62.
Pfälzer 7. 8 f. 184. 218. 228.
Pfarrbann 25.
Pfarrbezirke s. Seelsorgebezirke.
Pfarrbücher 25.
Pfarreien 29 ff. 37. 38. 49. 55. 63. 92.
Pfarrer 9. 56 ff.
—, Disziplinarverhältnisse 52. 64.
—, Einkommen 24. 40. 64 f. 78. 92. 93.
—, katholische 36. 122. 172. 180. 182. 183. 196.
—, Kleidung 54.
—, liberale 21. 54. 60. 72. 79. 111. 146. 150. 206.
—, Pension 41. 52. 65. 66. 93.
—, positive 60. 68 f. 72. 74 f. 111. 150. 206.
—, Tätigkeit 66 ff. 80. 81.
Pfarrgebühren 25.

Pfarrhäuser 24. 37. 38. 39. 74.
Pfarrkandidaten 55. 58. 60 f.
Pfarrkonferenzen 68.
Pfarrpfründen 38.
Pfarrechte 104.
Pfarregistratur 63.
Pfarrstatistik 32. 34. 108.
Pfarrsynoden 67.
Pfarrverein, bad. 65. 77.
Pfarrvereins-Blätter, bad. 61. 77.
Pfarrverwalter 61. 62.
Pfarrwahl 9. 52. 63. 64. 84. 92.
Pfarrwaisen 66.
Pfarrwitwen 66.
Pfennigkollekten 147.
Pfennigpredigten 71. 159.
Pfennigsparkassen 151.
Pfingsten 97. 100. 104. 210. 223.
Pflegekinder 170.
Pfründeeinkommen 38.
Pfründesystem 37. 38.
Pfründeverwaltung 38. 66.
Pfründnerhäuser 140. 149.
Pietisten, Pietismus 18. 53. 54. 72. 74. 79. 82. 92. 145. 165 ff. 203. 204. 211. 226. 227.
Pilgerhaus in Weinheim 155.
Politik 10. 11. 13. 192 f. 198.
Polizei, kirchl. 141.
Prälaten 19. 20. 52. 91. 197. 198.
Präsentationsrecht 83. 84. 196.
Predigerseminar, ev. prot. 20. 59. 92.
Predigerverein, elsäss. 77.
—, pfälz. 77.
—, wissenschaftl. 70. 76. 77.
Predigt 69 ff. 81. 99. 119. 128. 131. 157. 210.
Predigtkirchen 34.
Predigtsammlungen 71. 72.
Predigtvers 99.
Pregizerianer 167. 176.
Presbyterianer 22.
Presbyterien 41. 141.
Presse, kath. 188. 195.
—, kirchl. 195 f.
—, konserv. 197.
—, politische 78. 161. 195. 197. 198.
Preuß. Statist. Bureau 3.
Privatandacht, -erbauung 96. 165. 176.
Privatbeichte 129.
Privatgottesdienste 173.
Privatkommunionen 129.
Privatpflegestationen 141.
Privatschulen 185.
Probepredigten 63.
Proklamation 121. 143.

III. Sach-Register. 247

Promotionsordnung 93.
Protestantenbibel 162.
Protestantentage 161. 162.
Protestantenverein 20. 161. 162.
Protestantismus 44. 46. 198. 210.
Prüfungen, theol. 52. 60.
Prüfungsordnung 92.

Rationalismus 18. 53. 59. 74. 145. 224.
Reaktion 18.
Realgymnasien 57.
Rechtsrat 78.
Rechnungswesen 82. 85. 86. 87.
Reformation 15. 24. 48. 211.
Reformationsfest 17. 92. 104. 210.
Reformationsfestkollekte 26. 137. 138.
Reformfreunde 15.
Reformierte 15. 16. 18. 19. 22. 24. 34. 174. 177.
Reformkatholizismus 183.
Reich-Gottes-Bote 166. 205.
Reichsdeputationshauptschluß 11.
Reichstagswahlen 194 f.
Reichswaisenhaus i. Lahr 156.
Reinigungsgewerbe 6.
Reiseprediger 166. 167. 169.
Religion, Mißbrauch 142.
Religionsdeklaration 16.
Religionslehrer 200.
Religionslehrer-Konferenzen 201.
Religionsprüfung 56.
Religionsunterricht 26. 52. 63. 81. 90. 93. 116. 118. 152. 176. 198 ff. 224. 229.
Religionsverachtung 18. 87.
Religionsverwandte 24.
Religionswechsel 15 f.
Rentner 6.
Responsorien 19. 95. 98.
Rettungsanstalten 137. 149. 154 ff. 170.
Rettungshaus in Mannheim 155.
Rettungshaus Friedrichshöhe 156.
— Niefernburg 155.
—, Schwarzwälder 155.
Revolution 12. 18.
Rheinbundsakte 11.
Rhythmische Singweise 98. 99.
Richtplätze 212.
Richtungen, theol. 45. 55. 75. 76. 95. 206.
Ringwechsel 121.
Ritterschaft 15.
Römerherrschaft 14.
Rotes Kreuz 140. 170.

Sabbatisten s. Adventisten.
Sackpfeifer v. Nicklashausen 223.
Salem, Erholungsheim 157.
Salpeterer 22.
Sammlung christlicher Lieder 96.
Sammlungen 89. 137. 138.
Säuglingssterblichkeit 170.
Schankstätten 221.
Schäppel 112. 123.
Scheibenhardt, Asyl 170.
Scheibenschießen 223.
Schematismus 69.
Schenkelstreit 20. 54. 92.
Schenkungen 52.
Schnapsdetailhandel 221.
Schriftenniederlagen 205.
Schriftenverein, ev. 151. 158. 204.
Schulbibel 199. 200.
Schulbibliotheken 205.
Schulen, 9. 31. 49. 52. 198. 203.
—, altbadische 47.
—, gemischte 198.
—, ungemischte 198.
Schulinspektion 66.
Schulkinder im Gottesdienst 103.
Schulschematismus 203 f.
Schulunion 17.
Schulwesen 12.
Schulzeitungen 201.
Schulzeitung, neue bad. 201.
Schwaben 7. 8.
Schwarzacher Hof 152.
Schwarzwälder 8. 214.
Schwarzwaldhöfe 3.
Schwörbüchsen 142. 149.
Seediözese s. Diözese Konstanz.
Seelsorge(r) 31. 63. 66. 81. 139. 143. 157. 168. 181. 205. 226. 228.
Seelsorgebezirke 30. 32.
Sekretariatsstelle 29.
Sekten 17. 79. 82. 90. 110. 111. 115. 118. 131. 167. 168. 175 ff. 178. 182. 203. 204. 230.
Selbstmörder, Selbstmord 133. 134. 143.
Selbstmörder, evang. 189.
—, kath. 189.
Seminar, ev. prot. 20. 58. 59.
—, ev. theol. 59.
Seminarzwang 92.
Separation, luth. 18. 173.
Separatisten, Separatismus 53. 92. 174.
Simplizissimus 79. 188.
Simultanbaufonds 39.
Simultaneum 16.

Simultankirchen 36.
Simultanschule 13. 198.
Sittenanstalt 142.
Sittenkontrolle 123.
Sittenzucht 42.
Sittlichkeit 188 ff. 214 ff. 226. 230.
Sittlichkeitsverbrechen 188. 189.
Skeptiker 208.
Sommertag 222.
Sonntag(sfeier) 80. 135. 150. 184. 202. 216. 221. 226. 228.
Sonntagabend 69.
Sonntagsarbeit 105. 202. 229.
Sonntagsblatt, Stuttgarter 205.
Sonntagsblätter 73. 203. 205. 227.
Sonntagsgottesdienst 98 ff.
Sonntagsgruß für Gesunde u. Kranke 159.
Sonntagspredigt 108. 133.
Sonntagsschulen 42. 110. 120. 156. 157.
Sozialdemokratie 79. 109. 115. 127. 160. 163. 192 ff. 202. 224. 227.
Soziale Vereinigungen 188.
Spanischer Erbfolgekrieg 11.
Sparkassen 6. 150.
Spezialate 27. 174.
Spezialsynoden 43. 89.
Spinnkurse 170.
Spinnstuben 216. 223.
Spiritisten 177. 213.
Spitäler 188.
Spötter 208.
Spruchbuch 92.
Staat u. Kirche 13. 20. 51. 52. 200 f.
Staatsangehörigkeit 179.
Staatsbeitrag s. Dotation.
Staatsbürgerrecht 52.
Staatsdienst 4. 6.
Staatsgesetze 44. 52.
Staatshoheit 52.
Staatsregierung 52.
Staatsstellen 29.
Staatssteuer 186.
Städte, Stadtgemeinden 2. 4 f. 22 f. 29 ff. 39. 86. 100 f. 103 ff. 109. 113. 119. 122 f. 129. 146. 177 f. 181. 191. 193. 202. 209.
Stadt u. Land 4. 5. 9. 67. 70. 206. 216.
Stadtmission 151. 157. 167.
Stadtmissionare 140.
Stadtpfarrer 66. 67.
Stadtvikare 31. 61. 62.
Stadtvikariate 29. 39.
Stände, obere 91. 105. 210. 216.

Stände, untere 105. 142. 216.
Standesherren 83. 84.
Statistik der ev. prot. Landeskirche s. Pfarrstatistik.
Statistik, kirchl. 115. 131. 180. 181. 190. 214.
—, staatl. 198.
St. Crischona 169.
Stellen, geistl. 29. 39.
Stellennachweis-Bureau 169.
Stephanstag 104.
Sterbekasse 78.
Sterbesakramente 130.
Steuerfuß 39.
Steuerrecht 92.
Steuersynode 93.
Stift, evang. 156.
Stiftungen 6. 7. 37. 40. 52. 66. 148. 188. 225.
Stimmrecht 87. 143.
Stolgebühren 39. 62. 64 f. 66. 93.
Strafgelder 149.
Strafpredigten 133.
Streitigkeiten, theol. kirchl. 17. 20 f. 150. 206.
—, konfessionelle 12. 184. 207.
Studentenverbindung, christl. 59.
Studien der ev. Geistl. des Großh. Baden 68.
Stunden s. Erbauungsstunden.
Stundenhalter 110.
Süddeutsche 9.
Süddeutsches ev. prot. Wochenbl. 75. 162.
Suffpaten 114.
Sylvestergottesdienst 92. 109. 135.
Symbole, symb. Bücher 46. 47.
Sympathiemittel 213.
Synodalbescheide 183.
Synodalordnung 42.
Synodalsystem 42.
Synodalverfassung 42.

Tabellen, statist. 89. 100. 115. 120. 122. 125. 180. 181.
Tagespresse 197.
Taglohn, Taglöhner 4. 8. 225.
Tanz(belustigungen) 53. 202. 216. 221. 227. 228. 229.
Taufe 25. 65. 89. 92 f. 96 f. 110 ff. 143 f. 182. 226. 229 f.
—, Unterlassung 114.
Taufformel 110.
Taufscheine 184.
Taufscheinkatholiken 198.
Temperenzler 220.

III. Sach-Register.

Ternavorschlag 196.
Territorien, geistl. 10.
—, weltl. 10. 27.
Teufel 8. 113. 177. 212.
Theologen, Theologie ev. 17. 57 f. 72. 185. 199. 200. 207.
—, kath. 185.
Theologieprofessoren, kath. 196.
Theosophen 213.
Tischgebet 204. 226.
Tod 134 f.
Toleranz 183.
Toleranzantrag 160.
Totenfest 135.
Traktate 157 f. 166.
Traubibel 124. 159.
Trauformel 121.
Trauung 25. 44. 65. 89. 121 ff. 144. 177. 180. 182. 216. 224.
Trauungen, ev. 44. 180.
—, kath. 180.
—, Unterlassung 121 f.
Trauungstage 123. 228.
Trinitatisfest 104.
Trunksucht 150. 214 f. 222. 225 ff. 230.
Tuberkulose, Bekämpfung 171.

Uebertritte 182.
Uffertstag 223.
Ultramontanismus 55. 200.
Umlagen, kirchl. 87.
Union 16 ff. 27. 42. 89. 92. 94. 128.
Unionsagende 94.
Unionskatechismus 18.
Unionsurkunde 17 f. 43. 45 ff. 67. 87. 104. 108. 119. 124 f. 130. 135. 142.
Unitarier 22.
Universitäten 47. 59. 185. 210.
Universitätsgottesdienste 210.
Universitätskliniken 191. 215.
Unkirchlichkeit 122. 214. 225.
Unmäßigkeit 142.
Unsittlichkeit 142. 192. 214. 217. 222 f. 226. 228 f.
Unterhaltungspflicht 35.
Unterricht, relig. s. Religionsunterricht.
Unterstützungsbedürftige 6.
Unterstützungsvereine 140.
Untertaucher s. Baptisten.
Unzucht s. Unsittlichkeit.

Verband kath. Arbeitervereine 194. 195.
Verbindungen, student. 60.

Verbrechen 189.
Verbrecher, jugendl. 152.
Vereine 86. 222. 227.
Verein, ak. theol. 59. 60.
— deutscher Studenten 60.
— für christl. Sonntagsfeier 153.
— — Heidenmission 54.
— — innere Mission, Schwarzwälder 155.
— — — Augsb. Bek. 149. 153. 165 f.
— — ländl. Wohlfahrtspflege 5. 73. 173. 223.
— gegen d. Mißbrauch geist. Getränke 151. 221.
— zur Erhaltung d. Volkstrachten 118.
— — Rettung sittl. verwahrl. Kinder 54. 149. 170. 171.
Vereinigungen, interkonf. 169 ff.
Vereinigung, kirchl. lib. 60. 70. 75 f. 88. 93. 162 f. 210.
—, landeskirchl. 76. 110.
Vereinigungsfest 18.
Vereinigungsurkunde s. Unionsurkunde.
Vereinsgeistliche 153.
Vereinshäuser 157. 168.
Vereinsleben 53. 55. 72. 90.
Verfassung, s. Kirchenverfassung.
Verfassungsurkunde 52.
Verkehr 4. 6. 186.
Verkündigungen 99.
Verlag, evang. 158.
Vermittlungstheologie 19. 59.
Vermögen der Evang. 186.
Vermögen, kirchl. 37 f. 42.
Vermögenssteuer 40.
Verschuldung 187.
Versicherungsgesellschaften 77. 186.
Versorgungshaus 156.
Verwitwete 226.
Vetter vom Rhein 205.
Viehzucht 4. 6. 225.
Vikare 61 f. 64. 200.
Vikariate 23. 29.
Völkerwanderung 14.
Volksbibliotheken 150. 161. 170. 205.
Volksbücher 151.
Volksgericht 144.
Volkskirche 89. 143. 224.
Volksküche 170.
Volkskunde 73.
Volksleben 72. 189. 198. 201 f. 209. 214. 224.
Volksschauspiele 223.

Ludwig, Baden. 17

Volksschriften 158.
Volksschriftenverein 149. 158.
Volksschriftsteller, kath. 196.
Volksschulen 185. 200.
Volksschullehrer 185 f. 198 ff.
Volksstämme 7 ff.
Volkstracht 9. 118. 123. 223.
Volksverein, kath. 194.
Vorbereitung(sgottesdienst) 128. 129.
Vorbildung der Geistl., wissenschaftl. 52. 57.
Vormittagsgottesdienst s. Hauptg.
Vornamen 114.
Vororte 4 f. 29. 102. 119.
Vorprüfung 60.
Vorstehen 121.

Wahlbeteiligung 88. 227.
Wähler, ev. 193.
, kath. 193.
Wahlkreiseinteilung 93.
Wahlmänner 91. 93.
Wahlrecht 143.
Wahrsagerinnen 212.
Waisenhäuser 36. 149. 156.
Waisenhaus Georgshilfe 155.
Waisen-, Toll- und Zuchthaus, fürstliches 149.
Wald 2. 225.
Waldenser 22.
Wegweiser 164.
Wegzehrung 130.
Weihnachten 97. 104. 113. 125. 212.
Weihnachtsfeiern 223.
Weihnachtskollekten 137. 138.
Weihnachtsspiele 223.
Weingegenden 82. 104. 220.
Weißes Kreuz 169.

Wiener Friede 12.
Wingolf 59. 60.
Wirtschaften 221. 222.
Wirtsgewerbe 6.
Wirtshausbesuch 241.
Wißwässer 110. 167. 176.
Wochenblätter 203.
Wochengottesdienste 36. 108 f. 225 227. 229.
Wochenkinderlehre 108.
Wöchnerinnen 112 f. 134.
Wohlfahrtspflege 53. 73.
Wohlstand 5. 106. 138. 187. 219.
Wunder 208.
Wunderdoktoren 212.

Zählsonntag 100. 103. 120.
Zählweise 100. 128.
Zeitschrift für Missionskunde und Religionswissenschaft 159.
Zeitungen, politische 195. 203.
Zeitung, Heidelberger 197.
Zensurordnung 141.
Zentralausschuß für J. M. 153.
Zentralpfarrkasse 38.
Zentrum 13. 192 ff. 195. 200.
Zentrumspresse 188. 197.
Zeremonien, kath. 207.
Zigeunerkinder 113.
Zivilehe 121.
Zucht s. Kirchenzucht.
Zuchthäuser 149. 189.
Zwangserziehung, Zwangszöglinge 152. 170. 189.
Zweikindersystem 217.
Zwerggemeinden 24. 30.
Zwinglianer 22.
Zwischengesang, -vers 97. 99.

Printed by BoD™ in Norderstedt, Germany